Nilda Inkermann

Globale Bildung in der Transformation

Eine hegemonietheoretisch inspirierte Analyse der Transformationsverständnisse von Bildungsakteur*innen des Globalen Lernens

WOCHEN SCHAU WISSENSCHAFT

Die vorliegende Forschungsarbeit wurde als Dissertation unter dem Titel „Globale Bildung (in) der Transformation. Eine hegemonietheoretisch inspirierte Analyse der Transformationsverständnisse von Bildungsakteur*innen des Globalen Lernens" an der Universität Kassel, Fachbereich 5, Gesellschaftswissenschaften eingereicht und in der Disputation am 28.03.2023 verteidigt.

Bibliografische Information der Deutschen Nationalbibliothek

Die Deutsche Nationalbibliothek verzeichnet diese Publikation in der Deutschen Nationalbibliografie; detaillierte bibliografische Daten sind im Internet unter http://dnb.d-nb.de abrufbar.

Dieses Werk ist lizenziert unter CC-BY-NC-ND 4.0 (Creative Commons Attribution-NonCommercial-NoDerivates 4.0). Diese Lizenz erlaubt die private Nutzung, gestattet aber keine Bearbeitung und keine kommerzielle Nutzung.
Lizenz-Text: https://creativecommons.org/licenses/by-nc-nd/4.0/

Um Genehmigungen für Adaptionen, Übersetzungen oder Derivate einzuholen, wenden Sie sich bitte an info@wochenschau-verlag.de

Die Bedingungen der Creative Commons-Lizenz gelten nur für Originalmaterial. Die Wiederverwendung von Material aus anderen Quellen (gekennzeichnet mit Quellenangabe) wie z.B. Schaubilder, Abbildungen, Fotos und Textauszüge, erfordert ggf. weitere Nutzungsgenehmigungen durch den jeweiligen Rechteinhaber.

© WOCHENSCHAU Verlag,
   Dr. Kurt Debus GmbH
   Frankfurt/M. 2025

www.wochenschau-verlag.de

Alle Rechte vorbehalten. Kein Teil dieses Buches darf in irgendeiner Form (Druck, Fotokopie oder einem anderen Verfahren) ohne schriftliche Genehmigung des Verlages reproduziert oder unter Verwendung elektronischer Systeme verarbeitet werden.

Umschlaggestaltung: Ohl Design
Gesamtherstellung: Wochenschau Verlag
Gedruckt auf chlorfrei gebleichtem Papier
Print-ISBN 978-3-7344-1680-4
PDF-ISBN 978-3-7566-1680-0
DOI https://doi.org/10.46499/2326

Inhalt

Abbildungsverzeichnis 6

1 Einleitung 7
   1.1 Erkenntnisinteresse der Arbeit 11
   1.2 Struktur der Arbeit 19

2 Transformation als Ringen mit gesellschaftlichen Herausforderungen 23
   2.1 Die Multiple Krise als ein Kontext von Transformationspolitiken 23
   2.2 Dimensionen des Transformationsbegriffs 30
       2.2.1 Begriffliche Annäherung 32
       2.2.2 Historische Bezüge 34
       2.2.3 Typologie 37
   2.3 Hegemonie und Transformation 39
       2.3.1 Hegemonie (re-)produziert Subjekte 43
       2.3.2 Die Materialität gesellschaftlicher Verhältnisse 45
       2.3.3 Subjekte und Objekte der Transformation 47
   2.4 Deutungskämpfe um hegemoniale Verhältnisse 48

3 Bildung (in) der Transformation 52
   3.1 Eine hegemonietheoretische Perspektive auf Bildung 54
       3.1.1 Bildungsprozesse als Subjektivierungsprozesse 56
       3.1.2 Pädagogisierung von Machtverhältnissen 61
       3.1.2.1 Hegemoniale Bildung im Postfordismus 62
       3.1.2.2 Bedingungen globaler, hegemonialer Bildung 67
       3.1.3 Widerständige Bildung und emanzipatorische Transformation? 72
   3.2 Das Bildungskonzept des Globalen Lernens 82
       3.2.1 Zur historischen Entwicklung des Globalen Lernens 85
       3.2.1.1 Nachhaltigkeitsdebatte und Bildung 96
       3.2.1.2 Institutionelle Verankerung Globalen Lernens 99
       3.2.1.3 Globales Lernen auf europäischer Ebene 103
       3.2.2 Akteurskonstellationen des Globalen Lernens 106
       3.2.3 Gesellschaftstheoretische Grundlagen des Globalen Lernens 111
       3.2.4 Bildungstheoretische Grundlagen des Globalen Lernens 120
       3.2.5 Transformative Bildung im Feld Globalen Lernens 128
       3.2.6 Spannungsverhältnisse im Globalen Lernen 135

4	Globales Lernen in der empirischen Untersuchung	140
	4.1 Zielsetzung und Fragestellung der Arbeit	140
	4.2 Annahmen und Prinzipien qualitativer Sozialforschung	144
	4.3 Forschungsgegenstand: Transformationsverständnisse im Globalen Lernen	145
	4.3.1 Forschungsrealitäten: Engagierte und involvierte Wissenschaft – zugrundeliegendes Selbstverständnis	146
	4.3.2 Sample-Auswahl	148
	4.3.3 Beschreibung des Untersuchungssamples	149
	4.4 Datenerhebung	155
	4.4.1 Theoriegenerierende Expert*inneninterviews	155
	4.4.2 Interviewdurchführung in der Praxis	157
	4.5 Datenauswertung: Die inhaltlich strukturierende Inhaltsanalyse	159
	4.5.1 Die Kennzeichen der qualitativen Inhaltsanalyse	160
	4.5.2 Inhaltlich strukturierende Inhaltsanalyse	160
	4.5.3 Kategorienbildung	161
	4.5.4 Erläuterungen zur Ergebnisdarstellung	162
5	Globales Lernen (In) der Transformation – Ergebnisse der empirischen Analyse	164
	5.1 Transformationsverständnisse im Feld des Globalen Lernens	166
	5.1.1 Globales Lernen und BNE – „als Einstellungs- und Geschmacksfrage"	167
	5.1.1.1 Was nehmen wir mit?	172
	5.1.2 Inhaltsaspekte des Globalen Lernens	174
	5.1.2.1 Gesellschaftliche Missstände	175
	5.1.2.2 Alternativen zu bestehenden gesellschaftlichen Verhältnissen	178
	5.1.2.3 Diskriminierung und Ungleichheit	181
	5.1.2.4 Was nehmen wir mit?	184
	5.1.3 Zielaspekt des Globalen Lernens	191
	5.1.3.1 Erkennen: Perspektiverweiterung und Wissen	191
	5.1.3.2 Bewerten: Reflexion und Selbstverortung	193
	5.1.3.3 Handeln: Orientierungen und Kompetenzen	195
	5.1.3.4 Was nehmen wir mit?	200
	5.1.4 Vermittlungsaspekte des Globalen Lernens	207
	5.1.4.1 Ganzheitliches Lernen – „Resonanz statt Dominanz"	207
	5.1.4.2 Lernräume als Vermittlungselement	210
	5.1.4.3 Lernen in Spannungsverhältnissen	213
	5.1.4.4 Was nehmen wir mit?	218
	5.1.5 Politisch-normative Orientierungen im Globalen Lernen	222
	5.1.5.1 Professionsverständnisse	223
	5.1.5.2 Alltagspraxen	226
	5.1.5.3 Demokratische Praxen	230
	5.1.5.4 Was nehmen wir mit?	235

5.2	Strukturelle Rahmenbedingungen der Bildungspraxen des Globalen Lernens	239
	5.2.1 Förderlogiken und Ressourcen	241
	5.2.1.1 Politische Zielsetzungen und Förderdekaden	241
	5.2.1.2 Förderstrukturen und Projektförderung	245
	5.2.1.3 Personelle und zeitliche Ressourcen	248
	5.2.1.4 Was nehmen wir mit?	251
	5.2.2 Arbeitsorganisation	254
	5.2.2.1 Vernetzung, Kooperation und Austausch	254
	5.2.2.2 Selbstverständnisse im Arbeitsalltag	258
	5.2.2.3 Zielgruppen	260
	5.2.2.4 Was nehmen wir mit?	265
	5.2.3 Kooperation mit Schule	268
	5.2.3.1 Schulstrukturen	270
	5.2.3.2 Zusammenarbeit mit Lehrer*innen	276
	5.2.3.3 Schule gestalten	279
	5.2.3.4 Was nehmen wir mit?	284
6	Zusammenfassende Ergebnisdarstellung	287
7	Fazit und Ausblick	307
Literaturverzeichnis		312
Dank		333

Abbildungsverzeichnis

Abbildung 1: Bildungstheoretische Annahmen aus Andreotti 2016 117

Abbildung 2: Haupt- und Subkategorien der empirischen Analyse 162

Abbildung 3: Systematisierung von Objekten der Transformation 186

Abbildung 4: Inkrementelles Transformationsverständnis 188

Abbildung 5: Integrierendes Transformationsverständnis 189

Abbildung 6: Radikales Transformationsverständnis 190

Abbildung 7: Lineares, additives Verständnis von Bildungszielen des Globalen Lernens 202

Abbildung 8: Zirkuläres Verständnis von Bildungszielen des Globalen Lernens 203

Abbildung 9: Die Rolle von Bildung im eindimensionalen Transformationsverständnis 205

Abbildung 10: Die Rolle von Bildung im mehrdimensionalen Transformationsverständnis 206

Abbildung 11: Inkrementelles Transformationsverständnis, Ausschnitt 294

Abbildung 12: Integrierendes Transformationsverständnis, Ausschnitt 295

Abbildung 13: Radikales Transformationsverständnis, Ausschnitt 296

1 Einleitung

Bildung spielt eine wichtige Rolle für die Reproduktion und Stabilisierung gesellschaftlicher Verhältnisse. Schule ist als staatlich organisierter Ort formeller Bildung eine zentrale Sozialisationsinstanz für junge Menschen (Fend 1974; I.L.A.Kollektiv 2017; Schmiederer 1971). Kinder, Jugendliche und junge Erwachsene haben nie zuvor so viel Lebenszeit in Bildungsinstitutionen verbracht wie heute (Roser/Ortiz-Ospina 2016). Weltsichten und Denkweisen sind geprägt durch Wissen, das in der Schule vermittelt wird, und für einige auch jenes Wissen, das sie in der Universität erlangen. Bildung, Pädagogik, Wissensproduktion und -vermittlung sind nie neutral und können nicht als frei von gesellschaftlichen Macht- und Herrschaftsstrukturen gedacht werden (Bünger 2013b; Heydorn 1972; Koneffke 2004). Bildung stellt daher eine zentrale Infrastruktur dar, Denkmuster zu erlernen, die durch Ideologie, Hegemonie und gesellschaftliche Macht- und Herrschaftsverhältnisse geprägt sind (Brookfield 2012: 136 f.; I.L.A.Kollektiv 2017: 48 f.). In formellen Bildungskontexten werden Bildungsstandards in der Regel über Abschlüsse definiert, die sich an europäischen (westlichen) Bildungsidealen orientieren und über ihre Formalisierung in Qualifikationsstandards (re-)produziert werden. Formelle Bildungskontexte stellen daher ein Steuerungsinstrument dar, durch das hegemoniale gesellschaftliche Machtverhältnisse mitgeformt und gefestigt werden (Bourdieu 1987; I.L.A.Kollektiv 2017: 50).

Bildung muss jedoch im Kontext der Gleichzeitigkeit von Eingebundenheit in und Aufrechterhaltung von bestehenden hegemonialen Verhältnissen und der Möglichkeit der Destabilisierung, Infragestellung, dem Aufzeigen und Vermitteln von gesellschaftlicher Veränderung betrachtet werden. Inhalte und Ideen aus verschiedensten gesellschaftlichen Bereichen, systemstabilisierender oder transformierender Art, werden über Bildung thematisiert und können dadurch verbreitet und legitimiert werden (Heydorn 1972).

Wenn über gesellschaftliche Transformation gesprochen wird, muss Bildung in den Blick genommen werden, da schulische und außerschulische Bildung ein zentrales Interventionsfeld darstellen. Dabei kann es nicht um eine reine Addition von aufkommenden gesellschaftlichen Debatten und Perspektiven in bestehende Bildungsangebote gehen – vielmehr stellt sich die Herausforderung einer grundlegenden epistemologischen Neujustierung um gegenwärtige globale Krisen und deren Ursachen zu bewältigen (Amsler 2019; Andreotti 2012;

Brand/Wissen 2017a; Friedrichs 2021; Welzer 2011). Diese Herausforderung wirft grundsätzliche Fragen auf: Wer bestimmt, was über die Welt gewusst wird? Von welchen Interessen wird hegemoniales Wissen beeinflusst, wie wird gelehrt und Wissen verbreitet?

Die Welt ist heute um ein Vielfaches vernetzter als noch vor einigen Jahrzehnten. Nicht nur ist die wirtschaftliche, soziale und mediale Öffentlichkeit erheblich globalisiert – vor allem auch die ökologische Frage ist eine globale. In Lehrplänen spiegeln sich diese globale Dimension und die ethischen und politischen Verantwortlichkeiten, die damit einhergehen, nur ungenügend wider. Deshalb formiert sich seit den 1990er Jahren Globales Lernen als Konzept und Interventionspraxis (Overwien/Rathenow 2009). Die vorliegende Arbeit erschließt den Umgang außerschulischer Bildungsakteur*innen des Globalen Lernens mit bestehenden gesellschaftlichen Herausforderungen und arbeitet heraus, in welcher Weise die politisch umkämpfte Frage, wie wir als Gesellschaft leben wollen, immer auch in Bildungskontexten ausgetragen wird. Um diesen Fragen zu begegnen, habe ich im Rahmen der vorliegenden Studie Bildungspraxen des Globalen Lernens aus Sicht von Bildungsakteur*innen in diesem Feld analysiert und deren Vorstellungen über gesellschaftliche Krisen und notwendige Veränderungen – als deren Transformationsvorstellungen – untersucht. Im Zusammenhang damit ging es zudem um die Frage, welche Rolle Bildung und im speziellen Globales Lernen für gesellschaftliche Transformationsprozesse im Kontext schulischer und außerschulischer Bildungssettings einnehmen kann.

Das dieser Arbeit zugrundeliegende politische Verständnis von Bildung im Allgemeinen – und Globalem Lernen im Spezifischen – geht mit dem Anspruch einher, das Politische an Bildung in den Fokus zu rücken und damit auch eine Debatte darüber zu führen, wie Bildungsinstitutionen, -verständnisse und -arrangements grundlegend verändert werden können, um transformativ in einem emanzipatorischen Sinne wirken zu können (Gürses 2016). Im Positionspapier zu einer zukunftsorientierten kritisch-emanzipatorischen Bildung, welches aus der Konferenz *Bildung Macht Zukunft* hervorging, und der *Frankfurter Erklärung: Für eine kritisch-emanzipatorische Bildung* wird das Politische an Bildung darin gesehen, dass diese sich den Umbrüchen und vielfältigen gesellschaftlichen Krisen stellt, ihre politischen und wirtschaftlichen Zusammenhänge analysiert und kritisch betrachtet. Das Politische besteht darin, Interessen und Machtverhältnisse aktueller Krisen und vorgeschlagener Lösungen zu thematisieren und zu benennen, dabei werden strukturelle Diskriminierung und Ausbeutung berücksichtigt. Das Politische geht mit Kontroversität im Sinne des Beutelsbacher Konsens[1] einher: Konflikte und Dissens müssen Teil von Bildung sein und Lernende in ihrer politischen Handlungs- und Konfliktfähigkeit gestärkt werden (Widmaier/Zorn 2016). Die Vermittlung von Fähigkeiten für die politische Gestaltung gesellschaftlicher Gegenwarts- und Zukunftsfragen ist entsprechend von Bedeutung. Zentral dabei ist, nicht zu verleugnen, dass Lernende und Bildungsakteur*innen in soziale und politische Diskurse eingebunden sind und Wahrnehmungs-, Denk- und Handlungsweisen durch diese beeinflusst sind. Bildung ist selbst Teil des Politischen in all seiner Herrschaftsförmigkeit und stellt einen Schauplatz der Auseinandersetzung um gesellschaftliche Machtverhältnisse dar. Bildung muss entsprechend sowohl als ursächliches Problem *für* als auch als Ort der Transformation *von* Marginalisierung, Diskriminierung und Ausbeutung im Kontext kapitalistischer und postkolonialer Verhältnisse begriffen werden (Eis et al. 2015; Mayo 2006: 73 f.; Orgakreis der Konferenz „Bildung Macht Zukunft" 2020: 18).

Das Weltaktionsprogramm der UNESCO „Bildung für nachhaltige Entwicklung" beschreibt die zentrale Aufgabe von Bildung darin, zur Transformation hin zu einer nachhaltigen Gesellschaft beizutragen. Die Bereitstellung „inklusiver, gleichberechtigter und hochwertiger Bildung" wird als wirkungsmächtiges Instrument dargestellt, um die von der Agenda 2030 angestrebte Transformation voranzubringen (Deutsche UNESCO-Kommission e.v (DUK) 2014). Im Rahmen einer Bildung für nachhaltige Entwicklung (BNE) wurde auch die Relevanz des pädagogischen Ansatzes Globales Lernen gestärkt. In Bildungskontexten soll entsprechend auf vielfache Krisendiagnosen unserer Zeit reagiert werden, die als Klimakrise, Wirtschafts- und Finanz(markt)krise, Migrationskrise, Demokratiekrise und je nach Krisenanalysen als „Multiple Krise" (Bader et al. 2011) adressiert werden. Die Beziehung zwischen gesell-

---

[1] Der Beutelsbacher Konsens ist ein in schulischer und außerschulischer Bildung sowie in Wissenschaft geteiltes Paradigma im Sinne einer anerkannten Lehrmeinung. Hervorgegangen ist der Beutelsbacher Konsens aus einer Tagung im schwäbischen Beutelsbach, die von der Landeszentrale für politische Bildung Baden-Württemberg initiiert wurde. Akademische Fachvertreter*innen sollten sich dort über einen Minimalkonsens ihrer Disziplin verständigen. Nachdem der Beutelsbacher Konsens ab Mitte der 1980er Jahre eine zunehmend paradigmatische Bedeutung in der politischen Bildung erlangte (Widmaier/Zorn 2016: 10 f.), dient er in den vergangenen Jahren vermehrt als Impulsgeber kontroverser Diskussionen um das politische Selbstverständnis von Politikdidaktik und Politischer Bildung. Eine umfassende und aktuelle Auseinandersetzung mit dem Beutelsbacher Konsens liefern Benedikt Widmaier und Peter Zorn (2016) in ihrem Sammelband „Brauchen wir den Beutelsbacher Konsens noch? Eine Debatte der politischen Bildung".

schaftlicher Transformation und Bildung ergibt sich entsprechend daraus, dass Bildungsprozesse, Versuche ihrer internationalen Rahmung und pädagogische Interaktionen in Zeiten stattfinden, die durch gesellschaftspolitische Krisen und für notwendig erachtete Transformationsprozesse geprägt sind (Hamborg 2020a: 169). Bildung wird auf internationaler und nationaler Ebene eine bedeutende Rolle im Umgang mit globalen Herausforderungen und der Lösung von gesellschaftlichen Krisen zugeschrieben. Dieser Widerspruch zwischen dem Anspruch mit Bildung zu gesellschaftlicher Veränderung beizutragen und ihrer Herrschaftsförmigkeit bildet eine Grundlage für das in dieser Arbeit thematisierte Verhältnis von Globalem Lernen und Transformation. Transformationsdebatten knüpfen dabei unter anderem an den seit Jahrzehnten bestehenden Diskurs um Nachhaltige Entwicklung an (Hopewood et al. 2005). Beschlüsse der UN, der UNESCO (Deutsche UNESCO-Kommission e.v. (DUK) 2014) und der OECD (OECD 2019) entwickeln internationale und nationale Rahmenbedingungen, von denen die Forderung nach einer Integration des Leitbilds der nachhaltigen Entwicklung und entsprechender Zukunftskompetenzen abgeleitet werden können. Zu den wichtigen Beschlüssen, an die zahlreiche Initiativen der föderalen Bildungsstruktur in Deutschland anknüpf(t)en, gehören die Agenda 21, welche auf der Konferenz für Umwelt und Entwicklung der Vereinten Nationen in Rio de Janeiro 1992 beschlossen wurde, die Weiterentwicklung der Agenda 21 in Form der Millenniums-Entwicklungsziele (MDGs) auf dem Weltgipfel 2002 in Johannesburg und die 17 Ziele für nachhaltige Entwicklung (SDGs), welche auf dem Weltgipfel 2015 in New York von der UN Generalversammlung verabschiedet wurden (Overwien/Rathenow 2009b: 14).

Diskurse um das Schlagwort ‚nachhaltige Entwicklung' prägten auch die Herausbildung des Bildungskonzeptes Globales Lernen und trugen zu dessen Etablierung bei. Globales Lernen lässt sich zu progressiven Projekten gesellschaftlicher Veränderung ins Verhältnis setzen (Brand 2017: 26). Globales Lernen ist traditionell stark im Kontext von Nichtregierungsorganisationen (NGOs) und teilweise auch in sozialen Bewegungen verankert. Unterschiedliche Bildungsträger – insbesondere NGOs und bewegungsbezogene Bildungsakteur*innen – haben in den letzten Jahren diverse Unterrichtsmaterialien erarbeitet und sind damit eine wichtige Unterstützung für formelle und non-formelle Bildungseinrichtungen. Die Integration von Themen globaler Entwicklung in den schulischen Unterricht wird im Orientierungsrahmen für den Bereich Globale Entwicklung, der erstmals 2007 veröffentlicht wurde und 2016 in einer überarbeiteten und ergänzten Auflage erschien, verdeutlicht und als Querschnittsaufgabe verstanden. In diesem Zusammenhang wird zudem der

Anspruch formuliert, „[…] in einer Zeit großer globaler Herausforderungen sicherzustellen, dass Bildungsqualität in unseren Schulen das Fundament zukunftsfähiger Entwicklung ausmacht" (KMK et al. 2016: 16).

Weil das Bildungskonzept des Globalen Lernens selbst den Anspruch formuliert, sich den wandelnden Herausforderungen der globalisierten Welt zu stellen und sie zu ihrem Lerngegenstand erhebt, muss es als ein wichtiges Feld der politischen Auseinandersetzung um Transformation verstanden werden. Es wird um die Ausrichtung von Inhalten und Methoden gerungen, die die Sozialisation von Menschen prägen. Bildung und Globales Lernen muss als Feld verstanden werden, welches strategisch genutzt wird, um bestehende hegemoniale Ordnungen zu legitimieren und zu hinterfragen und Fähigkeiten zu (v)erlernen, das heißt, um Gesellschaft mitgestalten zu können und zu transformieren.

Mit dem Bildungskonzept des Globalen Lernens werden seit seiner Entstehung Fragen um Globalisierung und ungleiche Weltverhältnisse behandelt. Einige Akteur*innen des Globalen Lernens leiten aus gesellschaftlichen Krisendiagnosen für ihre Bildungspraxis einen gesellschafts-transformativen Anspruch ab (Vare/Scott 2007; VENRO 2014; WBGU 2011). Aus dieser Festlegung allein können jedoch kaum Aussagen über das Verhältnis von Globalem Lernen als Programm und transformativen Ansprüchen in der Praxis abgeleitet werden. Das Bestreben meiner Arbeit besteht darin, den Zusammenhang von Globalem Lernen und (unterschiedlichen) gesellschaftlichen Transformationsbestrebungen und -notwendigkeiten zu untersuchen. Dabei verstehe ich das Bildungskonzept Globales Lernen als Teil von sozialen und gesellschaftlichen Beziehungen sowie Herrschaftsverhältnissen und damit als eingebunden in gesellschaftliche Debatten, Herausforderungen und die Gestaltung von (Welt-)Gesellschaft und ihren zugrundeliegenden hegemonialen Verhältnissen.

1.1 Erkenntnisinteresse der Arbeit

Konflikte um Hegemonie werden gegenwärtig auch in Debatten um Transformation sichtbar. In diesen wird auf Krisen und Herausforderungen der globalisierten Welt reagiert, es geht um unterschiedliche Vorstellungen und Verständnisse davon, was zu transformieren ist, welche Akteursgruppen daran beteiligt sind oder sein sollten und um gesamtgesellschaftliche (globale) Perspektiven, die darin Ausdruck finden. In der vorliegenden Arbeit untersuche ich (implizite und explizite) Transformationsverständnisse von außerschulischen Bildungsakteur*innen des Globalen Lernens. Das Erkenntnisinteresse diesbezüglich ist dadurch begründet, dass formelle Bildung in gesamtgesellschaftlichen Debatten um Transformation kaum eine Rolle spielt. Wenn formelle Bildung und Konzepte wie Globales Lernen in Transformationsdebatten adressiert werden, dann in der Regel als Teil der Lösung im Umgang mit globalen Krisen (OECD 2019; WBGU 2011). Diese oft positive Anrufung formeller Bildung hinterfrage ich mit einer hegemonietheoretischen Perspektive und nähere mich darüber der Bedeutung von Bildung für die (Re-)Produktion gesellschaftlicher Macht- und Herrschaftsstrukturen an (Süß 2015: 13f.), die nicht als das andere von Macht oder Hierarchie idealisiert werden darf (Vey et al. 2019: 20). Gesellschaftliches Handeln, Alltagspraxen und Routinen sind an tiefsitzenden Vorstellungen orientiert, die auch in formellen Bildungsstrukturen vermittelt werden. (Welt-)Gesellschaftliche Wirklichkeiten werden dort als zustimmungswürdig, normal oder auch alternativlos und nicht veränderbar vermittelt – wie etwa Wachstum als persönliches und ökonomisches Ziel (I.L.A.Kollektiv 2017: 50ff.). Hegemoniale Verhältnisse prägen entsprechend Bildungsstrukturen und Bildungsmedien ebenso wie Lernende und Lehrende als vergesellschaftete Subjekte (Eicker/Inkermann 2021: 33).

In dieser Arbeit, die sich in die Tradition der rekonstruktiven Sozialforschung einordnet, werden zwei wesentliche Forschungsinteressen verfolgt: Zum einen analysiere ich Transformationsverständnisse von außerschulischen Bildungsakteur*innen im Globalen Lernen. Auf diese Weise erschließe ich den Bildungspraxen zugrundeliegende Vorstellungen zum Verhältnis von Bildung und gesellschaftlichem Wandel. Dafür habe ich mit Bildungsakteur*innen aus dem Globalen Lernen leitfadengestützte Interviews geführt. Die Analyse des generierten Interviewmaterials erfolgt hinsichtlich der Ziel- und Inhaltsbeschreibungen, der Beschreibungen zur Vermittlungspraxis und der geäußerten politischen Positionen der Interviewpartner*innen. Anhand dieser Analysen wird auch danach gefragt, wie auf fachliche Debatten, Programme und Konzepte zu gesellschaftlicher Transformation und transformativer Bildung von den Akteur*innen Bezug genommen wird und wie sich diese auf die Bildungspraxis auswirken. Das zweite Forschungsinteresse steht im Zusammenhang mit dem ersten und ist an einer macht- und herrschaftskritischen Analyse von Transformation und Globalem Lernen ausgerichtet – in Bildungspraxen des Globalen Lernens und Transformationsdebatten wird ein Ringen um Hegemonie, werden Konflikte um Hegemonie sichtbar. Von Interesse diesbezüglich ist, ob sich Bildungsakteur*innen des Globalen Lernens selbst als Teil hegemonialer Strukturen und der Kämpfe darum wahrnehmen und wie sie mit institutionalisierten Spannungsverhältnissen umgehen, in die sie unweigerlich eingebettet sind. Mein Interesse gilt hier also der Frage, inwiefern die eigene Involviertheit in gesellschaftliche Ordnung(en) – und damit immer auch deren (Re-)Produktion – von Bildungsakteur*innen reflektiert wird und in welchen Formen sich Reflexionsprozesse auf Bildungspraxen auswirken. Unter welchen Voraussetzungen findet die Infragestellung hegemonialer Verhältnisse statt und wie geschieht dies?

Mit der Erforschung und Verortung der Transformationsvorstellungen von Bildungsakteur*innen und struktureller Rahmenbedingungen des Globalen Lernens werde ich Widersprüchlichkeiten, Spannungsfelder und Potentiale von Bildungspraxen des Globalen Lernens sichtbar machen – wofür auch die historische Entwicklung von Globalem Lernen einen zentralen Bezugspunkt bildet. Das Erkenntnisinteresse dieser Arbeit steht darüber hinaus mit dem Anspruch in Verbindung, einen Beitrag zur Reflexion und Weiterentwicklung einer kritisch-emanzipatorischen Bildung mit globalen Bezügen im Kontext der (Mit-)Gestaltung gesellschaftlicher Transformationsprozesse und deren Umkämpftheit zu leisten.

Gegenwärtige Ansätze und Debatten

Die vorliegende Arbeit nimmt Vorstellungen von Transformation von Bildungsakteur*innen des Globalen Lernens in den Blick und fragt danach, wie diese in der Bildungspraxis Umsetzung finden. Die Analyse zielt zudem darauf ab, aus einer hegemonietheoretischen Perspektive konkurrierende Deutungen von Transformation im Kontext des Globalen Lernens herauszuarbeiten und deren Bedingtheit durch institutionelle Rahmenbedingungen darzustellen. Im Folgenden gebe ich einen Einblick in den gegenwärtigen Forschungsstand, an den die vorliegende Arbeit anschließt.

In dieser Studie beziehe ich mich auf sozialwissenschaftliche Forschung zum Thema Transformation, die sich seit der Gutachten-Veröffentlichung „Welt im Wandel. Gesellschaftsvertrag für eine Große Transformation" (WBGU 2011) durch den wissenschaftlichen Beirat der Bundesregierung Globale Umweltveränderungen (WBGU) intensiviert. Debatten zu Transformation gewinnen im Kontext globaler Herausforderungen und Krisen an Bedeutung (Brand et al. 2013b; Brie et al. 2007; Tauss 2016). In weiten Teilen beziehen sich diese Beiträge mit ihrem Transformationsverständnis auf die Analysen von Karl Polanyi. Der Historiker und Sozialwissenschaftler analysierte Wandlungsprozesse von der feudalen hin zur kapitalistischen Gesellschaftsform (Polanyi 1977). Polanyi geht es um die Beschreibung grundlegender gesellschaftlicher Veränderungen, die Transformation von Lebens- und Produktionsweisen. Er bietet eine analytische Perspektive auf historische Entwicklungen an, die besonders für Verständnisse sozial-ökologischer Transformation als Projekt, welches von vielen getragen und gestaltet werden soll, Orientierung bietet (Brand 2012). Die den Debatten um Transformation zugrundeliegenden Ideen sind nicht neu. Vielmehr werden unterschiedliche – seit Jahrzehnten diskutierte – Ansätze und Verständnisse von gesellschaftlicher Entwicklung unter Bezugnahme auf theoretische Konzepte und Überlegungen zu Revolution, Sozialismus, Transformation und Utopie weiterentwickelt (Brie 2014; Demirović 2016; Hirsch 2005; Muraca 2013; Reißig 2019; Wright 2017). Der Anspruch dieses Verständnisses von sozial-ökologischer Transformation liegt darin, die den gesellschaftlichen Krisen zugrundeliegenden dysfunktionalen Beziehungen für zukunftsfähiges Zusammenleben auf einem bewohnbaren Planeten zwischen Individuum, Gesellschaft und Natur zu verändern. Es geht um die Überwindung des fossilen Industriekapitalismus (Brand 2016c: 216). Kritische Analysen zu Ursachen der bestehenden Krisenszenarien wie die *Multiple Krise* oder *Vielfachkrise* (Bader et al. 2011), *peak Capitalism* (Mahnkopf 2013; Moore 2015), *imperiale Lebensweise* (Brand/Wissen 2017a) und kritische Analysen gesellschaftlicher Naturverhältnisse (Becker/Jahn 2006; Plumwood 2002) bilden einen zentralen Bezugspunkt für Debatten um sozial-ökologische Transformation und die Überwindung grundlegender destruktiver Dynamiken der hegemonialen Lebens- und Produktionsweise (Brand 2016c: 215).

Hegemonietheoretische Perspektiven in Anlehnung an Gramsci bilden oft einen wichtigen Bezugspunkt für Analysen zu sozial-ökologischer Transformation, da darüber spezifische gesellschaftliche Macht- und Herrschaftsverhältnisse thematisiert werden können (Brand/Wissen 2017a; Brie 2014; Demirović 2016; Görg 2003; Opratko 2012). Das Verhältnis von Staat, Gesellschaft und Individuum stellt entsprechend eine wichtige konzeptionelle Grundlage für Fragen von gesellschaftlichen Transformationsprozessen und damit einhergehenden Macht- und Herrschaftsinteressen dar. Und diese verbindet sich mit Fragen der Subjektivierung und kollektiver Handlungsfähigkeit und der Verwirklichung von Möglichkeiten zu handeln (Süß 2015: 14f.).

Die strukturelle Dimension von Hegemonie besteht in der Vorgabe bestimmter Lebens- und Produktionsweisen durch gesellschaftliche Verhältnisse und der Prägung von Vorstellungen eines *guten Lebens* (Brand/Welzer 2019: 317). Die Kultur der Wahrnehmung, darin eingelassene Formen der Weltwahrnehmung und -deutung, bedingt, inwieweit (Welt-)Verhältnisse als veränderbar wahrgenommen werden und Veränderungen wünschenswert und umsetzbar erscheinen. Eine grundlegende Veränderung gesellschaftlicher Strukturmuster adressiert deren macht- und herrschaftsförmige Entstehung, Reproduktion und

Veränderung. Die Transformation gesellschaftlicher Verhältnisse (inklusive gesellschaftlicher Naturverhältnisse) muss daher auch nicht-intentional stattfindende Transformationen von Subjektivität, gesellschaftlichen Wertvorstellungen und Dispositiven in den Blick nehmen (Brand 2016c: 219).

Das Bildungskonzept des Globalen Lernens zeichnet sich dadurch aus, dass die sich wandelnden Herausforderungen der globalisierten Welt und die daraus resultierenden (intendierten und nicht-intendierten) gesellschaftlichen Entwicklungen Gegenstand der Auseinandersetzung sind. Das pädagogische Konzept ist an einer räumlichen Perspektive – globale, regionale und lokale Zusammenhänge von Globalisierungsprozessen – und dem Leitbild weltweiter Gerechtigkeit ausgerichtet (Asbrand 2009: 19). Historische, ökonomische und kulturelle Zusammenhänge einer globalisierten Welt sollen in Bildungsprozessen des Globales Lernen erlern- und verstehbar gemacht (Matz et al. 2017: 91) und Kompetenzen für verantwortliches Handeln vermittelt werden (Scheunpflug/Schröck 2002: 15 ff.). Politische Veränderung im Sinne von Nachhaltigkeit und Gerechtigkeit muss mit einem Bewusstseinswandel einhergehen und stellt eine anspruchsvolle Bildungsaufgabe dar, der sich Globales Lernen annimmt: „Die zukunftsfähige Gestaltung der Globalisierung und die Bewältigung der Risiken, die sie mit sich bringt, kann als das weltgeschichtlich umfassendste Lernprojekt nur in dem Maße gelingen, wie die Lernpotentiale von Individuen und Gesellschaft erschlossen werden können" (VENRO 2014: 3). Das Verhältnis von Bildung, Entwicklung und Globalisierung wird seit den 1980er Jahren unter dem Begriff Globales Lernen diskutiert.[2]

Im Kontext Globalen Lernens zeichnen sich unterschiedliche Bezugsdisziplinen ab. (Globale) sozialwissenschaftliche Fragen, die den Lerngegenstand des Globalen Lernens bilden, sind verschränkt mit politikwissenschaftlichen Fragen, Auseinandersetzungen und Diskursen. Dies zeigt sich bspw. an der Orientierung und Auseinandersetzung mit dem Entwicklungsbegriff und im Zuge der fortschreitenden Globalisierung an der Wahrnehmung zunehmender Interdependenzen von ökonomischen, sozialen, politischen und ökologischen Zusammenhängen (u.a. Overwien/Rode 2013; Seitz 2006; VENRO 2000). Und

---

2   Auch wenn von Globalem LERNEN gesprochen wird, wird der Begriff als Bildungskonzept und im Rahmen von Bildungsarbeit verortet. Daher ist im Zusammenhang von Globalem Lernen in der Regel auch von Bildung die Rede. „Globales Lernen ist daher in erster Linie als Name für den aktuellen Diskurs um Bildung und ihren Zusammenhang mit ungleichen Weltverhältnissen zu verstehen" (Willebrand 2010: 21). Klaus Seitz schreibt dazu, dass „globale Bildung" eigentlich eine treffendere Bezeichnung wäre. Im englischen Diskurs wird auch von „global education" gesprochen (Seitz 2002a: 10).

auch die transdisziplinäre wissenschaftliche Auseinandersetzung mit Nachhaltigkeit und Transformation, die zunehmend in den wissenschaftlichen und gesellschaftlichen Fokus rückt, stellt einen wichtigen Bezug für Globales Lernen dar (Eicker et al. 2020; Grobbauer 2016: 5; VENRO 2014). Globales Lernen fasst die Vielzahl von pädagogischen Reaktionen auf Herausforderungen der Globalisierung zusammen. Diesbezüglich stellen sich nicht nur neue Fragen nach dem Zusammenspiel von Bildung und Globalisierung. Vielmehr bestehen Bezüge zu lange bestehenden Diskursen zum Verhältnis von Individuum, Bildung und Gesellschaft, zu Bildung und Kritik und dem Verhältnis von kulturellem Universalismus und Partikularismus sowie Fragen rund um Engagement, Verantwortung und Solidarität (Willebrand 2010: 13).

Das Feld des Globalen Lernens zeichnet sich dadurch aus, dass politische und bildungspolitische Ziele und damit verbundene Papiere und Debatten die pädagogischen Konzepte dominieren (Asbrand 2009: 25). Die Theoriebildung ist dagegen schwach ausgeprägt. Ende der 1990er und zu Beginn der 2000er Jahre wurden einige Werke hauptsächlich zu systemtheoretischen und handlungstheoretischen Ansätzen und Überlegungen zu weltbürgerlicher und kosmopolitischer Erziehung verfasst (Asbrand 2002; Bühler 1996; Forghani 2001; Scheunpflug/Hirsch 2000; Scheunpflug/Schröck 2002; Seitz 2002a; Selby/Rathenow 2003). Neben einer mangelnden (bildungs-)theoretischen und explizit kritischen (bildungs-)theoretischen Auseinandersetzung im Bereich des Globalen Lernens gibt es kaum empirische Forschung, die sich mit der Wirkung und den Effekten diverser pädagogischer Praktiken und Konzepte und darin geförderter Kompetenzen[3] befasst (Asbrand 2009: 25; Scheunpflug/Mehren 2016).

---

3   Die Orientierung an Kompetenzmodellen im Lernbereich „Globale Entwicklung" ist eine Entwicklung, welche als Konsequenz aus der PISA-Untersuchung hervorgeht und auch durch die OECD angeregt wurde. In diesem Zusammenhang wurden in Deutschland schulische Bildungsstandards diskutiert und eingeführt, die sich an domänenspezifischen Kompetenzen orientieren (Klieme et al. 2003). Im Bereich des Globalen Lernen und BNE wird mit dem Konzept der Gestaltungskompetenzen gearbeitet (de Haan 2008: 38). Das Konzept der Gestaltungskompetenzen kollidiert jedoch mit dem Fächersystem von Schule und eine Integration erweist sich als schwierig. Der Orientierungsrahmen für den Lernbereich Globale Entwicklung schlägt ein Kompetenzmodell vor, „das sich auf die inhaltlichen Felder Globalen Lernens richtet und gleichzeitig konkret die schulische Arbeit einzelner Fächer anspricht." (Overwien 2013: 29). Eine ausführlichere Abbildung der Debatte um Kompetenzmodelle im Kontext von Globalem Lernen, BNE und dem Orientierungsrahmen für Globale Entwicklung findet unter anderem im Sammelband „Bildung für nachhaltige Entwicklung. Lebenslanges Lernen, Kompetenzen und gesellschaftliche Teilhabe" statt (Overwien/Rode 2013).

Eine kritische Analyse von Kompetenzen und allgemeiner Bildungsstandards im Hinblick auf Macht- und Herrschaftsstrukturen nimmt in den letzten Jahren zu (Eicker et al. 2020; Emde et al. 2017). Globales Lernen wird dabei insbesondere aus postkolonialer Perspektive hinterfragt (Castro Varela/Heinemann 2017; Danielzik et al. 2013; Matz et al. 2017). Insgesamt erfolgte jedoch breite Akzeptanz in formellen und non-formellen Bildungskontexten und es kam zu einer institutionellen Etablierung von Globalem Lernen. Mechanismen der (Re-)Produktion bestehender Macht- und Herrschaftsverhältnisse durch eine Praxis des Globalen Lernens – an deren Überwindung Globales Lernen eigentlich ausgerichtet ist – wurden und werden kaum systematisch analysiert (Huckle/Wals 2015; Scheunpflug/Mehren 2016: 213; Singer-Brodowski 2016a). Gründe für diese Entwicklung werden in dieser Arbeit noch genauer ausgeführt.

Die erziehungswissenschaftliche Forschung im Bereich Globalen Lernens und BNE[4] muss also als marginal und nur schwach ausgeprägt beschrieben werden (Asbrand 2009; Singer-Brodowski et al. 2019). Unwissenheit besteht zudem darüber, welche Rahmenbedingungen die Umsetzung von Globalem Lernen an Schulen fördern. Es fehlt an umfassender Forschung zu a) institutionellen Aspekten und Charakteristika, und b) welche Lernprozesse Globales Lernen positiv befördern (Asbrand 2009a; Scheunpflug/Mehren 2016: 216). Aus der Perspektive der Schulentwicklung untersucht Diana Grundmann die Fragen der Verankerung von BNE im Unterricht und Schulleben. Analysiert werden Strategien und Rahmenbedingungen im Kontext der Orientierung schulischer Entwicklungsprozesse an Nachhaltigkeitsthemen aus Perspektive von Lehrkräften und Schulleiter*innen (Grundmann 2017). Die Untersuchung der strukturellen, interpersonellen und individuellen Spielräume für die Gestaltung des Lernbereichs Globale Entwicklung untersucht auch Marie Bludau, jedoch mit einem Fokus auf die Gestaltung von Kooperationen zwischen Schule und NGOs (Bludau 2016). Im Zuge des Folgeprogramms, das UNESCO-Weltaktionsprogramm (WAP), welches an die UN-Dekade Bildung für nachhaltige Entwicklung anschloss, wurde ein Monitoring-Prozess von BNE umgesetzt. Ziel war es, die Verbreitung von BNE zu analysieren – in allen Bereichen des deutschen Bildungssystems (Singer-Brodowski et al. 2019: 12). Eine Dokumentenanalyse im

---

4 Das Verhältnis von BNE und Globalem Lernen wird in dieser Arbeit immer wieder Gegenstand sein. Die Begriffe werden von Praxisakteur*innen beide und teilweise auch synonym verwendet. Da Globales Lernen mittlerweile als fester Bestandteil von BNE gesehen wird (Bergmüller 2022: 127), beziehe ich mich hier auch auf Forschungsarbeiten aus dem BNE-Kontext.

Rahmen des Monitorings zum WAP BNE zeigte, dass die Relevanz von BNE in den letzten Jahren zugenommen hat und BNE in zentralen Dokumenten deutscher Bildungssysteme sichtbar ist. Die Verankerung variiert jedoch erheblich je nach Bildungsbereich, Bundesländern, Fächern und Disziplinen (Brock et al. 2018). Deutlich wird, dass es eine generelle Nachfrage von Angeboten des Globalen Lernens und BNE seitens der Schule gibt. Welche Inhalte in diesem Zusammenhang vermittelt werden und die didaktische Umsetzung, wird wenig reflektiert in den bestehenden Programmen und Konzepten zur Umsetzung und Verbreitung von BNE und Globalem Lernen. Zugleich zeigt sich ein gesellschaftstransformativer Anspruch von Globalem Lernen in unterschiedlichen Veröffentlichungen, zum Teil auch von Regierungseinrichtungen oder internationalen Organisationen (Deutsche UNESCO-Kommission e.v (DUK) 2014; Vare/Scott 2007; VENRO 2014; WBGU 2011).

Das dieser Arbeit zugrundeliegende Forschungsinteresse fokussiert die Schnittflächen der beschriebenen Forschungsbereiche. Mein Anliegen ist es, Zusammenhänge zu analysieren, die zwischen gesellschaftlicher Transformation und Globalem Lernen bestehen. Von Bedeutung ist es dabei, verschiedene relevante Ebenen und damit einhergehende Herausforderungen und Fragestellungen – bezüglich einer transformativen Bildungspraxis – zu thematisieren und zusammenzudenken. Die Analyse von Herausforderungen, Hürden und Grenzen für eine Bildungspraxis des Globalen Lernens und (globale sozial-ökologische) Transformationsprozesse stellt, wie ich gezeigt habe, eine bedeutsame Forschungslücke in den Debatten zu Transformation und Bildung dar. In dieser Arbeit geht es mir darum, bisherige Auslassungen in Forschung und Praxis von Globalem Lernen und Transformation sichtbar zu machen und damit Perspektiven auf die Rolle von Globalem Lernen im Kontext (sozial-ökologischer) Transformation aufzuzeigen. Die vorliegende explorative Erforschung des Praxisfeldes über die Befragung von Bildungsakteur*innen des Globalen Lernens kann substanziell dazu beitragen, diese Potentiale aufzuzeigen.

Ein zentrales Ergebnis dieser Arbeit stellt die Systematisierung der herausgearbeiteten Tendenzen von Transformationsverständnissen der Bildungsakteur*innen des Globalen Lernens dar. Diese erfolgt anhand von vier Dimensionen: Globales Lernen *zu, für, als* und *in* Transformation. Durch und mit dieser Systematisierung erfolgt eine Verhältnisbestimmung von Globalem Lernen und Transformation. Die erarbeitete Systematisierung kann als Instrumentarium der Bildungsforschung genutzt werden, aber auch einer reflexiven Bildungspraxis dienen. Sie ermöglicht eine strukturierte Auseinandersetzung mit und Reflexion von Transformationsfragen und Bildung. Darüber hinaus können die vier herausgearbeiteten Dimensionen für die strategische Ausrichtung zukünftiger Bildungspraxen des Globalen Lernens orientierend sein.

1.2   Struktur der Arbeit

Neben der Einführung gliedert sich diese Arbeit in drei Teile. In einem ersten Teil werden theoretische Grundlagen der Arbeit dargestellt und es findet eine umfassende Rekonstruktion des Bildungskonzeptes Globales Lernen statt (Kap. 2; Kap. 3), der zweite Teil bildet die empirische Untersuchung (Kap. 4; Kap. 5) und der dritte Teil bildet den Schlussteil (Kap. 6; Kap. 7).

Im Teil I dient das Kapitel 2 der theoretischen Verortung der Arbeit. Transformation als Konzept gesellschaftlicher Veränderungen wird eingeführt und auf historische und gesellschaftspolitische Kontexte eingegangen (Kap. 2.1), welche Debatten um Transformation hervorbringen und prägen (Kap. 2.2). Die Auseinandersetzung mit Transformation findet aus einer hegemonietheoretischen Perspektive in Anlehnung an Gramsci statt (Kap. 2.3), um die Umkämpftheit der Thematik in den Blick zu nehmen und bestehende Macht- und Herrschaftsstrukturen im Kontext gesellschaftlicher Transformationsprozesse adressieren zu können (Kap. 2.4). Der Zusammenhang zwischen Hegemonie, Transformation und Bildung wird im Anschluss hergestellt (Kap. 3.1). Dazu betrachte ich zunächst die Rolle von Bildung für die Absicherung und Reproduktion hegemonialer Verhältnisse. In diesem Zusammenhang findet zudem eine Auseinandersetzung mit Subjektivierung statt. Subjektivierungsprozesse werden einerseits als relevanter Aspekt für die Herausbildung und Absicherung hegemonialer Verhältnisse thematisiert. Andererseits geht es darum, den Fokus auf Bildung zu legen und damit einen zentralen Bereich zu thematisieren, in dem Subjektivierungsprozesse stattfinden (Kap. 3.1.1). In diesem Zusammenhang beschreibe ich die Herausbildung hegemonialer Bildungsaspekte im Kontext der postfordistischen Globalisierung insbesondere im Globalen Norden (Kap. 3.1.2). Herausgearbeitet wird, dass Bildung im Kontext der Absicherung aber auch der Infragestellung von Hegemonie eine bedeutende Rolle zukommt. Die gesellschaftliche Funktion von Bildungsinstitutionen – sowohl von Schule als auch von außerschulischen Bildungskontexten – kommt hier in den Blick. Im Unterkapitel 3.1.3 gehe ich auf die Bedeutung von Bildung für kritisch und emanzipatorisch ausgerichtete gesellschaftliche Transformationsprozesse ein. Entsprechend geht es um die Frage, wie in Bildungsprozessen hegemoniale Verhältnisse hinterfragt werden. Nach dieser allgemeinen Thematisierung von Zusammenhängen zwischen Hegemonie, Subjektivierung und Bildung, folgt eine Auseinandersetzung mit dem Bildungskonzept des Globales Lernens (Kap. 3.2).

Das Bildungskonzept wird im Zusammenhang mit gesellschaftlicher Transformation analysiert, da es explizit als Ansatz etabliert wurde, um sich mit Globalisierungsprozessen und globalen Missständen auseinanderzusetzen. In einem ersten Schritt wird der dynamische Entstehungskontext des Bildungskonzeptes beschrieben (Kap. 3.2.1). Das Nachzeichnen der Entwicklung von Globalem Lernen geschieht entsprechend seines Gegenstandes – globale, gesellschaftspolitische Zusammenhänge – vor dem Hintergrund historischen Ereignissen, wie Krisen und Herausforderungen insbesondere bezüglich Nachhaltigkeitsthemen und der transnationalen Verständigung der internationalen Gemeinschaft über den Umgang mit diesen. Im Unterkapitel 3.2.2 werden daraufhin Akteur*innen beschrieben, die für die Relevanz und Etablierung des noch recht jungen Bildungskonzeptes Globales Lernen eingestanden sind und dies auch immer noch tun. Zugleich wird im Zusammenhang mit der Beschreibung der Akteur*innen verdeutlicht, in welchen zivilgesellschaftlichen und institutionalisierten Zusammenhängen Bildungspraxen des Globalen Lernens verortet sind.

Im Unterkapitel 3.2.3 widme ich mich gesellschaftstheoretischen Grundlagen und Annahmen, die Bildung im Allgemeinen und entsprechend auch Globalem Lernen explizit und implizit zugrunde liegen. Gesellschaftstheoretische Annahmen im Zusammenhang mit Bildung zu thematisieren, ist von Bedeutung, da diese auch bildungstheoretische Annahmen von Bildungskonzepten prägen (Kap. 3.2.4). Die Auseinandersetzung mit gesellschaftstheoretischen und bildungstheoretischen Zugängen, die im Kontext Globalen Lernens explizit thematisiert werden, ergänze ich um einen bildungstheoretischen Zugang von Astrid Messerschmidt. Diesen nehme ich auf, um Leerstellen und verkürzte Annahmen von gesellschaftstheoretischen und bildungstheoretischen Zugängen deutlich zu machen. In dieser Weise soll eine Perspektive auf Globales Lernen und die damit verbunden Bildungspraxen gewonnen werden, die auch im Zusammenhang mit Fragen gesellschaftlicher Transformation und deren Ausgestaltung und Umsetzung wichtige Aspekte beleuchten. Im Unterkapitel 3.2.5 greife ich die Debatte um transformative Bildung auf, die in den letzten Jahren verstärkt geführt wird und die Frage thematisiert, welche Rolle Bildung in gesellschaftlichen Transformationsprozessen spielen muss und kann. Diese Debatte, die sich durch unterschiedliche Bildungs- und Lernverständnisse auszeichnet und von einigen Akteur*innen des Globalen Lernens mitgeführt wird, skizziere ich im Anschluss. Zusammenfassend findet die Darstellung von Spannungsverhältnissen im Globalen Lernen statt (Kap. 3.2.6).

Im Anschluss an die theoretischen Ausführungen im Teil I dieser Arbeit wird im Teil II – der empirischen Untersuchung – zunächst der Untersuchungsgegenstand und das methodische Vorgehen beschrieben (Kap. 4). Im Anschluss daran wird der Auswertungsprozess des empirischen Materials dargestellt. Grundlage für die empirische Untersuchung der Frage, wie sich Debatten um Transformation in Bildungspraxen des Globalen Lernens übersetzen, bilden leitfadengestützte Interviews mit Akteur*innen verschiedener Organisationen, die im Feld des Globalen Lernens tätig sind. Mit der Auswahl der Personen wurde der Heterogenität des Feldes des Globalen Lernens Rechnung getragen. Zu den ausgewählten Akteur*innen gehören bspw. fest etablierte Organisationen, die seit Jahren im Bereich des Globalen Lernens aktiv sind und eine oder mehrere hauptamtliche Stellen haben. Zugleich sind Akteur*innen aus Vereinen Teil des Samples, die erst in der letzten Dekade gegründet wurden und ebenfalls eine bis mehrere hauptamtliche Stellen haben. Ein weiterer Aspekt, der die Heterogenität der interviewten Akteur*innen verdeutlicht, ist ihre relative Nähe zu sozialen Bewegungen und der unterschiedlich starke Bezug zu entwicklungspolitischen Szene. In einem explorativen Vorgehen in der empirischen Untersuchung sollen Debatten aus dem Feld des Globalen Lernens herausgefiltert werden, die in einem Zusammenhang mit Fragen der Transformation stehen. Die im Zuge der Auswertung herausgearbeiteten thematischen Schwerpunkte im Material werden in der Darstellung der Ergebnisse der empirischen Analyse beschrieben (Kap. 5). Herausgearbeitet wird, welche Aspekte der Debatte um Transformation in der Bildungspraxis von Globalem Lernen aufgegriffen werden, was weggelassen, was hinzugenommen wird und wie sich diese Aspekte je nach Bildungsakteur*in unterscheiden.

Den Schlussteil der Arbeit bildet eine systematisierende Diskussion und Verortung der theoretischen Überlegungen und empirischen Ergebnisse. Das empirische Material und die theoretischen Überlegungen werden in einen größeren Zusammenhang gestellt und systematisiert (Kap. 6). Abschließend nehme ich noch einen Ausblick (Kap. 7) vor: Wie können die Ergebnisse der Arbeit für die Weiterentwicklung der Debatte um Transformation und Bildungspraxen des Globalen Lernens genutzt werden? Was also kann aus der Analyse der vorliegenden Arbeit für eine global ausgerichtete, politisch-strategische Bildungspraxis mit kritisch-emanzipatorischem, transformativem Charakter abgeleitet werden?

Im Rahmen der vorliegenden Studie konnte ich herausarbeiten, dass für kritische politische Bildungsarbeit mit globalen Bezügen nicht nur die Auswahl und Begründung von Inhalten und Methoden relevant sind. Auch materielle Bildungsinfrastruktur wie bspw. institutionelle Rahmenbedingungen, Lernräume und -orte, selbstreflexive Praktiken oder Organisationsstrukturen sind von Bedeutung. Die Verankerung der imperialen Lebens- und Produktionsweise erfolgt auch durch Bildung. Dieser Zusammenhang muss in die Ausgestaltung von Bildungskontexten einfließen und stärker berücksichtig werden – im Sinne von sichtbar machen, kritisieren, anders/neu denken, verändern und absichern.

2 Transformation als Ringen mit gesellschaftlichen Herausforderungen

Der Begriff „Transformation" ist in aller Munde – aber was ist damit gemeint? Was soll transformiert werden, vom wem, und in Reaktion worauf? Historisch-dynamische und strukturelle gesellschaftliche Bedingungen schaffen Situationen, auf die soziale Kräfte und politische Akteur*innen unterschiedlich und oft auch gegensätzlich reagieren. Diese Konstellationen sind in ihren umfassenden Dimensionen für ein Verständnis der Situiertheit von Politiken, Konflikten und Kämpfen im Kontext gesellschaftlicher Transformation von Bedeutung. Um ein hegemonietheoretisch informiertes Verständnis von Transformation zu gewinnen, werde ich im Folgenden in einem ersten Schritt einen theoretischen Rahmen einführen, mit dem gegenwärtige Krisen betrachtet werden können (Kap. 2.1.). Im Anschluss daran gehe ich auf historische Kontexte ein, aus denen die Diskurse um Transformation entstanden sind (Kap. 2.2.). Die Auseinandersetzung mit Transformation nehme ich dann aus einer hegemonietheoretischen Perspektive auf, um die Umkämpftheit von Transformationsprozessen in den Blick zu nehmen und bestehende Macht- und Herrschaftsstrukturen im Kontext von Transformation adressieren zu können (Kap. 2.3.). In dieser Perspektive werden auch gegenwärtige Hegemonieprojekte erkennbar. Die zu ihrem Verständnis notwendigen theoretischen Grundlagen werden detailliert in einem eigenen Teilkapitel erläutert (Kap. 2.4.).

2.1 Die Multiple Krise als ein Kontext von Transformationspolitiken

„Kritisch-subversive Handlungsfähigkeit liegt nicht in einem von der Gesellschaft unberührten Kern des Individuums begründet. Vielmehr entsteht sie in je spezifischer Weise in einem historischen Kontext, aus gesellschaftlichen Vermittlungsprozessen und konkreten Kämpfen. Wer die spezifische Absicherung gesellschaftlicher Ordnung oder Möglichkeiten alternativer Formen von Politik, Gesellschaft und Wirtschaft analysieren will, muss folglich immer auch die Verhältnisse in den Blick nehmen, die zu ihnen führen und sie lösen wollen." (Süß 2015: 24)

Herausforderungen und Krisen können zu jeder Zeit in unterschiedlichen gesellschaftlichen Kontexten beobachtet und definiert werden. Krisen sind dabei keine äußerliche Macht, die über Gesellschaften hereinbrechen – in die Krise geraten konkrete soziale Verhältnisse und soziale Praktiken, welche durch Kollektive und Individuen regelmäßig reproduziert und ausgeübt werden (Bader et al. 2011: 11). Die Beschäftigung mit Transformation findet in dieser Arbeit vor dem Hintergrund eines Verständnisses der gegenwärtigen Herausforderungen als vielfältige gesellschaftliche Krisen statt. Eine Reihe von politischen Berichten, wissenschaftlichen Studien und Strategiepapieren haben die Vielfalt gegenwärtiger Krisen in kapitalistischen Gesellschaften adressiert. Darunter fallen bspw. Klimawandel, Biodiversitätsverlust, ökonomische Krisen, Care-Krisen zunehmende soziale Ungleichheit in vielen Gesellschaften, Krisen im Zusammenhang mit demokratischen Institutionen/Strukturen oder auch Spannungen im Kontext internationaler Beziehungen und Politiken (UNEP 2011; WBGU 2011). Diese Deutungen von gesellschaftlichen Krisen stehen in Verbindung mit theoretischen Ansätzen. Mit dem Konzept der *Multiplen Krise* entwickeln Pauline Bader, Florian Becker, Alex Demirovic und Julia Dück (2011) eine Krisenanalyse, der ich mich in dieser Arbeit bediene. Die Beschreibung gegenwertiger Krisen als *Multiple Krise* verdeutlicht, dass bspw. ökologische Fragen nicht nur Fragen politischer Legitimation sind, sondern auch im Zusammenhang mit Fragen der Sicherung ökonomischer Verwertungs- und Reproduktionsbedingungen von Ressourcen stehen. Darüber hinaus wird der Zusammenhang zwischen bestehenden und sich vertiefenden Krisen verdeutlicht: Gemeint sind hier besonders Verflechtungen von Finanz-, Wirtschafts- und Beschäftigungskrisen, von Krisen der Reproduktion und dramatischer Prekarität, von ökologischen Krisen und schwelenden demokratischen Repräsentationskrisen. Diesen diversen Krisengeschehen trägt die *Multiple Krise* Rechnung. Dabei handelt es sich um eine historisch-spezifische Konstellation von vielfältigen Krisen, welche einen inneren Zusammenhang in der fossilistisch-kapitalistischen Lebens- und Produktionsweise in Folge der Industrialisierung finden (Bader et al. 2011: 12 f.) – also in gesellschaftlichen Strukturzusammenhängen die Krisen hervorbringen. Der Begriff der Lebens- und Produktionsweise ist an dieser Stelle zentral, da darüber verdeutlicht wird, dass sich hegemoniale gesellschaftliche Verhältnisse über kulturelle und subjektive Alltagsroutinen ausbilden, die durch physisch-materielle Infrastrukturen ermöglicht werden und durch institutionalisierte Staats- und Governancestrukturen abgesichert werden. Das Verhältnis zwischen Alltagsroutinen, materiellen Infrastrukturen und institutionellen Zusammenhängen verankert und stabilisiert Lebens- und Produktionsweisen. In den Fokus der Analyse rückt mit dem Begriff der Lebens- und Produktionsweise der enge Zusammenhang zwischen kapitalistischer Produktionsweise, Alltagspraxen und Subjektivierungsformen (Brand/Wissen 2017a: 65). Entgegen gängiger Krisendeutungen und Krisenpolitiken, die sich meist auf einen gesellschaftlichen Bereich beziehen, in dem Krisentendenzen sichtbar werden, orientiert sich die Krisenanalyse der *Multiplen Krisen* an einem kreislauftheoretischen Modell, in dem sich die jeweiligen Verhältnisse wechselseitig voraussetzen. In kapitalistischen Gesellschaften sind Momente der Produktion, der Zirkulation, der Distribution und des Konsums von Bedeutung. Diese ökonomischen Faktoren sind allerdings wiederum mit weiteren Prozessen verbunden, die Bader et al. wie folgt festhalten:

"Rohstoffgewinnung und Energieerzeugung, die Herstellung von Infrastrukturen wie Straßen oder Wasser- und Energieversorgung, die Erzeugung des menschlichen Arbeitsvermögens in den vielfältigen Praktiken von sexuellen Beziehungen über die Kindererziehung bis hin zur beruflichen Ausbildung, die Fähigkeit zur Organisation und Lenkung des Produktionsapparats und der Koordination und Kooperation vieler Menschen, die Verwaltung und Verteilung der Güter, die Kontrolle ihrer Qualität, die Formen und das Maß des Konsums oder das Sparen und der Kredit." (Bader et al. 2011: 11f.)

Ein Umgang mit der Komplexität vielfältiger Krisenerscheinungen kann demnach nur gelingen, wenn der Zusammenhang von unterschiedlichen Krisendynamiken verstanden wird.

Die Krisenanalyse der *Multiplen Krise* bezieht die historische Gewachsenheit der fossilistisch-kapitalistischen[5] Lebens- und Produktionsweise ein. Die Existenz spezifischer Lebens- und Produktionsweisen ist selbstredend kein zwangsläufiger Prozess und auch nicht konfliktfrei. Vielmehr findet eine ständige Veränderung von Gesellschaft, Ökonomie und gesellschaftlichen Institutionen statt. Von Bedeutung ist, dass sich vollziehende Veränderungen mit der Reproduktion insbesondere von Kapitalverhältnissen kompatibel sind (Brand/Wissen 2016: 240). Die zentrale theoretische Referenz dieser Analyse bildet die Regulationstheorie. Dieser zufolge reproduzieren sich Kapitalverhältnisse in Form von „Entwicklungsweisen", die auf der vorherrschenden gesellschaftlichen Produktionsnorm beruhen, mit der eine Konsumnorm einhergeht. Als „Akku-

---

5   Die für den Fordismus typischen und diesen überdauernden Praktiken der Mobilität, des Wohnens und der Ernährung, sowie damit verbundene Produktionsweisen basieren auf der Nutzung von Öl und anderen fossilen Rohstoffen. Mit der Ausweitung der kapitalistischen Produktionsweise, auch über die Kämpfe um bessere Arbeits- und Lebensbedingungen, und der Verallgemeinerung von Lohnverhältnissen insbesondere im Globalen Norden wurde der Konsum ölbasierter Produkte und Dienstleitungen verbreitet (Brand/Wissen 2016: 241). Daher spreche ich von fossilistisch-kapitalistisch.

mulationsregime" wird das Entsprechungsverhältnis zwischen Produktions- und Konsumnorm beschrieben. Dieses „stellt sich über ein Set von institutionellen Formen – das Lohnverhältnis, die Form der Konkurrenz, die Geldrestriktion, die Form des Staates und die Form der Eingliederung einer nationalen Ökonomie in den Weltmarkt – her, die zusammen eine ‚Regulationsweise' konstituieren." (Brand/Wissen 2016: 240).

Die Krisenanalyse der *Multiplen Krise* umfasst den Umbau zur fossilistisch-kapitalistischen Lebens- und Produktionsweise. Dieser Umbau geht aus einem Nachkriegsakkumulationsmodell in den kapitalistischen Zentren hervor, wodurch es zu veränderten strukturellen Ausrichtungen kam. Damit in Verbindung steht die fordistische Epoche des Kapitalismus, die schon in den 1920er Jahren in den USA Gestalt annahm und in Westeuropa zunehmend nach dem Zweiten Weltkrieg. Mit dem Fordismus rückte der Kampf um die Teilhabe am kapitalistisch produzierten Warenreichtum in den Vordergrund. Die steigende Produktivität nach dem Zweiten Weltkrieg wirkte sich auf eine Erhöhung von Profiten und Löhnen aus, wodurch die Konsumnachfrage stieg. Der Kern des „fordistischen Klassenkompromisses" bestand darin, dass zugunsten von mehr Konsum auf einen Zuwachs an freier Zeit verzichtet wurde. Eine zentrale Veränderung, die mit fordistischen Gesellschaftsverhältnissen einherging, war der Konsum der Arbeiter*innenklasse und die Ausweitung von Wohlstand, welcher auf der Aneignung und Ausbeutung von Arbeitskraft und Ressourcen weltweit beruhte (Brand/Wissen 2017a: 86). Dieser neue Wohlstand beschränkte sich jedoch vor allem auf den Globalen Norden[6] und war verknüpft mit einem dominanten und linearen Entwicklungs- und Fortschrittsdenken, welches maßgeblich auf Wirtschaftswachstum beruhte. In den 1970er Jahren wurde die fordistische Lebens- und Produktionsweise auf vielfältige Weise hinterfragt. Unterschiedliche Krisen verdeutlichten die ressourcen- und emissionsintensive Dimension der fordistischen Lebens- und Produktionsweise und die damit in Verbindung

---

6   Mit Globalem Norden werden Länder und Orte beschrieben, die hinsichtlich gesellschaftlicher, politischer und ökonomischer Positionen privilegiert sind. Mit Globalem Süden werden hingegen Länder und Orte im globalen System beschrieben, deren Positionen von Benachteiligung gekennzeichnet ist. Die Beschreibung verweist auf unterschiedliche Erfahrungen mit Kolonialismus und Ausbeutung – als Ausgebeutete und als Profitierende. Die Einteilung ist auch geografisch gedacht, bezieht sich jedoch nicht ausschließlich auf geografische Verortungen. Unterschiedliche Positionen von Ländern und Orten im globalen Kontext werden durch das Begriffspaar vorgenommen ohne dabei wertende Begriffe wie „entwickelt", „Entwicklungsländer" oder „Dritte Welt" zu verwenden (I.L.A.Kollektiv 2019: 103).

stehenden Gefahren. Die sich zuspitzenden ökologischen Krisen wurden mit dem Wachstumsparadigma der Industriemoderne und damit einhergehenden Produktions- und Konsummustern in Verbindung gebracht. In diesem Zusammenhang wurde das Selbstverständnis westlicher Gesellschaften und das diesen zugrundeliegende Entwicklungsmodell[7] infrage gestellt (Krüger 2013: 426). Ökologische Probleme wurden bereits in den 1970er Jahren nicht mehr isoliert betrachtet, sondern als Symptom einer gesellschaftlichen Krise, einer ‚Krise der Modernität' (Görg 2003: 134). Zunehmende Kritik entwickelte sich durch Artikulationen[8] von Protestbewegungen wie Studierenden-, Solidaritäts-, Umwelt- und Frauenbewegungen. Im Verlauf der 1980er Jahre erlangte die Krise der fordistischen Lebens- und Produktionsweise gesamtgesellschaftliche Relevanz und wurde in der Wissenschaft, aber auch von Eliten in Politik und Wirtschaft diskutiert (Krüger 2013: 427). Eine neoliberale Krisenbearbeitung dominierte und überlagerte Experimente mit alternativen Lebensformen im Kontext sozialer Bewegungen ab den 1990er Jahren. Zunehmend etablierte sich eine neoliberale Lebens- und Produktionsweise, die sich unter anderem durch eine Liberalisierung von Märkten und die Absicherung marktwirtschaftlicher Reformen durch institutionelle Verankerung auszeichnet. Diese neue Phase kapitalistischer Entwicklung ist auch durch Veränderungen gesellschaftlicher Kräfteverhältnisse geprägt, die zu Lasten der Lohnabhängigen gingen. Das starke Wachstum der Finanzmärkte und der damit einhergehenden dominanten Kapitalfraktionen ergaben sich aus Politiken der Privatisierung, Liberalisierung und Deregulierung (Bader et al. 2011: 14f.). Eine Globalisierung von Kapital wurde damit ebenfalls

---

[7] Der Begriff der Entwicklung geht ab 1949 durch die Antrittsrede von Harry S. Truman mit einem Entwicklungsparadigma einher, welches Länder in „entwickelt" und „unterentwickelt" unterteilt. Dabei ist das Entwicklungsparadigma durch eine westliche koloniale Logik begründet und geprägt. Es definiert das westliche Wohlstandsmodell für „unterentwickelte" Länder des Globalen Südens als anzustrebenden Zielzustand. Der mit dem Entwicklungsparadigma verbundene westlich hegemoniale Fortschrittsgedanke legitimiert entsprechend auch den Eingriff „entwickelter" Länder in „unterentwickelte" Länder, um deren Entwicklung zu unterstützen. Annahmen und Vorstellungen von Entwicklung sind daher stark verwoben mit dem zeit-historischen Paradigma von Wachstum, Wohlstand und Fortschritt. Die mit dem Entwicklungsbegriff verbundene Normativität einer kapitalistischen Lebens- und Produktionsweise macht die Verwendung des Begriffs in jeglichen Debatten um alternative gesellschaftliche Verhältnisse zu einem ambivalenten und problematischen Begriff (Sachs 2010).

[8] Im Kontext diskurstheoretischer Hegemonieanalysen wird jede soziale Praxis als artikulatorische und dadurch als Teil von Diskursen verstanden, da in ihrem Vollzug Deutungs- und Handlungsmuster (re-) produziert werden (Laclau/Mouffe 2001).

ermöglicht, wodurch die fossilistisch-kapitalistische Lebens- und Produktionsweise transnationalisiert und weiter vertieft wurde. Die Krisenbearbeitung der fordistischen Gesellschaftsformation und die damit verbundene Verankerung und Ausweitung der fossilistisch-kapitalistischen Lebens- und Produktionsweise verstärkte bestehende gesellschaftliche Widersprüche und erzeugte neue. Dennoch zeigen die letzten Jahrzehnte, dass die Ausweitung neoliberaler Herrschaftsformationen trotz Krisen stattfand und weiter stattfindet (Bader et al. 2011: 13 f.). Im Zuge des gesellschaftlichen Umbaus unter neoliberalen Vorzeichen entwickelte sich ein Finanzmarktkapitalismus, der staatliches Handeln zunehmend an internationaler Wettbewerbsfähigkeit ausrichtet. Auch auf europäischer Ebene im Vertrag von Lissabon und auf internationaler Ebene durch die paradigmatische Rolle der WTO wird die politisch-institutionelle Absicherung des neoliberalen zwischenstaatlichen Wettbewerbsimperatives deutlich (Brand/Wissen 2017a: 99). Krisendeutungen und -politiken der letzten Jahre bezogen sich in dominanter Weise auf die unregulierten Finanzmärkte und deren Management, was sich symptomatisch daran zeigte, wie Regierungen mit der Wirtschafts- und Finanzkrise von 2007/2008 umgingen. Im Vordergrund stand die Rettung „systemrelevanter" Banken, sowie die Stärkung „eigener" Unternehmen, damit diese auch nach der Krise noch existierten. Staatliches Handeln wird im Kontext der „Rettung" gesehen, die Frage, ob und wie staatliche Politik Krisen mitverursach(t)e, wird dabei nicht gestellt. Die Annahme, dass existierende politische Institutionen und Instrumente zur Bearbeitung der Krisen geeignet sind, bleibt dementsprechend unhinterfragt (Brand 2011: 99 f.).

Die sozial-ökologische Widersprüchlichkeit der fossilistisch-kapitalistischen Lebens- und Produktionsweise wird zwar durch Analysen wie die der *Multiplen Krise* thematisiert, jedoch finden diese wenig Eingang in hegemoniale Politiken der Krisenbearbeitung. Das vorherrschende Krisenmanagement ist entsprechend selbst in die Krise geraten. Ein widersprüchliches Ineinandergreifen von Strategien der Bearbeitung und Nicht-Bearbeitung, der Thematisierung und De-Thematisierung von Krisen wird sichtbar. Dominant ist der Versuch, die Krisen voneinander zu trennen und sie zu kontrollieren (Bader et al. 2011: 25). Diese selektive Krisenbearbeitung innerhalb der Formen von Staat und Markt löst aber nicht die komplexen Krisenzusammenhänge und -ursachen der *Multiplen Krise* auf, sondern generiert vielmehr neue Widersprüche. Es zeigt sich eine klare Hierarchie in der Krisenbearbeitung. Im Zentrum steht die Wiedergewinnung von wirtschaftlichem Wachstum und Gewinnen und damit verknüpft der Erhalt von Arbeitsplätzen (ebd.). Dominante Deutungen von bestehenden Krisen und die daraus entstehenden Politiken sind eng verbunden mit der Reproduktion existierender Herrschaftsverhältnisse und damit verwobenen Lebens- und Produktionsweisen. In diesem Rahmen werden entsprechend Lösungsansätze für bestehende Krisen entwickelt und diskutiert, aus denen allenfalls graduelle Umstellungen und Veränderungen bestehender Gesellschaftsordnungen hervorgehen.

Das Paradoxe der beschriebenen Entwicklung liegt darin, dass es zwar ein zunehmendes Bewusstsein für ökologische und soziale Krisen gibt, die mit der Nutzung fossiler Energien und Ressourcen in Verbindung stehen, zugleich jedoch Politiken, internationale und innergesellschaftliche Kräfteverhältnisse und soziale Praktiken diese Krise ständig verschärfen (Brand/Wissen 2016: 235 f.). Mit dem Analysekonzept der *imperialen Lebens- und Produktionsweise* greifen Ulrich Brand und Markus Wissen (2017a) dieses Paradox auf. Sie gehen davon aus, dass die vielfältigen global-gesellschaftlichen Krisenprozesse – die *Multiple Krise* –, die gesellschaftlich auch zunehmend als Herausforderung begriffen werden, sich verschärfen. Die *imperiale Lebens- und Produktionsweise* ist demnach eine, die sich global verallgemeinert und intensiviert, obwohl sie aufgrund von endlichen Ressourcen und der Notwendigkeit, Kosten auszulagern, nicht verallgemeinerbar ist. Sie muss als Ergebnis jahrzehntelanger Hegemoniebildung betrachtet werden, die globale Ausbeutung und das Leben auf Kosten anderer teils verschleiert, teils als ‚normal' erscheinen lässt. Die *imperiale Lebens- und Produktionsweise* beruht auf der Ausbeutung von Menschen und Natur, wobei der Globale Norden überproportional auf Arbeit und Ressourcen im Globalen Süden zugreift und Kosten wiederum zu einem großen Teil in den Globalen Süden externalisiert. Mit der *imperialen Lebens- und Produktionsweise* geht ein Wohlstandsversprechen einher, das alternative Lebens- und Produktionsweisen verdrängt. Notwendigerweise bleibt sie jedoch exklusiv, da sie ökonomisch wie physikalisch nicht verallgemeinerbar ist (ebd.: 44 f.). Mit dem Analysekonzept der *imperialen Lebens- und Produktionsweise* schließen Brand und Wissen an grundlegende Annahmen der Regulationstheorie an. Um jedoch die Lücke, die mit dem Begriff der Entwicklungsweise der Regulationstheorie bestehen bleibt – die Frage der Vermittlung zwischen der Makroebene – Produktions-, Distributions- und Konsumnormen – und der Mikroebene – dem individuellen Verhalten – zu schließen, nutzen sie das Konzept der Hegemonie von Antonio Gramsci. Deutlich wird damit, dass ein Akkumulationsregime nicht nur auf der Kohärenz zwischen den Produktions-, Distributions- und Konsummustern beruht, sondern ebenso auf der gesellschaftlichen Verallgemeinerung von Alltagspraktiken und dem Alltagsverstand[9] im Sinne Gramscis (ebd.: 45).

---

9   Eine umfassendere Auseinandersetzung mit dem Konzept des Alltagsverstandes von Gramsci findet in Kapitel 3.1 statt.

Dass die imperiale Lebens- und Produktionsweise trotz des zunehmenden Krisenbewusstseins selten ernsthaft infrage gestellt wird, liegt an ihrer hegemonialen Stellung und den Mechanismen, die hegemoniale Verhältnisse verankern und stabilisieren: dem Zusammenspiel von kulturellen und subjektiven Alltagspraktiken, physisch-materiellen Infrastrukturen und politischen und wirtschaftlichen Institutionen (ebd.: 46 f.).

Die hier eingeführte Krisenanalyse der *Multiplen Krise*, der theoretische Rahmen der Regulationstheorie und der *imperialen Lebens- und Produktionsweise* verdeutlicht, welches Verständnis von gesellschaftlichen Krisen dieser Arbeit zugrunde liegt. Die beschriebenen konzeptionellen und theoretischen Überlegungen bilden im Folgenden einen wichtigen Bezugspunkt für Verständnisse von Transformation. Der Begriff der Transformation ist seit einigen Jahren ein Schlagwort innerhalb wissenschaftlicher und öffentlicher Debatten, wobei diese Prominenz des Transformationsbegriffes durchaus auf ein steigendes Bewusstsein für und eine verbreitetere Anerkennung von gegenwärtigen *Multiplen Krisen* zurückgeführt werden kann (Brand 2016a: 504). Zugleich zeigen sich historisch und gegenwärtig sehr unterschiedliche Verwendungen des Begriffs, die ich im Folgenden genauer darstellen werde, um zu einem gesättigten Verständnis von Transformation zu gelangen.

2.2 Dimensionen des Transformationsbegriffs

Der Begriff der Transformation ist en vogue: 2011 publizierte der WBGU das Gutachten „Welt im Wandel. Gesellschaftsvertrag für eine Große Transformation". Und auch international erschienen zur selben Zeit Berichte von UN-Organisationen mit starkem Bezug auf den Transformationsbegriff (DESA (Department of Economic and Social Affairs) 2011; UNEP 2011), es wurden entsprechende Forschungsprogramme gestartet (Driessen et al. 2013; Hackmann/Clair 2012) und die (sozial-)wissenschaftliche Forschung zum Thema Transformation ist verbreitet (Brand/Wissen 2017b; Brie 2014; Nalau/Handmer 2015; O'Brien 2012). In der 2015 von der UNO-Generalversammlung beschlossenen Agenda 2030 wird kein geringerer als der Anspruch „Transforming Our World" formuliert (Brand/Steffens 2021: 32).

Transformation wird oft auch als ‚Große Transformation', ‚Grüne Transformation' oder ‚sozial-ökologische Transformation' näher spezifiziert. Im Zuge der Anerkennung des ‚Versagens' von Politiken im Kontext von Nachhaltiger Entwicklung und ökologischer Modernisierung haben die Begriffe Transformation,

Große Transformation, grüne Transformation und sozial-ökologische Transformation an Bedeutung gewonnen. Die ökologische Krise wird hier in einen breiteren Kontext gestellt und mit sozialen und politischen Herausforderungen in Verbindung gebracht – wobei die Ursachenanalyse der Krise(n) je nach Diskurs und beteiligten Akteur*innen unterschiedlich ausfällt. Die Komplexität und die weitreichenden Konsequenzen der bestehenden Probleme[10] gehen prinzipiell mit einer breiten Anerkennung der Tatsache einher, dass schnelle und grundlegende, teils auch strukturelle Veränderungen notwendig sind (Brand et al. 2020: 161). Diese geforderten Veränderungen gesellschaftlicher Verhältnisse werden unter dem Begriff der Transformation gefasst.

Die Dringlichkeit, die in Debatten um Transformation aufscheint, zeigt sich im Sprechen über Tipping Points, Schwellenwerte und planetare Grenzen (Rockström et al. 2009) oder auch dem Anthropozän (Steffen et al. 2007). Deutlich wird, dass ein Konsens bezüglich der Notwendigkeit gesellschaftlicher Veränderung besteht, die Art und Weise dieser Veränderung, die hier als Transformation bezeichnet wird, jedoch strittig ist.[11] Brand, Wissen und Görg (2020) nehmen an, dass die Diskussion um Transformation eine ähnliche Funktion wie jene um Nachhaltigkeit[12] in den 1990er Jahren einnimmt. Transformation mit seinen jeweiligen Zusätzen und Bestimmungen scheint ähnlich wie jener der nachhaltigen Entwicklung in den 1990er Jahren zu einem Containerbegriff geworden zu sein, „der ein neues politisch-epistemisches Terrain darstellt, also sowohl ein Feld des als angemessen erachteten Wissens um Probleme bzw. Krisen, ihrer Ursachen und der zur Problembearbeitung zuständigen Akteure, wie auch eines der Ausarbeitung als sinnvoll und zielführend erachteten Strategien." (Brand 2016c: 209).

---

10 Der globale Kontext hat sich seit dem Beginn der Nachhaltigkeits-Ära dramatisch verändert und die Drastik der ökologischen Krise hat in den letzten 25 Jahren stark zugenommen. Die Förderung und Nutzung fossiler Energien und Ressourcen hat sich in den letzten Jahren erhöht (Atlas 2019) und zunehmend wird deutlich, dass es sich um eine weltweite Krise handelt, auch wenn diese sich unterschiedlich stark in verschiedenen Weltregionen zeigt (Brand 2016c: 212).

11 In Folge der Wirtschafts- und Finanzkrise 2007/08 wurde auch der Begriff Transition wichtig. Transition fokussiert in der Regel auf Veränderungsprozesse in Nischen und bestehenden, strukturellen Verhältnissen und ist daher weniger geeignet, um umfassende gesellschaftliche Veränderungsprozesse zu adressieren (Brand 2016c: 212).

12 Die Debatten um den Begriff der Nachhaltigkeit werden im Kapitel 3.2.1 detaillierter ausgeführt sowie deren Bedeutung für die Herausbildung des Bildungskonzepts Globales Lernen erläutert.

Die Geschichte gesellschaftlicher Transformationen ist jedoch lang, geht über aktuelle Krisen und Herausforderungen hinaus und auch das Nachdenken über Transformation hat eine lange Tradition. Im Folgenden führe ich in Perspektiven und Verständnisse von Transformation ein und gehe der Frage nach, worauf sich aktuelle diskursive und praktische Beschäftigungen mit Transformation stützen. In verschiedenen Debatten um Transformation werden gänzlich unterschiedliche Verwendungen des Begriffs deutlich. Deshalb möchte ich den Container der Transformation öffnen und nachzeichnen, welche Diskurse sich hinter dem Begriff der Transformation verbergen – also den Forschungs- und Debattenstand zu Transformation umreißen und systematisieren. Dieses Unterkapitel gliedert sich in drei Teile. In einem ersten Teil wird es um eine deskriptive, sozialwissenschaftliche Beschreibung des Transformationsbegriffs gehen. Im Anschluss daran werde ich Bezug nehmen auf geschichtliche Transformationsprozesse um dann verschiedene Typen von Transformation vorstellen, die auf der Regulationstheorie aufbauen.

2.2.1 Begriffliche Annäherung

Transformation entstammt dem Lateinischen und bedeutet zunächst umformen bzw. verwandeln. Gerade moderne Gesellschaften sind ständig im Wandel begriffen. Mit sozialem Wandel als zentralem Begriff der Soziologie werden Prozesse der Veränderung von Strukturen eines sozialen Systems verstanden (Reißig 2019: 15). Diese Veränderungen betreffen typische Merkmale eines Systems, es geht somit um Wandel *im* sozialen (Ordnungs-)System und weniger um den Wandel *des* Ordnungssystems. Sozialer Wandel kann sich innerhalb einer bestehenden und dominanten Lebens- und Produktionsweise vollziehen, diese vertiefen oder ausweiten – diese Form sozialen Wandels kann in der Moderne als Normalfall beschrieben werden (Bauman 2003). Führt sozialer Wandel zur Umwandlung bestehender und dominanter Lebens- und Produktionsweisen und eröffnet Möglichkeiten neuer gesellschaftlicher Entwicklungspfade, kann dies indes als Transformation bezeichnet werden (Reißig 2019: 16). Mit Transformation wird also ein besonderer Typ sozialen Wandels beschrieben und „auch ein ganz spezifischer Raum, Ort und Zeitabschnitt im evolutionären Prozess sozialen Wandels erfasst – der des Übergangs, der Umwandlung zu etwas substantiell Neuem." (ebd.) Transformation bedeutet hier also die Veränderung der systemischen Charakteristika von Gesellschaften und umfasst soziale, kulturelle, technologische, politische, wirtschaftliche und rechtliche Veränderungen (Driessen et al. 2013: 1). Gesellschaftliche Werte und Routineverhalten werden hinterfragt und Perspektiven herausgefordert, die dazu dienen, Entscheidungen und Entwicklungspfade zu rationalisieren (Nalau/Handmer 2015: 351). Transformationen, mit Blick auf geschichtliche Ereignisse, sind stets Wechselwirkungen aus intentionalen und emergenten Prozessen, weswegen die Beachtung der jeweiligen historischen Kontexte von Transformationsprozessen unabdingbar ist. Die emergenten, nichtlinearen gesellschaftlichen Entwicklungs- und Wandlungsprozesse sowie die Interessen, Motive, Intentionen und Werte darin involvierter sozialer Gruppen und Individuen und deren Zusammenhänge müssen analysiert werden. Transformation kann in Anlehnung an Reißig verstanden werden als ein

„[…] Prozess der Selbstveränderung der Gesellschaft und tiefgreifender wirtschaftlicher, politischer, sozialer Veränderung und Neuschöpfung der Gesellschaft, der zugleich eine Sache von Konflikten und gesellschaftlichen Kämpfen ist." (Reißig 2019: 17)

Inzwischen steht der Transformationsbegriff in einer historischen und gegenwärtigen Dimension auch für die globale Ausweitung von Kapitalismus und neoliberaler Rationalität (ebd.: 90 f.). Zugleich ist Transformation ein zentraler Begriff für gegenhegemoniale, zukunftsoffene Suchprozesse. Diese können an existierenden Vorbildern orientiert sein, müssen dies aber nicht. Als Übergangsprozess verweist Transformation auf vielfältige Zusammenhänge zwischen emergenten gesellschaftlichen Entwicklungsprozessen und eingreifendem Handeln und enthält starke eigendynamische und nicht vorhersehbare Komponenten. Transformation – auch verstanden als neuer Such- und Leitbegriff gegenwärtiger Diskurse im Kontext globaler multipler Krisen – erfordert, diesen inhaltlich zu füllen und theoretisch dauernd neu zu justieren. Nalau und Handmer schreiben dazu:

„[O]bwohl die Idee der Transformation insbesondere in der wissenschaftlichen Community prominenter wurde, gibt es keinen klaren Konsens darüber, was der Begriff praktisch bedeuten soll, wie die Umsetzung evaluiert werden könnte und welche Rolle transformative Ansätze im Krisen- und Risikomanagement, Politik und Praxis spielen." (2015: 350)

Neben der Begriffsklärung und Konzeptualisierung des Transformationsbegriffs stellt sich die Frage nach Paradigmen und Erklärungsansätzen für Transformation, um diese als historischen, gegenwärtigen und künftigen Entwicklungsprozess zu deuten (Reißig 2019: 19). Im Folgenden nehme ich daher Bezug auf zeithistorische Ereignisse, deren Beschreibung und Analyse mit dem Transformationsbegriff in Verbindung stehen.

2.2.2 Historische Bezüge

Transformation lässt sich als multidimensionale, multiskalare, komplexe Veränderung gesellschaftlicher Verhältnisse fassen, da sie keine Priorisierung von räumlichen (lokalen, nationalen, regionalen, globalen) oder zeitlichen (kurz-, mittel- oder langfristigen) Maßstabsebenen umfasst (Brand et al. 2013a). Historisch lassen sich verschiedene Phasen von Transformation identifizieren: Die zuerst in England einsetzende Umwälzung, die zur Herausbildung industriell-kapitalistischer Gesellschaften aus feudalen Ordnungen führte, wird in der Regel als erste ‚Große Transformation' der Neuzeit verstanden (Reißig 2019: 30). Es fanden Auseinandersetzungen über Arten und Weisen einer revolutionär zu verwirklichenden Freiheit und Gleichheit, über politische Rechte, Zulässigkeit von revolutionärer Gewalt und vorrevolutionäre Ordnungen statt: „Weltweit reflektierten Intellektuelle diese neue historische Situation und die damit einhergehenden Möglichkeiten gesellschaftlicher Transformation" (ebd.: 31 f.).[13] Der Begriff der ‚Großen Transformation' ist auch in Anlehnung an Karl Polanyi für gegenwärtige Verständnisse von Transformation von Bedeutung. In „The Great Transformation" (1944) befasst sich der Ökonom und Sozialwissenschaftler mit dem Prozess der Kopplung kapitalistischer Marktwirtschaft und der Herausbildung der bürgerlichen Gesellschaft in seinen Ursprüngen des 19. Jahrhunderts bis in das 20. Jahrhundert. Polanyi beschreibt grundlegende gesellschaftliche Veränderungen, die Transformation von Lebens- und Produktionsweisen[14] und bietet eine analytische Perspektive auf historische Entwicklungen an, die in heutigen progressiven und emanzipatorischen Diskursen um Transformation einen wichtigen Bezugspunkt bildet, gerade weil es um tiefgreifende und umfassende gesellschaftliche Transformationsprozesse geht (Polanyi 1977). Durch den Bezug auf Polanyi wird eine Parallele gezogen zu der Art und Weise von Transfor-

---

13 Aus postkolonialer Perspektive muss hier angemerkt werden, dass die Referenz auf die Industrialisierung und damit verbundene Umwälzungen von Lebens- und Produktionsweisen als erste große Transformation eurozentrisch ist. Für einen Großteil der Menschheit war der Kolonialismus die erste „Große Transformation" der Neuzeit, mit der eine fundamentale, gewaltförmige Neugestaltung von Lebens- und Produktionsweisen einherging (McEwan 2018: 377 f.).

14 „Es veränderte sich grundlegend die Art und Weise des Stoffwechsels der Menschen mit der Natur – von der Dominanz des Handwerks und der Landwirtschaft zur Dominanz der Industrie. […] Gravierend veränderten sich die gesellschaftlichen Machtverhältnisse. […] Fundamental ist auch der Wandel der politischen Herrschafts- und Organisationsformen. […] Grundlegend verwandelten sich auch Kommunikations- und Infrastrukturen." (Reißig 2019: 30)

mationsprozessen, die bezüglich hegemonialer Lebens- und Produktionsweisen bevorstehen und als notwendig erachtet werden.

Ein anderes Verständnis von Transformation findet sich hingegen in der wirtschaftswissenschaftlichen und wirtschaftssoziologischen Transformationsforschung, die nach dem Zusammenbruch des Staatssozialismus entstand und sich mit dem Übergang von der Plan- zur Marktwirtschaft beschäftigte (Klein 2014: 101 f.). Das Initiieren von institutionellen, rechtlichen und wirtschaftlichen Prozessen für die Herstellung einer marktwirtschaftlichen Wirtschaftsordnung bedeutet hier Transformation. Das vorherrschende Verständnis des Begriffes Transformation zeichnet sich demnach durch den Übergang vom Staatssozialismus zum Kapitalismus aus, „die Ankunft im weltumspannenden Kapitalismus schien die Erfüllung aller Transformation zu sein" (ebd.: 101). Dieses Verständnis galt in den 1990er Jahren als unstrittig in Politik, Ökonomie, Wissenschaft und Medien (Klein 2014: 101).

Die Bedeutung des Begriffs der Transformation ist im deutschsprachigen Raum durch das Gutachten des WBGU „Gesellschaftsvertrag für eine Große Transformation" prominenter geworden (WBGU 2011). Die Autor*innen des Gutachtens nutzen diesen Begriff, um den notwendigen Gesellschaftsumbau weg von einer fossilnuklearen Wirtschaftsweise zu thematisieren. Postuliert wird, dass „Produktion, Konsumtionsmuster und Lebensstile so verändert werden, dass die globalen Treibhausgasemissionen im Verlauf der kommenden Dekade auf ein absolutes Minimum sinken und klimaverträgliche Gesellschaften entstehen können." (ebd.: 5) Über einen globalen Gesellschaftsvertrag soll sich eine weltgesellschaftliche Übereinstimmung bezüglich der vielfältigen Krisen und Krisenbearbeitungen herausbilden. Diese Perspektive wird verknüpft mit dem Verweis darauf, dass „die technologischen Potentiale zur umfassenden Dekarbonisierung vorhanden [und] die politischen Instrumente für eine klimaverträgliche Transformation wohlbekannt" seien (ebd.: 1). Mit der Semantik der Großen Transformation schließt das Gutachten zwar an Polanyi an und benennt den erforderlichen, tiefgreifenden Umbau bestehender Lebens- und Produktionsweisen. Zugleich wird an den thematisierten Lösungsvorschlägen ersichtlich, dass die eigenen Ansprüche kaum eingelöst werden (können). Transformative Prozesse sollen insbesondere durch die starke Rolle und Steuerung auf der nationalstaatlichen und internationalen Ebene Umsetzung finden – es geht also primär um eine Intensivierung der Global Governance (ebd.: 68). In diesem Zusammenhang zeigt sich ein Transformationsverständnis, welches primär als zielgerichtetes und bewusstes Eingreifen und Verändern der Regeln gesellschaftlicher Interaktion *von oben* verstanden wird, verbunden mit einem

Steuerungsoptimismus von gesellschaftlichen Missständen (Brand 2016c: 219). Nicht berücksichtigt werden im Gutachten die Grenzen von Staaten und institutionalisierten Politiken im Kontext kapitalistischer Globalisierung. Auch die sich global ausweitende imperiale Lebens- und Produktionsweise im Globalen Norden wird vernachlässigt, obwohl dazu umfassende Debatten und Forschung existieren. Die mit der kapitalistischen Lebens- und Produktionsweise einhergehenden Interessenkonflikte werden nicht benannt. Fragen der Ungleichheit, welche unter anderem aufgrund von Geschlechter-, Klassen- und rassifizierten Verhältnissen bestehen, werden ebenfalls nicht thematisiert. Gesellschaftliche Interessenkonflikte werden nur auf der Ebene politischer Konflikte adressiert, nicht in Form von Interessen, die mit der imperialen Lebens- und Produktionsweise verbunden und durch Macht- und Herrschaftsverhältnissen verankert sind (Brand 2016b: 278). Die beschriebenen Transformationsperspektiven sind wenig geeignet, um die gegenwärtige und sich zuspitzende multiple Krisen zu bearbeiten, denn das mit dem Transformationsverständnis des WBGU verbundene Leitbild schafft kaum Orientierung und Ansatzpunkte die systemischen Herausforderungen zu überwinden, die mit der imperialen Lebens- und Produktionsweise verbunden sind.

Eine umfassende Bearbeitung der bestehenden multiplen Krisen und eine Perspektiverweiterung hinsichtlich der Logiken, mit denen Transformationsprozesse herbeigeführt und gesteuert werden müssten, wird hingegen mit dem Begriff der sozial-ökologischen Transformation adressiert: Mit diesem werden ökologische Fragen als soziale Fragen verstanden und so auch mit globalen Macht- und Herrschaftsstrukturen verknüpft. Notwendige gesellschaftliche Veränderungen zur Bearbeitung ökologischer Krisen gehen entsprechend mit Verteilungsfragen und der Infragestellung von Lebens- und Produktionsweisen kapitalistischer Vergesellschaftung einher (ebd.: 277). Die Perspektive notwendiger Veränderungen richtet sich entsprechend auch auf politische Institutionen. Ein umfassendes Verständnis sozial-ökologischer Transformation wurde von der Enquete-Kommission „Wachstum, Wohlstand, Lebensqualität" skizziert (Enquete-Kommission 2013): Mit sozial-ökologischer Transformation gehen Strategien einher, die bei der Bearbeitung der multiplen Krisen nicht primär auf den kapitalistischen (Welt-)Markt und ihm entspringende technologische Innovationen und Knappheitssignale setzen. Die grundlegende Umgestaltung (globaler) gesellschaftlicher Verhältnisse orientiert sich an einem Erhalt geologischer und bio-physischer Lebensgrundlagen und geht mit veränderten gesellschaftlichen Naturverhältnissen einher. Die Transformation hin zu einer nachhaltigen Lebens- und Produktionsweise soll anhand gerechter, demokratischer und solidarischer

Prinzipien erfolgen, die auf eine globale Ebene bezogen sind. Sozial-ökologische Transformationsprozesse gehen mit der Stärkung öffentlicher, solidarischer und genossenschaftlicher Ökonomien einher, der Einhegung des kapitalistischen Marktes und dem damit verbundenen Wachstumsparadigma. Umverteilung und der Abbau sozialer Ungleichheiten und Diskriminierungsverhältnisse werden als zentrale Maßnahmen genannt, um eine gerechte sozial-ökologische Transformation zu gestalten (ebd.: 484). Mit dem Begriff der sozial-ökologischen Transformation rückt der Zusammenhang von kapitalistischem Expansionsdrang und multiplen Krisen in den Fokus der Bearbeitung und dessen Umbau wird als Grundlage für die Gestaltung eines progressiven Gesellschaftsprojekts benannt (Brand 2016b: 279). Sozial-ökologische Transformationsprozesse müssen dabei von vielen Akteur*innen aus diversen gesellschaftlichen Bereichen getragen werden – von sozialen Bewegungen, Gewerkschaften, NGOs, Menschen aus der Wissenschaft, den Medien, progressiven Unternehmer*innen, kirchlichen Initiativen und Organisationen bis hin zu Parteien. Zentral sind öffentliche Debatten über vermeintliche Selbstverständlichkeiten und der Aufbau attraktiver materieller Verhältnisse für die überwiegende Mehrheit der Menschen (ebd.: 280).

An den beschriebenen Verwendungen und Verständnissen von Transformation wird einerseits deutlich, dass mit dem Begriff der Transformation unterschiedliche zeithistorische Entwicklungen beschrieben und analysiert werden. Andererseits wird mit der Verwendung des Transformationsbegriff immer Bezug genommen auf vergangene und gegenwärtige (globale) gesellschaftliche Krisen, die als solche identifiziert wurden und werden. In diesem Zusammenhang werden unterschiedliche Krisendiagnosen sichtbar, mit denen entsprechend auch unterschiedliche Perspektiven auf zu gestaltende Transformationsprozesse und -ebenen einhergehen. Verständnisse davon, was und wie transformiert wird und welche Akteur*innen dabei zentral sind, variieren bezüglich der Verwendung des jeweiligen Transformationsbegriffs. Eine kurze Typisierung von Transformationsverständnissen erfolgt mit dem nächsten Teilkapitel.

2.2.3 Typologie

In Anlehnung an regulationstheoretische Perspektiven (Altvater 1993) können drei Typen von Transformation in kapitalistischen Gesellschaften unterschieden werden. Erstens *inkrementelle* Transformationen, die als Antworten auf ‚kleine Krisen' gelten und kleinere Anpassungen von Gesellschaft und Ökonomie bedeuten. Diese Form von Transformation ist kapitalistischen Gesellschaften inhärent – und diese ständig stattfindenden Transformationsprozesse stabilisieren als Anpassungsprozess kapitalistische Verhältnisse. Der zweite Typ von Transformation führt aufgrund von ‚größeren Krisen' (Aglietta 1979; Boyer 1990) zu tiefgreifenden Umstrukturierungen von kapitalistischen Gesellschaften. Produktionsweisen, Lebensweisen, Staatlichkeit, Technologisierung und vorherrschende Vorstellungen einer funktionierenden Gesellschaft werden hinterfragt und umstrukturiert. In diesem Kontext finden Auseinandersetzungen um Hegemonie statt und Vorstellungen, die über den Kapitalismus hinausgehen, erlangen Relevanz. Die imperiale Lebens- und Produktionsweise ist jedoch so stabil, dass grundlegende kapitalistische Logiken erhalten bleiben, wenn auch in neuen institutionellen Zusammenhängen und veränderten Akkumulationsregimen (Brand et al. 2020: 165 f.). Gegenwärtig könnte etwa argumentiert werden, dass Strategien und Debatten um sozial-ökologische Transformation zu einem ‚grünen Kapitalismus' führen könnten. Diesen zweiten Typ von Transformation nenne ich *integrierende* Transformation. Der dritte Transformationstyp führt zu grundlegend anderen Vergesellschaftungsformen und gesellschaftlichen Naturverhältnissen, welche über kapitalistische Verhältnisse hinausgehen (ebd.). Dieser Typ von Transformation kann als *radikale* Transformation bezeichnet werden.

Der Begriff der Transformation wird wie oben gezeigt in diversen Forschungen und Debatten genutzt. Rund um die Frage, was transformiert werden muss und wie, sowie um die Rahmung von Analysen zu gesellschaftlichen Krisen und deren Lösung, zeigen sich intensive Auseinandersetzungen. Ob Transformation als technikgeleitet, marktorientiert, staatsgeleitet verstanden wird oder als geprägt von zivilgesellschaftlichen Akteuren, hat großen Einfluss darauf, welche Prozesse, Akteur*innen und Instrumente im Kontext (sozial-ökologischer) Transformation analysiert und adressiert werden: Wird individuelles (Konsum-)Verhalten als Ansatzpunkt fokussiert, werden ökologische Aspekte und Ökosystemleistungen bepreist, sollen staatliche Institutionen umstrukturiert oder grüne Industrien und/oder Technologieinnovationen gefördert werden – all das hat Konsequenzen dafür, wer im Kontext (sozial-ökologischer) Transformationsprozesse involviert wird und ist. Je nach Transformationsperspektive und den damit verbundenen politischen Programmen profitieren oder verlieren verschiedene Akteursgruppen. Der Fokus auf technikgeleitete Transformationsprozesse geht bspw. mit einer stärkeren Förderung von naturwissenschaftlichen und technischen Berufsfeldern einher. Soziale Berufsbereiche bleiben dabei oft unberücksichtigt, was sich z. B. an prekären Arbeitsbedingungen zeigt. Deshalb sind Transformationsprozesse immer mit Fragen sozialer Gerechtigkeit und Ungleichheit verknüpft. Diskurse zu (sozial-ökologischer) Transformation gehen zudem mit der Frage einher, inwiefern liberal-demokratische Institutionen in der Lage sind, schnelle und effektive Lösungen für die zu bewältigenden Herausforderungen zu liefern. Diesbezüglich stellt sich die Frage nach der Gestaltung von demokratischen Prozessen, um adäquat auf Herausforderungen zu reagieren (Scoones et al. 2015: 4f.). Die Debatten um (sozial-ökologische) Transformation sind also zutiefst politisch. Deshalb ist die Frage entscheidend, wessen Transformationsdebatten, -prozesse und -politiken als wünschenswert und möglich artikuliert und überhaupt gehört werden (ebd.:1). Die Auseinandersetzung mit Transformation umfasst analytisch-deskriptive und politisch-strategische Perspektiven und Dimensionen. Politisch-strategische Perspektiven dienen in erster Linie der Einschätzung politischer Strategien und Visionen einer (sozial-ökologischen) Transformation. Ein komplexes (theoretisches) Verständnis von Transformation für die Entwicklung politischer (emanzipatorischer) Strategien ist von Bedeutung, um diese an gegenwärtigen Verhältnissen auszurichten (Brand 2016a: 505). Um dabei die herrschaftsförmige Verfasstheit von Gesellschaft miteinzubeziehen und wichtige (Re-)Produktionsfaktoren moderner Gesellschaft – ihre strukturellen Effekte, die Rolle von Diskursen und Akteur*innen – in den Blick zu bekommen, werde ich im Folgenden in hegemonietheoretische Überlegungen einführen, welche für die Beschäftigung mit Transformation relevante Perspektiven aufmachen.

2.3 Hegemonie und Transformation

„Es zeichnet sich ein Interregnum ab, eine Übergangsperiode der Transformation, in der sich die Krise über längere Zeit, vielleicht ein Jahrzehnt, hinziehen kann, bis sich aus der Konkurrenz von durchaus starken Beharrungs- und Erneuerungskräften, der unterschiedlichen Bearbeitungs- und Lösungsversuche eine hegemoniale Richtung herauskristallisiert." (Candeias 2014: 304)

Den theoretischen und interpretativen Bezugsrahmen für die Auseinandersetzung mit Transformation bildet in dieser Arbeit eine hegemonietheoretische Perspektive. Die Beschäftigung mit Transformation wird dadurch mit einem Verständnis von Gesellschaft verschränkt, das diese als von Widersprüchen durchzogene Einheit von dominierenden Strukturzusammenhängen, von Vergesellschaftungsformen, kulturellen Werten und Deutungsmustern begreift (Reißig 2019: 20). Aus hegemonietheoretischer Perspektive sind systemische Ordnungen durchaus temporär stabil, gleichzeitig tragen sie innere wirtschaftliche, politische, kulturelle, soziale Konflikte, Antagonismen, Spannungen und

Differenzierungen in sich. Somit ist das Moment der Konfliktaustragung, von Wandel und Entwicklung ein permanenter Teil von Gesellschaft (ebd.). Diese Perspektive ist eine, die „Gesellschaft nicht so sehr als ‚Totalität, Fortschritt und Notwendigkeit' identifiziert, sondern Einblick in eine komplexe und hybride Gesellschaft und Entwicklung ermöglicht, wo ‚Diskontinuität, Pluralität und Zufall' einen gewichtigen Platz einnehmen" (Hall et al. 1996: 434 f.).

Gramsci entwickelte den Hegemoniebegriff – überliefert vor allem in seinem ‚Hauptwerk', den Gefängnisheften (GH) (Gramsci 1991 ff./2012) – vor dem Hintergrund eines Geschichtsbruchs, der Frage der Niederlage der Linken und der Durchsetzung einer neuen Lebens- und Produktionsweise im Italien der 1940er Jahre. Ausgangspunkt bildete die Machtübernahme des Faschismus und die Analyse des Scheiterns der Arbeiterbewegung, der ein notwendiges Bündnis mit Subalternen und die Einbeziehung anderer ausgebeuteter Klassen und Klassenfraktionen für ein gemeinsames politisches Projekt nicht gelungen war (Opratko 2012: 37). Gramsci entwickelte sein Verständnis von Hegemonie aus einer zweifachen Motivation: „[E]inerseits interessierte er sich für die existierende bürgerliche Hegemonie und andererseits für die Bedingungen einer zu schaffenden sozialistischen Hegemonie" (Süß 2015: 35). In seiner Beschäftigung mit Fragen der relativen Stabilität kapitalistischer Verhältnisse und den Bedingungen der Möglichkeiten für radikale gegen-hegemoniale Strategien entwickelte Gramsci eine Perspektive auf Herrschaft, die sowohl Aspekte des Zwangs als auch des Konsenses berücksichtigt (ebd.). Gramscis Ansatz verfolgt ein komplexes Verständnis von Herrschaft und markiert einen Übergang „von Ideologie als ‚System von Vorstellungen' zu Ideologie als gelebter, habitueller, gesellschaftlicher Praxis – die vermutlich die unbewussten, unartikulierten Dimensionen gesellschaftlicher Erfahrungen ebenso umfasst wie formelle Institutionen" (Eagleton 2000: 136). Ideologie ist also ein materielles Verhältnis, welches Alltagsroutinen und -praxen umfasst.

Mit dem Begriff Hegemonie wird die Dominanz gesellschaftlicher Gruppen über andere bezeichnet und zugleich der damit verbundene aktive und passive Konsens, der mit diesen gesellschaftlichen Verhältnissen einhergeht (Wullweber 2012: 31). Hegemonie, also eine stabile gesellschaftliche Situation, entsteht dann, wenn es gesellschaftlichen Gruppen gelingt, ihre Interessen als Allgemeininteressen zu artikulieren und durchzusetzen (Gramsci et al. 1971: 366). Hegemonie ist nach Gramsci erreicht, wenn eine Partikularität universal wird und in eine politisch-ökonomische sowie eine intellektuell-moralische Einheit mündet. Zivilgesellschaft, politische Gesellschaft und Ökonomie konstituieren sich als Räume, innerhalb derer um Hegemonie gerungen wird. Die Übernahme der (Staats-)Macht reicht für die Etablierung und Absicherung einer stabilen Gesellschaftsformation aus hegemonietheoretischer Perspektive nicht aus. Hegemoniale herrschaftsförmige Verhältnisse sind verbunden mit Praktiken und Subjektpositionen, die gesellschaftlich institutionalisiert und dominant sind (ebd.: 181 f.). Denn die aktive Unterstützung einer Hegemonie macht diese im Vergleich zur passiven Toleranz stabiler (die jedoch ebenso zur Stabilität von Hegemonie beiträgt).

Der Prozess der Universalisierung von partikularen Interessen ist ein politischer Kampf. Eine nach Hegemonie strebende Gruppe muss Zugeständnisse an andere gesellschaftliche Gruppen machen, um ein kompromissfähiges Gleichgewicht zu erlangen (Wullweber 2012: 33). Die Beachtung der Interessen verschiedener Gruppen bereits in der Gestaltungsphase von Institutionen oder Projekten kann zu einer Kongruenz von Interessen beitragen. Durch einen solchen Prozess können sogar eine Verschmelzung und Gleichsetzung von Interessen und Institutionen oder Projekten erfolgen (Scherrer 1999: 17 f.).

Im Kontext von Debatten um Transformation kann eine hegemonietheoretische Perspektive dabei helfen zu verstehen, welche gesellschaftlichen Akteur*innen einen politischen und sozialen Wandel innerhalb gegebener Macht- und Herrschaftsverhältnisse („passive Revolution")[15] anstreben und welche eine umfassende Gesellschaftstransformation, die bestehende Macht- und Herrschaftsstrukturen überwindet. Zudem macht sie Kräfteverhältnisse sichtbar.

Mit einer hegemonietheoretischen Perspektive kommt zudem die Bedeutung von Ideen, Normen, Alltagspraktiken und Subjektpositionen innerhalb von Zivilgesellschaft für transformative Prozesse in den Blick (Brand 2016a: 508). Hegemonie und das Ringen darum ist entsprechend „kein Machtkampf zwischen festen Identitäten, sondern beinhaltet immer auch die Produktion und Transformation neuer (kollektiver) Identitäten" (Wullweber 2012: 34). Das Ringen um Hegemonie ist somit immer auch ein Ringen um die Produktion von Identitäten und damit verbundenen Subjektpositionen, die sich durch politische Prozesse verändern. Zentral ist daher die *Logik des Politischen*[16] für das

---

15   Gramsci beschreibt mit dem Begriff der ‚passiven Revolution' den Umgang mit gesellschaftlichen Krisen innerhalb bestehender kapitalistischer Produktionsverhältnisse und den damit verbundenen Herrschaftsstrukturen. Veränderung erfolgt in Form konservativer Modernisierung und nicht durch revolutionäre Transformation (Gramsci 1991: 966).

16   Die *Logik des Politischen* wird von Laclau und Mouffe im Zuge ihrer hegemonietheoretischen Diskurstheorie eingeführt. Damit verweisen sie darauf, dass alle sozialen Verhältnisse

Konzept der Hegemonie. Diese beschreibt zunächst, dass alle gesellschaftlichen Beziehungen Resultat gesellschaftlicher Aushandlungsprozesse sind – alle sozialen Beziehungen haben einen politischen Ursprung.

„Die Logik des Politischen ist grundlegender als die konkrete politische Praxis und steht für den rastlosen Prozess der Verstetigung – im Sinne der Veralltäglichung – von gesellschaftlichen Beziehungen auf der einen Seite und der Repolitisierung dieser Beziehungen auf der anderen Seite." (ebd.: 35)

Die *Logik des Politischen* benennt jenen Prozess, in dem bestimmt wird, was zu einem bestimmten raum-zeitlichen Moment als politisch und was als unpolitisch, also nicht verhandelbar, angesehen wird. Über hegemoniale Auseinandersetzungen werden bestimmte Handlungen und Beziehungen privilegiert, also über gesellschaftliche Akzeptanz stabilisiert und darüber auch tendenziell entpolitisiert. Das vermeintlich Unpolitische einer Gesellschaft „ist das sedimentierte Soziale, im Sinne eines institutionellen Ensembles aus Regeln, Normen und Werten, die für selbstverständlich gehalten werden, dessen politische Wurzeln also in diesem räumlich-historischen Moment verschleiert sind." (ebd.) Die Kategorie des Sozialen fasst hier verstetigte, zu diesem historischen Zeitpunkt nicht mehr hinterfragte, quasi-objektive, verfestigte Beziehungen einer Gesellschaft, die alternativlos erscheinen. Der gegenläufige Prozess, in dem diese Objektivierung aufgebrochen und der politische Ursprung sozialer Handlungen wieder ins Bewusstsein geholt wird, verweist darauf, wie und dass Gesellschaft geworden ist und auf die Möglichkeit sie zu gestalten. Alte und neue Antagonismen in der gesellschaftlichen Organisation sozialer Beziehungen werden aufgezeigt. Darüber kann der kontingente Hintergrund von sozialen Handlungen und gesellschaftlichen Verhältnissen hervorgehoben werden (ebd.: 37).

In den folgenden zwei Unterkapiteln führe ich zunächst aus, welche Bedeutung Subjekte und die Materialität gesellschaftlicher Verhältnisse für die Ausbildung und Stabilisierung von Hegemonie haben.

Ergebnis von Hegemonie sind und mit Prozessen der Konsensbildung verbunden sind, die auf dem Terrain des Politischen stattfinden (Laclau/Mouffe 2001). Hegemonie als *Logik des Politischen* wird somit „zum Schlüsselkonzept einer allgemeinen Sozialtheorie." (Marchart 2007: 108)

2.3.1 Hegemonie (re-)produziert Subjekte

Die gramscianische Hegemonietheorie rückt die Analyse von Macht- und Herrschaftsverhältnissen sowie die darin ablaufenden Formen von Klassenkämpfen ins Zentrum der Betrachtungen. Die Strömung der (Post-)Marxistischen Theorie schließt an diese Perspektive an und erweitert sie um ideologische und diskursive Formen (Opratko 2012: 26 f.). Gesellschaft ist Resultat politischer Kämpfe. Doch dürfen auch Akteur*innen nicht als getrennt von Strukturen verstanden werden, sie stehen in Relation zu diesen und sind daher ebenso Ergebnis politischer Kämpfe. Subjekte werden durch ideologische Praxen konstituiert und durch politische Prozesse verändert. Die Produktion und Transformation (kollektiver) Identitäten ist Teil des hegemonialen Prozesses und kann „als Ringen um die hegemoniale Produktion von Identitäten verstanden werden" (Wullweber 2012: 34). Hegemonie (re-)produziert Identität – Subjekte und Strukturen verändern sich miteinander. Daher impliziert das Streben nach Hegemonie immer auch die Abgrenzung einer Identität zu einer oder mehreren anderen und „jedes Ringen um Hegemonie und Emanzipation konstruiert Identitäten" (Habermann 2012: 100). Wenn wir Identitäten als Ergebnis hegemonialer Prozesse verstehen und analysieren, nehmen wir die Veränderbarkeit von Subjekten und Identität und damit auch deren Verstrickung mit Herrschaftsverhältnissen in den Blick. Friederike Habermann (ebd.: 101) erweitert hegemonietheoretische Überlegungen um feministische und postkoloniale Elemente. Damit verdeutlicht Habermann wie bedeutsam es ist, die Vielfalt von Macht- und Herrschaftsverhältnissen zu adressieren und diese nicht auf den Antagonismus zwischen Kapital und Arbeit zu reduzieren. Erkenntnisse des historischen Materialismus[17] werden entsprechend um Einsichten der postkolonialen und feministischen Theorie ergänzt. Mit Habermanns „subjektfundierter Hegemonietheorie" wird deutlich, dass Subjektivität und Identität Ergebnisse hegemonialer Prozesse darstellen und nicht deren Ausgangspunkt sind (ebd.: 85 ff.). Gundula Ludwig fasst diesen Aspekt folgendermaßen:

---

17 Historisch-materialistische Positionen stellen eine Form des Marxismus dar, die sich im Gegensatz zu orthodoxen Marxismen ökonomistischen und deterministischen Ideen und Konzepten verweigern. Vielmehr geht es darum vielfältige soziale, politische, ökonomische, kulturelle und subjektive Organisation und Sicherung materieller Reproduktion von Gesellschaft zu verstehen. Im Mittelpunkt der Analyse stehen dabei soziale Verhältnisse und die widersprüchliche Reproduktion von Kapital als grundlegender Teil moderner Gesellschaften. Der Fokus des historischen Materialismus liegt entsprechend auf sozialen Konflikten, hegemonialen Projekten um Lebens- und Produktionsweisen sowie auf Macht-, Ausschluss- und Gewaltverhältnissen (Brand 2016a: 509 f.).

„Mit dem Theorem, dass Macht sich nicht lediglich auf oder gegen Subjekte richtet, die ihrerseits bereits vor Machtverhältnissen existieren, sondern vielmehr Macht sich erst in einer jeweils historisch spezifischen Form des Subjekt-Seins materialisiert, weiten hegemonie- und diskurstheoretische Ansätze das Verständnis der Wirkweise und des Wirkradius von Macht in entscheidender Weise aus." (Ludwig 2012: 105)

Der Begriff der Hegemonie verweist entsprechend auf eine spezifische Form der Macht, mit der in modernen, westlichen Gesellschaften nicht nur Klassenverhältnisse, sondern verschiedene gesellschaftliche Ungleichheitsverhältnisse regiert und konstituiert werden. Durch einen Fokus auf universalisierte sozioökonomische, politische und ideologische Muster und Mechanismen gesellschaftlicher Herrschaft kann Hegemonie erklären, wie Herrschaft in kapitalistischen Gesellschaften abgesichert und reproduziert wird und wie Interessen, Normen und Praktiken spezifischer sozialer Gruppen verallgemeinert werden. Vorstellungen des Normalen, des Sinnvollen und Richtigen werden in Medien, Schulbüchern, Kampagnen, Zeitungen, Architektur, Straßenbahnen, Freizeiteinrichtungen, Kirchen, in zivilgesellschaftlichen Institutionen und Praxen, über Elemente des Alltagsverstandes geschaffen und verbreitet:

„Die materiellen wie ideologischen Konsenselemente von Herrschaft werden durch den Alltagsverstand stabilisiert, der zentrale Dimensionen sozialer Herrschaft als nicht hinterfragbar, als natürlich und damit eben nicht als Herrschaft erscheinen lässt. Die bestehenden gesellschaftlichen Verhältnisse werden von Individuen und kollektiven Akteuren [...] weitgehend akzeptiert bzw. aktiv reproduziert, sie werden Teil von Weltauffassungen und Sinngebungen." (Brand/Wissen 2017a: 57)

Der Alltagsverstand und mit diesem verbundene soziale Praktiken werden durch Elemente wie soziale und politische Institutionen, physische Infrastrukturen und symbolische Ordnungen konstituiert (Brand/Wissen 2016: 236):

„Strategien der Inwertsetzung und Kapitalverwertung, Strukturen und Prozesse staatlicher Politiken sowie vorherrschende Kräfteverhältnisse artikulieren sich mit Denk- und Handlungsdispositiven, schreiben sich in die Identitäten und Körper der Menschen ein, werden gewollt und begehrt. Auf diese Weise dringen sie in die Kapillaren des Alltags ein." (Brand/Wissen 2017a: 65)

Die Lebensweise trägt dazu bei, dass die Produktionsweise mithin hegemonial bleibt. Der Begriff der Hegemonie verdeutlicht die Wirkmächtigkeit von

Machtformationen über eine juridische und staatszentrierte Begründung hinaus. Subjekte imaginieren ihre Umwelt und handeln entsprechend einer spezifischen historisch-gesellschaftlichen Weltauffassung: „Die Aneignung der hegemonialen Weltauffassung und die Konstitution des Subjekts fallen zusammen. Indem ich mich orientiere und richte, subjektiviere ich mich" (Ludwig 2012: 113).

Hegemonie zeichnet sich aber auch durch Offenheiten und Lebendigkeiten aus und ist daher eine relativ dynamische Machtformation (Haug 1985: 174). Die konkrete historische Ausgestaltung von Hegemonie ist Ausdruck gesellschaftlicher Kräfteverhältnisse, die sich beständig auch durch alltägliche zivilgesellschaftliche Praxen und Auseinandersetzungen herstellt (Ludwig 2012: 114f.). Kämpfe um die Artikulation kultureller Vorstellungsmuster und Formen des Bewusstseins über Weltauffassung und damit verbundene Denk- und Handlungsmuster stellen immer auch Kämpfe um Alltagsverstand dar (Süß 2015: 60). Mit dem hegemonietheoretischen Blick auf Gesellschaft wird deutlich, dass auch gesellschaftliche Transformationsprozesse von dynamischen Machtformen durchzogen sind, die das Ringen um Alltagsverstand umfassen.

2.3.2 Die Materialität gesellschaftlicher Verhältnisse

„Verallgemeinerte Lebensweisen und Weltauffassungen stellen im Kern eine Form von Herrschaft dar, die neben der tatsächlichen oder potenziellen Ausübung von Gewalt und Zwang auf Elementen des Konsenses basieren." (Süß 2015: 37).

Die mit dem Begriff der Hegemonie verbundene Verankerung von Macht, die nicht in erster Linie in einem bestimmten Staatsapparat zu lokalisieren ist, verweist auf differenzierte Möglichkeiten und Ansatzpunkte für gesellschaftliche Veränderung und politisches Handeln (ebd.: 41). Die hegemoniale Einschreibung konkreter gesellschaftlicher Praxen und Strukturen entsteht in einem Zusammenspiel aus materiellen Kapazitäten, Institutionen und Ideen, die jeweils in Wechselwirkung zueinander stehen – ein Wechselspiel aus subjektiven und objektiven Faktoren einer historischen Struktur (Opratko 2012: 82).

Die Materialität gesellschaftlicher Praxis geht mit etwas einher, was als Objektivitätsüberhang bezeichnet wird. Dieser Überhang gesellschaftlicher Materialität bildet im Sinne des historischen Materialismus eine Konstante „aller bisherigen grundlegend durch Herrschaft strukturierten Gesellschaften" (Buckel et al. 2014: 44). Mit der Materialität gesellschaftlicher Praxis wird darauf verwiesen, dass sich gesellschaftliche Strukturprinzipien in institutionellen Zusammenhängen materialisieren und darüber Wirkmacht entfalten. Rassistische, sexistische, ethnozentristische und kapitalistische Strukturprinzipien sind bspw. nicht unvermittelt Teil von konkreten politischen Konflikten, sie strukturieren Lebens- und Produktionsweisen. Materielle Verhältnisse prägen Subjekte, Alltagspraxen und spezifische Kräftekonstellationen und stellen entsprechend einen wichtigen Bezugspunkt für die Analyse von Macht- und Herrschaftsverhältnissen dar, in denen sich gesellschaftliche Transformationsprozesse abspielen (ebd.). Die konkrete Ausgestaltung des Objektivitätsüberhangs unterliegt einem historischen Wandel, der in der Praxis und in konkreten Auseinandersetzungen gesellschaftlicher Akteur*innen Ausdruck findet. Herrschaftsverhältnisse strukturieren Gesellschaft, jedoch konkretisieren sie sich in spezifischen Kräftekonstellationen, je nach Konflikt und Politikfeld zeitlich und räumlich unterschiedlich. So materialisieren sich Strukturprinzipien von Gesellschaften in Institutionen, „die von den gesellschaftlichen Kämpfen und Auseinandersetzungen ‚ununterbrochen überflutet' werden" (Poulantzas 2002/1978: 172). Bob Jessop hat bereits in den 1980er und 1990er Jahren Gramscis Hegemonietheorie mit den staatstheoretischen Einsichten von Poulantzas, Foucaults Diskurstheorie und regulationstheoretischen Konzepten zusammengeführt. Dabei unterscheidet er drei Sphären, die miteinander verbunden sind, innerhalb derer Akteur*innen darum kämpfen, ihre Partikularinteressen hegemonial werden zu lassen, also zu verallgemeinern: Innerhalb der *ökonomischen Sphäre* geht es um die Durchsetzung spezifischer Akkumulationsstrategien, verstanden als spezifische ökonomische Wachstumsmodelle. Die Herausforderung besteht darin, „die unterschiedlichen Formen von Kapitalkreislauf wie Geldkapital, industrielles Kapital und Handelskapital unter der Hegemonie einer Fraktion zu ‚einen'" (Jessop 1990: 198). Dabei muss auch (in Ergänzung zu Jessops Ausführungen) die spezifische Aneignung unbezahlter reproduktiver Arbeit, meist geschlechterspezifischer und rassistischer Arbeitsteilung, berücksichtigt werden (Alnasseri 2004; Kohlmorgen 2004; Weiss 2012). In der *zivilgesellschaftlichen Sphäre* geht es Jessop zufolge um soziale Kräfte, welche ihre Interessen bezüglich breiter gesellschaftlicher Probleme als hegemoniale Projekte durchsetzen wollen (Jessop 1990: 207 f.). In der dritten *Sphäre* geht es um *Staatsprojekte*, die sich vorrangig auf juridisch-politische Aspekte der Legitimation beziehen, also auf Abläufe innerhalb des staatsapparativen Gefüges (Buckel et al. 2014: 45).

In Anlehnung an Gramscis Staatsverständnis des integralen Staates, einer Kombination aus politischer Gesellschaft und Zivilgesellschaft, können dessen Grenzen nicht allein anhand juridischer Definitionen gezogen werden. Strukturen und Handlungen des Staates können nicht aus sich selbst heraus verstanden werden. Der Staat muss als soziales Verhältnis in den Blick genommen werden, also im Hinblick auf soziale Praktiken, Kräfte und Kontexte, einschließlich der sozialen Reproduktion. Unter Rückgriff auf Poulantzas ist der Staat als „strategisches Feld" (Poulantzas 2002/1978: 168) zu verstehen, als materielle Verdichtung gesellschaftlicher Kräfteverhältnisse. Ein solches Staatsverständnis begreift diesen nicht als unabhängigen Akteur, sondern als „sozial strukturierte und umkämpfte Arena mit eigener institutioneller Materialität" (Bieling/Deppe/Tidow 1998, 7). Den Staat als umkämpftes Feld zu fassen, bedeutet, die „materiellen Verdichtungen von Kräfteverhältnissen" (Poulantzas 2002/1978: 159) zu adressieren und ihn weder als von Kapitalinteressen unabhängige, für das Gemeinwohl zuständige Institution zu betrachten, noch als bloßes Herrschaftsinstrument des Kapitals. Eine solche Sichtweise auf Staatlichkeit eröffnet es, diesen als strategisches Feld zu begreifen, auf dem verschiedene Akteur*innen mit entsprechenden Interessen über Institutionen und Diskurse um hegemoniale Deutungs- und Durchsetzungsmacht ringen. Gegenwärtige staatliche Institutionen und Strukturen sind entsprechend als Resultat vorangegangener sozialer und politischer Kämpfe zu verstehen. Diese wirken durch ihren Einfluss auf bspw. soziale Arbeitsteilung oder Mensch-Naturverhältnisse auf gegenwärtige soziale Auseinandersetzungen. Spezifische historische Staatsformen begünstigen und prägen dabei partikulare Strategien, Interessen, Allianzen, Aktionsformen und Diskurse – und damit Kämpfe um Hegemonie (Brand 2016a: 514f.).

2.3.3 Subjekte und Objekte der Transformation

Das beschriebene Verständnis von Staatlichkeit, staatlichem Handeln und Politiken ist für ein analytisch-deskriptives Transformationsverständnis insofern erhellend, als es die strukturellen Selektivitäten[18] (Poulantzas 2002/1978) des Staates und Interessen, Allianzen und Strategien verschiedener sozialer Gruppen in den Blick nehmen, beschreiben und verstehen kann. Die genannten Aspekte verweisen auf die Multidimensionalität von gesellschaftlichen Kräfteverhältnissen und entsprechend auch von Hegemonie.

In Anlehnung an Brand möchte ich für eine analytisch-deskriptive Perspektive auf das Konzept der Transformation zwischen Subjekten und Ob-

---

18 Staatliche Macht wird von Poulantzas als gesellschaftliches Verhältnis beschrieben. Dieses Verhältnis reproduziert sich über die Interaktion institutioneller Formen des Staates, die einen stetigen Wandel unterliegen. Das Wesen des Staates kann als strukturell eingeschriebene strategisch Selektivitäten beschrieben werden, „während das Wesen des politischen Kampfes als ein Feld von miteinander um Hegemonie konkurrierenden Strategien zu verstehen sei" (Jessop 2007: 56).

jekten der Transformation unterscheiden (Brand 2016a: 507). Die in diesem Kapitel beschriebene und durch Hegemonietheorie inspirierte Perspektive auf Transformation ermöglicht, die Subjekte der Transformation angemessen in ihrer Widersprüchlichkeit und Komplexität zu beschreiben. Subjekte der Transformation versuchen gesellschaftlichen Wandel – Objekte der Transformation – maßgeblich zu beeinflussen und zu gestalten, sind dabei aber immer auch als Teil von hegemonialen Verhältnissen zu betrachten. Als Objekte der Transformation beschreibt Brand variierende gesellschaftliche Problembeschreibungen, die bearbeitet, also transformiert werden müssen. Auch Megatrends wie die Globalisierung von Lebens- und Produktionsweisen, Handel, Finanzmärkte, eine ressourcenintensive Lebens- und Produktionsweise, Urbanisierung, technologischer Fortschritt oder demografische Trends können als Objekte der Transformation gefasst werden, die es zu gestalten gilt (ebd.). Hegemoniestabilisierende Aspekte, also auch Subjektivierungsformen, die hegemoniale Lebens- und Produktionsweisen stützen, können als Objekte der Transformation adressiert werden. Objekte von Transformation unterliegen hegemonialen Deutungskämpfen, die von Subjekten der bestehenden hegemonialen Ordnungen geführt werden. Die Unterscheidung zwischen Objekten und Subjekten der Transformation differenziert zwischen dem *was* – was soll transformiert werden – und dem *wer* – wer gestaltet Transformationsprozesse. Diese Differenzierung wird für die Analyse der Transformationsverständnisse von Bildungsakteur*innen des Globalen Lernens in dieser Arbeit eine Rolle spielen.

Objekte und Subjekte der Transformation variieren und werden in Deutungskämpfen um hegemoniale Verhältnisse sichtbar. Die Rolle von Deutungskämpfen um Hegemonie wird im folgenden Kapitel erläutert.

2.4 Deutungskämpfe um hegemoniale Verhältnisse

Aus einer historisch-materialistischen Perspektive sind Kontexte und Entwicklungen gesellschaftlicher Krisengeschehnisse und -deutungen zentral für die Herausbildung von Hegemonieprojekten. Sonja Buckel, Fabian Georgi, John Kannamkulam und Jens Wissel (2014) schlagen die Bezeichnung *Hegemonieprojekte* für noch nicht hegemonial gewordene Projekte vor, die um Einfluss ringen. Politiken zu Richtungen von Transformation können bspw. als Hegemonieprojekte gefasst und darüber als Ausdruck und Resultat gesellschaftlicher Kämpfe und sich dynamisch verschiebender Kräfteverhältnisse verstanden werden. Mit dieser Unterscheidung wird deutlich, dass verschiedene Hegemonieprojekte im integralen Staat darum ringen, hegemonial zu werden. Um gesamtgesellschaftlich hegemonial zu werden, ist laut den Autor*innen eine Bezugnahme auf die drei genannten Sphären – also der Bezug auf das Staatsprojekt, die Einbindung anderer Akteur*innen und eine Akkumulationsstrategie – notwendig (Buckel et al. 2014: 45). Verschiedene Dimensionen des sozialen und politischen Handelns müssen in Hegemonieprojekten verbunden werden. Darunter fallen „materielle Interessen, strategische Orientierungen, diskursive und kulturelle Bedeutungen, ideologische Überzeugungen, Gefühle etc." (Bieling/Steinhilber 2000: 106).

Bei der Untersuchung verschiedener konkurrierender Hegemonieprojekte stellt sich die Frage nach Kriterien der Unterscheidung. Buckel u. a. (2014) beschreiben Hegemonieprojekte als Bündel von Strategien. Entsprechend erfolgt eine Analyse der Hegemonieprojekte entlang von Strategien, die Akteur*innen im untersuchten Konflikt verfolgen. Diese Strategien stehen immer im Zusammenhang mit einer entsprechenden Situations- und Problemanalyse. Mit diesen geht eine spezifische politische Rationalität einher, aus welcher die Erreichung (auch langfristiger) Ziele resultieren kann. Mit dem Fokus auf Strategien soll vermieden werden, das Handeln von Akteur*innen „,objektiv' aus ihrer Stellung innerhalb gesellschaftlicher Herrschaftsstrukturen abzuleiten" (ebd.: 46). Hegemonieprojekte gehen entsprechend nicht in organisierten Bündnissen wie Advocacy Coalitions, Policy Communities oder bewusst hergestellten Netzwerken auf: Sie können diese beinhalten, bleiben jedoch begrifflich entwickelte Abstraktionen. In Hegemonieprojekten lassen sich Strategien von Akteur*innen zusammenfassen, die sich teilweise bewusst aufeinander beziehen, sich aber auch voneinander abgrenzen und nicht unbedingt bewusst als Teil eines ‚gemeinsamen Projekts' begreifen: „Das entscheidende Zuordnungskriterium ist die Frage, ob die Strategien von Akteur*innen in einem Konfliktfeld signifikant übereinstimmen, ob sie eine bestimmte, gemeinsame Richtung teilen. Hegemonieprojekte sind also Bündel von Strategien, die ähnliche Ziele verfolgen." (ebd.). Zudem haben Hegemonieprojekte einen Doppelcharakter, einerseits sind sie begriffliche Konstruktionen und andererseits bilden sie real auffindbare Aggregationen von Akteursstrategien ab. Die beiden Ebenen verweisen aufeinander und stehen durch gesellschaftliche Praxen in einem vermittelten Artikulationsverhältnis (ebd.: 47).

Deutungskämpfe um die Ausgestaltung von Lebens- und Produktionsweisen sind immer Teil von Gesellschaft. Die Analyse der *Multiplen Krise* kann als Krise der Hegemonie der fossilistisch-kapitalistischen Lebens- und Produktionsweisen gedeutet werden.[19] Im Zusammenhang mit der *Multiplen Krise* werden zudem vielfältige Konflikte, Interessen und Alternativen – im Sinne von Hegemonieprojekten – sichtbar, die gesellschaftliche Suchbewegungen sichtbar machen. In den letzten Jahren haben bspw. Debatten um Wirtschaftswachstum in Wissenschaft sowie in parlamentarischen Zusammenhängen zugenommen, sowohl bezüglich seines möglichen Endes (Dale 2012; Deutscher Bundestag 2013; Jackson/Senker 2011; Stiglitz et al. 2009) als auch in Bezug auf die Frage, inwiefern es überhaupt zu einem breiten (globalen) Wohlbefinden/Wohlstand in stark ungleichen, reichen Gesellschaften beiträgt (Hickel 2018; Pickett/Wilkinson 2010). Die Messung von Wachstum, angemessene Maßeinheiten und Steuerungssysteme wird breit diskutiert, gerade auch im Zusammenhang mit dem ‚ökologischen Fußabdruck', ‚zirkulären Ökonomien' (Wackernagel/Rees 2013), ‚Gemeinwohlökonomien' oder auch ‚Postwachstumsökonomien' (D'Alisa et al. 2016; Felber 2018; Schmelzer/Vetter 2019). All diese Debatten identifizieren fundamentale Konflikte, Kompromisse und Zugeständnisse bezüglich der Fragen, was an ökonomischen und gesellschaftlichen Strukturen erhalten bleiben soll und welche Objekte der Transformation identifiziert werden. Während in einigen Debatten der Fokus auf der Orientierung an „planetaren Grenzen" (Rockström et al. 2009) liegt, setzen andere die (globale) Verteilungsfrage als zentral um einen „safe and just operating space for humanity" zu generieren (Leach et al. 2013; Raworth 2012).

Im Kontext der globalen gesellschaftlichen Ereignisse – multipler Krise – haben sich unterschiedliche Suchbewegungen herausgebildet, welche mit entsprechenden Analysen bezüglich des Krisengeschehens, Akteurskonstellationen und Strategien für die Bewältigung von Krisen einhergehen. Diese können als Hegemonieprojekte betrachtet werden, die nicht nur das Ziel verfolgen ihr „Projekt als das der gesamten Gesellschaft darzustellen und durchzusetzen" (Lipietz 1998: 160), es geht auch um einen realen „Prozess der Verallgemeinerung von Interessen in einem instabilen Kompromissgleichgewicht" (Demirovic 1992: 154). Das Bestreben von Hegemonieprojekten ist es, bestimmte Deutungs- und Handlungssysteme gesellschaftlicher Auseinandersetzungen bezüglich gesellschaftlicher Transformationsprozesse und -strategien – in denen bspw. Fragen zu wirtschaftlichem Wachstum/Wachstumskritik von Bedeutung sind – durchzusetzen, zu verallgemeinern und zu institutionalisieren (Wullweber 2010: 108 f.).

---

19 Eine detaillierte Auseinandersetzung mit Deutungskämpfen ist auch für die Herausbildung von Globalem Lernen von Bedeutung und erfolgt in Kapitel 3.2.1 *Zur historischen Entwicklung Globalen Lernens*.

Die zentralen Fragen, um die im Kontext von Transformationspolitiken gerungen wird, sind, welche Regeln gelten, welche Institutionen Perspektiven von Transformation definieren und welche Machtstrukturen unterschiedliche Transformationswege formen – welche Subjekte der Transformation hegemonial sind. Aufgrund der unterschiedlichen Perspektiven auf Transformation sind die vielfältigen Interpretationen und Rahmungen – Objekte der Transformation – nicht verwunderlich (Scoones et al. 2015: 6 f.). Auch im Kontext gesellschaftlicher Transformationsdebatten verdeutlichen sich hegemoniale Kämpfe um Vorstellungen ökologischer und sozialer Gesellschaftsordnungen und damit verbundene Lebens- und Produktionsweisen. Entsprechend werden auch in gegenwärtigen Debatten um Transformation konkurrierende Hegemonieprojekte sichtbar. Im Zusammenhang mit gegenwärtigen Krisenszenarien können in Anlehnung an Marius Candeias fünf Hegemonieprojekte gesellschaftlicher Transformation entworfen werden: der Grüne Kapitalismus, der Green New Deal, der Grüne Sozialismus/die sozial-ökologische Transformation, das linkradikale herrschaftskritische Hegemonieprojekt und der autoritäre Neoliberalismus oder der Festungskapitalismus mit ökonationalistischen Elementen (Candeias 2014). In Hegemonieprojekten gesellschaftlicher Transformation skizzieren sich die großen Linien einer Vielzahl von Transformationswegen und -verständnissen, die von diversen sozialen Akteur*innen mit unterschiedlichen Ressourcen unterstützt werden. Deutlich wird dadurch, was in den jeweiligen Hegemonieprojekten als transformativ verstanden wird (Scoones et al. 2015: 3).

Das Ringen um Transformationspolitiken und -vorstellungen zeigt sich also in Hegemonieprojekten. Bildung als gesellschaftlicher Teilbereich ist eines der Felder, auf dem Projekte ihren Kampf um Hegemonie austragen. In Bildungskontexten werden Strategien für die Lösung gesellschaftlicher Herausforderungen vermittelt und ihnen wird eine relevante Rolle für gesellschaftliche Transformationsprozesse zugeschrieben. Verschiedene Bildungskontexte sind mit unterschiedlichen Ressourcen ausgestattet, was wiederum die Möglichkeit beeinflusst, gesellschaftliche Transformationsprozesse mitzugestalten. Eine Auseinandersetzung mit der Relevanz von Bildung für gesellschaftliche Transformationsprozesse und Hegemoniebildung erfolgt im nächsten Kapitel. Im weiteren Verlauf der Arbeit habe ich herausgearbeitet, welche Bedeutung ein komplexes (theoretisches) Verständnis von Transformation, wie in diesem Kapitel entwickelt, für den Kontext des Globalen Lernens hat. Da im Kontext des Globalen Lernens implizit und explizit politische (emanzipatorische) Strategien verfolgt werden, die an der Veränderung gegenwärtiger-krisenhafter Verhältnissen ausgerichtet sind.

3 Bildung (in) der Transformation

„Wenn Pädagogik nicht harmlos ist, sondern – im Gegenteil – eine zutiefst politische Angelegenheit darstellt, dann muss sie auch zwangsläufig ins Zentrum politischer Analysen gerückt werden." (Castro Varela/Heinemann 2017: 42)

Die materialistische Bildungstheorie beschreibt Pädagogik[20] und ihre Praxis als eingebunden in gesellschaftliche Prozesse und historischen Wandlungen unterworfen. Bildung entsteht „aus sich selbst, aber sie entsteht in der Geschichte, der sie unterliegt. Ihre notwendigen und notwendig geschichtlichen Bedingungen liegen außerhalb ihrer und ihr voraus; doch sind es ihre Bedingungen […]" (Heydorn 2004/1970: 287). Für das, was als Bildung verstanden wird, liefert Erziehung im breiten gesellschaftlichen Sinne die notwendigen Bedingungen. Gramsci bestimmt auch Erziehung als ein gesellschaftliches Verhältnis, in dessen Rahmen gesellschaftliche Aufgaben bearbeitet werden. Ganz im Sinne einer solchen Auffassung stellt auch Armin Bernhard im Anschluss an Gramsci fest: „Während Erziehung von Menschen die Anpassung an jeweils vorgefundene Umweltbedingungen ermöglicht, ihr Überleben gewährleistet, stützt sie zugleich den Zusammenhalt und den Bestand der gesellschaftlichen Verhältnisse" (Bernhard 2007: 142). Der wesentliche Teil gesellschaftlicher Reproduktion, die Wiedererzeugung und Weiterentwicklung von Gesellschaft, erfolgt über Erziehung als systematische Bearbeitung von Individuen. Erziehung kommt im geschichtlichen Prozess die Aufgabe zu, Menschen auf die jeweiligen sozialen Erfordernisse einzustimmen (ebd.: 143). Generationen werden durch Erziehung zu einem gesellschaftlich adäquaten Menschentypus geformt. Erziehung generiert demnach die Voraussetzungen und Grundlagen gesellschaftlichen Zusammenlebens und kann mit Gramsci als eine von der Gesellschaft geschaffene „zivile Technik" (GH 8: 1826) bezeichnet werden. Erziehung ist nach Gramsci daher nicht nur Sache von Familie und Schule – Erziehung ist politisch und Politik erzieherisch. Die Entwicklung und Verbreitung der ideologischen, kulturellen und moralischen Lebensweise und Weltauffassung der gesellschaftlich führenden Gruppe setzt pädagogisch angeleitetes Handeln der Regierenden voraus (Becker et al. 2013: 140; Merkens 2007: 157). Erziehung wird als affirmative Praxis gefasst, als Anpassung an gegebene Verhältnisse und Macht- und Herr-

---

20 Der Begriff der Pädagogik beschreibt die Auseinandersetzung mit der Praxis und Theorie von Bildung und Erziehung (BMFSFJ 2020: 116).

schaftsstrukturen. Jede organisierte Form des Zusammenlebens von Menschen, die Herstellung von Gemeinschaft, die Akzeptanz von Regeln und die Einführung in Lebens- und Produktionsweisen und damit verbundene Qualifikationen und Befähigungen werden über Erziehung reproduziert.

Notwendige Bedingung von Bildung ist Erziehung aber auch deshalb, weil Bildung auch immer die Negation von Erziehung erzeugen kann. Begründet durch die systemische Vermittlung gesellschaftlicher Rationalität geht mit Bildung auch die Möglichkeit der Veränderung des Bewusstseins und der Bezweiflung des Selbstverständlichen einher (Heydorn 1972: 62f.): „Soll Bildung die Menschen also zunächst lediglich dazu befähigen, fremde Zwecke effektiver auszuführen, beginnen die Menschen schließlich durch sie eigene, selbst gesetzte Zwecke zu realisieren, die nicht mehr denen der sie beauftragten Gesellschaft entsprechen" (Bierbaum 2004: 188). In der bürgerlichen Gesellschaft stellt institutionalisierte Bildung daher ein widersprüchliches Verhältnis dar. Einerseits geht mit ihr eine herrschaftliche, Hegemonie stabilisierende Funktion einher und andererseits ein Potential, sich eben gegen jene herrschenden, hegemonialen Interessen zu wenden und sich von ihnen zu emanzipieren (Bierbaum 2004: 189f.). Dabei wird das Spannungsverhältnis zwischen der Aufgabe von Bildung – Persönlichkeitsentwicklung und Mündigkeit – und ihrer gesellschaftlichen Funktion – Selektion, Allokation und Legitimation ungleicher Berufs- und Lebenschancen – deutlich (Grundmann 2011: 64). Dieses ambivalente Bildungsverständnis dient in dieser Arbeit dazu, die Rolle von Bildung im Kontext gesellschaftlicher Transformationsprozesse und den damit verbundenen Machtverhältnissen und -strukturen genauer zu beleuchten. Der Verflochtenheit von Bildung mit historisch gewachsenen Ungleichheits- und Machtstrukturen (Messerschmidt 2009c: 55f.) wird Rechnung getragen und darüber auch dem sich in der Bildung vollziehenden Ringen um Hegemonie.

Im ersten Teil dieses Kapitels arbeite ich, ausgehend von einer hegemonietheoretischen Perspektive, die allgemeine Bedeutung von Bildung für die (Re-)Produktion gesellschaftlicher Verhältnisse heraus (Kap. 3.1). Diese umfasst die spezifische Funktion von Subjektivierungsprozessen und die damit verbundenen gesellschaftlichen Macht- und Herrschaftsdynamiken, die auch in Bildungsprozessen von Relevanz sind (Kap. 3.1.1). Die Ausbildung hegemonialer Bildungszusammenhänge wird im Hinblick auf globale gesellschaftliche Entwicklungen dargestellt (Kap. 3.1.2) sowie Bildung allgemein auf deren emanzipatorische Potentiale hin analysiert (Kap. 3.1.3). Im zweiten Teil des Kapitels findet eine detaillierte Auseinandersetzung mit dem Bildungskonzept des Globalen Lernens statt (Kap. 3.2).

3.1 Eine hegemonietheoretische Perspektive auf Bildung

"Pädagogische Ideen und Konzepte sind ebenso selbstverständliche Bestandteile des Aufbaus, der Konsolidierung, aber auch der Erosion von Hegemonie wie die praktische Pädagogik, die über Bildung und Erziehung die Aufnahme von Kultur erst ermöglicht." (Bernhard 2005: 120)

Die Bedeutung von Gramscis Arbeiten und einer hegemonietheoretischen Perspektive auf Bildung werden daran deutlich, dass Lernende und Lehrende als vergesellschaftete Subjekte verstanden werden. Damit werden sie als eingebunden in gesellschaftliche Herrschaftsverhältnisse begriffen. Historisch spezifische materialisierte soziale Kräfteverhältnisse schreiben sich in den Alltagsverstand[21] ein. Daher können Lehr- und Lernprozesse nicht unabhängig von diesen Macht- und Herrschaftsverhältnissen gestaltet und reflektiert werden. Zudem bietet eine hegemonietheoretische Perspektive ein differenziertes Instrumentarium, um die Dynamik und Gestaltbarkeit von, aber auch die Hürden einer emanzipatorischen (Bildungs-)Praxis analysieren zu können. Eine Engführung von Ökonomismus oder Ideologismus wird dabei überwunden (GH 7: 1557). Eine hegemonietheoretische Herrschaftsanalyse ist zudem verbunden mit einer Theorie des ‚integralen' Staates, die für ein Verständnis aktueller Krisen, sozialer Kämpfe und gesellschaftlicher Transformationen fachdidaktisch anschlussfähig ist. Der Hegemoniebegriff erweist sich hier als zielführend, da das Verhältnis von Herrschaft und Führung, von Zwang und Konsens, aber auch die (begrenzten) Gestaltungsräume emanzipatorischer Praxis immer auch ein pädagogisches Verhältnis sind (Eis/Hammermeister 2017: 139).

Mit dem Gesellschaftsbezug von Bildung und Bildungsprozessen rückt der spezifische kulturhistorische Ausgangspunkt von Bildung in den Blick. Bildung

---

21 Der Begriff des Alltagsverstandes ist in den Arbeiten Gramscis von besonderer Bedeutung und beschreibt eine in Praxis ausgedrückte Auffassung der Welt, die nur in geringer Weise auch bewusst ist. Alltagsverstand ist dabei ein historisches Produkt und zugleich immer im Werden. Es gibt demnach auch nicht nur einen einzigen Alltagsverstand. Der Alltagsverstand ist „eine Denkweise, ein unkritisches Bewusstsein, geprägt von Gemeinplätzen, Irrtümern und Glaubenssätzen, durchsetzt von wissenschaftlichen Begriffen, philosophischen Meinungen und individuellen Meinungen, die die durchschnittliche Meinung ergeben und in der sich die moralische Individualität des Durchschnittmenschen entfaltet." (Hirschfeld 2015: 25) Widersprüchliche Erfahrungen aus verschiedenen Epochen sind im Alltagsverstand angehäuft. Diese finden Anwendung in Deutungen und Interpretationen. Der Alltagsverstand ist somit sowohl für kritisch-emanzipatorische Einsichten als auch für konservative, eher rückwärtsgewandte Deutungen von Gesellschaften Ausgangspunkt (Merkens 2007: 170).

und institutionelle Bildungskontexte sind mit spezifischen Gesellschaftsformen verknüpft. Bildung muss sowohl im Kontext der Reproduktion hegemonialer Verhältnisse gesehen werden als auch als Feld, von dem ausgehend gesellschaftliche Alternativen und Lösungen zu denken sind. Der Umgang mit gesellschaftlichen Herausforderungen kann sich mit und durch Bildung als hegemonial erweisen oder kritisch-emanzipatorisch gewendet werden – die gesellschaftlichen Verhältnisse hinterfragend.

Die Aufrechterhaltung hegemonialer Verhältnisse ist an die Fähigkeit gebunden, „konsensuale und zivilgesellschaftlich vermittelte Räume der kulturellen und politischen Sinnstiftung zu schaffen" (Merkens 2007: 158). Die Fähigkeit von Gruppen, die um Hegemonie ringen, ihre eigenen Ideen, Werte und Normen als *führend* durchzusetzen, ist für die Realisierung eines solchen Konsenses grundlegend (GH 8: 1947). *Führend* wird in diesem Zusammenhang verstanden als politische, moralische und kulturelle Ausstrahlungskraft, die orientierend auf das Denken und die Lebensweise von Menschen wirkt. Hierin wird die Verwobenheit der Gesellschaft mit dem Politisch-Pädagogischen[22] nochmals deutlich, denn „Führung vergesellschaftet sich, sei sie politisch, kulturell oder moralisch-ethisch ausgerichtet, vorrangig in pädagogischen Formen. In hegemonial legitimierten Gesellschaften findet das Regieren daher wesentlich pädagogisch vermittelt statt" (Merkens 2007: 158).

Das Pädagogische ist nach Gramsci also als gesamtgesellschaftliches Strukturverhältnis zu verstehen, welches darauf angewiesen ist, spezifische Welt- und Lebensdeutungen als führend durchzusetzen:

„[D]as pädagogische Verhältnis [...] existiert in der ganzen Gesellschaft in ihrer Gesamtheit und für jedes Individuum in Bezug auf andere Individuen, zwischen Intellektuellen und nicht-intellektuellen Schichten, zwischen Regierenden und Regierten, zwischen Eliten und Anhängern, zwischen Führenden und Geführten [...]. Jedes Verhältnis von Hegemonie ist notwendigerweise ein pädagogisches Verhältnis [...]." (GH 6: 1335)

---

22 Den Zusammenhang zwischen Führung als zentraler Aspekt von Hegemonie und Pädagogik verdeutlicht Bernhard durch einen historischen Blick auf pädagogische Verhältnisse: „Von seinem Ursprung her ist der Begriff der Pädagogik mit dem Vorgang der Führung grundlegend verknüpft, wurden doch die Kinder der athenischen Oberschicht in der antiken Sklavenhaltergesellschaft von eigens abgestellten Sklaven geführt und betreut. Als Kinderführung war Pädagogik mit gesellschaftlicher Herrschaft insoweit verknüpft, als die Erziehung die Weiterführung der durch Handel und Gewerbe neu entstehenden Verhältnisse absichern und die Herrschaft der Freien über die Sklaven festigen sollte." (Bernhard 2005: 118 f.)

Hegemonie kommt demnach nicht ohne Pädagogik aus, sie schafft sich sogar vorrangig durch verschiedene pädagogische Verhältnisse. Bildung und Erziehung als Vorgänge geplanter Internalisierung von und Auseinandersetzung mit Kultur stellen in dieser Weise eine „[…] entscheidende Bedingung der Entfaltung von Lebensgefühlen, Denkweisen, ethisch-moralischen Standards, Mustern der Regulative zwischenmenschlicher Beziehungsverhältnisse [dar], ein Umstand, der sie zu einem Kristallisationspunkt für die Umsetzung von Hegemonie werden lässt" (Bernhard 2005: 120).

Ein Verständnis von Hegemonie als pädagogisches Verhältnis kommt nicht ohne Überlegungen zum Subjekt und den zugrundeliegenden Subjektivierungsprozessen aus. Die Ausübung von Hegemonie ist eng verbunden mit Aspekten, Funktionen und Effekten sozialer Praxen. Hierbei ist Gramscis Diskussion des Alltagsverstandes wichtig, der als *Weltauffassung* verstanden wird, als Selbst- und Weltbild, welches auch Alltagspraxen und Routinen umfasst. Eingebunden in Hegemonie sind alle Menschen, da sie nicht aus Macht- und Herrschaftsverhältnissen austreten können und so – wenn auch nicht von allen Menschen im gleichen Umfang – Hegemonie durch alltägliche Praktiken reproduzieren (Opratko 2012: 63 f.). Auf diese Weise bricht Gramsci mit einer Vorstellung, die ein intentionales Subjekt als Ursprung allen Handelns begreift. Subjekte werden als Resultat ihrer Handlungen betrachtet, was ihre Geschichtlichkeit und Gesellschaftlichkeit betont (GH 6: 1376): „Mit Gramsci unterwirft sich der Mensch folglich, mehr oder weniger bewusst, einer hegemoniestabilisierenden Funktion, indem er seine geschichtliche Gewordenheit unkritisch akzeptiert" (Süß 2015: 62). Subjektivierung findet keineswegs jenseits der hegemonialen Verhältnisse statt, sondern in politischen, moralischen und kulturellen Auseinandersetzungen um Hegemonie selbst. Um bestimmende Formen von Subjektivität zu erkennen, müssen wir sie „begreifen als ein geschichtlicher Block von rein individuellen, subjektiven Elementen und von massenhaften, objektiven oder materiellen Elementen, zu denen das Individuum eine tätige Beziehung unterhält" (GH 6: 1342).

Diese tätigen Beziehungen sind es, in denen sich Subjektivierungsprozesse vollziehen und deren Beziehung zu Bildungsprozessen im Zentrum des nächsten Unterkapitels stehen.

3.1.1 Bildungsprozesse als Subjektivierungsprozesse

Gramsci selbst verwendet zwar den Begriff der *Subjektivierung* nicht, deutlich wird jedoch, dass sein Hegemoniekonzept auch die Dimension umfasst, wie Menschen als historisch spezifische Subjekte geführt und hervorgebracht werden (Opratko 2012: 65 f.). Damit kann er als Vordenker jener poststrukturalistischen Positionen verstanden werden, die die Konstitution von Subjekten in ihren historischen und gesellschaftlichen Dimensionen stärker ins Zentrum gerückt haben. Wichtig ist hier, dass Subjektivierung stets beides ist: Unterwerfung unter und Aneignung von gesellschaftlichen Verhältnissen.

Die Verknüpfung des Hegemoniekonzepts mit Foucaults Konzept der Gouvernementalität (Foucault 2005, 2015) ist besonders fruchtbar, weil Foucault in seiner Analyse von Machtverhältnissen nicht primär auf Formen gewaltsamer Unterdrückung, autoritären Zwangs und offener Repression abzielt. Foucault arbeitet Machtformen heraus, die operieren, indem sie Anreize setzen und wirkmächtige Wissensdiskurse und allgemeingültige Wahrheiten etablieren (Lösch/Rodrian-Pfennig 2014: 43). Subjekte sind selbst Effekt und Objekt von Macht- und Wissenskomplexen. Dies zeigt sich insbesondere im Rahmen institutionalisierter Bildung: „Letzten Endes steht das Examen im Zentrum der Prozeduren, die das Individuum als Effekt und Objekt von Macht, als Effekt und Objekt von Wissen konstituieren" (Foucault 2015: 247). Foucault begreift das Individuum als eine mögliche Form gesellschaftlich produzierter Subjektivität. Demnach ist Macht nicht bloß negativ zu verstehen, sondern vielmehr produktiv, als ein Verhältnis, das bestimmte Subjektformen erst hervorbringt:

„Man muss aufhören, die Wirkung der Macht immer nur negativ zu beschreiben, als ob sie nur »ausschließen«, ‚unterdrücken', ‚verdrängen', ‚zensieren', ‚abstrahieren', ‚maskieren', ‚verschleiern' würde. In Wirklichkeit ist Macht produktiv; und sie produziert Wirkliches. Sie produziert Gegenstandsbereiche und Wahrheitsrituale: das Individuum und seine Erkenntnisse sind Ergebnisse dieser Produktion." (ebd.: 250)

Der paradoxe Vorgang der Subjektwerdung unterliegt einer Verwobenheit aktiver und passiver Momente, sowie von Fremd- und Eigensteuerung. Der Begriff der Führung ist diesbezüglich zentral, da die Machtausübung darüber erfolgt „Führung zu lenken', also Einfluss auf die Wahrscheinlichkeit von Verhalten zu nehmen" (Foucault 2005: 256). Mit dem Begriff der Führung beschreibt Foucault Machtbeziehungen als Regierungstechniken – als Gouvernementalität –, die „das Verhalten handelnder Subjekte" lenken und deren Mittel nicht auf Gewalt reduziert werden können. Die Machtausübung

„bietet Anreize, verleitet, verführt, erleichtert oder erschwert, sie erweitert Handlungsmöglichkeiten oder schränkt sie ein, sie erhöht oder senkt die Wahrscheinlichkeit von Handlungen und im Grenzfall erzwingt oder verhindert sie Handlungen, aber stets richtet sie sich auf handelnde Subjekte, insofern sie handeln oder handeln können." (ebd.)

Macht als Führungsverhältnis dient somit der Analyse von Formen der (Selbst-) Führung, die in den Bereich der Regierung fallen (Lemke 1997).

Regieren findet durch Subjekte selbst statt, wie Bröckling in „Das unternehmerische Selbst" (2007) verdeutlicht:

„Der Mensch wird zum Subjekt, weil er das Leben führen muss, welches er lebt. Dieses Subjekt zeichnet sich dadurch aus, dass es sich erkennt, sich formt und als eigenständiges Ich agiert; es bezieht seine Handlungsfähigkeit aber von ebenjenen Instanzen, gegen die es seine Autonomie behauptet. Seine Hervorbringung und seine Unterwerfung fallen zusammen." (Bröckling 2007: 19)

Das „Paradox der Subjektivierung" (Butler 2003), das Zusammenfallen der Hervorbringung und Unterwerfung von Subjekten, ist mit Machtverhältnissen aufs Engste verschränkt. Macht als Ensemble von Kräften ist den Subjekten, auf die sie einwirken, immer vorgängig. Gleichzeitig determinieren diese Machtverhältnisse Subjekte nicht vollkommen. Handeln wird durchaus Kontingenz zugesprochen, sodass Machtverhältnisse als veränderbar verstanden werden. In den hegemonialen Verhältnissen, in die das Subjekt verstrickt ist, schlummert stets auch ein unhintergehbares Moment der Freiheit. „Der Begriff der Subjektivierung bringt dabei den dynamischen Charakter, den Prozess des Werdens und der steten Veränderung von Individuen oder Identität zum Tragen" (Lösch/Rodrian-Pfennig 2014: 44). Subjekte sind „zugleich Wirkung und Voraussetzung, Schauplatz, Adressat und Urheber von Machtinterventionen. Eine Entität, die sich performativ erzeugt, deren Performanz jedoch eingebunden ist in Ordnungen des Wissens, in Kräftespiele und Herrschaftsverhältnisse" (Bröckling 2007: 21).

Diese Ordnungen des Wissens, die Kräftespiele und Herrschaftsverhältnisse stehen in Verbindung mit hegemonialen Verhältnissen, mit politischer Führung und der Herstellung von gesellschaftlichem Konsens, mit der Einbindung und Präsentation der herrschenden Interessen als Allgemeininteressen (Hammermeister 2014: 141). Entsprechend der Herstellung und Aufrechterhaltung von Hegemonie muss auch der Prozess der Subjektivierung als widersprüchlich und unabschließbar gefasst werden. Das Subjekt ist dann „Fluchtpunkt der Definitions- und Steuerungsanstrengungen, die auf es einwirken und mit denen es auf sich selbst einwirkt. Ein soziales Problem und eine individuelle Aufgabe; kein Produkt, sondern Produktionsverhältnis" (Bröckling 2007: 22).

Was ein Subjekt ist, steht daher nicht fest und lässt sich nur über historische Semantiken, Wissenskomplexe sowie Selbst- und Sozialtechnologien erschließen, über die das Subjekt praktisch geformt und theoretisch bestimmt wird. Der Genealogie der Subjektivierung geht es entsprechend nicht in erster Linie um in Gesellschaft bestehende Sinnverarbeitungsregeln, um Werte und Interessen, der Fokus erweitert sich vielmehr auf „[…] institutionelle Arrangements und Expert[:innen]systeme, Ordnungskategorien und Sortierverfahren, Lernprogramme, (Selbst-)Beobachtungs- und (Selbst-)Modellierungsprozeduren, mit deren Hilfe individualisierte Subjekte hervorgebracht werden und sich selbst hervorbringen" (ebd.: 23 f.).

Subjektivität verweist stets auf die Arbeit der Subjektivierung und die „paradoxe Aufforderung zu werden, was man schon ist, und zugleich damit die Parallelität von gesellschaftlicher Erzeugung und Selbstkonstitution des Subjekts […]" (ebd.: 27). Louis Althusser nennt diese Praxis „Anrufung". Einzelne werden durch Subjektivierungsregime mit spezifischen Erwartungen konfrontiert, die zurückgewiesen, unterlaufen oder eingelöst werden können – ganz genügen können Subjekte diesen jedoch nicht (Althusser 1977: 143). Die Analyse von Subjektivierungsprozessen ermöglicht eine erweiterte Perspektive auf die Wirkweise und den Wirkradius von Macht.

Als Erweiterung der theoretischen Position Gramscis, der zufolge Klassenverhältnisse die einzig relevanten gesellschaftlichen Machtverhältnisse sind, wird der Begriff der Hegemonie von Gundula Ludwig verwendet, um „eine spezifische Weise von Macht in modernen, westlichen Gesellschaften zu bezeichnen, mit der nicht nur Klassenverhältnisse, sondern gesellschaftliche Ungleichheitsverhältnisse insgesamt regiert werden" (Ludwig 2012: 112). Subjektpositionen sind untrennbar verwoben mit Hegemonie, die wiederum auch in verkörperten Erfahrungen verankert ist. Dabei können nicht alle Menschen frei wählen, mit welchen Diskursen sie sich identifizieren und einer Zuschreibung von Subjektpositionen entkommen, die eben auch körperlicher Natur sind (Alcoff 2006: 70). Subjekte und die mit ihrer Konstituierung verbundenen individuellen Positionierungen werden durch verschiedene gesellschaftliche Verhältnisse geprägt. Poststrukturalistische Theorien verweisen daher auf „verstreute Subjektpositionen" (Ganz 2018: 72) und einen dynamischen Machtbegriff. Macht wird verstanden als fluides, strategisches Verhältnis, das Subjekte und Wissen zuallererst hervorbringt. Subjekte und Wissen sind eingebunden in kollektive Referenzrahmen, wie bspw. Sprache, durch welche Realität beschrieben wird und Kommunikation mit anderen stattfindet. Diese kollektiven und hegemonialen Referenzrahmen sind sozial, kulturell und historisch situiert, verändern sich und bestehen nicht für alle Subjekte in gleicher Form (Andreotti 2014a: 17).

Durch eine intersektionale Perspektive[23] wird sichtbar, auf welche Weise rassistische, klassistische, sexistische, heteronormative und ableistische Verhältnisse Subjekte durchziehen. Intersektionalität stellt Relationen zur hegemonialen gesellschaftlichen Ordnung in den Fokus, welche sich strukturell und diskursiv auf Handlungsmöglichkeiten und Lebensweisen von Individuen und gesellschaftlichen Gruppen auswirken (Ganz 2019: 171 f.). Gabriele Winker und Nina Degele definieren Intersektionalität als „kontextspezifische, gegenstandsbezogene und an den sozialen Praxen ansetzende Wechselwirkung ungleichheitsgenerierender sozialer Strukturen (d.h. von Herrschaftsverhältnissen), symbolischer Repräsentationen und Identitätskonstruktionen" (Winker/Degele 2009: 15).

Ein zentraler Punkt der intersektionalen Perspektive ist, dass Subjektivierungsprozesse dadurch in ihrer Vielschichtigkeit und Verknotung mit gesellschaftlichen Macht- und Herrschaftsverhältnissen in den Blick kommen. Dabei stehen die auf (Identitäts-)Kategorien basierenden Macht- und Herrschaftsverhältnisse in einem interdependenten Verhältnis. Subjekte haben „Gesellschaft im Gepäck" (Ganz 2019: 179), die in ihre Körper und soziale Praxen eingeschrieben ist. Sie sind in unterschiedlicher Weise durch hegemoniale Subjektivierungsprozesse und damit einhergehende Diskriminierungen, Ausgrenzungen oder Privilegien geprägt (Dietze 2008: 30 f.).

Der Effekt von Hegemonie besteht also nicht nur darin, bereits existierende Subjekte zu einer bestimmen Lebensweise zu führen, in Praktiken des Alltagsverstandes werden auch bestimmte Formen des Subjekt-‚Seins' konstituiert. In einem solchen hegemonietheoretischen Verständnis, in dem das Regieren von Subjekten eine zentrale Rolle spielt, sind Wissensformen ein bedeutendes Scharnier zwischen Gesellschaft und Subjektkonstitution. Die Ausarbeitung von Begriffen und Denkweisen, die als Wahrnehmungs- und Deutungsmuster in den Alltagsverstand und in Alltagspraxen eingehen, macht Wissen und Wissensformen zu einem Instrument der Machtausübung (Ludwig 2011: 145 f.). Die „Vervielfältigung von Regierungskünsten" und damit Machtausübung zeigt sich entsprechend auch im Bereich Bildung und Schule durch erzieherisches

---

23 Der Begriff der Intersektionalität wurde von der Schwarzen Feministin und Rechtswissenschaftlerin Kimberlé W. Crenshaw in den 1970er Jahren geprägt. In ihren Analysen von Antidiskriminierungsrecht und Gewaltschutzprogrammen entstand in der Auseinandersetzung mit dem Umfeld des Black Feminism in den USA ein analytisches Werkzeug, um zu verstehen wie Sexismus, Rassismus und Kapitalismus als „interlocking systems of oppression" (Combahee River Collective 1982) zusammenwirken und politisch dagegen gekämpft werden kann (Ganz 2019: 170).

Einwirken auf Subjekte, indem „Vorstellungen dessen, was als ‚normal', sinnvoll und richtig gilt" (Ludwig 2012: 113), vermittelt werden. Diese auf Subjekte einwirkenden Normalvorstellungen sind durch einen Herrschaftsknoten geprägt, der sich durch unterschiedliche Wirkungszusammenhänge intersektionaler Kategorien ergibt (Haug 2013: 11). Während poststrukturalistische Impulse für die nähere Bestimmung hegemonialer Subjektivierungsmuster zentral sind, ist es für mein Vorhaben unabdingbar, auch – und im Sinne Gramscis – die institutionellen Rahmenbedingungen von Bildung genau in den Blick zu nehmen und mit Subjektivierungsansätzen zu verbinden. Diese Verbindung unternehme ich im folgenden Unterkapitel.

3.1.2 Pädagogisierung von Machtverhältnissen

Entscheidend für Gramscis Hegemonietheorie ist sein Verständnis eines *integralen Staats* (Kap. 2.3.2). In der Interpretation Gramscis umfasst der Staat verschiedene zivilgesellschaftliche Felder und ist als Verhältnis, weniger als „fest umrissene Institution" (Becker et al. 2013: 70) zu begreifen. Zivilgesellschaft wird von Gramsci als Teil des integralen Staates beschrieben, als Terrain auf dem sich Hegemonie konstituiert, auf dem aber zugleich auch Hegemonie angefochten und infrage gestellt wird. Zivilgesellschaft als intermediäres Handlungsfeld ist geprägt durch kulturelle Alltagspraxen, Ideologien und staatlich-institutionelle Werte- und Rechtssysteme. In Zivilgesellschaft als institutionellem sowie sozialem Raum treffen divergierende gesellschaftliche Interessengruppen aufeinander. Dort wird politische Zustimmung geschaffen und kulturelle Sinnstiftung produziert (Merkens 2010: 198). Jedoch können sich nicht alle gesellschaftlichen Akteur*innen, politischen Gruppen und Initiativen gleichberechtigt im Kontext der Zivilgesellschaft bewegen. Die differentielle Ausstattung mit Ressourcen führt dazu, dass unterschiedlich starke Akteur*innen mit unterschiedlichen Möglichkeiten versuchen, den gesellschaftspolitischen Konsens zu beeinflussen (Becker et al. 2013: 69). Zivilgesellschaft ist demnach keineswegs frei von Herrschaftsverhältnissen und Antagonismen.

Zu zivilgesellschaftlichen Feldern, in denen um Hegemonie gerungen wird, zählen Bildungseinrichtungen, wissenschaftliche Institutionen, Stiftungen sowie Parteien, Gewerkschaften, Verbände, Sport, Medizin, Psychotherapie ebenso wie Musik- und Theaterhäuser, Medien- und Verlagswesen (Demirović 2007: 25). Neben unmittelbar staatlich-repressivem Handeln (z.B. durch Gerichte, die Polizei oder das Militär) stellt der zivilgesellschaftlich entgrenzte Staat einen umfangreichen Komplex dar, der indirekte Formen des Regierens ermöglicht und so auch auf Subjekte einwirkt und sie konstituiert. Auf der Ebene der Zivilgesellschaft bildet der bürgerliche Staat eine erzieherische Rationalität heraus, die darauf ausgerichtet ist, die Bevölkerung moralisch-ethisch zu führen und so den hegemonialen Konsens zu organisieren und aufrecht zu erhalten (Merkens 2010: 198 f.). Dieses Ringen ist für Gramsci elementar über pädagogisches Handeln organisiert:

„Gramsci geht davon aus, dass jede Gesellschaft periodisch vor der Herausforderung steht, ein reproduktives Entsprechungsverhältnis von Arbeit- und Lebensweisen herzustellen und zu erneuern. Das pädagogische Handeln, das von Staat und Zivilgesellschaft ausgeht, ist unmittelbar gebunden an diese Reproduktionsforderungen, ohne aber gänzlich in dieser Funktion aufzugehen." (ebd.:199)

Gramsci zufolge geht es gesellschaftlich und damit immer auch pädagogisch darum, einen „bestimmten Typ ökonomischer Zivilisation [zu realisieren], der für seine Weiterentwicklung […] eine bestimmte Verhaltensweise, eine bestimmte Erziehung, eine bestimmte Weise des Zusammenlebens usw." (GH 16: 1826; zit.n.: Merkens 2010: 199) verlangt. Durch staatliches Handeln im breiten Sinne wird die fortlaufende Umgestaltung kultureller Sitten, Normen und Werte in Korrespondenz zur vorherrschenden Produktionsweise angeleitet und strukturiert (ebd.). Diese erzieherischen Interventionen gehen zwar über klassische Bildungssysteme und -zusammenhänge hinaus und umfassen informelle Lernprozesse und Alltagskultur, ich lege den Fokus aber auf institutionalisierte Bildung im Kontext der Herstellung von Hegemonie, weil diese die größte gesellschaftliche Wirkmacht entfaltet. Vor diesem Hintergrund zeichne ich im Folgenden Entwicklungen nach, die verdeutlichen, wie Bildungsstrukturen konstitutiv dazu beitragen, Macht- und Herrschaftsstrukturen abzusichern und die Pädagogisierung von sozialen Verhältnissen zum Wesenselement bestehender imperialer, kapitalistischer und fossilistischer Lebens- und Produktionsweisen geworden ist.

3.1.2.1 Hegemoniale Bildung im Postfordismus
Seit der Aufklärung, seit der es eine öffentlich organisierte Bildung und damit eine staatliche Bildungspolitik gibt, unterliegt diese den gesellschaftlich (politisch und ökonomisch) vorherrschenden Verhältnissen und Akteur*innengruppen und darüber auch politischen und sozialen Zwängen zur Anpassung und Integration an die hegemoniale Lebens- und Produktionsweise: „Die Pädagogik gehört zu den wesentlichen Elementen der Durchsetzung bürgerlicher Gesellschaft, und ihrem Substrat, der Schule, wird im Laufe der Zeit mit Abermil-

liarden ein umfassender Wirkraum geschaffen und erhalten" (Koneffke 2004: 238). Schule erfüllt eine Funktion für gesellschaftliche Verhältnisse, die über die Vermittlung von Wissen hinausgeht. Bedingungen und Ausrichtungen der Schulorganisation, der Lehrer*innenbildung und auch der Unterrichtsverhältnisse sind geprägt von den Machtverhältnissen – Gesellschaftsbildern und Bewusstseinsstrukturen – des integralen Staates und damit verbundenen Interessen im Bildungsbereich (Schmiederer 1971: 25 f.).

Bildung kommt die Aufgabe zu, Menschen mit Fähigkeiten auszustatten, die zunächst so generalisiert sind, dass sie in verschiedenen gesellschaftlichen Handlungsfeldern Anwendung finden können. Der schulische Sozialisationskontext ist sehr umfassend und auch subtil, dies wird bspw. in der Literatur zum „heimlichen Lehrplan" dargelegt und diskutiert (Bundesjugendkuratorium 2009; Giroux/Penna 1983; Kandzora 1996; Schmidt et al. 2015; Seemann 2008; Treml 1982a; Zinnecker 1975). Der „heimliche Lehrplan" verweist auf Einflüsse außerhalb des offiziellen Lehrplans, die durch Aspekte der Wirtschafts- und Gesellschaftsordnung geprägt sind und gesellschaftliche Macht- und Herrschaftsstrukturen reproduzieren. Beispielsweise soll die zeitliche Sequenzierung des Unterrichtsgeschehens zum abstrakten Umgang mit Zeit erziehen. Mit Modalitäten zur Leistungsbeurteilung wird die formale Arbeitstugend und das Leistungs- und Konkurrenzprinzip legitimiert und eingeübt. Außerdem soll Schule dazu befähigen, sich in konkreten und vorgestellten Räumen zu bewegen. Der schulische Alltag geht mit zahlreichen Verhaltenserwartungen einher, welche implizit oder explizit vermittelt werden und an hegemonialen Geschlechterrollen und „Mittelschichtcodes" (Jäger/Biffi 2011) orientiert sind. Die Reproduktion hegemonialer Geschlechterrollen findet zudem über Schulbücher statt (Bittner 2015). Darüber hinaus werden Interaktionsformen eingeübt, die wenig selbstbestimmt sind. Das Postulat des Bildungssystems ethnisch, geschlechtlich und bezogen auf die soziale Klasse neutral zu sein, steht einem schulischen Alltag gegenüber, der durch soziale Selektion geprägt ist. Offene und subtile Selektionsmechanismen von Bildungsinstitutionen orientieren sich an einer „Intersektionalität sozialer Unterscheidungen" (Weber 2008: 41), die sich aus einem Zusammenspiel sozialstruktureller Kategorisierungen ergibt. Die ethnischen, vergeschlechtlichten und sozialökonomischen Zuschreibungen korrespondieren mit hierarchischen, hegemonialen Sozialstrukturen und damit verbundenen Lebens- und Produktionsweisen, zu deren Legitimation und (Re-)Produktion durch Bildungsinstitutionen beigetragen wird (Hartmann 2012; Weber 2008: 55). Die Debatten um den heimlichen Lehrplan verdeutlichen, dass der Gesellschaftsbezug institutionalisierter Bildung keine bloße Randbedingung von Bildung, sondern für Bildungsvorgänge konstitutiv ist. Bildungsfragen sind immer Gesellschaftsfragen und damit auch Herrschaftsfragen (Seitz 2002a: 35). Seit der Industriellen Revolution und der hegemonialen bürgerlich-kapitalistischen Vergesellschaftung stellt ökonomischer Fortschritt und die Orientierung an Bedarfen des Arbeitsmarktes die treibende Kraft der Bildungsorganisation dar. Darin tritt das wechselseitige Spannungsverhältnis zwischen Bildung und Herrschaft deutlich hervor, dass dadurch gekennzeichnet ist, dass die Vernunftleistung des Menschen, sich durch Arbeit vom Naturzwang zu befreien, schon immer mit Reproduktions- und Produktionsverhältnissen verwoben ist, was sich historisch je unterschiedlich artikuliert (Bernhard 2015: 126 ff.).[24] Der Übergang vom Fordismus zum Postfordismus ist geprägt von einem neoliberalen Umbau der Gesellschaft. Die Gesellschaften des Globalen Nordens richten sich im Zuge dessen immer stärker an den Imperativen der Effizienz und der internationalen Wettbewerbsfähigkeit aus. Neben der Orientierung von öffentlich organisierter Bildung an hegemonialen Lebens- und Produktionsweisen kann die „Pädagogisierung sozialer Machtverhältnisse" (Höhne 2003) als zentrales Strukturmerkmal einer postfordistischen „Wissensgesellschaft" (Jessop 2003) ausgemacht werden. Die Entfaltung und Förderung subjektiver Kapazitäten und Entwicklungsmöglichkeiten rückt in den Fokus und die Lernfähigkeit von Subjekten wird besonders hervorgehoben. Der Subjektstatus wird dabei jeglichen überindividuellen Einheiten – unter lerntheoretischen Vorzeichen – zugeschrieben, also neben Personen auch Institutionen, Gruppen, Organisationen und ganzen Gesellschaften. Als Pädagogisierung kann dieser Prozess beschrie-

---

24 Gernot Koneffke beschreibt Pädagogik als Ausdruck einer historischen Entwicklung, die mit der Aufklärung einsetzt und nicht als Ansammlung von Methoden der Menschenführung. Eine Notwendigkeit bürgerlicher Gesellschaften stellen selbstbewusste Individuen dar, die ihre Selbsterhaltung eigenständig betreiben. Dies geht mit einem widersprüchlichen Prozess einher – die Befreiung von feudalen-klerikalen Herrschaftsverhältnissen und zugleich die Unterwerfung unter ein Vernunftprinzip, das eine ökonomische Rationalität konstruiert. Diesen Prozess beschreibt Koneffke als „Verkehrung des individuellen Willens in die Verselbstständigung des Wertgesetzes. Die Quelle ist die Freiheit des Individuums, die sich politisch, juristisch, ökonomisch, kulturell zu übersetzen beginnt in die Strukturen einer Gesellschaft freier Individuen, die ohne eine Ermächtigung aller Individuen zur Mündigkeit [...] konsistent nicht vorstellbar ist, also nicht ohne Pädagogik." (Koneffke 2004: 239) Die Herausbildung der bürgerlich-kapitalistischen Produktion war zudem dadurch gekennzeichnet, dass eben nicht alle gleich sind und für alle diejenigen, die nicht über Privateigentum an Produktionsmitteln verfügten, reale Freiheit in (Lohnarbeits-) Abhängigkeit verkehrt wurde (Koneffke 2004: 244).

ben werden, da „es dabei um die Mobilisierung unsichtbarer, immaterieller Ressourcen wie subjektive Befindlichkeiten, Erfahrungen, Einstellungen usw. im Rahmen von Erziehungs-, Lern- und (Aus-)Bildungsprozessen mit dem Ziel einer produktiven Steigerung geht" (Höhne 2003: 39).

Mit der Wissensgesellschaft wird die nachhaltige Bedeutung pädagogischer Techniken und Praxen in der Gestaltung von Subjektivität und Gesellschaft deutlich. Die Durchsetzung eines umfassenden Dispositivs pädagogischer Diskurse, Wissen, Praktiken und Institutionen, steht für „ein neues hegemoniales Wissen und eine neue Form des ‚Regierens'" (ebd.: 230). Begründet wird diese These durch allgegenwärtige Modernisierungsmethapern, die sich pädagogischen Semantiken bedienen, wie bspw. des „Lebenslangen Lernens", der „Weiterbildungsgesellschaft", der „Lernkultur" oder auch der „Lernenden Organisationen" (ebd.: 291). In diesem Kontext setzt Merkens „die erzieherische Mobilisierung von Staat und Zivilgesellschaft voraus, in der sowohl die flexiblen, wissensbasierten Arbeitsmethoden erlernt werden, als auch eine entsprechende Lebenseinstellung und Alltagspraxis pädagogisch angeleitet und mit subjektivem Sinn verbunden wird" (Merkens 2010: 202).

Das konzeptionelle Leitmotiv der Bildung in postindustriellen Gesellschaften wird mit dem Postulat des „lebenslangen Lernens" der OECD-Staaten auch von der sachlichen Dimension auf die zeitliche Dimension ausgedehnt. Mit diesen Entwicklungen verliert das staatliche Pflichtschulsystem ihr Monopol auf Bildung. Daraus ergibt sich ein erheblich differenzierteres, dezentralisiertes und auch zunehmend kommerzialisiertes Bildungssystem. Durch die Ausbildung formaler Kompetenzen[25] zum einen und zum anderen die Bereitschaft und Notwendigkeit, eigene Fähigkeiten lebenslang neu an Umweltbedingungen anzupassen, wird Lernfähigkeit in doppelter Hinsicht gesteigert. Die Anforde-

---

25 Mit dem Kompetenzbegriff in Ergänzung zum Bildungsbegriff wird die Absicht verfolgt, Ergebnisse von Lernprozessen zu erfassen. Daran wird auch Kritik geübt, da das Erfassen von Lernprozessen im Rahmen komplexer Bildungsprozesse nicht immer möglich ist. Zudem stellt sich die Frage, welcher Kompetenzbegriff in Verbindung mit welchem Bildungsbegriff für den jeweiligen Bildungskontext (explizit oder auch implizit) gewählt wird. Kritiker*innen sehen in der Hinwendung zu Kompetenzmodellen eine Outcome-Steuerung im Bildungsbereich, die eine Ökonomisierung von Bildung fördert und entsprechend mit ökonomischen Interessen einhergeht. Als wichtige Akteurin wird in diesem Zusammenhang auch die OECD gesehen, deren Aktivitäten großen Einfluss auf deutsche Bildungspolitik haben. Die OECD führte bspw. die Schlüsselkompetenzen für zukunftsfähiges Handeln in der Welt ein, welche durch ein funktionales und instrumentelles Bildungs- und Lernverständnis geprägt sind (Overwien 2013: 14; Radtke 2003).

rungen der dynamisierten postindustriellen Ökonomie und damit des Arbeitsmarktes der globalisierten kapitalistischen Wissensökonomie werden auch vom Bildungssystem aufgegriffen (Seitz 2002a: 294f.). Kompetenzvermittlung steht demnach im Zusammenhang mit Selbststeuerung der Subjekte, die an hegemoniale Regierungsziele gekoppelt werden (Hammermeister 2014: 138f.).

Als Reaktion auf die wachsende Komplexität moderner Gesellschaften rückt das „Lernen des Lernens" zunehmend in den Mittelpunkt pädagogischer Programmatik. Bildung zielt also darauf ab, Menschen zu einer bestimmten Form der Teilhabe an Gesellschaft zu qualifizieren und zu befähigen. Dabei unterliegt der Pool des gesellschaftlich relevanten Wissens einer stetigen Veränderung. Technische und wissenschaftliche Entwicklungen führen dazu, dass Fähigkeiten, Fertigkeiten und Kenntnisse schnell obsolet werden können. Die Debatte um Schlüsselqualifikationen[26] aus den 1970er Jahren reagiert auf die fortschreitende Entwertung eines starren Bildungskanons. Empfohlen wird in diesem Zusammenhang die Bildungsplanung an der Förderung von Fähigkeiten zur Anpassung an nicht Prognostizierbares zu orientieren, statt an einem Set von Bildungsinhalten oder spezifischen Qualifikationsprofilen (Seitz 2002a: 292f.).

Lernprozesse und -inhalte sind, wie hier deutlich wird, nicht neutral. Vielmehr vermitteln diese stets Weltauffassungen – Vorstellungen und Überzeugungen darüber, wie Gesellschaft organisiert und eingerichtet ist und was daran zu kritisieren ist (Andreotti 2014a: 23; Becker et al. 2013: 141). Herrschaftsstabilisierend wirkt die Ausrichtung von Bildungseinrichtungen und -inhalten zudem bis heute durch eine Orientierung an Bedarfen des Arbeitsmarktes. Die Trennung von sozialer Bildung und Berufsbildung wurde historisch zunehmend durch die enge Spezialisierung der Berufswege erzielt. Mit der Beschränkung auf eine Spezialausbildung wird die Reflexion über gesamtgesellschaftliche Zusammenhänge verhindert und damit das Warum und Wozu einzelner Fähigkeiten nicht adressiert. Politisch-gesellschaftliche Reflexionsfähigkeit und sozialkritische Fähigkeiten werden im Kontext eines Fokus auf fachspezifische Qualifikationen eingeschränkt. Diese Fähigkeiten werden für privatwirtschaftlich verfasste und an Gewinnmaximierung orientierte Gesellschaften als nicht relevant erachtet (Hirsch 2019: 140; Schmiederer 1971: 20f.).

---

26 „Schlüsselqualifikationen markieren in erster Linie die Kompetenz der Lernenden, sich jederzeit das jeweils erforderliche Wissen bzw. die erforderlichen Fähigkeiten und mithin weitere Kompetenzen selbst erschließen zu können." (Seitz 2002a: 292)

3.1.2.2 Bedingungen globaler, hegemonialer Bildung

Bildung – das sollte im Vorangegangenen deutlich geworden sein – ist fester Bestandteil von Gesellschaft. Weltsicht und -wahrnehmung sind geprägt von Wissen, welches in der Schule und an Universitäten vermittelt wird. Die Bedeutung von Bildung in Wissensgesellschaften wächst. Auch die fortschreitende Globalisierung hat zu einem Bedeutungswandel von Lern- und Bildungsprozessen beigetragen. Menschen verbringen immer längere Phasen ihres Lebens in Bildungseinrichtungen und weltweit geht der Trend hin zu einem weiteren Ausbau vom formalen Bildungswesen (Roser/Ortiz-Ospina 2016; Roser/Nagdy 2013). Bildungsinstitutionen, -politiken und -prozesse stellen ein zentrales Moment politischer Herrschaft und damit von Hegemonie dar. Sie sind eingebunden in ökonomische Reproduktionsanforderungen, die Verbreitung und Absicherung von sozialen Normen und Vorstellungen, die subjektive Wahrnehmungen und Alltagspraktiken prägen – all dies ist Teil des integralen Staates und damit gesamtgesellschaftlicher Strukturverhältnisse (Merkens 2010: 197).

Der Bedeutungszuwachs von Bildung und damit von pädagogischen Techniken und Praxen geht einher mit spezifischem Wissen. Die Entstehung, Produktion und Vermittlung von Wissen unterliegt jeweils globalen Strukturen der Ungleichheit und bestehenden Macht- und Herrschaftsverhältnissen (I.L.A.Kollektiv 2017: 49). Im Folgenden möchte ich zeigen, wie Wissen auch auf einer globalen Ebene Verbreitung findet, also auch in transnationaler Hinsicht hegemonial werden kann. Auch wenn die Gestalt des formellen Bildungswesens eng an Nationalstaaten gekoppelt ist, lässt sich in unterschiedlichen Bereichen die Emergenz eines Welt-Bildungssystems belegen. An sieben Punkten werde ich das verdeutlichen:

1) Zunächst ist die formale Institutionalisierung des Bildungswesens weltweit einem einheitlichen Muster gefolgt. Von der Globalisierung der Institution Schule kann dabei im Hinblick auf ein staatlich reguliertes Pflichtschulsystem gesprochen werden. Eine universelle Standardisierung der Strukturmerkmale verweist auf die transnationalen Einflüsse auf ein national organisiertes Bildungswesen (Fend 1980): „[D]ie Verschulung der Gesellschaft war ein europäisch-nordamerikanisches Programm des frühen 19. Jahrhunderts, das mit der Zeit weltweit zum Ziel staatlicher Politiken erhoben wurde" (Osterhammel 2009: 1131). Auch in der jüngeren Vergangenheit zeigen sich transnationale Einflüsse bspw. durch internationale Leistungsvergleichsstudien wie PISA oder IGLU. Diese führen zu Standardisierungstendenzen auf Ebene der Pädagogik und der Didaktik. In diesem Zu-

sammenhang wird auch von der Entstehung von „global education policies" gesprochen (Verger et al. 2012).
2) In den vergangenen fünfzig Jahren hat sich weltweit eine Bildungsexpansion vollzogen. Damit geht ein Ausbau von Bildungseinrichtungen und die fortschreitende Inklusion der Bevölkerung in formelle Bildungsprozesse einher. Trotz regionaler Unterschiede bezüglich Qualität und Quantität von Bildungseinrichtungen sowie unterschiedlichen Niveaus der Einschulungsraten, zeigen sich global deutliche Konvergenzen bezüglich der Entwicklungstrends (Seitz 2002a: 324).
3) Zudem zeigt sich eine Konvergenz bezüglich der Gestaltung und Schwerpunktsetzung der Curricula und Bildungsinhalte. Für den Bereich der Elementarbildung spricht Christel Adick von einem global akzeptierten „Kerncurriculum" (Adick 2000: 165). Dies zeigt sich in der Ähnlichkeit der Stundenverteilung als global standarisiertes Muster (ein Drittel Sprachunterricht, ein Sechstel Mathematik, je ein Zehntel Sozialkunde, Naturwissenschaft, ästhetische Bildung und Sport).
4) Außerdem hat sich eine weltweite Bildungssemantik herausgebildet, die eine wechselseitige Vergleichbarkeit und Verstehbarkeit im Reden und Denken über Bildung in jeglichen gesellschaftlichen Bereichen ermöglicht (Seitz 2002a: 325).
5) Die globale Bildungssemantik stützt sich auf internationale Publikations- und Kommunikationssysteme, also entsprechende Fachzeitschriften, Verbände und Netzwerke für Kooperation, Forschung und Lehre (ebd.).
6) Eingerichtet wurde zudem ein System des weltweiten Bildungsmonitorings, um den Stand der Umsetzung international gefasster Beschlüsse, Empfehlungen und Vereinbarungen regelmäßig zu dokumentieren. Der World Education Report der UNESCO erscheint bspw. alle zwei Jahre und dient als globales Beobachtungsinstrument, das zugleich selbst Standards formuliert. Für den OECD-Bereich existieren die Berichte „Education at a Glance" sowie international vergleichende Schulleistungsstudien wie die Third International Mathematics and Science Study (TIMSS) der IEA oder das PISA-Programm der OECD. Länder- und Regionalstudien werden von der Weltbank verfasst. Länder sind zudem zur regelmäßigen Berichterstattung verpflichtet, wenn sie unter dem Dach der Vereinten Nationen internationale Vereinbarungen über bildungspolitische Zielsetzungen eingegangen sind (bspw. zur weltweiten Umsetzung des Menschenrechts auf Bildung oder die in der Agenda 21 vorgesehenen Bildungsverpflichtungen „Education for Sustainable Development").

7) Das weltweite Bildungsmonitoring verweist auf gemeinsame Bildungsprogramme, die zunehmend auf transnationaler Ebene entworfen, geplant, beschlossen und bezüglich der Umsetzung kontrolliert werden. Der Bildungshoheit nationaler Regierungen steht die fortschreitende Etablierung internationaler Institutionen und Arbeitszusammenhänge der Bildungsplanung, Bildungsforschung, des Bildungsmonitorings und der Förderung gegenüber. Dabei liegt die konkrete Organisation, Durchführung und Verantwortung eher im nationalen Rahmen (Seitz 2002a: 326).

Die Gestaltung von Bildungswesen steht in engem Zusammenhang mit politischen und wirtschaftlichen Strukturen. Entsprechend zeigt sich der Einfluss der kapitalistischen Globalisierungsentwicklung und Gesellschaftsform der 1990er Jahre in einer okzidentalen Universalisierung von Bildung. Hierbei wird deutlich, dass das, was als Wissen und als relevanter Bildungsinhalt gilt, historisch gewachsen ist und an Reproduktionsanforderungen für Arbeits- und Lebensweisen gebunden ist (Merkens 2010: 199).

Allerdings „kommt [es] nicht so sehr darauf an, daß wir global denken, sondern welche globale Sichtweise wir entwickeln" (Wintersteiner 1999: 232). Werner Wintersteiner deutet hier an, wie hegemoniale Weltsichten, Wahrnehmungen und ein entsprechendes Wissen sich in Globalisierungsprozessen durchsetzen. In Qualifizierungsprofilen, Curricula und inhaltlichen Schwerpunkten der ökonomisch motivierten, am globalen Arbeitsmarkt ausgerichteten Bildungsoffensive spiegeln sich Leitgedanken des Neoliberalismus:

„Die neue Zauberformel von der lernenden Gesellschaft und die Forderung nach einer verstärkten Mobilisierung des Humankapitals geht mit dem Appell für eine Deregulierung, Privatisierung und Kommerzialisierung der Bildung einher. Die Anpassung des Menschen an die Spielregeln einer kapitalistischen Ökonomie erfordert die marktförmige Organisation der hierfür nötigen Qualifizierungsmaßnahmen." (Seitz 2002a: 445)

Deutlich wird hier eine dominante Form der Subjektivierung, die sich an Bedingungen des Marktes orientiert. Die Übertragung der Leitideen einer individualisierten, neoliberalen Ökonomie und Gesellschaft auf den Einzelnen zeigt sich deutlich im Bildungsbereich, in dem der Wert von Bildung an betriebswirtschaftlichen Kategorien gemessen wird, Bildung insgesamt standardisierten Messverfahren unterworfen wird und ein Vokabular der Ökonomie zur Anrufung der Subjekte genutzt wird (Hufer 2010: 21 f.). Eine an der kapitalistischen Ökonomie ausgerichtete, zunehmend universalisierte Bildung prägt nicht nur das Weltbild von Menschen, sondern eben auch deren Selbstverständnisse. Die Neoliberalisierung der Bildung bedeutet, „dass sie dem Menschen nicht nur ein einziges Mittel zur Erkenntnis der Welt anbietet, sondern damit auch unmittelbar Einfluss auf dessen Persönlichkeit [und Subjektivierung, ergänzt von N.I.] nimmt" (Graupe 2014: 10).

„Die Schülerinnen und Schüler werden", so schreibt der Gemeinschaftsausschuss der Gewerblichen Wirtschaft, „mit einem überschaubaren Bündel an Kompetenzen ausgestattet, dass sie die ökonomischen Anforderungen in unüberschaubar vielen ökonomisch geprägten Lebenssituationen mündig, tüchtig und verantwortlich bewältigen lässt." (Retzmann et al. 2010: 14)

Die beschriebene Ausrichtung von Bildung an (nationalen) ökonomischen Interessen von Wissensgesellschaften und damit der Ausbildung von Arbeitskräften ist zugleich eingebettet in einen globalen Wettbewerb unter Nationalstaaten (Andreotti 2014a: 23). In diesem Zusammenhang muss beachtet werden, dass die hegemonialen Bildungspraktiken und -politiken im bestehenden globalen kapitalistischen System mit anderen Herrschaftssystemen wie Patriachat, Imperialismus, Neokolonialismus, Naturausbeutung und Rassismus verwoben sind. Formelle Bildungsstrukturen nehmen eine bedeutsame Rolle für die (Re-)Produktion gesellschaftlicher Verhältnisse und entsprechend auch mit diesen verbundenen Krisen ein. Sie stellen erstens eine zentrale gesellschaftliche Infrastruktur dar, durch welche Denk- und Wahrnehmungsmuster vermittelt und erlernt werden (Brookfield 2012: 136 f.). Zweitens müssen Bildungskontexte und hegemoniale gesellschaftliche Verhältnisse in einem relationalen, sich bedingenden Verhältnis betrachtet werden:

„[...] die Schulentwicklung der letzten 200 Jahre [ist] im Weltmaßstab und unter evolutionär-entwicklungslogischer Perspektive als integraler Bestandteil industriekapitalistischer Weltwirtschafts- und Weltgesellschaftsstrukturen zu betrachten [...], also weder als Folge noch als Voraussetzung globaler Veränderungen, sondern allenfalls als beides zugleich [zu verstehen] [...]" (Adick 1992: 172)

Freiwillige Selbstregulierung durch Subjektivierungsprozesse, die Verschleierung und Legitimation von Macht- und Herrschaftsstrukturen durch die Vermittlung von Normalvorstellungen und die Etablierung eines Konsenses gegenüber hegemonialen Verhältnissen – all das steckt in Bildung und damit in der Auseinandersetzung mit Fragen und Kontexten von Bildung. Zudem wird deutlich, wie schnell und leicht Herrschaft auch in Bildungszusammenhängen reproduziert wird, selbst wenn der Anspruch einer Emanzipation von hegemonialen Verhältnissen explizit formuliert wird: „Bildung ist ein ebenso mächtiges

Instrument der Veränderung, wie sie Instrument von Stabilisierung ist" (Heydorn 2004/1973: 162).

Das zwischen institutionalisierter Schulbildung und globalisierter Gesellschaftsordnung bestehende Spannungsverhältnis zeigt sich darin, dass bürgerliche Herrschaft Bildung ebenso braucht, wie fürchtet. Einerseits bringt Schulbildung mündige Bürger*innen hervor, die als Profiteur*innen eines Systems, das unablässig zur Selbstermächtigung zwingt, gelten können. Sie werden dahingehend mit Wohlstand(sversprechen) sowie Freiheit(sversprechen) belohnt. Andererseits statten das Wissen, die Kompetenzen, Kenntnisse, Fähigkeiten und Orientierungen von Bürger*innen, die für die (Re-)Produktion und Expansion der kapitalistischen Gesellschaftsordnung notwendig sind, jedes Individuum zugleich mit den Voraussetzungen aus, diese Ordnung zu erkennen und zu hinterfragen (Koneffke 2004: 249).

Neben der herrschaftsstabilisierenden Funktion, die Bildung im Zuge der Konsolidierung und Einübung bestehender hegemonialer Verhältnisse zukommt, ist Bildung auch mit Potenzialen für die Veränderung von Gesellschaft ausgestattet. In kritisch-bildungstheoretischen Rekonstruktionen wird die Entwicklung bürgerlicher Gesellschaften nicht als Geschichte zunehmender Unterdrückung beschrieben. Vielmehr ist sie zutiefst widersprüchlich, da der Anspruch souveräner Selbstbestimmung mittransportiert wird und sie sich zudem auf Befreiung gründet. So wird in der Pädagogik kapitalistischen Verwertungszwängen Geltung verschafft und gleichzeitig werden die Vorrausetzungen geschaffen, um diese Prozesse verstehen und kritisieren zu können (ebd.: 244 ff.). Die in Bildung angelegte herrschaftsgefährdende und emanzipatorische Funktion führt im Kontext staatlicher Bildungspolitik zu dem Widerspruch, die Qualifikation von Arbeitskräften als ökonomische und politische Notwendigkeit voranzutreiben und zugleich die damit einhergehenden emanzipatorischen Effekte von Bildung zu verhindern:

„Dieser Widerspruch bildet den Grundkonflikt jeder Bildungspolitik in allen Gesellschaften, die an der Aufrechterhaltung irrationaler und daher tendenziell unkontrollierbarer Herrschaftsstrukturen vital interessiert sein müssen, um die bestehende Gesellschaftsordnung aufrechtzuerhalten." (Schmiederer 1971: 18)[27]

---

27 Der Politikdidaktiker Rolf Schmiederer benannte schon in den 1970er Jahren die Furcht vor emanzipatorischen Effekten zunehmender Bildung als Hauptursache für eine permanente Bildungskrise der hochindustrialisierten kapitalistischen Staaten und nicht fehlende materielle oder personelle Möglichkeiten (Schmiederer 1971: 19).

Es gibt immer auch Spielräume, welche sich im Zuge von Subjektivierungsprozessen und der Ausbildung und Absicherung von Hegemonie ergeben, die von Bildungsakteur*innen genutzt werden. Institutionalisierte Bildungskontexte können entsprechend nicht auf eine „funktional widerspruchsfreie Reproduktionsbeziehung" reduziert werden, denn „Momente einer widerständigen und gegen-hegemonialen Praxis" müssen ebenfalls Berücksichtigung finden (Hammermeister 2014: 136). Dabei zielt bspw. die kritische Pädagogik „auf die Reflexion des Prozesses, bei dem Bildung zugleich zur Anpassung an die geforderte Subjektivierung eingesetzt wird wie auch die reflexive Infragestellung dieser Vereinnahmung ermöglicht" (Messerschmidt 2009a: 123). Um herauszuarbeiten, wie kritisch-emanzipatorische Bildung im Kontext von Globalem Lernen (theoretisch) gefasst wird und welche Hindernisse dieser im Weg stehen, gehe ich im Folgenden auf den Zusammenhang von Bildung und Transformation ein.

3.1.3 Widerständige Bildung und emanzipatorische Transformation?

„What kind of education could enable the emergence of ethical relationships between those who have historically marginalized and those who have been marginalized, moving beyond guilt, anger, salvationism, triumphalism, paternalism, and self-interest?" (Andreotti 2012: 23)

Subjektkonstitutionen sind niemals allein Resultat einer Determination durch hegemoniale Regierungstechniken. Regieren als Machtausübung unterwirft Subjekte nicht nur. Im Rahmen des Regierens eröffnen sich auch Möglichkeitsfenster, in denen Subjekte sich selbst führen. In diesem Prozess können Regierungstechniken auch verändert, anders besetzt, zurückgewiesen und angeeignet werden (Ludwig 2011: 146). Wie also könnte Bildung inmitten der Bestimmtheit und Bedingtheit von Bildungs- und Erziehungsprozessen kritisch, emanzipatorisch und selbstbestimmt sein? Welche Formen von Bildung unterstützen die Überwindung tief verankerter Subjektivierungs- und Wissensformen, die Subjekte unbewusst zur Reproduktion bestehender hegemonialer Ordnungen beitragen lässt?

Wie ich gezeigt habe, ist Bildung mit Erziehung untrennbar verbunden und relevant für die Subjektwerdung. Bildung setzt das Engagement von Menschen voraus, als aktiver Prozess wird sie von Menschen selbst vollzogen. Durch Bildung werden Menschen in die Lage versetzt, sich ihrer eigenen Bedeutung im Zusammenhang geschichtlich-gesellschaftlicher Verhältnisse bewusst zu werden. Gramsci bezeichnet Bildung als aktives gesellschaftliches Element, durch das das Bewusstsein des Menschen in ein handelndes Verhältnis zur Welt gesetzt wird. Durch den Vorgang der geistigen Erschließung der Welt wird sich der Mensch seiner selbst bewusst, entwickelt ein höheres Bewusstsein von sich und der gesellschaftlichen Wirklichkeit, in der er handelt. Mit dem Begreifen von Bedingungen gesellschaftlicher Existenz werden Menschen befähigt, sich aktiv an der Gestaltung von Lebensverhältnissen zu beteiligen. Als Resultat von Bildung benennt Gramsci die „Selbstpotenzierung" des Menschen (GH 6: 1342). Selbstpotenzierung wird dabei als Grundlage für eine Persönlichkeit gesehen, die sich selbstständig im gesellschaftlichen Geschehen orientiert und dieses mitgestaltet. Selbstpotenzierung ist entsprechend als sozial ermöglichende Subjektivierung zu verstehen, mit der selbstbestimmte Urteils- und Handlungsfähigkeit einhergehen, die zugleich die Angewiesenheit auf soziale Beziehungen (Scherr 2010: 305) und Abhängigkeitsverhältnisse im Kontext von Mensch-Natur-Verhältnissen berücksichtigen. Bildung kann somit einen Beitrag zu emanzipatorischen Prozessen liefern, durch die Menschen befähigt werden, Widersprüche in der eigenen Subjektwerdung zu reflektieren und sich ihrer Lebensbedingungen bewusst zu werden (Bernhard 2007: 149 f.).

Formelle Bildungsprozesse sind in erster Linie darauf ausgerichtet, bestehende Verhältnisse zu reproduzieren und zu stabilisieren. Daher sind die Chancen, durch Bildung, insbesondere in formellen Bildungskontexten, ein kritisches und auf Veränderung ausgerichtetes Bewusstsein hervorzubringen, gering. Der emanzipatorische Effekt und die subversive Rolle von Bildung konnte jedoch nie ganz unterdrückt werden. Impulse für Veränderung von Gesellschaft sind immer auch aus Bildungskontexten hervorgegangen. Sich als demokratisch definierende Gesellschaften werden sich immer wieder der Konfrontation von demokratischen Ansprüchen mit fragwürdigen Praxen stellen müssen, sowohl bezüglich der Verfasstheit von Bildungskontexten als auch bezüglich der Inhalte.[28] Wo durch gesellschaftliche Konflikte und Widersprüche die immanente Rationalität des hegemonialen Systems gestört ist und die reibungslose Anpassung an Bestehendes erschwert oder verhindert wird, dort sind Chancen für eine emanzipatorische Bildung zu suchen. Zugleich werden die Chancen und Grenzen für emanzipatorische Bildung in Gesellschaften, die auf Macht- und Herrschaftsstrukturen von Menschen über Menschen basieren, so eng wie mög-

---

28 Bildung und Herrschaft sind miteinander verstrickt und Bildung erweist sich auch in sich als widersprüchlich. „Bildung, als Weg zur Mündigkeit, konstruiert und strukturiert nämlich bürgerliche Herrschaft als gesellschaftliche Kategorie, als Form der neuzeitlichen Vergesellschaftung UND wird gleichzeitig als Selbstbestimmung und Ermächtigung erst durch die institutionelle Etablierung im Rahmen bürgerlicher Ordnung überhaupt faktisch möglich." (Willebrand 2010: 45)

lich gehalten. Eine hegemonietheoretische Beschäftigung mit dem Funktionieren von Gesellschaft und den bestehenden Macht- und Herrschaftsstrukturen kann ein kritisches Bewusstsein erzeugen. Da diese Aufgabe jedoch im Zusammenhang mit Strukturen und der Organisation des Bildungswesens steht, ist die Diskussion um eine kritische emanzipatorische Bildung auch immer eine Diskussion um die Reform des formellen Bildungswesens wie Schule und Unterricht (Schmiederer 1971: 27f.).

Bildung ist in gesellschaftliche Verhältnisse eingebunden, daher wirken sich auch globale gesamtgesellschaftliche Krisen auf (institutionalisierte) Bildung aus. Die Auseinandersetzung mit globalen multiplen Krisen und die damit verbundene Notwendigkeit von gesellschaftlichen Transformationsprozessen muss auch (institutionalisierte) Bildung in den Blick nehmen. Bildung im Kontext von gesellschaftlicher Transformation – ausgerichtet an sozial-ökologischen Prinzipien und als kollektiver Suchprozess verstanden – zu betrachten, geht mit der Frage einher, inwiefern eine veränderte Wissensproduktion und Vermittlung und damit eine Veränderung pädagogischer Verhältnisse erforderlich ist. Bildung als kritische emanzipatorische Praxis muss sich also fragen, was sie von einer Bildung und Pädagogik unterscheidet, die zur Erhaltung von Macht und Herrschaft beiträgt. Wie kann also in Bildungskontexten die Dichotomie zwischen herrschaftsstabilisierender und emanzipatorischer Bildung überwunden werden und Bildung als in sich widersprüchlich verstanden werden? Von Bedeutung ist diese Frage, weil damit die Gefahr von einfachen Antworten und Lösungen durch Bildung adressiert wird. Jede Form der Bildung schließt bestimmte Perspektiven aus und ist verbunden mit Machtverhältnissen, durch die Subjekte bewusst und unbewusst geprägt werden (Andreotti 2012: 23).

Ein zentraler Aspekt der Möglichkeiten emanzipativer Bildung besteht in der Bewusstwerdung und Reflexion über die eigene Subjektposition, welche durch hegemoniale Strukturen geformt ist. ‚Neutrale' Pädagog*innen sind dabei nicht weniger politisch als jene, die sich als ‚engagiert' verstehen:

„Es gibt keine andere als politische Pädagogik, und je unpolitischer eine Pädagogik sich versteht, desto gefährlicher sind ihre politischen, ihre herrschaftsstabilisierenden Wirkungen. Ob der Erzieher Politik macht, ob seine Bemühung politische Wirkung hat, steht für ihn nicht zur Disposition. Es kann nur darum gehen, welche Politik ein Erzieher macht, die der Unterdrückter oder die der Unterdrückten." (Freire 1972: 17)

Zentraler Bestandteil jeder Bildungspraxis muss demnach die eigene Verortung und Reflexion sein. Dies lässt auch die Bildungsprozesse und Beziehungen in

Bildungspraxen nicht unberührt. Ausgehend von der Prämisse, dass Bildung grundlegend widersprüchlich verfasst ist, werden vielschichtige Schnittstellen von pädagogischen Prozessen und Bildung relevant: zwischen Theorie und Praxis, zwischen Wissen und Veränderung, zwischen Handeln und Erkennen, zwischen Lehren und Lernen und auch zwischen Gegenwart und Zukunft. Hier zeigt sich die Verbindung von Pädagogik und Politik in aller Deutlichkeit. Entsprechend unterliegt Bildung nicht nur dem Politischen, sondern betreibt das Politische zugleich und ist damit nicht auf einer vermeintlich humanen, freiheitlichen und selbstbestimmen, sicheren Seite. Erst durch Bildung wird ermöglicht, sich selbst im „Widerspruch von Determination und Freiheit" (Heydorn 2004/1970: 185) zu erfahren. Aus hegemonietheoretischer Perspektive stellen Orte des Lernens und Lehrens damit ein umkämpftes Terrain dar. Wie also kann das Sag- und Denkbare verhandelt und verändert, wie können hegemoniale Formen des Denkens und Handelns durch Bildung und pädagogische Prozesse herausgefordert und die hegemoniale Deutungsmacht verändert werden (Sternfeld 2009: 20 f.)?

Wie gezeigt, schreibt Gramsci Bildung eine wesentliche Rolle in der Eroberung hegemonialer Macht zu. Die Schaffung alternativer Räume, Orte gesellschaftlichen Lebens und sozialer Praxis, die zu Lernorten werden, sind für ihn von besonderer Relevanz, um gegenhegemoniale Modelle zur Schule aufzubauen. Das Konzept des Stellungskrieges, das Gramsci als unterschiedliche Fronten bezeichnet – als zahlreiche kleine Kämpfe, durch welche die Veränderung der sozialen Ordnung und der kulturellen Deutungsmacht errungen wird – ist eine Form politischer Bildung (ebd.: 64 f.).

Deutlich wird mit Gramsci, dass es um eine grundlegende Öffnung und Politisierung von Lernpraxen geht.

„[G]egen das Denken in pädagogischen Vereinfachungen, dass ein binäres Gegenüber von Lehrenden und Lernende unterstellt, betont Gramsci die Dialektik der pädagogischen Beziehung: Jedes erzieherische Handeln eines gegen-hegemonialen Akteurs ist als Selbstveränderung in der Veränderung der Umstände zu reflektieren. Anders formuliert, auch der Erzieher wird erzogen." (Merkens 2007: 157)

Bildung als Akt der Befreiung zu entwickeln und zu praktizieren, wie es Gramscis Anspruch war, verweist auf die Notwendigkeit einer strukturellen Neugestaltung des öffentlichen Bildungswesens. Zudem muss es um die Entwicklung einer neuen (Lern-)Kultur gehen, für welche der bestehende Bildungskanon neu gelesen und der Fokus auf neue, bislang unsichtbar gemachte oder vermeintlich irrelevante Inhalte verschoben werden muss. Nicht nur geht es um eine kritische

Aneignung von vorhandenem Wissen, auch umfassende Kenntnisse historischer Prozesse, die hegemoniale Verhältnisse hervorgebracht haben, spielen eine wichtige Rolle. Emanzipative Bildung ist wesentlich verbunden mit dem Erlernen eines Verständnisses hegemonialer kultureller und (welt-)gesellschaftlicher Verhältnisse, da etwas Neues aus dem Alten erst durch eine Aneignung, Gestaltung und Kritik der hegemonialen Kultur entstehen kann. Zentral ist in diesem Zusammenhang, hegemoniale Verhältnisse mit Blick auf ihre Veränderung zu denken und darüber Selbstermächtigung zu praktizieren bzw. zu ermöglichen (Sternfeld 2009: 73 f.).

Bei Gramsci ist in diesem Zusammenhang der Rückbezug seiner Kulturtheorie auf den deutschen Begriff der Bildung relevant und erfolgt nach Armin Bernhard „mit der Intention, Bildung als diejenige kulturelle Kraft kategorial zu fassen, die eben das Bewusstsein des Menschen in ein aktiv-veränderndes Verhältnis zur Welt umzusetzen in der Lage ist. Bildung schafft bewusstes Dasein, und erst in diesem wird der Mensch voll handlungsfähig" (Bernhard 2005: 94). Der Prozess der Selbstfindung ist verwoben mit dem Kollektiv und der Gesellschaft, da diese sozial bedingt ist und durch Beziehungen ermöglicht wird. Mit Butler gesprochen: „[The Subject, N.I.] has no story of its own that is not also the story of a relation" (Butler 2005: 8). Daher muss ein Bewusstsein über die gesellschaftliche Eingebundenheit erlangt werden. Das individuelle Dasein muss als geschichtlich und sozial verortet begriffen werden. Selbstveränderung findet in der Veränderung von gesellschaftlichen Kontexten und Umständen statt, somit wird Emanzipation als Veränderung hin zu einem kollektiven und solidarischen Selbst verstanden (Merkens 2004: 15 f.):

„[D]ie Erkenntnis, dass die pädagogische Interaktion sich reziprok gestaltet und nicht linear, verdeutlicht, dass politisch-pädagogische Gegenhegemonie nicht darin aufgehen kann, kurzer Hand die Richtung zu wechseln. Wir würden weiterhin dem linearen Modell folgen, das dem traditionellen bürgerlichen Verständnis von Bildung zugrunde liegt. Es geht also nicht darum, das bürgerliche Wissens- und Wahrheitsregime quasi spiegelverkehrt durch ein sozialistisches Modell der Weltdeutung zu ersetzen. So besteht die pädagogische oder auch bildungspolitische Herausforderung nicht darin, die Lehrpläne der Schulen, den Inhalt von Bildungsveranstaltungen oder auch die Ausrichtung einer politischen Versammlung einzig derart umzugestalten, dass die ‚Lehrende' den ‚Lernenden' jetzt die Welt von links statt von rechts erklären. Vielmehr ist das politisch-pädagogische Handeln auf das gesellschaftliche Herrschaftsverhältnis ausgerichtet, das sich über die binäre Anordnung von Führenden und Geführten, Regierenden und Regierten reproduziert." (Merkens 2007: 161)

Ein solches dichotomes pädagogisches Vorgehen würde das Verständnis einer widerspruchlosen „Idealbildung"[29] reproduzieren und darüber Vorstellungen und Selbstvergewisserungen, auf der richtigen Seite zu stehen und für die richtige Sache einzustehen. Ein solches Verständnis würde die subtilen und mannigfaltigen Macht- und Herrschaftsformen und -strukturen verkennen, die den Alltagsverstand und -praktiken prägen. Daher kann Pädagogik nicht als den gesellschaftlichen Verhältnissen äußerlich verstanden werden, welche standortunabhängige Beschreibungen von (globalen) gesellschaftlichen Verhältnissen vornehmen kann (Andreotti 2012: 23; Messerschmidt 2009a: 132).

Um Herrschaft in Frage zu stellen, muss demnach das pädagogische Verhältnis selbst verändert werden. Ziel einer emanzipatorisch-pädagogischen Praxis ist demnach die Transformation von bestehenden (herrschaftlichen) Lern- und Lehrverhältnissen (Merkens 2007: 160). Zugleich braucht es den Anspruch einer kritischen Bildungstheorie, die „Selbstverständlichkeiten des pädagogischen und die eingeübten Selbstführungsformen bürgerlicher Mündigkeit als herrschaftsaffirmativ bzw. Herrschaft reproduzierend problematisieren und somit die Notwendigkeit der Veränderung plausibilisieren" (Pongratz 2017: 22) zu können. Der lebendige Charakter von Bildung, der Geschichte macht, muss zugleich zur aktualisierenden Neufassung von Bildung provozieren, die selbstkritisch mit Bezug auf gesellschaftliche Verhältnisse erfolgt (Pelzel 2020: 108). Eine emanzipatorische Bildungspraxis muss postulierte Ziele wie Mündigkeit und Kritikfähigkeit mit dem „direkten politischen Kampf um die Veränderung der Gesellschaft" (Novkovic 2020: 72) verknüpfen.

Jedes gegen-hegemoniale Projekt steht mit Selbstaufklärung im Zusammenhang, da es darum geht, ein Bewusstsein über die individuelle Verwobenheit mit den jeweiligen gesellschaftlichen Verhältnissen zu entwickeln. In diesem Zusammenhang ist der Alltagsverstand von Bedeutung. Wie bereits eingeführt, versteht Gramsci darunter „die unkritisch von den verschiedenen gesellschaftlichen und kulturellen Milieus aufgenommene Weltauffassung, in der sich die moralische Individualität des Durchschnittsmenschen entfaltet" (GH 6: 1393). Der Begriff des Alltagsverstandes ist dialektisch zu fassen: einerseits als die uns unweigerlich formierenden gesellschaftlichen Umstände und andererseits als aktiver Handlungsraum. Der Alltagsverstand stellt für emanzipatorische Bildung einen zentralen Bezugspunkt dar, er muss hinterfragt und herausgefordert wer-

---

29 Paul Parin versteht die mit emanzipativem Engagement verbundenen Befreiungsvorstellung als „Idealbildung". Da jedes Ideal auch ambivalente Tendenzen enthält, gilt es auch Konzepte der Kritik und der Emanzipation bezüglich ihrer Widersprüchlichkeiten zu befragen (Parin 2006: 7).

den und zugleich bildet er den Anknüpfungspunkt für reflexive Prozesse (Sternfeld 2009: 80f.). Auch Foucault sieht Widerstand als Teil von Machtverhältnissen. Innerhalb von Diskursen, hegemonialer Ordnungen und damit verknüpftem Alltagverstand werden Gegendiskurse denkbar und für Subjekte eröffnen sich Möglichkeiten, Prozessen der Subjektivierung von innen kritisch entgegenzutreten (Foucault 1995: 116 f.). Postkoloniale und feministische Perspektiven auf vergeschlechtlichte und rassifizierte Subjektivierungsprozesse verdeutlichen die damit verbundenen widerständigen Praxen und politischen Bewegungen.

In Anlehnung an die postkoloniale feministische Theorie beginnt radikale Transformation mit dem individuellen wie auch kollektiven Subjekt, das zum Ort des Widerstands werden kann:

"All social orders hierarchically organized into relations of domination and subordination create particular subject positions within which the subordinated can legitimately function. These subject positions, once self-consciously recognized by their inhabitants, can become transfigured into effective sites of resistance to an oppressive ordering of power relations." (Sandoval 2000: 54)

Die Unvollständigkeit der Subjektpositionen kann also Handlungsmöglichkeiten eröffnen und dazu beitragen, Veränderungen praktisch herbeizuführen. Durch die Identifikation mit verschiedenen Diskursen und politischen Projekten, versuchen sich Subjekte – gerade auch in Situationen oder Phasen, in denen sie sich nicht berücksichtigt, nicht repräsentiert sehen – zu involvieren, um Identität und kollektive Beziehungen herzustellen. Dieses Handeln ist zugleich eine Entscheidung für einen spezifischen Diskurs, ein konkretes politisches Projekt oder eine bestimmte soziale Welt, in den, das oder die sich kontinuierlich involviert werden muss (Leinius 2018: 68). In einem intersektionalen poststrukturalistischen Verständnis sind Subjektpositionen immer schon politische Kategorien, die von multiplen sozialen Ungleichheitsverhältnissen geprägt sind, jedoch nicht auf diese reduziert werden können (Ganz 2019: 179): „Denken in Intersektionalitäten erzwingt, die ‚Situiertheit des eigenes Wissens' (Haraway 1995), seine Wahrheitsproduktion und potentielle Hegemonialität zu reflektieren" (Dietze 2008: 38). Die Wahrnehmung und Kritik hegemonialer Positionen mittels intersektionaler Analysen ermöglicht es, Herrschaftspraktiken umzuarbeiten oder zu resignifizieren und darüber die Herrschaft zu destabilisieren:

„Die dafür erforderliche Hegemonie(selbst)kritik […] muss in Rechnung stellen, dass dezentrierte Epistemologien Ergebnis politischer Kämpfe sind […]. Reflexion eigener

‚verstreuter Hegemonien' wird nicht unherausgefordert erworben, sondern ist Bestandteil unabschließbarer politischer Prozesse, die bewegliche Erkenntnispunkte, wechselnde Allianzen und ständiges Überprüfen von Wahrheitsproduktion und Wissenssituierung benötigen." (ebd.: 40)

Die Infragestellung und Herausforderung hegemonialer Verhältnisse gehen daher mit immerwährenden und sich bedingenden Prozessen von Subjektivierung und Politisierung einher.

Krisenmomente (Kap. 2.1) öffnen Räume für die Infragestellung und die Transformation hegemonialer Lebens- und Produktionsweisen. In diesen Momenten können Situationen entstehen, in denen Subjekte mit der Kontingenz sozialer Beziehungen und gesellschaftlicher Strukturen konfrontiert werden, da die bestehende Hegemonie die Krisenhaftigkeit nicht erklären und integrieren kann (Glynos/Howarth 2007: 110). Darüber können Subjektivierungsformen und hegemonialen Wissensformen hinterfragt werden. Selbstverhältnisse können durch kollektives Handeln verändert werden. Subjektpositionen gehen dabei Hegemonieprojekten nicht voraus, vielmehr verweist der Prozess kollektiver Identifizierungen auf unabgeschlossene diskursive Prozesse und sich beständig weiterentwickelnde und veränderbare Subjektpositionen, die in politischen Kämpfen neu entstehen können (Ganz 2019: 176 f.).

Für widerständige Praktiken spielt Kritik eine zentrale Rolle. Diese wird bei Foucault zu einem Experiment, zur experimentellen Praxis des Anders-Denkens (Lemke 2011). Möglichkeiten der Veränderung werden durch Kritik sichtbar gemacht, durch das Infragestellen von hegemonialen Diskursen und Ordnungen. Und zugleich geht mit dieser Möglichkeit von Veränderung eine Unvorhersehbarkeit einher, die Veränderung kann also nicht vorweggenommen werden. Entsprechend muss sich eine Pädagogik/Bildung für verändernde Verhältnisse und verändernde Praxis auf ein offenes Terrain einlassen (Sternfeld 2009: 99 f.). Wir sind dabei

„vollständig mit dem Wissen der Kritik ausgerüstet und fähig zur Analyse […], während wir zur selben Zeit die Bedingungen selbst teilen und leben, die wir durchschauen können. Insofern leben wir eine Dualität aus, die gleichzeitig sowohl einen analytischen Modus erfordert und eine Nachfrage nach der Produktion neuer Subjektivitäten, die anerkennen, dass wir das sind, was Hannah Arendt fellow sufferers nannte, jene, die gemeinsam unter denselben Bedingungen leiden, die sie kritisch untersuchen." (Irit Rogoff 2006, zit.n.: Sternfeld 2009: 101)

Lernen und Bildung hat damit zu tun, eben durch Lernen und Bildung auseinandergenommen zu werden, „da niemand etwas Neues lernt, ohne etwas Altes zu verlernen." (ebd.). Menschen sind „multiple aligned historical subjects" (Stone-Mediatore 2003: 136), welche sich mit unterschiedlichen Diskursen identifizieren und sich darin involvieren. Damit gehen Subjektpositionen einher, die zugleich abgelehnt und transformiert werden möchten oder sich bestätigen lassen wollen. Subjektivität ist durch multiple soziale Beziehungen geprägt, die Subjekte allererst hervorbringen. Sie ist heterogen mit multiplen Identitäten, Loyalitäten und Beziehungen verknüpft, deren Ausprägungen je nach Kontext und sozialen Beziehungen variieren. Hier wird eine wichtige Unterscheidung aus der postkolonialen feministischen Theorie sichtbar, nämlich die Unterscheidung zwischen Subjektposition und Subjektivierung. Die Subjektposition integriert die soziale Verortung bezüglich Produktion, Macht und Autorität, welche mit einer gewissen Perspektive auf die Welt einhergeht und entsprechend mit bestimmen Diskursen verwoben ist. Diese Subjektposition findet über unterschiedliche Anrufungen statt (Leinius 2018: 69f.). Zugleich können in Form spielerischer (Über-)Erfüllung hegemoniale Subjektivierungsansprüche bei gleichzeitiger Unterwanderung re-arrangiert werden, also deren machtgestützte Verfasstheit transparent gemacht und zugleich bekämpft werden (Dietze 2008: 37). In der „Queer of Color"-Forschung wird dies als „Politik der Desidentifikation" (Muñoz 1997) bezeichnet. Die Entscheidung, eine bestimmte Subjektposition einzunehmen, sich diese anzueignen, ist dann Teil von Subjektivierung. Dabei können multiple Subjektpositionen Teil von Subjektivierung sein, „questions of subjectivity are always multiple mediated through the axes of race, class/caste, sexuality, and gender […]. [T]hey can never be reduced to automatic self-referential, individualist ideas of the political (or feminist) subject" (Mohanty 2003 [1991]: 78).

Aus Perspektive der Hegemonietheorie gibt es kein ‚Außerhalb' hegemonialer Kräfte, welches durch umfassende und grundlegende Emanzipationsakte zu erreichen ist (Bünger 2013a: 123). Die vielfältigen Verstrickungen von lernenden Subjekten – also die Heteronomie gesellschaftlicher Verhältnisse, die Subjekte konstituiert – muss im Kontext der Möglichkeiten des emanzipatorischem Kritiklernens berücksichtigt werden (Hammermeister 2014: 142). Im Rahmen emanzipativer Bildung ist die Frage nach der Aneignung von Wissen durch konkrete und eigensinnige Praxen dabei von besonderem Interesse – Lernende werden nicht als leere Gefäße betrachtet, die es zu befüllen gilt. Zudem dachte auch Gramsci schon über die Gleichzeitigkeit von Lernen, Bewusstseinsbildung und ideologischer Auseinandersetzung nach. Eine alternative, gegenhegemoniale Lernkultur geht in Anlehnung an Gramsci zentral mit der Wirkung von selbstorganisierten Lerngruppen und Bildungsprozessen von unten einher, durch die und mit welchen eine kritische Aneignung bürgerlicher Kultur und hegemonialer Wissensbestände und darüber die Entwicklung alternativer Lebensweisen möglich werden kann (Becker et al. 2013: 141). Emanzipatorisches, transformatives Lernen erfordert also eine Transformation des Selbst „im Sinne einer Überwindung von durch Ideologie und Hegemonie geprägten Denkmustern, die Veränderung von gesellschaftlichen Strukturen durch kollektiven Druck, sowie den Erwerb von Fähigkeiten für den Aufbau einer anderen Gesellschaft" (Lingenfelder 2020: 32).

Bildung und damit einhergehende Subjektivierungsprozesse bilden ein zentrales Element für emanzipatorische und gegenhegemoniale Gesellschaftsveränderung. Diesbezüglich spielen sowohl Inhalte, also was gewusst wird, eine Rolle, als auch Lernformen, also wie etwas gewusst wird. Die Selbstreflexion und Theoretisierung von hegemonialen Subjektpositionen und daraus erwachsende gesellschaftliche Machtpositionen und Herrschaftsstrukturen sind zentrale Voraussetzung für eine emanzipatorische und kritische Bildung. Bleiben hegemoniale Subjektpositionen und die Marginalisierung von Gruppen und Individuen aufgrund von bspw. Ethnizität, Klasse, Geschlecht, Lokalität, Religion unreflektiert, werden diese Positionen (subtil) legitimiert und (re-)produziert (Dietze 2008: 40). Die Relevanz emanzipatorischer Bildung sowie das Nachdenken darüber und die Erprobung und Etablierung einer entsprechenden Bildungspraxis zeigt sich in diversen Bildungstheorien, -konzepten und -diskursen. Darin wird entsprechend auch die Widersprüchlichkeit und Verwobenheit von Bildung mit Macht und Herrschaft deutlich. Für bildungstheoretische und didaktische Überlegungen mit emanzipatorischem und transformativem Anspruch ist es unverzichtbar, Bildung als Bildung in der Gesellschaft in den Blick zu nehmen und sich der unentrinnbaren historischen Gestaltung und Verwobenheit mit hegemonialen Kräften bewusst zu werden (Seitz 2002a: 36).

Im Zuge gesellschaftlicher Globalisierungsprozesse verändern sich auch Herausforderungen und Anforderungen an Subjekte im Kontext von Bildung. Aus ebendieser Gemengelage ist das Bildungskonzept des Globalen Lernens entstanden. Die historische Gewordenheit, die Entstehungskontexte sowie die Begründungen der Notwendigkeit eines Globalen Lernens werden im Weiteren näher ausgeführt. Globales Lernen stellt – so meine Ausgangsthese im Folgenden – aus hegemonietheoretischer Perspektive betrachtet ein Feld dar, auf dem um Diskurse, Deutungen und Praktiken gerungen wird, die Vorstellungen globalisierter Gesellschaften zum Gegenstand haben. Konturen dieser Vorstellungen und die damit verknüpfte Ausbildung hegemonialer Deutungen und Praxen werden im Folgenden beschrieben, bevor ich in Kapitel vier und fünf dieser Arbeit empirisch untermauert zeigen werde, wie Bildner*innen sich in diesem Zusammenhang verorten und selbst verstehen.

3.2 Das Bildungskonzept des Globalen Lernens

Globale Bezugspunkte sind gegenwärtig in ganz unterschiedlichen gesellschaftlichen Praktiken und Kontexten nahezu allgegenwärtig. Spätestens seit den 1990er Jahren wird die explizite und implizite Präsenz globaler Verkettungen und Verhältnisse mit dem Begriff der Globalisierung in Verbindung gebracht und in vielfältigen Kontexten, auch Bildungskontexten, handlungsanleitend. Als Begriff beschreibt Globalisierung zunächst eine epochale Transformation, die den gesamten Globus erfasst (Steffens 2013: 43). Zugleich bleibt der genaue Bedeutungsinhalt des Schlagworts der Globalisierung umkämpft. Ohne Zweifel haben sich jedoch in den letzten Dekaden auf sozialer, ökonomischer, politischer und kultureller Ebene Prozesse der Entgrenzung vollzogen. Besonders deutlich schlagen sich Globalisierungsprozesse auf ökonomischer Ebene nieder, die fast alle gesellschaftlichen und sozialen Bereiche durchdringen. Finanz- und Kapitalbeziehungen verselbstständigen sich dabei gegenüber realen Wirtschaftsprozessen. Moderne Kommunikationstechnologien und schnellere Transportwege gingen mit einer räumlichen Verdichtung und zeitlichen Beschleunigung einher. Die Dominanz der US-amerikanischen Massenkultur hat einerseits zu einer Homogenisierung kultureller Entwicklung geführt und andererseits Protestbewegungen hervorgebracht, die sich gegen Auswirkungen von Globalisierungsprozessen wehren (Riß/Overwien 2010: 206). Kapitalismus als Wirtschaftsform setzt sich durch und wird zur dominanten Form der Vergesellschaftung, mit extrem unterschiedlichen Konsequenzen für Menschen im Globalen Norden und Süden sowie fatalen Effekten für Mensch-Natur-Verhältnisse. In Globalisierung steckt dabei die Verheißung einer globalen Weltgesellschaft, die von Integration- und Vernetzungsprozessen gekennzeichnet ist. Es werden allerdings vielmehr Prozesse der Fragmentierung sichtbar, in denen es zu Neuverteilungen von Privilegien und Entrechtungen kommt, die häufig eine Verschärfung der Gegensätze zwischen Reich und Arm zur Folge haben und die Konkurrenz aller gegen alle intensivieren (Messerschmidt 2018: 568).

Globalisierung spielt in der Auseinandersetzung mit Bildung eine zentrale Rolle, weil Bildung als Schlüsselelement für die Gestaltung einer globalisierten

Welt gesehen wird und andersherum Bildung selbst durch Globalisierungsprozesse geprägt ist. Die Verschiebung der Machtverhältnisse zwischen Staat und Wirtschaft zugunsten des Marktes wirken sich auch auf Bildung aus (Kap. 3.1.2). Dies findet etwa Ausdruck in der unterschiedlichen Ausrichtung von Bildungspolitiken, die in einem Spektrum zwischen wirtschaftlicher Verwertbarkeit und Leitideen nachhaltiger Entwicklung orientiert sind (Riß/Overwien 2010: 209). Die Prozesse, welche mit Globalisierung in Verbindung stehen, gehen über nationalstaatliche Gesellschaftsverständnisse hinaus. Bildung und Erziehung allein in diesem Rahmen zu denken, würde daher den Blick auf Herausforderungen verstellen. Bezüglich der Bearbeitung und Lösung globaler Herausforderungen wird Bildung eine zentrale Rolle zugeschrieben und es ergeben sich didaktische Konsequenzen aus gesellschaftstheoretischen Reflexionen über Globalisierung (Lang-Wojtasik 2022: 11). Globales Lernen ist in diesem Zusammenhang als Formel zu verstehen, als didaktische Antwort auf die Entwicklung einer Weltgesellschaft[30], als Reaktion auf globale Problemstellungen. Es intendiert eine Bildung, die an der emanzipatorischen Gestaltung von weltgesellschaftlichen Verhältnissen ausgerichtet ist und Lernprozesse im Horizont des Globalen verortet (Seitz 2002a: 365).[31] Gesellschaftliche Phänomene der Globalisierung und die damit einhergehenden Fragen, Probleme und kognitiven Herausforderungen sind somit konstitutiv für Globales Lernen (Künzli David et al. 2010: 224).

---

30 In der Konzeption Globalen Lernens wird die bestehende bzw. sich zunehmend etablierende Weltgesellschaft hervorgehoben, an deren Gestaltung sich möglichst alle beteiligen sollen. Die sog. Weltgesellschaft zeichnet sich momentan jedoch eher dadurch aus, dass sich kleine Teile der Weltbevölkerung der Ressourcen der gesamten Welt bemächtigen – dieses Phänomen wird auch als *imperiale Lebens- und Produktionsweise* beschrieben (Kap. 2.1). In der Bezugnahme auf Weltgesellschaft des einheitlichen großen Ganzen, so kritisiert Messerschmidt, bleiben Formen der Spaltung und Brüche zwischen nationalen, kulturellen und territorialen Teilen des globalisierten Weltganzen zu oft unthematisiert. In einer hoffnungsvollen Zukunftsvision im Kontext der Weltgesellschaft, wird übersehen, dass es sich bei der gegenwärtigen Teilnahme an Weltgesellschaft um eine exklusive Möglichkeit handelt, die nicht allen Menschen offen steht (Messerschmidt 2009b: 127).

31 Das Werk von Seitz „Bildung in der Weltgesellschaft" bündelt vorhandene theoretische Aufarbeitungen und stellt einen Bezug zur Weltgesellschaftsforschung der Soziologie dar. Dabei steht der Terminus der weltbürgerlichen Bildung nicht für ein geschlossenes didaktisches Konzept, sondern für eine „gemeinsame Chiffre für ein Spektrum heterogener Bemühungen [...], die von den Anliegen geleitet sind, der Entwicklung zur Weltgesellschaft in pädagogischer Theorie und Praxis Rechnung zu tragen" (Seitz 2002a: 9). Die Ausführungen von Seitz stellen einen zentralen Bezugspunkt für meine Arbeit dar.

Globales Lernen steht in dieser Arbeit in Anlehnung an Klaus Seitz für

"ein ganzes Bündel an pädagogischen Konzepten, die sich auf gesellschaftliche Globalisierung beziehen. Ausgangspunkt Globalen Lernens ist die Hypothese, dass die herkömmlichen Formen, Methoden und Gegenstände des Lehrens und Lernens nicht hinreichen, um der heranwachsenden Generation zu jenem Wissen, jenen Kompetenzen und Einstellungen zu verhelfen, derer sie bedarf, um sich in einer Welt orientieren zu können, die in wachsendem Maße von der globalen Vernetzung sozialer Beziehungen und von grenzüberschreitenden gesellschaftlichen Prozessen geprägt ist. Globales Lernen ist somit eine Chiffre für die Antwort der Pädagogik auf die Entwicklung zur Weltgesellschaft." (Seitz 2002a: 366)

Ansätze, die sich diesem Spektrum zuordnen lassen, sind vielfältig und bewegen sich zwischen der fachdidaktischen Erschließung von Themen, die mit Globalisierung in Verbindung stehen, und einem Verständnis, welches Globales Lernen als zeitgemäßes Allgemeinbildungsverständnis begreift und auf eine Transformation von Bildung abzielt. In diesem Spektrum finden sich unterschiedliche Formen des Umgangs mit globalen Herausforderungen in methodischer Hinsicht, mit Blick auf ethische Lernziele oder der Befähigung zur weltbürgerlichen Existenz (Seitz 2002, 366 f.).

Globales Lernen ist ein relativ junges pädagogisches Theorie- und Praxisfeld. Es ist historisch aus unterschiedlichen Entwicklungen hervorgegangen, die sich in der einen oder anderen Weise um Globalisierungsprozesse drehen. Durch die Betrachtung Globalen Lernens auf Basis einer hegemonietheoretischen Perspektive zeigt sich die Entstehungsgeschichte in Verhältnissen zwischen unterschiedlichen Interessen und Zielvorstellungen. Sowohl institutionalisierte, staatliche Interessen, die zu einer Verbreitung von Globalem Lernen in einem top-down Prinzip führ(t)en, als auch buttom-up Entwicklungen durch Akteur*innen wie entwicklungspolitische Organisationen, NGOs und soziale Bewegungen sind in einer kritischen Rekonstruktion der Entwicklung von Praktiken und Begriffen Globalen Lernens zu beachten. Es wird deutlich, wie Globales Lernen im Ringen um Hegemonie eine Rolle spielt und durch gesellschaftspolitische Herausforderungen definiert und geprägt ist. Im Folgenden beschreibe ich, aus welchen umkämpften globalen gesellschaftspolitischen Dynamiken Globales Lernen hervorgegangen ist (Kap. 3.2.1), welche Akteur*innen das Feld des Globalen Lernens prägen (Kap. 3.2.2) und welche gesellschaftstheoretischen Grundlagen sich auf didaktische Zugänge im Globalen Lernen auswirk(t)en (Kap. 3.2.3). Darauf aufbauend stelle ich bildungstheoretische Grundlagen vor, die das Feld des

Globalen Lernens prägen (Kap. 3.2.4) und gehe auf theoretische Überlegungen zu transformativer Bildung ein, die für das Globale Lernen zunehmend einen Bezugspunkt darstellen (Kap. 3.2.5). Abschließen wird dieses Kapitel mit einem Überblick über Spannungsfelder im Globalen Lernen (Kap. 3.2.6).

Mit der rekonstruktiven Annäherung an das Bildungskonzept des Globalen Lernens begreife ich die Bereiche der politischen Analyse und Theorie und die Entstehung Globalen Lernens als zusammenhängend. Den Zusammenhang zwischen Globalisierung und Bildung reduziere ich an dieser Stelle entsprechend nicht auf die Bedeutung für Bildungsinhalte, sondern betrachte vorrangig die spezifischen Konsequenzen von Globalisierungsprozessen für Globales Lernen.

3.2.1 Zur historischen Entwicklung des Globalen Lernens

Für die Beschreibung der historischen Entwicklung Globalen Lernens möchte ich auf das integrale Staatsverständnis in Anlehnung an Gramsci zurückkommen: „Staat = politische Gesellschaft und Zivilgesellschaft, das heißt Hegemonie, gepanzert mit Zwang" (GH 6: 783). Staat, so habe ich gezeigt, ist selbst Gesellschaft (Kap. 2.3). Es handelt sich um den politischen Bereich von Gesellschaft, der sich eben nicht auf Gewalt und Recht beschränkt, sondern (Zivil-)Gesellschaft durchdringt. Politik in einem breiten, an Gramsci angelehnten Verhältnis meint auch Prozesse der Willensbildung, der Schaffung von Bündnissen durch geteilte Diskussionen, Überzeugungen, Kompromisse und/oder Verhandlungen. In diesem Sinne umfasst der Staat Zivilgesellschaft. Bereiche der Interessensvermittlung und -verallgemeinerung sind entsprechend staatlicher Herrschaft zuzurechnen. Hegemonie ist dabei die spezifische Art der Herrschaftsausübung in der Zivilgesellschaft (Demirović 2007: 24). Der Kampf um Hegemonie findet maßgeblich in der Zivilgesellschaft statt, die von Machtbeziehungen und sozialer Ungleichheit geprägt ist. Ein solches analytisches Verständnis von Zivilgesellschaft bricht mit dem dichotomen Denken von „Zivilgesellschaft mitsamt NGOs und Neuen Sozialen Bewegungen als Reich der Befreiung" gegenüber dem „Staat als Reich der Unterdrückung" (Marchart 2005: 20). Dadurch wird eine Analyse von Herrschaftsverhältnissen möglich,

„die nicht allein durch Institutionen des Staates aufrechterhalten werden, sondern diskursiv auf dem Terrain der Zivilgesellschaft (re-)produziert werden. Das ist, was der Begriff des integralen Staates auszudrücken versucht. In der Zivilgesellschaft als dem Feld konkurrierender Problemdeutungen, Forderungen und Handlungsansätze werden Auseinandersetzungen um Hegemonie ausgefochten, es bildet sich ein hegemonialer Konsens heraus." (Bedall 2014: 29)

Konsens ist entsprechend immer Ausdruck einer Kristallisation von Machtverhältnissen und von Hegemonie. An dieser Stelle zeichne ich nach, an welche (globalen) gesellschaftlichen Entwicklungen das Bildungskonzept Globales Lernen anschließt und auf welche historischen Kontexte und Prozesse es reagiert. In diesem Prozess werden politische Arenen und Akteur*innen sichtbar, die um unterschiedliche Deutungen von Gesellschaft und Bildung ringen. Das nach wie vor umkämpfte Bildungskonzept Globales Lernen steht im Zusammenhang mit Kämpfen um Hegemonie und den damit einhergehenden gesellschaftlichen Kräfteverhältnissen.

Das Aufkommen Globalen Lernens muss in Verbindung mit global gesamtgesellschaftlich historischen und auch gegenwärtigen Entwicklungen betrachtet werden, mit denen unterschiedliche Bestrebungen einhergingen. Im Zuge von Globalisierungsprozessen wurde auf nationalstaatlicher Ebene eine Notwendigkeit internationaler Bildung und Vernetzung gesehen und vorangetrieben. Diese Notwendigkeit kann dabei nicht ohne Verbindung zu politischen und ökonomischen Interessen von Nationalstaaten thematisiert werden. In der Herausbildung von global ausgerichteten Bildungsaufträgen, mithilfe derer die Mündigkeit von (Welt-)Bürger*innen gefördert werden soll, zeigt sich zugleich die Eingebundenheit und Reproduktion von hegemonialen globalen gesellschaftlichen Verhältnissen. Die Entstehung Globalen Lernens geschieht nicht außerhalb globaler gesellschaftlicher Verwertungsprozesse. Diesbezüglich verweist Messerschmidt darauf, dass das Engagement im Globalen Lernen „Teil einer Globalisierungsdynamik [ist], der es gelingt, Kritik dadurch zu integrieren, dass es so scheint, als sei die gegenwärtige Globalisierung selbst die Antwort auf diese Kritik" (Messerschmidt 2018: 569). Verschiedene zeithistorische und kontextspezifische Entwicklungsstränge sind für die Herausbildung und Etablierung Globalen Lernens zu beachten. Diese müssen in ihren Verbindungen betrachtet werden.

Auf internationaler Ebene wurde Bildung nach dem Zweiten Weltkrieg als Mittel zur internationalen Verständigung hervorgehoben. Die Gründung der United Nations Educational, Scientific and Cultural Organization (UNESCO) 1946 stellt dafür einen sichtbaren Beleg dar. Unter dem Stichwort *international education* wird seit dieser Zeit versucht, allgemeine Leitlinien für Bildung zu formulieren. Ein bedeutendes Referenzdokument für alle Ansätze des Globalen Lernens, die sich der Universalität und Unteilbarkeit der Menschenrechte, der internationalen Solidarität und Gerechtigkeit verpflichtet fühlen, ist die „Empfehlung über Erziehung zu internationaler Verständigung und Zusammenarbeit und zum Weltfrieden sowie die Erziehung im Hinblick auf die Menschenrechte und Grundfreiheit", die im November 1974 von der 18. Generalkonferenz der

UNESCO verabschiedet wurde. In diesem Dokument wird die Realisierung einer globalen Anschauungsweise auf der Ebene der Erziehung postuliert (Seitz 2002a: 367). Diese zeigt sich in elementaren Kompetenz- und Einstellungszielen, die als normative Leitsätze einer internationalen Bildung von der UNESCO formuliert wurden:

„In order to (...) promote international solidarity and co-operation, which are necessary in solving the world problems affecting the individuals´ and communities´ life and exercise of fundamental rights and freedoms, the following objectives should be regarded as major guiding principles of education policy:

a) *An international dimension and global perspective in education at all levels and in all its forms;*
b) *Understanding and respect for all people, their cultures, civilization, values and ways of life (...);*
c) *Awareness of the increasing global interdependence between people and nations;*
d) *Abilities to communicate with others;*
e) *Awareness not only of the right but also of the duties incumbent upon individuals, social groups and nations towards each other;*
f) *Understanding of the necessity for international solidarity and co-operation;*
g) *Readiness on the part of the individual to participate in solving the problems of the community, his country and the world at large."*
(Deutsche UNESCO-Kommission 1975: 8)

Die Empfehlungen der UNESCO verweisen auf eine internationale Erziehung für alle Bildungssektoren, den Bereich der Erwachsenenbildung eingeschlossen. Auch wenn der Begriff der *global education* erst zu einem späteren Zeitpunkt von der UNESCO übernommen wurde, so ist die begriffsgeschichtliche Debatte schon älter. Eine der ältesten Definitionen von 1976 stammt von Erziehungswissenschaftler Robert G. Hanvey:

„Global education involves learning about those problems and issues that cut across national boundaries and about the interconnectedness of systems – ecological, cultural, economic, political, and technological. Global education involves perspective taking – seeing things through the eyes and minds of others – and it means the realization that, while individuals and groups may view life differently, they also have common needs and wants." (Hanvey 1976 zit.n. Tye 1991: 5)

Im angloamerikanischen Sprachraum entstand bereits in den 1970er Jahren der Begriff *global education* für alle diejenigen pädagogischen Konzeptionen, bei denen es um die Gestaltung der Globalisierung im Kontext ethischer Ziele wie Gerechtigkeit und Nachhaltigkeit geht. Die bereits 1979 von Lee Anderson vorgelegte Studie „Schooling and Citizenship in a Global Age: An Exploration of the Meaning and Significance of Global Education", die den Bedarf einer Neuorientierung der Bildung aus einer detaillierten Analyse gesellschaftlicher Globalisierungsprozesse ableitet, fokussierte auf die Befähigung des Individuums, sachkundig urteilen und handeln zu können: „Global education consists of efforts to bring about changes in the content, in the methods and the social context of education in order to better prepare students for citizenship in a global age" (Anderson 1979, zit. n.: Stadler 1994: 46). Die semantische Verschiebung von *international education* zu *global education* geht mit einer verstärkten Aufmerksamkeit für das Individuum als Weltbürger*in und seine Urteils- und Handlungsfähigkeit im globalen Kontext einher. Der Begriff *global education* orientiert sich weniger an einer Staatenwelt, Bezugspunkt ist stärker die Weltgesellschaft[32] (Seitz 2002a: 373).

Zentral ist es in diesem Zusammenhang unterschiedliche Akteursebenen und Motivationen für die Entwicklung des Globalen Lernens zu verdeutlichen. Die Bemühungen und der Diskurs um *global education* war in den USA durch ein strategisches Interesse motiviert. Die besondere Förderung einer internationalen Bildung hängt in den USA mit dem Zweiten Weltkrieg und dem Versuch der Stabilisierung ihrer hegemonialen Rolle zusammen und sollte nicht als altruistisch missverstanden werden. Vor dem Hintergrund der neuen sicherheitspolitischen und ökonomischen Führungsrolle ging es für die USA darum, durch Programme wie bspw. das Fulbright-Programm die internationale Verständigung, den kulturellen Austausch und damit immer auch die Verbreitung amerikanischer Werte zu fördern. Das strategische Interesse der USA, die hegemoniale Rolle auf der Weltbühne zu stabilisieren, verknüpft mit wirtschaftlichen Interessen, ging mit einer Förderung und Weiterentwicklung von *global education* einher, die auch den Anspruch unterstreichen sollte, den Horizont von US-Bürger*innen zu öffnen. In vielen Bundesstaaten wurden im Zuge dieser strategischen Interessen Pro-

---

32 Mit dem Verständnis eines einheitlichen Ganzen im neuen Globalisierungsdiskurs werden dem Bildungsprozess innewohnende Spannungsverhältnisse ungreifbar. Spaltungen und Brüche innerhalb des globalisierten Weltganzen verschwinden. Indem globalisierte Weltverhältnisse als Terrain der Ausweitung von Bildung betrachtet werden, wird diese Sichtweise übernommen (Messerschmidt 2018: 570).

gramme der *global education* aufgebaut und so breite institutionelle, politische und akademische Infrastrukturen geschaffen (ebd.: 369 f.).

Im deutschsprachigen Raum wurde der Begriff Globales Lernen durch ein programmatisches Papier des Schweizer Forums „Schule für eine Welt" eingeführt. In diesem wird an das Verständnis von Anderson angeknüpft und Globales Lernen wie folgt definiert: „die Vermittlung einer globalen Perspektive und die Hinführung zum persönlichen Urteilen und Handeln in globaler Perspektive auf allen Stufen der Bildungsarbeit" (Forum „Schule für eine Welt" 1996: 19).

Auf der 44. Internationalen Bildungskonferenz 1994 in Genf wurde eine Deklaration und ein integrierter Rahmenaktionsplan zur Erziehung für Frieden, Menschenrechte und Demokratie vorgelegt, mit Aspekten, die in der Erklärung von 1974 noch unberücksichtigt blieben:

„- *Betonung der Demokratie,*
- *die stärkere Akzentuierung des interkulturellen Lernens und der Umweltbildung,*
- *der Hinweis auf die Gender-Dimension und die Gleichberechtigung zwischen den Geschlechtern,*
- *die Auseinandersetzung mit einem positiven Friedensbegriff, der unter dem Stichwort einer ‚Kultur des Friedens' über ein bloß negatives Verständnis von Frieden als ‚Abwesenheit von Krieg' hinausgeht,*
- *die Anerkennung, dass der soziale Wandel und das Zusammenleben in einer pluralistischen und multikulturellen Gesellschaft immer von Konflikten begleitet sein wird, eine Kultur des Friedens somit nicht in der Abschaffung von Konflikten bestehen kann, sondern vielmehr in der ‚Fähigkeit zur gewaltlosen Konfliktlösung' verankert sein muss,*
- *die weitere Aufwertung der außerschulischen Bildung und das Plädoyer für ein besseres Zusammenwirken der formellen Bildung und der außerschulischen Bildung."* *(Seitz 2002a: 371 f.)*

Internationale Verständigung war seit der Gründung der UNESCO an das Prinzip der nationalen Souveränität geknüpft, was auch in der 1974er-Erklärung deutlich wird: internationale Erziehung und Bildung wird in den Dienst internationaler Verständigung und Verpflichtungen gestellt, die die jeweiligen nationalen Regierungen eingegangen sind. Diese Erklärung war demnach geprägt von der Vorstellung, dass Regierungen und nationale Repräsentant*innen die Akteur*innen internationaler Beziehungen seien. Auf der internationalen Bildungskonferenz von 1994 hingegen wurde die Gleichwertigkeit verschiedener Akteursebenen wie NGOs, internationale Organisationen, kulturelle, soziale, ethnische und religiöse Gruppen anerkannt. Durch deren Berücksichtigung im Kontext grenzüberschreitender Zusammenarbeit kommen nicht nur neue und erweiterte Dimensionen internationaler Erziehung in den Blick (ebd.: 372). Angezeigt wird vielmehr der Wandel von einer internationalen Erziehung und Bildung zum Globalen Lernen. Aufgaben der internationalen Erziehung und Bildung werden befreit von der Bindung an die Qualität zwischenstaatlicher Kooperation und ausgerichtet an einem Verständnis von Weltgesellschaft (ebd.: 373). Das Verständnis von Weltgesellschaft ist dabei orientiert an normativen Setzungen, nach der Menschen zur aktiven, demokratischen Teilhabe an einer global gerechten und zukunftsfähigen Gesellschaft befähigt werden sollen. Der Fokus liegt dabei auf dem Individuum als Weltbürger*in. Die politisch-rechtliche Realität von vorhandenen Gestaltungs-, Entscheidungs- und Handlungsmöglichkeiten und -strukturen wird im Kontext philosophischer und pädagogischer Setzungen und Orientierungen der Weltgesellschaft dabei kaum adressiert. Deutlich wird ein eher begrenztes, politisches Verständnis globaler Bürger*innenschaft, auch wenn das Ziel postuliert wird, durch Bildung Weltbürger*innen zu schaffen (Moulin-Doos 2016, 14f.; Grobbauer 2014, 29).

Insgesamt fanden die pädagogischen Bemühungen um die Öffnung eines Welthorizonts in der BRD in einem ganz anderen gesellschaftlichen Kontext als dem der USA statt. Die an Solidarität und weniger an Hegemonie ausgerichteten Bestrebungen zivilgesellschaftlicher Akteur*innen bildeten in der Bundesrepublik zunächst den Motor für entwicklungspolitische Bildung. Die Entstehung von Öffentlichkeits- und Bildungsarbeit im Globalen Norden als Teil von Entwicklungszusammenarbeit stellt einen bedeutenden Prozess für die Herausbildung Globalen Lernens dar. Die Rolle von Öffentlichkeitsarbeit war für die Begründung und Legitimation von Entwicklungshilfe entscheidend. Daher wurden Organisationen, die Informationsarbeit im Kontext von Entwicklungspolitik leisteten, teilweise auch staatlich gefördert. Entwicklungspolitische Vereine, NGOs oder kirchliche Einrichtungen wandten sich zunehmend von Informations- bzw. Lobbyarbeit ab und forderten kritische Reflexion von Entwicklungshilfe und Bewusstseinsarbeit (Hödl 2003: 37). Ab Ende der 1970er Jahre gründeten sich weitere Institutionen, Aktionsgruppen und Solidaritätskomitees, die sich gegenüber der vorherrschenden wirtschaftlichen Ausrichtung von Entwicklungsstrategien kritisch äußerten (Hanak 2003: 94). Seit den 1960er Jahren rückten internationale Verflechtungen im Kontext der Biafra-Krise (Nigeria), der Auseinandersetzung um den Carbora-Bassa-Staudamm (Mozambique), der Apartheid und dem Vietnamkrieg stärker in die öffentliche Auseinandersetzung (Scheunpflug 2016: 32). Die Beschäftigung mit Entwicklung als Lerninhalt entwickelte sich in den 1970er und 1980er Jahren aus den Development Studies und der Development Education heraus: „Vom Lehren über die Dritte Welt gelangte man zum Lernen in der einen Welt" (Hartmeyer 2015: 50). Eine deutliche Politisierung der entwicklungspolitischen Debatte zeigte sich in der zweiten Hälfte der 1970er Jahre. Abhängigkeitsstrukturen internationaler Wirtschaftsverflechtungen rückten ins Blickfeld und es wurde deutlich, dass sich die Entwicklungsfrage längst zu einem Problem globalisierter Gesellschaften ausgeweitet hatte (Scheunpflug 2016: 32). An die Stelle des Lernens über die *Dritte Welt* trat damit die Aufgabe, von und mit den Menschen des Globalen Südens zu lernen. Der Gegenstandsbereich der entwicklungspolitischen Bildungsarbeit, der zuvor insbesondere über ökonomische Entwicklungsprobleme definiert war, wurde durch soziale, kulturelle, politische und ökologische Dimensionen ergänzt. Auch die Wahrnehmung von Globalisierung und der Bedeutungsverlust von Nationalstaaten angesichts globaler Krisen führten zu einer verstärkten Neuausrichtung von entwicklungspolitischer Bildung (Seitz 2002a: 376).

Die Herausbildung von entwicklungspolitischer Bildung war zudem dadurch geprägt, dass schon in den 1960er und den 1970er Jahren Wissenschaftler*innen und soziale Bewegungen auf die Kosten hinwiesen, welche durch die vorherrschende industrielle Entwicklung für die Umwelt entstanden. In diesem Zusammenhang erschien 1972 der Bericht „Die Grenzen des Wachstums. Bericht des Club of Rome zur Lage der Menschheit" (Meadows 1972). Ausgangspunkt der Studie war es, anhand von Computersimulationen Tendenzen der globalen Wirkung von Industrialisierung, Bevölkerungswachstum, Unterernährung, Ausbeutung von Rohstoffreserven und Zerstörung von Lebensraum aufzuzeigen. Gezeigt werden sollten globale Auswirkungen von individuellem lokalem Handeln, die nicht dem Zeithorizont und dem Handlungsraum Einzelner entsprechen. Die prominente Schlussfolgerung des Berichts war:

„Wenn die gegenwärtige Zunahme der Weltbevölkerung, der Industrialisierung, der Umweltverschmutzung, der Nahrungsmittelproduktion und der Ausbeutung von natürlichen Ressourcen unverändert anhält, werden die absoluten Wachstumsgrenzen auf der Erde im Laufe der nächsten hundert Jahre erreicht." (ebd.)

Der Bericht des Club of Rome verdeutlichte den nicht-nachhaltigen Zusammenhang zwischen ökonomischen Aktivitäten und ökologischen Grundlagen.

Das Ende der 1960er Jahre und die beginnenden 1970er Jahre waren vor diesem Hintergrund geprägt vom Aufkommen einer Vielzahl sozialer Bewegungen wie der Friedensbewegung, der Frauenbewegung und der Anti-Atom-Bewegung. Diese neuen sozialen Bewegungen[33] können „als Produkt bzw. ‚Kinder' des Fordismus am Ende seiner Boomphase beschrieben werden" (Rucht 1994: 135):

„Es geht ihnen zum einen um den Abbau von autoritären Überhängen, die Relativierung der puritanischen Leistungsmoral, Selbstverwirklichung und Gestaltung der eigenen Lebensräume, demokratische Normen, Chancengleichheit, reflexiven Umgang mit Lebensstilen. Zugleich artikulieren sie auch die Widerspruchs- und Krisenpotentiale des fordistischen Projekts mit seiner sozialen Isolierung und Atomisierung, Rüstung und Atombewaffnung, ‚schmutzigen' Kriegen in der Dritten Welt, Naturzerstörung und innergesellschaftlichen Gewaltformen." (ebd.)

Zwischen Mitte der 1950er und Mitte der 1980er Jahre kam es zu einer verstärkten Zuwendung von Wissenschaft und sozialen Bewegungen zu entwicklungspolitischen Fragen, Umweltproblematiken, dem Klimawandel und Auswirkungen einer industrialisierten, nicht verallgemeinerbaren Lebens- und Produktionsweise. Das industrielle Wachstum, einhergehend mit der Verschmutzung von Flüssen, Seen, der Luft und der Abholzung von Wäldern, dem Verlust von Biodiversität und vermehrt auftretenden Erkrankungen von Menschen wie Krebs und allergische Krankheiten ging auf politischer und gesellschaftlicher Ebene seit den 1970er Jahren mit einem wachsenden Bewusstsein für die Komplexität von Globalisierungsprozessen sowie Klima-, Umwelt- und Entwicklungsproblemen einher (Krüger 2013: 423 f.). Diese Zusammenhänge waren nicht nur geprägt vom Aufkommen entwicklungspolitischer Bildung, Friedens-, Menschenrechts- und interkultureller Bildung, sondern auch durch die Umweltbildung[34]. Die politischen und pädagogischen Reaktionen bezogen

---

33 In der Bewegungsforschung wird zwischen alten (insbesondere der Arbeiterbewegung) und neuen sozialen Bewegungen unterschieden. Eine differenzierte Auseinandersetzung diesbezüglich findet bspw. bei Dieter Rucht in *Modernisierung und neue soziale Bewegungen: Deutschland, Frankreich und USA im Vergleich* statt (1994).

34 Die Geschichte der Umweltbildung ist selbst vielschichtig und durch unterschiedliche Ausrichtungen und Verständnisse geprägt. Unter dem Bereich der Umweltbildung lassen sich Natur- und Umweltschutzunterricht, problem- und handlungsorientierte Umwelterziehung oder auch naturnahe Erziehung über Ökopädagogik fassen. Ein umfassender Überblick zur Geschichte und zu Ansätzen der Umweltbildung ist bspw. bei Reinhold Lob in *20 Jahre Umweltbildung in Deutschland – eine Bilanz* (1997) zu finden.

sich in erster Linie auf die (globalen) Umweltprobleme.[35] Seit der Thematisierung ökologischer Probleme und damit einhergehend gesellschaftlicher Naturverhältnisse in den 1970er Jahren ist die politische Relevanz von Umweltthemen nicht mehr umstritten. Auseinandersetzungen diesbezüglich kreisen also schon seit beinahe fünf Jahrzehnten nicht mehr um die Frage ob, sondern *wie* auf ökologische Probleme reagiert werden soll (ebd.: 351). In diesem Zusammenhang wurde Umweltbildung die Rolle zugesprochen, das Umweltbewusstsein der Bevölkerung zu fördern und damit einen Beitrag zum Erhalt der Lebensgrundlagen zu leisten. 1977 lud die UNESCO Bildungspolitiker*innen und Erziehungswissenschaftler*innen zur Tiflis-Konferenz in Georgien ein, um die Herausforderungen des Umweltschutzes in das Bildungswesen einzubringen. Mit dem dort entstandenen Grundsatzpapier wurde der Grundstein für „weltweite Aktivitäten im Bereich der schulischen Umwelterziehung und der außerschulischen Umweltbildung" gelegt (Lob 1997: 1). Mit diesem internationalen Anstoß der UNECSO wurden unterschiedliche internationale und nationale Programme zur Umweltbildung mit dem Ziel verabschiedet, „Werte, Einstellungen und Kenntnisse [zu] vermitteln, die eine Grundlage für Umweltschutz darstellen und die Entwicklung neuer Verhaltensmuster für Einzelne, Gruppen und Gesellschaften unterstützen" (Gräsel 2009: 1096).

Die Gleichzeitigkeit verschiedener *epochaltypischer Schlüsselprobleme* (Klafki 1991) und Akteurskonstellationen, welche in diesen Zusammenhängen sichtbar werden, sind für die Herausbildung Globalen Lernens zentral. Die beschriebenen Entwicklungen zeigen deutlich, wie Bildung verstärkt auf internationale Kontexte und Problemzusammenhänge ausgerichtet wird. Deutlich werden diesbezüglich unterschiedliche Interessenzusammenhänge. Die Ausrichtung einer *global education* steht dabei mit gesellschaftlichen Funktionen von Erziehung und Bildung im Zusammenhang. Einerseits geht es um die Reproduktion, die Anpassung an und die Stabilisierung von sozialen und politischen Ordnungen sich globalisierender Gesellschaften, die an kapitalistischen Verwertungszusammenhängen und der Einhegung damit verbundener Herausforderungen

---

35 Umweltverschmutzung wurde bis in die 1970er Jahre, trotz der Gründung und dem Bestehen von Umweltverbänden, in der deutschen Politik nicht als strukturelles Problem wahrgenommen. Durch nachgeschaltete technologische Lösungen wurden umweltschädliche Folgen der industriellen Produktion abgemildert. Nicht die Produktionsprozesse wurden verändert, vielmehr gab es additive Umweltschutzmaßnahmen, also Maßnahmen, die die Verschmutzung lediglich nachträglich korrigieren. Industrielle Produktion bildet den Primat im Kontext der Organisation gesellschaftlicher Naturverhältnisse. Timmo Krüger nennt dies „Modernisierung mit nachgeschaltetem Umweltschutz." (2013: 424)

wie Umweltprobleme, entwicklungspolitische Herausforderungen und Nord-Süd-Konflikte ausgerichtet sind. Andererseits treten zunehmend emanzipatorische Akteurskonstellationen in Form neuer sozialer Bewegungen und NGOs auf, die Bildung als zentrales Element für die Auseinandersetzung mit globalen Entwicklungen und damit einhergehenden Herausforderungen begreifen. In diesem Zusammenhang wurde Bildung eine zentrale Rolle zugeschrieben, um bestehende gesellschaftliche Strukturen und mit ihnen einhergehende Krisen, Macht- und Herrschaftsstrukturen wie bspw. das Entwicklungs- und Fortschrittsparadigmen, Ungleichheitsverhältnisse und gesellschaftliche Naturverhältnisse zu hinterfragen und zu verändern.

Die UNESCO Kommission „Bildung für das 21. Jahrhundert" erklärte Globalisierung 1993 zu einem zentralen Bildungsinhalt: „Bildung soll die Menschen dazu befähigen, schrittweise zu Weltbürger(inne)n zu werden"[36] (Seitz 2002a: 45). Damit wurden Bildung als Versprechen für eine bessere Welt und Globales Lernen als Bildungskonzept gestärkt. Der Schlüssel für die Gestaltung des 21. Jahrhunderts wurde im Zusammenhang mit der Entfaltung menschlichen Lernpotentials gesehen. Individuen und Gesellschaft wurden entsprechend aufgefordert, sich auf kommende Herausforderungen durch lebenslanges Lernen vorzubereiten (Grobbauer 2014: 29; Seitz 2022: 40).

In der Überführung der entwicklungspolitischen Bildung hin zu einer Konzeption von Globalem Lernen spielt die wachsende Differenzierung des ursprünglichen Gegenstandsbereichs der entwicklungspolitischen Bildung, der *Dritten Welt*, eine Rolle. Geprägt war diese Entwicklung von geopolitischen Veränderungen wie dem Ende der Teilung in erste, zweite und dritte Welt, sich verändernden Entwicklungstheorien (cultural turn) und einer zunehmenden Kritik der Zivilgesellschaft an der einseitig ausgerichteten Entwicklungshilfe (Seitz 2002a: 373 f.).

Der Begriff des Globalen Lernens wird im deutschsprachigen Raum zunehmend seit den 1990er Jahren verwendet und begegnet der Komplexität global vernetzter Gesellschaften zumeist über *epochaltypische Schlüsselprobleme*. Im Globalen Lernen ergab sich eine Verzahnung mit der Friedenspädagogik, entwicklungspolitischer Bildungsarbeit, der Umweltbildung, der Menschenrechtsbildung und der interkulturellen Erziehung (Overwien/Rathenow 2009a: 107).

---

36 „Die Frage, wessen Bildung dazu befähigen könnte, wird nicht gestellt, und der Zweifel darüber, ob nicht in der dominierenden Form institutionalisierter Bildung selbst eine Ursache für die globalen Probleme liegt, kommt erst gar nicht auf." (Messerschmidt 2018: 573)

Die Vorstellung einer räumlichen Kongruenz von Wirtschaftsraum, Kulturgemeinschaft und dem Handlungsfeld politischer Souveränität wird durch Globalisierungsprozesse zunehmend ausgehebelt, worauf auch der Wandel von einer entwicklungspolitischen Bildung hin zum Globalen Lernen reagiert. Die veränderte Wahrnehmung der weltweiten Entwicklungsherausforderungen zeigt sich in den Entwicklungsproblemen der Weltgesellschaft. Mit dem Ende der Ost-West-Systemkonkurrenz werden Entwicklungsprobleme weniger entlang einer territorial-definierten Nord-Süd-Achse verortet, sondern im Kontext der Globalisierungsdebatte universalisiert. Dies führt zu einer Weiterentwicklung der an das Paradigma des Nationalstaates geknüpften Konzeption der internationalen Erziehung und der entwicklungspolitischen Bildung. In der Verschiebung internationaler Erziehung und Bildung von der Staatenwelt zur Weltgesellschaft werden nicht nur staatliche und institutionalisierte Akteurskonstellationen berücksichtigt. Die Berücksichtigung interpersonaler und zivilgesellschaftlicher Ebenen der Zusammenarbeit im internationalen Kontext zeigt sich bspw. in den Ergebnissen der Internationalen Bildungskonferenz von 1994 (Koehler 1994: 10):

„Mit der Anerkennung interpersonaler, intranationaler, interkultureller und transnationaler Handlungsebenen wird das nationalstaatliche Paradigma relativiert und werden die Aufgaben internationaler Erziehung befreit von der Bindung an die Qualität der zwischenstaatlichen Kooperation. Bezugspunkt internationaler Erziehung ist so gesehen nicht mehr die Staatenwelt, sondern die Weltgesellschaft." (Seitz 2002a: 373)

Die neue Globalität der Sichtweisen, die sich in diversen Konferenzen und einem Wandel von Bildungskonzeptionen wie dem Globalen Lernen zeigt, geht auch mit einer Kritik an Fehlentwicklungen von sogenannten entwickelten Ländern einher. Die Vorstellung nationaler Interessen und Führungsansprüche existiert jedoch auch im globalen Zeitalter weiter. Unter diesem Vorzeichen ist Globales Lernen „kein Bildungsauftrag, der die Mündigkeit der Weltbürgerinnen und Weltbürger zu befördern gedenkt, sondern vielmehr [auch] ein strategisch eingesetztes Qualifizierungsinstrument im globalen Standortwettbewerb" (ebd.: 377). Im Kontext des Bildungskonzeptes des Globalen Lernens muss daher mit der Widersprüchlichkeit von Globalisierung umgegangen werden, die sich in verschiedenen gesellschaftspolitischen Ereignissen, Akteurskonstellationen und Zieldimensionen von Bildung und Erziehung bemerkbar macht. Bildungsarbeit zu Globalisierung ist dabei selbst Teil von Globalisierungsprozessen. In der Herausbildung von *global education* und dem Bildungskonzept des Globalen Lernens zeigen sich deutlich die Herausforderungen, die darin liegen, die

Herrschaftsförmigkeit von (neoliberalen) Globalisierungspolitiken sichtbar zu machen und in Verbindung mit diesem Ziel die eigene Involviertheit in Herrschaftsstrukturen im Blick zu behalten, „die sich andauernd modernisieren und sich dabei immer wieder ein freiheitliches Aussehen geben" (Messerschmidt 2018: 569). Bildung in der Weltgesellschaft, eingebettet in Globalisierungsprozesse, muss entsprechend die politische Dimension globaler Entwicklungen berücksichtigen (Grobbauer 2014: 28). Verbunden mit den geo-, umwelt- und entwicklungspolitischen Themenfeldern und Entwicklungen, die die Herausbildung von Globalem Lernen prägen, sind auch aufkommende Debatten um Nachhaltigkeit.

3.2.1.1 Nachhaltigkeitsdebatte und Bildung

1984 wurde die Weltkommission für Umwelt und Entwicklung von den Vereinten Nationen mit dem Auftrag ins Leben gerufen, einen Bericht zu Perspektiven einer langfristig angelegten, umweltverträglichen und globalen Entwicklung zu erarbeiten. In diesem Zusammenhang wurde die *Doppelkrise* von Umwelt und Entwicklung zunehmend von der Weltgemeinschaft anerkannt.

Mit der Verfassung des Brundtland-Berichts[37] mit dem Titel „Our Common Future", der 1987 von der Weltkommission für Umwelt und Entwicklung der Vereinten Nationen veröffentlicht wurde, wird der Begriff der „nachhaltigen Entwicklung" bekannt. Im Brundtland-Bericht heißt es: „Humanity has the ability to make development sustainable to ensure that it meets the needs of the present without compromising the ability of future generations to meet their own needs" (Brundtland et al. 1987: 16).

Im Kontext der politischen und wissenschaftlichen Diskussion der 1990er Jahre gelangte die sogenannte nicht-nachhaltige Entwicklung im Zusammenhang mit Globalisierungsprozessen in den Fokus. Mit dem Brundtland-Bericht wurde das Konzept der nachhaltigen Entwicklung bestimmt und auf die in-

---

37 Einerseits wurde erklärt, dass Umweltschutz und Wirtschaftswachstum keinen Widerspruch zueinander darstellen, und andererseits wurden die im Club of Rome definierten absoluten Grenzen des Wachstums (Meadows 1972), die durch ökologische Voraussetzungen und Bedingungen begründet sind, durch sog. relative Grenzen ersetzt. Im Brundtland-Bericht wird von relativen Grenzen ausgegangen, die sich durch wissenschaftliche Erkenntnisse, technologischen Fortschritt und entsprechende Gesellschaftsorganisation ergeben und entsprechend immer weiter ausgedehnt werden können (Hauff/Weltkommission für Umwelt und Entwicklung 1987: 10). Daraus resultierte, dass die Umweltdimension der Nachhaltigkeitsdebatte im Sinne einer „programmatische[n] Verschiebung von den Grenzen des Wachstums zum Wachstum der Grenzen" (Krüger 2019: 84) im Globalen Norden immer wichtiger wurde.

ternationale politische und wissenschaftliche Agenda gesetzt.[38] Nachhaltige Entwicklung wurde zur Orientierungsgröße für menschliche Such- und Lernprozesse. 1992 fand die Weltkonferenz für Umwelt und Entwicklung in Rio de Janeiro statt.[39] Die dort verabschiedete Agenda 21 enthält die Aufforderung, Bildung am Leitziel einer global nachhaltigen Entwicklung zu orientieren. Das Leitbild der nachhaltigen Entwicklung wurde in der Agenda 21 erstmals auch auf Bildung bezogen und in Artikel 36 als „unerlässliche Voraussetzung für die Förderung einer nachhaltigen Entwicklung und die Verbesserung der Fähigkeit der Menschen, sich mit Umwelt- und Entwicklungsfragen auseinanderzusetzen" (BMU 1992: 261), beschrieben. Entsprechend wurde an Bildungssysteme herangetragen, Umweltbewusstsein und umweltbewusstes Handeln durch Schul- und Berufsbildung zu fördern. In der Agenda 21 wurde betont,

„dass eine nachhaltige Entwicklung nicht allein durch politische Maßnahmen, durch die Unternehmen und neue Technologien zu realisieren sein wird, sondern dass es vielmehr auch darauf ankommt, einen globalen Mentalitätswandel durch neue Wissensbestände

---

38   Zunehmend gaben auch einflussreiche Institutionen wie die Weltbank, der Internationale Währungsfonds oder die Welthandelsorganisation ihre ablehnende Haltung gegenüber ökologischen Debatten auf (Krüger 2019: 84). Die ökologische Modernisierung bildete das Zentrum der Debatte um den Brundtland-Bericht, die wirtschaftliche und soziale Dimension geriet in den Hintergrund. Auf internationaler Ebene bildet sich zudem eine Form ‚globalen Umweltmanagements' heraus, welches eine Entwicklung verschiedener Akteur*innen in Richtung (ökologischer) Nachhaltigkeit forcieren sollte. Auch Strategien von Umweltorganisationen des Globalen Nordens wurden durch den Brundtland-Bericht beeinflusst. Mit der positiven Bezugnahme auf den Bericht wurde auf eine Einflussnahme auf politische und wirtschaftliche Entscheidungsträger*innen abgezielt. Zugleich gab es Kritik aus radikalen Teilen der Umweltbewegung, die sich auf die Aufrechterhaltung des Wachstumsgedankens bezog, wodurch Ursachen der ökologischen Krise unsichtbar blieben (Krüger 2019: 85).

39   Die Herausbildung und Verbreitung des ökomodernen Diskurses wurde durch die Konferenz der Vereinten Nationen für Umwelt und Entwicklung (UNCED) im Juni 1992 in Rio de Janeiro fortgesetzt. Dort wurden die „Klimakonvention" und die „Konvention über biologische Vielfalt" unterzeichnet und das Zeitalter der nachhaltigen Entwicklung ausgerufen. Die verabschiedete Agenda 21 stellte einen Versuch dar, Inhalte des Brundtland-Berichtes in internationales Handeln zu übersetzen (Scoones et al. 2015: 9). Doch die Agenda 21 war völkerrechtlich nicht bindend. Die zunehmende Macht transnationaler Unternehmen durch sich verstärkende Globalisierungsprozesse und die damit einhergehende Privatisierung, Deregulierung und Schwächung von Gewerkschaften waren nicht Gegenstand der internationalen Diplomatie nachhaltiger Entwicklung. Damit einher geht eine Machtverschiebung in Richtung Unternehmen und ökonomische Interessen (Brand 2016c: 210).

und -formen, veränderte Normen und Wertvorstellungen zu erreichen. Ausgehend vom Leitbild einer nachhaltigen Entwicklung erfordert Bildung die inhaltliche Auseinandersetzung mit dem ethischen Anspruch der inter- und intragenerationellen Gerechtigkeit." (Michelsen 2009: 77)

Im Zuge der Agenda 21 gelang ein Paradigmenwechsel in der deutschsprachigen Umweltbildung und darüber eine Ausrichtung dieser an nachhaltigkeitspolitischen Deutungsmustern und (internationalen) bildungspolitischen Trends (Hamborg 2020b: 167). Auch das Globale Lernen wendete sich zunehmend dem Leitbild und -thema der nachhaltigen Entwicklung zu. Den komplexen Herausforderungen, die mit nachhaltiger Entwicklung verknüpft waren, konnte jedoch weder Umweltbildung noch Globales Lernen in Gänze gerecht werden.[40] Die Zielsetzung der Agenda 21 wurde konzeptionell als Bildungsprogramm *Bildung für nachhaltige Entwicklung* ausgearbeitet und durch die UN-Weltdekade *Bildung für nachhaltige Entwicklung* etabliert. Mit dem bildungspolitischen BNE-Programm sollten ökologische, soziale und ökonomische Aspekte verbunden und damit zur umfassenden Antwort für die nicht-nachhaltige (globale) Gesellschaft werden. Im Rahmen der Umsetzung des BNE-Programms wurden Umweltbildung und Globales Lernen zu entscheidenden Trägern. Mit der Agenda 21 gelang zwar eine zunehmende Verbindung von umweltpolitischen Perspektiven mit den entwicklungspolitischen Perspektiven des Globalen Lernens und zuvor bestandene Widersprüche zwischen Umweltbildung und Globalem Lernen konnten sich im Zuge dessen zugunsten einer Arbeitsteilung unter dem Dach des BNE-Programms auflösen (Overwien/Rathenow 2009a: 107).[41] In Deutschland wurde BNE jedoch zunächst als Weiterentwicklung der

---

40 In der Herausbildung Globalen Lernens wird Umweltbildung zwar als ein Teil des Programms benannt, das Verhältnis zwischen globalen Bildungsansätzen, bzw. entwicklungspolitischer Bildung und Umweltbildung, war jedoch oft durch Schwierigkeiten gezeichnet. Im dominanten Profil der Umweltbildung waren Nord-Süd-Beziehungen wenig sichtbar und spielten kaum eine Rolle. Ein gemeinsamer Bezugsrahmen zwischen Umweltbildung und dem Globalen Lernen entwickelte sich erst in den 1990er Jahren durch den internationalen Diskussionsprozess um die Verwirklichung der Agenda 21 (Overwien/Rathenow 2009a: 107).
41 BNE wird insbesondere im deutschsprachigen Raum als übergreifendes Konzept verstanden, unter dem Globales Lernen angesiedelt wird. Im internationalen Diskurs hingegen wird das Konzept Globales Lernen als Überbegriff verwendet unter dem BNE subsumiert wird. Die Herausforderung, die Anliegen Globalen Lernens im Kontext von BNE angemessen zu verorten, bleibt im deutschsprachigen Raum als Herausforderung bestehen (Scheunpflug 2007: 14).

Umweltbildung begriffen und praktiziert. Fragen internationaler Entwicklung und globaler Ungerechtigkeit blieben dabei im Hintergrund.

Die Prozesse, die die Forderungen der Agenda 21 in der Bildungs- und Kulturpolitik anstießen, und die damit verbundenen Entwicklungen im Zuge des Bildungsprogramms BNE sowie den Bildungskonzepten der Umweltbildung und des Globalen Lernens, sind Gegenstand der nun folgenden Ausführungen.

3.2.1.2 Institutionelle Verankerung Globalen Lernens

Politische Bedeutung bekam BNE zunächst im internationalen Bereich. Im Kontext der UN, der OECD und der EU entwickelte sich der englische Begriff „education for sustainable development" (BLK 1998: 25) zu einem überaus wichtigen Schlagwort. Im Rahmen des Weltgipfels für nachhaltige Entwicklung der Vereinten Nationen wurde 2002 in Johannesburg die Weltdekade *Bildung für nachhaltige Entwicklung* für die Jahre 2005 bis 2014 ausgerufen (BMBF, Referat 323 2009). Mit diesem bildungspolitischen Rahmen wurde Bezug genommen auf die Millenniumserklärung der Vereinten Nationen, welche 2000 verabschiedet wurde. Die Weltdekade für *BNE* (BMBF 2002) startete 2005 mit dem Ziel „BNE zu einem Schwerpunkt in allen Bereichen der Bildung zu machen" (Nationalkomitee der UN-Dekade „Bildung für nachhaltige Entwicklung" 2011).

Diverse Beschlüsse und Dokumente der KMK (Kultusministerkonferenz) (BMZ; KMK 2007; KMK 1997; KMK et al. 2016), der Bundesregierung (Bundesregierung 2002, 2012) und des Bundestages[42] zeigen, dass die Bedeutung des BNE-Leitbildes politisch anerkannt wurde. Im Orientierungsrahmen „Bildung für eine nachhaltige Entwicklung", welcher 1998 von der Bund-Länder-Kommission für Bildungsplanung und Forschungsförderung veröffentlicht wurde, wird bereits ein Gesamtrahmen für die Implementierung der Ziele der BNE mit sechs Schlüsselkompetenzen skizziert. Unter dem Titel „Bildung für (eine) nachhaltige Entwicklung" werden dort neue Lernformen gefordert (BLK 1998). Im Rahmen des Programms Transfer21 entstand 2008 ein weiterer Orientierungsrahmen. In diesem werden der Kompetenzerwerb und Qualitätskriterien für Schule sowie Schulprogramme im Bereich BNE in den Blick genommen. Postuliert werden auch in diesem Rahmen andere Lernformen an Schulen sowie die Arbeit in Domänen statt in Fächern und ein Ausbau von Transdisziplinarität (Programm Transfer-21 2008).

Als pädagogischer Gesamtrahmen wird BNE in deutschsprachigen Raum vermehrt als Dach sichtbar. Innerhalb des bildungspolitischen Programms BNE

---

42 BT-Drs. 14/1353 vom 12.4.2000; BT-Drs. 15/3472 vom 30.6.2004.

werden die Bildungskonzepte der Umweltbildung und des Globalen Lernens zunehmend umgesetzt. Dabei deckte Globales Lernen vor allem Aspekte globaler sozialer Gerechtigkeit ab (VENRO 2005: 11). Globales Lernen und BNE werden jedoch unterschiedlich in Beziehung gesetzt. Insbesondere Forderungen von NGOs, Globales Lernen stärker in den schulischen Kontext zu integrieren, auch in Kooperation mit außerschulischen Akteur*innen, führten zu der Erarbeitung des „Orientierungsrahmens für den Lernbereich globale Entwicklung", der 2007 veröffentlicht wurde und in Kooperation des BMZ (Bundesministerium für wirtschaftliche Zusammenarbeit und Entwicklung) und der KMK entstand (BMZ; KMK 2007). Der Orientierungsrahmen wurde in den darauffolgenden Jahren grundlegend überarbeitet und erschien 2016 erneut (KMK et al. 2016). Die UN-Dekade „Bildung für nachhaltige Entwicklung", welche im UNESCO-Weltaktionsprogramm (2015-2019) fortgesetzt wurde und der Orientierungsrahmen für den Lernbereich globale Entwicklung ist, führte zu einem weiteren Brückenschlag zwischen Globalem Lernen und BNE (Emde et al. 2017: 11). Der Orientierungsrahmen schließt dabei an Diskussionen zu Globalem Lernen an und orientiert sich am Leitbild der nachhaltigen Entwicklung. Das im Orientierungsrahmen enthaltene Kompetenzmodell benennt relevante Fähigkeiten, auch für die Partizipation im globalen Kontext. Der Erwerb von Fähigkeiten richtet sich dabei an der Struktur des „Erkennens, Bewertens, Handelns" aus, wobei es um „Perspektivwechsel und Empathie", „Solidarität und Mitverantwortung", „Partizipation und Mitgestaltung" und die Vermittlung von „Handlungsfähigkeit im globalen Wandel" geht (KMK et al. 2016: 95).[43] Die Weiterentwicklung und zunehmende Implementierung Globalen Lernens insbesondere im schulischen Kontext besteht seit 2005 durch die UN-Weltdekade für Nachhaltige Entwicklung und den in diesem Kontext entstandenen Orientierungsrahmen für den Lernbereich globale Entwicklung[44]. Der Orientierungsrahmen versteht sich

---

43 Das Aufkommen von *Global Citizenship Education* hatte das Ziel, die Bildungsansätze Globales Lernen, Friedenspädagogik und politische Bildung zu verknüpfen. Dadurch wird bspw. der Frage von Demokratisierung im Weltmaßstab Relevanz zugeschrieben. Zudem rückt die Frage in den Fokus, welches Verständnis von globaler, mündiger Bürger*innenschaft mit dem Erwerb von Fähigkeiten im Zusammenhang mit Globalem Lernen verbunden ist (Grobbauer 2014: 28 f.; Moulin-Doos 2016: 12).
44 Barbara Asbrand weist darauf hin, dass nur die Verteilung des Orientierungsrahmens nicht zu deren Umsetzung führ(t)e (Asbrand 2009a).

"als Impulsgeber für Bildung und Verwaltung auf allen Ebenen sowie für alle schulischen Serviceeinrichtungen. Er ist Bezugsrahmen für die Entwicklung von Lehr-/Bildungsplänen und schulischen Curricula, für die Gestaltung von Unterricht und außerschulischen Aktivitäten, für die lernbereichs- und fachspezifischen Anforderungen und deren Überprüfung sowie [...] für Schulverwaltung und Lehrerbildung." (ebd.:17)

Die auf der Rio+20-Konferenz im Jahr 2012 beschlossene Agenda 2030 mit ihren 17 Sustainable Development Goals (SDGs) setzt auf internationaler Ebene die Orientierung an globalen Zielen für nachhaltige Entwicklung fort und fordert eine konsequentere Orientierung aller Politikfelder an den SDGs.[45] Die Universalität der SDGs und die starke Verbindung von Nachhaltigkeits- und Entwicklungsbemühungen gelten erstmals auch für OECD-Länder. Der Fokus auf Gleichheit und Gerechtigkeit in den SDGs zeigt sich auch in der Verbindung von wirtschaftlichen Belangen mit Governance-Fragen, Umwelt-Fragen und Aspekten globaler Kooperation (Langthaler 2015: 6). Die SDGs als politische Zielsetzungen der Vereinten Nationen lösten die MDGs ab und stellen einen wichtigen Meilenstein der globalen Nachhaltigkeitsagenda dar, die auch für die Bildungslandschaft hohe Bedeutung hat und Bildungsfragen vielfältig adressiert (Singer-Brodowski 2016a: 13). Die SDGs enthalten nicht nur explizit Bildungsziele, sondern formulieren in Form von Nachhaltigkeitszielen wesentliche Inhalte einer Bildung für nachhaltige Entwicklung: „Mehr als jedes andere Bildungsziel bezieht sich [Teilziel 4.7] auf den sozialen, humanistischen und moralischen Sinn von Bildung und deren Wirkung auf politische

---

45 Die internationale Umweltkonferenz 2012 und die daraus hervorgegangen SDGs sind auch kritisch zu betrachten, da das Konzept der *Green Economy* in diesem Kontext zu einem zentralen Diskussionsrahmen wurde. *Green Economy* galt als Weiterentwicklung von Nachhaltiger Entwicklung. Begründet wurde diese Schwerpunktsetzung mit der Wirksamkeit ökonomischer Instrumente nachhaltiger Entwicklung, die auf der Annahme basierte, dass der beste Schutz der Natur in ihrer Inwertsetzung liege (UNEP 2011: 6 ff.). *Green Economy* wurde auch als zentraler Weg zur Armutsbekämpfung präsentiert und als Schlüssel, um Gemeinwohl in seinen vielfältigen Facetten zu verwirklichen. Durch nachhaltiges Wachstum, so die Idee, sollten ökonomische, soziale sowie ökologische Ziele erreicht werden. Mit *Green Economy* wurde ein neuer Begriff geprägt, auf den sich viele Akteur*innen beriefen und der zu einer Verschiebung im ökomodernen Diskurs führte. Die konkreten Ergebnisse der Konferenz führten zwar zu der Formulierung vieler Ziele, jedoch blieben konkrete Umsetzungsstrategien und verbindliche Vereinbarungen aus, was von NGOs kritisiert wurde (Krüger 2019: 87). Die Idee, Gesellschaften nach Entwicklungsstufen zu unterteilen, besteht zudem in den SDGs fort. Dieser liegt die Annahme eines linearen Fortschrittsprozesses zugrunde, welche eurozentristisch begründet ist (Denk 2023).

Richtlinien, curriculare Inhalte und LehrerInnenbildung."[46] (UNESCO 2016: 288) Die 2014 abgelaufene UN-Dekade „Bildung für nachhaltige Entwicklung" hat international zu einem erheblichen Bedeutungszuwachs von BNE geführt. Dies zeigt sich in diversen ausgezeichneten UN-Dekade-Projekten, Maßnahmen oder kommunalen BNE-Aktivitäten, die zu einer praktischen Umsetzung von BNE geführt haben (Singer-Brodowski 2016a: 13). Deutlich wird im Rio-Prozess für nachhaltige Entwicklung und dessen Weiterentwicklung und Zusammenführung mit Folgeprogrammen großer UN-Projekte, wie den MDGs und den SDGs, die gestiegene Relevanz und die Verschränkung von BNE mit der allgemeinen, globalen Nachhaltigkeitsagenda. Die UNESCO macht diesbezüglich deutlich, „dass Bildungsqualität den Kern einer Post-2015-Entwicklungsagenda ausmacht, da sie die bedeutendste transformative Kraft für eine zukünftige Entwicklung ist" (KMK et al. 2016: 21). Die Umsetzung der in den SDGs festgehaltenen Beschlüsse stellt einen neuen internationalen Referenzrahmen für Bildungspolitik dar, ihre Übersetzung in eigene Programme der jeweiligen Mitgliedsstaaten ist von großer Bedeutung. Entsprechend ist auch der Orientierungsrahmen orientiert an den SDGs und der darin enthaltenen und fortgeführten Leitidee der nachhaltigen Entwicklung.[47] Ziel des Orientierungsrahmens ist es, qualitativ hochwertige Bildung bereitzustellen, die sich an relevanten gegenwärtigen Fragen und der Ausrichtung einer Gesellschaft in Richtung nachhaltiger Entwicklung orientiert (ebd.: 31).

In der abstrakten Beschreibung der Ausrichtung von Bildung im Rahmen von politischen Programmen bleiben die Heterogenität der Angebote und bestehende Kontroversen im Hinblick auf Inhalte, Krisenanalysen und Perspektiven im Kontext von BNE und Globalem Lernen in der Regel unsichtbar. Mit

---

46 Im Orientierungsrahmen für Globale Entwicklung wird das Teilziel wie folgt beschrieben: „SDG 4: Inklusive, gerechte und hochwertige Bildung gewährleisten und Möglichkeiten des Lebenslagen Lernens für alle fördern. 4.7: bis 2030 sicherstellen, dass alle Lernenden Wissen und Fertigkeiten erwerben, die benötigt werden, um nachhaltige Entwicklung zu fördern, einschließlich u. a. durch Bildung für nachhaltige Entwicklung und nachhaltige Lebensformen, Menschenrechte, Geschlechtergerechtigkeit, die Förderung einer Kultur des Friedens und Gewaltlosigkeit, global citizenship und die Wertschätzung kultureller Vielfalt sowie den Beitrag von Kultur zu einer nachhaltigen Entwicklung." (KMK et al. 2016: 6)
47 SDG 4 verweist auf die notwendige Diskussion über die Definition der Qualität von Bildung und Lernen. Diese berührt sehr unterschiedliche Bildungskonzeptionen und macht eine Kluft zwischen NGOs und staatlichen bzw. multilateralen Akteur*innen deutlich. Es zeigen sich politische Fragen im Kontext von Bildung, z. B. wer die Macht hat die Qualität von Bildung zu definieren. Aber auch, mit welchen Indikatoren Qualität gemessen wird oder inwiefern politökonomische Interessen die Aspekte beeinflussen (Langthaler 2015: 13).

der Zielsetzung von Bildung im Kontext des BNE-Programms geht eine Tendenz der Wirklichkeitsverleugnung und Geschichtsvergessenheit einher. Denn den Ausgangspunkt für Nachhaltigkeitsbildung bildet in der Regel nicht die Verknüpfung von Alltagsverhalten mit institutionellen Praxen, asymmetrischen gesellschaftlichen Interessen und strukturellen Dynamiken. Die Eingebundenheit in nicht-nachhaltige Praxen wird entsprechend wenig als Ausgangspunkt adressiert, um kritisches, also mündiges, solidarisches und nachhaltiges Denken und Handeln zu eröffnen. Eher kommt es zu einer dichotomen Spaltung zwischen den richtigen, angestrebten Verhältnissen und den falschen, bestehenden Verhältnissen. Dadurch bleiben die Komplexität von nicht-nachhaltigen (imperialen) Lebens- und Produktionsweisen und die in diesem Zusammenhang existierenden, vielfältigen Kämpfe und Konflikte über und für nachhaltige Entwicklung und damit verbundene Lebens- und Produktionsweisen unthematisiert. Widersprüchliche und umkämpfte gesellschaftliche Verhältnisse, von denen BNE ein Teil ist, werden nicht sichtbar gemacht. Die Rolle von Bildung im Kontext der Auseinandersetzung mit nicht-nachhaltigen Verhältnissen und deren Stabilisierung findet entsprechend durch die postulierten Programme nicht statt (Messerschmidt 2018: 569 f.).

3.2.1.3 Globales Lernen auf europäischer Ebene

Globales Lernen etabliert sich im europäischen Kontext mit ebendieser Bezeichnung und führt dieses dabei als Überbegriff für jene Herausforderungen ein, die im deutschen Kontext stärker unter der Chiffre BNE verhandelt werden. Globales Lernen hat seit den 1990er Jahren in zahlreichen europäischen Ländern zunehmend Anerkennung gewonnen. 1999 initiierte das Nord-Süd-Zentrum des Europarates bspw. die Global Education Week, die seitdem jährlich in den teilnehmenden Ländern stattfindet. 2001 entstand zudem das europäische Global Education Network Europe (GENE). Es besteht aus (Bildungs-)Ministerien, Behörden und Regierungseinrichtungen, die an der Unterstützung, Finanzierung, Koordination und politischen Gestaltung Globalen Lernens in nationalstaatlichen Rahmen beteiligt sind. Engagement Global ist Teil vom GENE und im Auftrag des BMZ für die Förderung entwicklungspolitischer Vorhaben und die Beratung und Qualifikation von Zivilgesellschaft, Kommunen, privaten Trägern und Einrichtungen zuständig.[48]

---

48 Diese Informationen sind der Selbstbeschreibung von Engagement Global auf ihrer Homepage entnommen: https://www.engagement-global.de/ueber-uns.html (zugegriffen am 01.09.2022). Engagement Global wurde im Januar 2012 als öffentliches Unternehmen

Der 2002 in Zusammenarbeit von Wissenschaft, Ministerien, NGOs und anderen halbstaatlichen Organisationen durchgeführte, europaweit erste Global Education Kongress in Maastricht stellte auf europäischer Ebene einen Meilenstein auf dem Weg der Weiterentwicklung und Institutionalisierung Globalen Lernens dar. Organisiert wurde dieser vom North-South Centre of the Council of Europe in Kooperation mit zahlreichen nationalen Behörden und Ministerien, darunter das deutsche BMZ. Finanziell unterstützt wurde der Kongress unter anderem durch das OECD Development Center. In diesem Rahmen wurde unter anderem die Aufmerksamkeit auf Bedingungen gelegt, die geschaffen werden müssen, und eine Voraussetzung für ein kritisches, öffentliches Engagement im Rahmen globaler Entwicklung und Nachhaltigkeitsfragen darstellen. Dieses ging mit Forderungen nach stärkerer finanzieller Förderung von Akteur*innen und Programmen einher. Ein europäisches Peer Review System für Globales Lernen wurde etabliert und der Fokus wurde auf europäische und nationale Strategien zur Verbesserung, Qualitätssicherung und Evaluation von *global education* gelegt (Hartmeyer/Wegimont 2016: 14 f.). In der Maastrichter Erklärung wurde Globales Lernen wie folgt definiert:

„Globales Lernen bedeutet Bildungsarbeit, die den Blick und das Verständnis der Menschen für die Realitäten der Welt schärft und sie zum Einsatz für eine gerechtere, ausgewogenere Welt mit Menschenrechten für alle aufrüttelt. Globales Lernen umfasst entwicklungspolitische Bildungsarbeit, Menschenrechtserziehung, Nachhaltigkeitserziehung, Bildungsarbeit für Frieden und Konfliktprävention sowie interkulturelle Erziehung, also die globalen Dimensionen staatsbürgerlicher Bildung." (Hartmeyer 2012: 134f.)

Die unterschiedlichen Definitionen Globalen Lernens durch Akteur*innengruppen verdeutlichen unterschiedliche Ausrichtungen und Schwerpunktsetzungen sowie Ebenen, auf denen Globales Lernen umgesetzt wird. Die Maastricht Konferenz führte nicht nur zu einer Definition Globalen Lernens, sondern wird auch als wichtiger Schritt beschrieben, durch den es zu einer Stärkung von Aktivitäten auf lokaler und nationaler Ebene und einer Zunahme an internationaler Kooperation kam. Die Zusammenarbeit von Regierungen, zivilgesellschaftlichen Akteur*innen und lokalen sowie regionalen politischen

---

gegründet und vereint die ehemalige Internationale Weiterbildung und Entwicklung gGmbh (InWEnt), den vormaligen Deutschen Entwicklungsdienst (DED) und die Beratungsstelle für Nichtregierungsorganisationen (bengo).

Vertreter*innen stärkte die Zustimmung zur Bedeutung Globalen Lernens auf nationaler und europäischer Ebene. Diese zeigt sich demnach auch in einer sichtbaren Stärkung politischer Rahmenprogramme in den letzten Jahrzehnten. Auch wenn die Entwicklung Globalen Lernens und BNE im deutschsprachigen Kontext voneinander zu trennen sind, zeigen aktuelle Debatten gerade auch im internationalen Kontext, dass die präzise Unterscheidung der Bildungskonzepte Globales Lernen und BNE sowohl in fachlichen Debatten als auch der Forschung und der praktischen Umsetzung verschwimmt. In seiner Genese lässt sich Globales Lernen als inhaltlich breites Forschungs- und Praxisfeld verstehen, welches sich zwischen Bildungsforschung, Fachdidaktik, Erziehungswissenschaft sowie Bildungs- und Entwicklungspolitik bewegt (Klemm/ Lang-Wojtasik 2012: 5). Mit einem stärkeren Praxisblick zeichnet sich Globales Lernen zudem als Schnittfeld von Pädagogik, sozialen Bewegungen, politischer Lobbyarbeit und Engagement aus (Scheunpflug 2012: 131). Globales Lernen beschäftigt sich mit globalen gesellschaftlichen *epochaltypischen Schlüsselproblemen*, die mit inter- und transdisziplinärer Forschung und Lösungsansätzen einhergehen müssen. Der Anspruch Globalen Lernens besteht darin, Menschen zu unterstützen und zu ermutigen, sachkundig und verantwortungsvoll an der Gestaltung der Weltgesellschaft mitzuwirken (Seitz 2002a: 384). Die genaue Ausgestaltung dieses Anspruchs wird in der wissenschaftlichen Diskussion wie auch der praktischen Umsetzung unterschiedlich definiert und interpretiert (Kap. 3.2.3; Kap. 3.2.4).

Das Bildungsprogramm BNE hat im deutschsprachigen Raum maßgeblich zur Verbreitung und Institutionalisierung des Bildungskonzepts Globalen Lernens beigetragen. Für das dieser Arbeit zugrundeliegende Verständnis von Globalem Lernen ist die beschriebene Entwicklung von Globalem Lernen im Zusammenhang mit BNE von Bedeutung, da dadurch das Dynamische des Bildungskonzeptes Globalen Lernens zusätzlich verdeutlicht wird. Das komplexe Gemenge von Bildungskonzepten, politischen Programmen und globalen gesellschaftlichen Entwicklungen ist für eine differenzierte Auseinandersetzung mit Globalem Lernen wichtig, um die Verstrickung in Machtverhältnisse aufzuzeigen. Entsprechend werde ich mich an dieser Stelle nicht auf eine konkrete Definition von Globalem Lernen festlegen. Vielmehr geht es mir in dieser Arbeit darum, verschiedene Bezugspunkte und Definitionen von Globalem Lernen miteinander in Verbindung zu bringen und sichtbar zu machen. In der empirischen Untersuchung des Interviewmaterials wird die Frage des Verhältnisses von Globalem Lernen und BNE zudem in einem eigenen Teilkapitel verhandelt und hinsichtlich der damit verbundenen Transformationsvorstellungen von Bildungsakteur*innen des Globalen Lernens analysiert (Kap. 5.1.1).

Die historische Genese Globalen Lernens verdeutlicht, dass Bildung immer im Verhältnis zu gesellschaftlichen Transformationsprozessen steht. Es wird so als politisches Projekt sichtbar, in welchem eine Beziehung zu globalen gesellschaftlichen Verhältnissen formuliert und permanent ausgehandelt wird. Im Bildungskonzept des Globalen Lernens sind Potentiale zur Veränderung von Selbst- und Weltverhältnissen angelegt, welche mit umkämpften politischen Dynamiken verbunden sind. Die Genese und Historie Globalen Lernens und seine enge Verbindung zu BNE zeigt den Bezug zu sich veränderten globalen gesellschaftlichen Orientierungspunkten, die Bildungsprozesse beeinflussen. Globales Lernen ist, wie durch die rekonstruktive Beschreibung deutlich wurde, ein Bildungskonzept, welches durch soziale Bewegungen und den entwicklungspolitischen Kontext geprägt wurde. Mittlerweile ist es zu einer immer stärkeren Verankerung Globalen Lernens und BNE in formellen Bildungskontexten gekommen. In der Entwicklung wird eine doppelte Kontextualisierung deutlich: die Herausbildung Globalen Lernens ist geprägt von globalen gesamtgesellschaftlichen Dynamiken einerseits und mentalen und materiellen Infrastrukturen andererseits. Infragestellungen und Veränderungen von mentalen und materiellen Infrastrukturen erfolgen durch unterschiedliche Akteurskonstellationen im Kontext von Programmen Globalen Lernens. Im Folgenden werde ich diese Konstellationen aufzeigen und Strukturen, Organisationsformen und die mit diesen verknüpften Interessen nachzeichnen.

3.2.2 Akteurskonstellationen des Globalen Lernens

In der Beschreibung der historischen Entwicklung Globalen Lernens zeichnen sich diverse Akteurskonstellationen ab, deren Zusammenspiel für die Betrachtung des Konzepts und der damit verbundenen Bildungspraxen im Zusammenhang mit Fragen gesellschaftlicher Transformation von Bedeutung ist. Wie oben beschrieben (Kap. 3.2.1), geht die zunehmend hegemoniale Einigkeit über die Notwendigkeit nachhaltiger Entwicklung und Fragen gesellschaftlicher Transformation auch mit der umkämpften Frage nach der Gestaltung dieser Prozesse einher. Im Folgenden werde ich daher auf die Rolle und Bedeutung unterschiedlicher Akteur*innen im Kontext des Globalen Lernens eingehen und deren Verortung im gesellschaftlichen Gefüge darlegen.

Die Entwicklung Globalen Lernens ist geprägt durch einen starken Bezug zur Entwicklungspolitik und zu außerschulischen Akteur*innen. Ein Grund dafür ist, dass Regierungen, internationale Organisationen und NGOs ihre Tätigkeit im entwicklungspolitischen Kontext durch öffentliche Unterstützung absichern mussten, um ihren Tätigkeiten Legitimation zu verschaffen. Diese wurde durch Öffentlichkeits- und Bildungsarbeit umgesetzt. Die Praxis der Bildungsarbeit ist entsprechend geprägt von NGOs, kirchlichen und (semi-)staatlichen Institutionen aus dem entwicklungspolitischen Kontext (Danielzik et al. 2013: 8f.). NGOs stellen Schlüsselakteur*innen des Globalen Lernens dar. In der Vergangenheit haben diese hauptsächlich für die Implementierung Globalen Lernens gesorgt, sowohl auf lokaler, nationaler als auch auf europäischer und internationaler Ebene. Die Spannbreite von NGOs reicht dabei von Initiativen für globale Solidarität, Diaspora-Organisationen von Migrant*innen, diversen lokalen Gruppierungen bis hin zu kirchlichen Einrichtungen auf lokaler Ebene. Dabei weist der NGO-Kontext je nach Land und Kontext unterschiedliche Bedeutungen und Gewordenheiten auf. Auch auf nationaler Ebene gibt es NGOs, die in der Entwicklungszusammenarbeit tätig sind und sich in ihren jeweiligen Heimatländern auch im Bildungskontext engagieren. Darüber hinaus gibt es NGOs, die auf Globales Lernen im europäischen und internationalen Zusammenhang spezialisiert sind (Krause 2016: 150f.). Bis in die späten 1990er Jahre kämpften die Akteur*innen insbesondere aus dem NGO-Kontext um gesellschaftliche Anerkennung, Sichtbarkeit, Verbreitung, Berücksichtigung und Zusammenarbeit mit anderen gesellschaftlichen Akteur*innen. Dabei waren Strategien und die Tätigkeit von NGOs darauf ausgerichtet, Inhalte entwicklungspolitischer Bildung, Menschenrechts- und Friedensbildung, Umweltthemen und interkulturelle Themen in Schulsysteme zu tragen. Der Wunsch universalistische und auf Menschenrechte basierende Ansätze zu verbreiten, begann außerhalb des formellen Bildungssystems (Wegimont 2016: 228). Bildungsarbeit stellt dabei meist nur einen Bereich der Tätigkeit von NGOs dar. Von Bedeutung in diesem Zusammenhang ist auch Advocacy- und Lobbyarbeit: über Engagement in Kampagnen und andere Formen zivilgesellschaftlichen Handelns soll Einfluss auf politische Entscheidungen genommen werden. Und dies geht auch mit Forderungen nach Veränderungen und inhaltlichen Schwerpunktsetzungen im Bereich Bildung einher. Seit den 1990er Jahren hat sich Globales Lernen verstärkt als universalistisches, auf Rechte basierendes Bildungskonzept etabliert. Mit dieser Entwicklung geht ein verstärkter Dialog zwischen Akteur*innen der Anwaltschaft für Globales Lernen und Akteur*innen des formellen Bildungssystems einher. Dieser ist gerade auf Seiten von NGOs davon geprägt, dass das eigene Engagement den Bedingungen von Bildungsstrukturen und der Bildungssysteme angepasst wird und innerhalb derer die eigenen Inhalte platziert werden (Hartmeyer/Wegimont 2016: 95). Die Herausbildung Globalen

Lernens bringt auch Akteur*innen wie NGOs, Vereine und Initiativen hervor, die in Anwaltschaft bestimmter politischer Themen und Ideen Lernprozesse fördern und gestalten wollen. Die politische Ausrichtung und Legitimation von NGOs im Bereich des Globalen Lernens erhält mit der Agenda 21 und der darauffolgenden Agenda 2030 im internationalen und nationalen Kontext Unterstützung. Die Rolle von Bildung wird durch die politischen Rahmenprogramme, in denen Bildung als Schlüssel für zukünftige Entwicklung adressiert wird, gestärkt und darüber auch die Tätigkeit von NGOs und Bildungsarbeit zu *epochalen Schlüsselproblemen*, die diesen Anspruch an Bildung seit Jahren fordern und umsetzen (Seitz 2017: 161).

Die Aktivitäten von NGOs im Bereich des Globalen Lernens beziehen sich auf non-formale Bildung oder formelle Bildung oder auch auf beides. Nonformale Bildung umfasst Bildungsaktivitäten außerhalb offizieller Bildungsinstitutionen und bezieht sich auf Workshops, Seminare, Trainings, Freiwilligenprogramme und -austausche in nationalen und internationalen Kontexten. Die auf Freiwilligkeit basierenden Angebote und Programme involvieren die Teilnehmer*innen in (non-formale) Lernprozesse. Die Aktivitäten in formellen Bildungseinrichtungen beziehen sich auf Workshops, Projekttage und Projekte mit Schulen zu globalen Themen. Die Aktivitäten finden dabei in Kooperation mit Schulen und anderen formellen Bildungseinrichtungen statt. NGOs nehmen demnach eine bedeutende Rolle ein, indem sie Themen in Bildungskontexte tragen, Zugang zu sehr breiten und diversen Zielgruppen haben, in die Entwicklung von partizipativen Methoden involviert sind und zu deren Verbreitung beitragen (können) (Krause 2016: 153 ff.).

Das Bildungskonzept des Globalen Lernens erfährt durch die vielfältigen Bildungsträger (kirchlich, staatlich, zivilgesellschaftlich), die den Ansatz aufnehmen, eine zunehmende Institutionalisierung. In Deutschland zeigt sich eine zunehmende Beeinflussung der Bildungslandschaft durch Globales Lernen sowohl im schulischen als auch im außerschulischen Bereich (über entwicklungspolitische Zielgruppen hinausgehend). Die öffentliche Thematisierung und ein Trend hin zu Praktiken fairen Konsums und ökologischer Nachhaltigkeit, insbesondere auch im Zusammenhang mit persönlicher Verantwortung, steht in Verbindung mit dem Diskurs um nachhaltige Entwicklung (Matz et al. 2017: 91). Die Integration der Anliegen Globalen Lernens und BNE in nationale schulische Curricula zeigt sich auch in einer stärkeren Kooperation zwischen Bildungsministerien und Außenministerien (Wegimont 2016: 228). In Deutschland wird diese Kooperation durch den Orientierungsrahmen für den Lernbereich Globale Entwicklung, der von der KMK und Engagement Global (welches im Auftrag des BMZ agiert) erstellt wurde, verstärkt (Asbrand/ Scheunpflug 2014: 406). Die Finanzierung der Bildungspraxis des Globalen Lernens erfolgt in Deutschland fast ausschließlich aus entwicklungspolitischen Mitteln des Bundes, der Länder und der Kirchen (Danielzik et al. 2013: 10; Krause 2016: 150).

Feststellen lässt sich, dass Globales Lernen in Deutschland vom entwicklungspolitischen Leitbild der staatlichen Entwicklungszusammenarbeit, internationalen und transnationalen Entwicklungszielen (Kap. 3.2.1.2) und den entsprechenden Akteur*innen dominiert wird. Dabei konzentrieren sich aktuelle Diskussionen vor allem auf strategische Fragen der Verankerung Globalen Lernens und BNE in schulischen Curricula. Wenig diskutiert werden hingegen politische Fragen, wie die grundsätzliche Ausrichtung und Zielsetzung Globalen Lernens als spezifische Perspektive auf (global-)gesellschaftliche Zusammenhänge und Verständnisse (Moulin-Doos 2016; Danielzik 2013). Das zentrale Akteur*innenfeld der sozialen Bewegungen und NGOs war in der historischen Genese zunächst damit befasst, die Notwendigkeit Globalen Lernens in der Öffentlichkeit und in institutionalisierten und politischen Zusammenhängen zu verdeutlichen. Das Eintreten für Themen des Globalen Lernens und die Forderung, diese in formelle Bildungskontexte zu integrieren, war ein weiteres, relevantes Aktionsfeld der Akteur*innen aus außerschulischen Bildungsinitiativen und NGOs. Gegenwärtig wird deutlich, dass einige Akteur*innen für Veränderungen in bestehenden Bildungsstrukturen kämpfen (Hartmeyer/Wegimont 2016: 95).

Auch das Akteur*innenfeld der akademischen Pädagogik ist für den Kontext des Globalen Lernens von Bedeutung, denn sie untersucht unter anderem die Auswirkungen von Globalisierungsprozessen auf Schulsysteme und Curricula. Die Zunahme an finanzieller Förderung Globalen Lernens und BNE auf nationaler Ebene in vielen europäischen Ländern geht einher mit einem steigenden Interesse an Globalem Lernen und BNE sowie Praktiken der Evaluation (Bergmüller 2022). Die Notwendigkeit der wissenschaftlichen Erforschung Globalen Lernens und BNE wird zunehmend anerkannt und unterstützt. Dies zeigt sich bspw. an Forschungsnetzwerken und den Netzwerken zwischen Wissenschaftler*innen aus dem Forschungsfeld. 2006 wurde das Development Education Research Center (DERC)[49] am Institute of Education of the University of London gegründet, um dem wachsenden Interesse bezüglich

---

49 Informationen zum DERC finden sich auf deren Website: https://www.ucl.ac.uk/ioe (zugegriffen am 01.09.2022).

globaler Themen und Bildung Rechnung zu tragen. Die Gründung des DERC wurde von den GENE-Mitgliedern unterstützt, wie auch die Gründung des wissenschaftlichen Journals zum Globalen Lernen mit dem Namen „The International Journal of Development Education and Global Learning"[50]. Der Aufbau und die Etablierung des DERC und des Journals haben dazu beigetragen, das Konzept des Globalen Lernens in der Wissenschaft zu verbreiten und eine internationale Gemeinschaft an Wissenschaftler*innen aufzubauen, die an diesen Themen auch längerfristig arbeiten (Bourn 2016: 161f.). Auch das Academic Network on Global Education and Learning (ANGEL) wurde in Kooperation zwischen GENE und dem DERC gegründet. ANGEL bringt Wissenschaftler*innen aus unterschiedlichen Kontexten und Ländern mit thematischen Bezügen zu Globalem Lernen und BNE zusammen und möchte aus den Forschungen Expertise generieren.[51] Das GENE führte in den vergangenen Jahren zahlreiche Konferenzen und Roundtables in verschiedenen europäischen Städten durch (u.a. „Learning for Global Society" (London 2003), „Education for North-South Solidarity" (Brüssel 2005), „The Helsinki Conference on European Development Education" (2006/2007), „Lisbon Congress on Global Education" (2012), „The Espoo Finland Symposia" (2014)). Folgende Ziele verfolgt GENE mit den Aktivitäten, die auch peer reviews, nationale Berichte und bilaterale Prozesse beinhalten:

„1. To share experiences and strategies among national policymakers in global education, in order to inform best practices nationally and provide mutual support and learning. 2. To disseminate learning among Ministries and Agencies across Europe, so that policymakers in Global Education may lead from previous and comparable experiences to increase reach and enhance quality. 3. To develop and pursue a common European agenda on strengthening Global and Development Education." [52]

Die vielfältigen Ziele sind dabei eingebettet in die Ideenwelt von Menschenrechten und Demokratie des Europarates. Auch das Global Education Network

---

50 *The International Journal of Development Education and Global Learning* ist mittlerweile ein anerkanntes internationales Journal mit Beiträgen aus der ganzen Welt zur theoretischen Reflexion, Analyse von politischen Initiativen und größeren Forschungsprojekten (Bourn 2016: 162).
51 Diese Informationen sind der ANGEL-Homepage entnommen: https://angel-network.net/ (zugegriffen am 01.09.2022).
52 Die Ziele sind der Homepage von GENE entnommen: https://www.gene.eu/what-we-do (zugegriffen am 01.09.2022).

for Young Europeans (GLEN)[53] oder die europäische Datenbank mit Literatur zum Globalen Lernen (ENGLOB)[54] sind auf europäischer Ebene entstanden. In Deutschland wurde auf die Forschungslücke bezüglich Fragen und Anliegen im Kontext von Entwicklungspädagogik 1978 mit der Gründung der Zeitschrift ZEP (Zeitschrift für Entwicklungspädagogik) reagiert. Heute heißt sie „Zeitschrift für internationale Bildungsforschung und Entwicklungspädagogik".[55]

Generell ist eine Zunahme internationaler und nationaler Strukturen und Strategien für Globales Lernen und BNE zu verzeichnen. Auch wenn dieses Feld zuvor vor allem von NGOs, insbesondere aus dem entwicklungspolitischen Spektrum, bespielt wurde, weitet es sich auf nationaler Ebene in vielen europäischen Ländern.

Die Ausführungen zu Akteurskonstellationen im Kontext Globalen Lernens verdeutlichen, dass unterschiedliche Räume und Strukturen entstanden sind, die für das Feld von Bedeutung sind. Die Herausbildung dieser Strukturen ist eng verknüpft mit ungleich verteilten Ressourcen und asymmetrischen Kräfteverhältnissen. Auch wenn zwischen den beschriebenen Akteur*innen Kooperations- und Austauschbeziehungen bestehen, sind diese durch bestimmte Hierarchien geprägt. In Ergänzung zur Genese des Feldes, in dem die Rolle Globalen Lernens im Zuge der Veränderungen des Bildungswesens durch Globalisierungsprozesse beschrieben wird, zeigen auch die unterschiedlichen Akteurskonstellationen, wie dieser Bereich durch Tendenzen von Einhegung durch hegemoniale Kräfte, aber ebenso durch emanzipatorische Bestrebungen durchzogen ist (Kap. 3.2.5). Diese widersprüchlichen Tendenzen der Einhegung und Emanzipation müssen auch im Kontext gesellschaftstheoretischer Annahmen betrachtet werden, welche die Herausbildung Globalen Lernens geprägt haben und weiterhin prägen. Diese werden im Folgenden rekonstruiert.

3.2.3 Gesellschaftstheoretische Grundlagen des Globalen Lernens

Für die hegemonietheoretische Betrachtung Globalen Lernens muss auch die Bedeutung gesellschaftstheoretischer Annahmen berücksichtigt werden. Gesellschaftstheorien sind von Relevanz für didaktische Theoriebildung und die

---

53 Weitere Informationen zum GLEN finden sich auf deren Homepage: http://www.gleneurope.org (zugegriffen am 01.09.2022).
54 Weitere Informationen zur Datenbank ENGLOB finden sich auf Homepage des World University Service (WUS): http://www.wusgermany.de/index.php?id=10#330 (zugegriffen am 01.09.2022).
55 Diese Informationen sind der folgenden Homepage entnommen: https://www.uni-bamberg.de/allgpaed/zep/profil/ (zugegriffen am 09.09.2022)

praktische Umsetzung von Bildungskonzepten. Die enge Wechselbeziehung zwischen gesellschaftstheoretischen Annahmen und didaktischen Konzepten lässt sich insbesondere für den Bereich der Didaktik der politischen Bildung gut belegen (Eis et al. 2015; Gloe/Oeftering 2017; Massing 2020). Dies liegt nahe, da deren Gegenstandsbereich Gesellschaft und Politik ist. Für eine kritische Demokratiebildung sind indes nicht die didaktischen Methoden ausschlaggebend, „sondern das zugrunde gelegte Politik-, Demokratie-, Gesellschafts-, Subjekt- und Bildungsverständnis" (Lösch/Rodrian-Pfennig 2014: 49), welches sich wiederrum darauf auswirkt, welche didaktischen Methoden Anwendung finden. So ein Verhältnis nehme ich auch für Globales Lernen an. Die Korrelation von einschlägigen Theorien gesellschaftlicher Entwicklung, den damit verbundenen Politik-, Demokratie-, Gesellschafts- und Subjektverständnissen und den jeweils dominanten didaktischen Modellen in entwicklungspädagogischen Theoriediskussionen und Praxisfeldern haben Seitz und Scheunpflug für die entwicklungspolitische Bildung herausgearbeitet (Scheunpflug/Seitz 1995). Die Erschließung der globalisierten Welt als komplexer Gegenstandbereich entwicklungspolitischer Bildung erfolgte entweder explizit oder implizit über und durch entwicklungstheoretische Grundannahmen. In den 1970er Jahren zählte die entwicklungstheoretische Positionierung zu den Standardelementen der entwicklungstheoretischen Reflexion. Die Rezeption entwicklungstheoretischer Diskurse erfolgte jedoch in der Regel nur selten explizit, sondern fand implizit statt. Dabei zeigten sich unterschiedliche entwicklungstheoretische Verständnisse nicht nur bezüglich des Gegenstandes entwicklungspolitischer Bildung, sondern auch bezüglich Struktur, Zielen und Methoden der auf gesellschaftliche Entwicklungsfragen bezogenen Bildungsprozesse. In den 1960er Jahren dominierte bspw. die Modernisierungstheorie, welche mit einer primär auf Wissensvermittlung ausgerichteten Belehrungsdidaktik verbunden war. Auch die Vorstellung eines qua Bildung zu mobilisierenden Humankapitals ging damit einher. Die in der ersten Hälfte der 1970er Jahre in entwicklungspädagogischer Theorie und Praxis vorherrschende Imperialismustheorie brachte eine ideologiekritische Didaktik mit sich, verbunden mit Versuchen einer emanzipatorischen Bewusstseinsbildung und dem Aufbau politischer Gegenmacht. Im Zuge einer kritischen Auseinandersetzung mit der Modernisierungstheorie entstanden dependenztheoretische Ansätze, die auf asymmetrische internationale Abhängigkeitsverhältnisse hinweisen. Diese wurden in Deutschland vor allem in der zweiten Hälfte der 1970er Jahre rezipiert. Die Existenz von Abhängigkeitsverhältnissen zwischen Industrie- und Entwicklungsländern rückt dabei in den Fokus sowie die damit verbundenen begrenzten Entwicklungsmöglichkeiten von Ländern des Globalen Südens. Dependenztheoretische Ansätze favorisierten handlungsorientierte pädagogische Konzepte, mit der Absicht positive Erfahrungen gelingender politischer Einflussnahme in Konfliktfelder der eigenen Lebenswelt und damit des eigenen Nahbereichs zu eröffnen (Seitz 2002a: 32 f.). Verbunden mit dem handlungsorientierten Ansatz ist ein politischer Wille, die globalisierte Welt aktiv und gemeinsam zu gestalten und zu verbessern und Bildung wird diesbezüglich als geeignetes Mittel definiert (Treml 2011: 196). Zu Beginn der 1990er Jahre kommt es dann zu einer zunehmenden Theorieverzweigung und der entwicklungstheoretische Bezug der entwicklungspolitischen Bildung verliert an Eindeutigkeit (Seitz 1993). Entwicklungsproblematiken werden im Kontext der Globalisierungsdebatte universalisiert. Der Terminus des Globalen Lernens geht zwar mit einer veränderten Wahrnehmung weltweiter Entwicklungsherausforderungen einher, jedoch weniger mit einem Bezug der Theorie und Praxis Globalen Lernens auf die sozialwissenschaftliche Globalisierungsforschung, wie dieser zeitweilig zwischen Entwicklungsdidaktik und Dependenz- bzw. Imperialismustheorie bestand[56] (Seitz 2002a: 33 ff.).

Als Bezugstheorien einer Didaktik des Globalen Lernens treten mehr und mehr Globalisierungs- und Weltgesellschaftstheorien in den Vordergrund. Das Bildungskonzept des Globalen Lernens ist mit Internationalisierungs- und Globalisierungsanforderungen eng verwoben und verbunden mit hegemonialen Verhältnissen, die sich im Zuge historischer Entwicklungen herausbildeten. Seit der Weltkonferenz für Umwelt und Entwicklung 1992 in Rio de Janeiro trat ein grundlegend neues Entwicklungsverständnis zutage, das mit dem Leitbild der nachhaltigen Entwicklung gleichermaßen für den Globalen Norden und den Globalen Süden gilt. Als Referenzrahmen hat sich nachhaltige Entwicklung, wie ich bereits in Kapitel 3.2.1 gezeigt habe, auch für Globales Lernen etabliert. Der Gegenstandbereich der Globalität lässt sich nach Seitz durch vier Dimensi-

---

56 Seitz geht in seinem Buch *Bildung in der Weltgesellschaft* der Frage nach, wie und ob sozialwissenschaftliche Weltgesellschaftsforschung für eine Theorie der Bildung in der Weltgesellschaft und einer Didaktik des Globalen Lernens herangezogen werden kann. Weltgesellschaft stellt entsprechend Kontext und Gegenstand Globalen Lernens dar. Seitz macht die Idee der weltbürgerlichen Erziehung für Bildung im 21. Jahrhundert fruchtbar und entwickelt darüber Konturen einer internationalen Erziehungswissenschaft (Seitz 2002a). Mit der Verwendung des Begriffs der Weltgesellschaft lehnt Seitz seine Überlegungen an systemtheoretische Hintergrundkonzepte von Luhmann an. Luhmann beschrieb Gesellschaften schon in den 1970er Jahren als Weltgesellschaften, da diese immer Teil von globalen Kontexten sind (Luhmann 1997).

onen charakterisieren, die bei der Analyse und Planung von Bildungsprozessen Berücksichtigung finden sollten:

- *„Gegenstandsebene: Auseinandersetzung mit globalen Fragen, Erschließung der globalen Dimension eines jeden Bildungsgegenstandes und Verwirklichung einer globalen und multiperspektivischen Anschauungsweise in der Erziehung.*
- *Methodisch: Ganzheitliches und interdisziplinäres Lernen, das Zusammenhänge herstellt, verschiedene Wissensbereiche integriert und eine Lernkultur pflegt, die alle menschlichen Erfahrungsdimensionen anspricht und entfaltet.*
- *Pädagogische Intentionalität: Persönlichkeitsbildung im globalen Horizont und als Beitrag zur Beförderung einer nachhaltigen Entwicklung im Sinne der Agenda 2030 der Weltgesellschaft.*
- *Politisch-institutioneller Kontext: Umsetzung eines transnationalen Bildungsauftrags in grenzüberschreitenden Bildungskooperationen sowie in international-interkulturellen Lernkreisen."* (Seitz 2022: 39)

Der Zusammenhang von gesellschaftstheoretischen Annahmen und didaktischen Konzepten von Bildung, die sich als Querschnittskonzeptionen im Rahmen von Globalisierungsprozessen verstehen lassen, verdeutlicht, dass es für Bildungskontexte eine entscheidende Rolle spielt, sorgfältige Analysen der jeweiligen Arbeitskontexte vorzunehmen, um fundierte Entscheidungen über didaktische Konzeptionen zu treffen. Dabei ist es unerlässlich, die Risiken und Auswirkungen der Verwendung von Konzepten zu kennen. Um globale Themen zu behandeln und zu verstehen, ist es dabei besonders relevant, das komplexe Geflecht aus sozialen, ökonomischen, kulturellen, materiellen, lokalen und globalen Prozessen und Kontexten zu entpacken, das auch Begriffen wie bspw. „Globalisierung" innewohnt. Unter ‚Entpacken' versteht Andreotti die Infragestellung hegemonial und damit selbstverständlich gewordener, jedoch nicht universalisierbarer Vorstellungen und Verständnisse von bspw. Gerechtigkeit oder Nachhaltigkeit, die gesellschaftstheoretischen Annahmen zugrunde liegen. Darüber können Macht- und Herrschaftsverhältnisse, die an diese geknüpft sind, sichtbar gemacht werden (Andreotti 2014b: 41). Andreotti verweist entsprechend auf die gesellschaftstheoretischen Annahmen, die Bildungskonzepten, entsprechend auch Globalem Lernen, implizit oder explizit zugrunde liegen. Lernende sollen einen Umgang mit multiplen Sichtweisen ausbilden und darin unterstützt werden, zu informierten und ethischen Handlungen zu kommen.

Dieses ethische Bildungsverständnis Globalen Lernens geht mit theoretischen Annahmen einher (Andreotti 2016: 199). Ergänzend und zur Kontrastierung zu den Voraussetzungen von Seitz zeichne ich im Folgenden die von Andreotti definierten drei theoretischen Ansätze nach, die im Globalen Lernen zu finden sind, jedoch nicht im gleichen Umfang in der Implementierung wirksam werden: 1. Globales Lernen, welches sich theoretisch an liberal-humanistischen Ansätzen orientiert, geht bspw. mit einer Priorisierung nationaler Identitäten, einem Fokus auf Individualität, Rationalität und einem Konsens auf universalistische Ideen von Gerechtigkeit, nahtlosem Fortschritt und linearer Entwicklung einher. Diese Perspektive bestimmt, wie Individuen verschiedener Nationen zueinander in Beziehung stehen und sich in Beziehung setzen. 2. Die theoretische Perspektive technisch-neoliberaler Ansätze zeigt sich im Globalen Lernen dadurch, dass die wirtschaftliche Rationalisierung von Ressourcen in den Vordergrund gestellt wird. Hervorgehoben wird die Bedeutung des privat-marktwirtschaftlichen Sektors für Beschäftigungsverhältnisse und die Einkommensbildung für die Bekämpfung von Armut. Universalistische Ideale von Sozialunternehmertum und unternehmerischer Verantwortung im Zusammenhang mit globalem Freihandel prägen Perspektiven auf gesellschaftliche Entwicklung. 3. Postkolonial orientierte, theoretische Perspektiven zeichnen sich im Globalen Lernen dadurch aus, dass Macht- und Herrschaftsstrukturen adressiert werden. Die solidarische Zusammenarbeit mit Menschen, die gesellschaftlich und historisch benachteiligt und marginalisiert werden/wurden, stellt einen Fokus Globalen Lernens dar. Durch diesen rückt ein Lernen voneinander, von Anderen, in den Mittelpunkt und eine Auseinandersetzung mit multiplen Perspektiven und schwierigen, ungelösten Fragen wird gefördert. Andere, nämlich kollektivere, solidarischere, Relationen innerhalb der eigenen sozialen Gruppe und darüber hinaus sollen gefördert werden (ebd.: 199 f.). Eine weitergehende Unterscheidung der drei theoretischen Perspektiven und daraus resultierende Lern- und Bildungsperspektiven stellt Andreotti (2016: 202 f.) in folgender Tabelle dar:

	Liberal-humanism	Technicist-neoliberalism	Yet-to-come postcolonial possibility
Key ideas	Common humanity imperative: consensus, nation states as primary identity, decisions made by national representatives	Economic imperative: business case for multicultural and global justice, corporate responsibility, progress as economic growth	Responsibility for harm imperative: justice not charity, un-coercive dialogue, mutuality, solidarity, reciprocity
Roots	Enlightenment: Cartesian subject, separation of culture and nature, rational consensus over questions of humanity, justice and progress, humanist pedagogies	Late capitalism, economic rationalism, knowledge societies, economic competitiveness, human capital theory	Interrogation of violences and effects of unequal division of resources, wealth, labour and possibility for knowledge production, critical and post-critical pedagogies
Preferred topics	Human Rights, sustainable development, commonalities of aims, culture as content to be studied	Market interdependence, global skills, employability, sustainability of compound growth	Roots of inequalities, solidarity, difference, openness, relationality, self-reflexivity
Definition of the Problem	Human beings have not yet been able to agree on the best course of action due to misunderstanding and miscommunication; humanity needs to be cultivated	Individuals and societies need to adapt quickly to the shifting needs of the market economy in order to contribute to unrestricted economic growth	Ethnocentrism, hegemony, unequal power relations and distribution of wealth and labour: human weakness needs to be faced and its potential for harm recognized
Nature of the problem	Lack of (rational) focus on commonalities and positive ideas about living together; intolerance and lack of good will – prejudice as violation of democratic rights	Under-development due to a lack of knowledge; 'culture' (i. e. tradition) as a barrier to development	Coercion and subjugation of difference: concealed racism as an integral part of the social order; ideology of cultural superiority leading to discrimination, hatred, subjugation and violence
Proposed way forward	Knowledge about other cultures; active (local and global) citizenship through the nation state; promotion of empathy, commonality (i. e. common humanity) and good will; redress through knowledge-sharing and exchange of ideas.	Working with other cultures Exporting education, importing international students Ethical consumerism (e. g. Product Red) Celebrity/media activism	Promotion of systemic awareness and ethical engagement (as solidarity/ethical responsibility) with margins/minorities. Fundamental structural/societal/relational change

	Liberal-humanism	Technicist-neoliberalism	Yet-to-come postcolonial possibility
Pedagogy	Focus on individual skills, strategies to 'include' minorities, empowerment of individuals to 'make a difference', emphasis on feeling good and making it fun	Focus on becoming a world leader/manager of solutions Capacity building: for the global self – global skills, multiple literacies; for global others – basic literacy and numeracy	Social critique focusing on knowledge production, power and representation; reflexivity: unlearning privilege, imagining otherwise, learning to learn from below
Activities	Learning about others Partnerships to help others Working towards harmony	Building capacity of self through experience Building capacity of others through teaching	Critical engagement with debates Learning from/with others Working towards ability to work together based on mutuality and reciprocity
Highlight	Conflict resolution, good stories, global governance, institutions and policies, trust in world leaders and institutions to solve problems	Potential of markets, capital and consumerism as forces for the good of the planet; need to understand and adapt to complexity, diversity and uncertainty of market economies	Conflict/difference as learning opportunity; complexity, diversity, uncertainty; social movement responses, globalization from below, dissenting voices; hopeful scepticism in relation to government agendas
De-emphasize	complexity, diversity, uncertainty	contradiction in exploitative mode of production	commonalities (to address ethnocentrism), 'positive' side of colonialism (i. e. enabling violations)
Idea of global citizenship	Members of equal nations coming together in rational consensus to define a better, prosperous and harmonious future for all	Members of a global, borderless market economy who make ethical, rational choices (in favour of capital accumulation, property ownership and unrestricted growth) that benefits them and others	Members of a diverse planetary community of different species who are insufficient in themselves and therefore interdependent – synchronicity and accountability in working together in solidarity
Idea of multi Culturalism	Ethno/national cultures co-existing in harmony	United colours of capitalism	Self-reflexive solidarity interdependence based on self-worth and interdependence

Abbildung 1: Bildungstheoretische Annahmen aus Andreotti 2016

Die Tabelle beschreibt Implikationen der theoretischen Konzeptualisierung für Globales Lernen und ermöglicht eine kritische Auseinandersetzung mit möglichen und wenig bis gar nicht thematisierten Ursprüngen und Diskursen, die Globalem Lernen zugrunde liegen. Die in der Tabelle beschriebenen theoretischen Perspektiven verfolgen nicht den Anspruch, alle relevanten theoretischen Diskurse und Details abzubilden. Es geht vielmehr darum, ein Bewusstsein für die historische Gewordenheit Globalen Lernens bezüglich bestehender und hegemonialer gesellschaftstheoretischer Diskurse zu entwickeln. Westliche Bildung tendiert dazu, die Welt entsprechend den Errungenschaften der Moderne zu teilen: es gibt die Menschen, die die Menschheit anführen (orientiert an Fortschritt, Ordnung und Entwicklung) und die Menschen, die dahinter zurückfallen. Diese Orientierung von Bildung wurde durch Prozesse der Kolonialisierung und Globalisierung weltweit verbreitet. Diese Form der Bildung tendiert dazu ethnozentrisch (westliches Wissen wird als universell präsentiert und verbreitet), ahistorisch (die historische Gewordenheit wird nicht berücksichtigt bzw. gerät in Vergessenheit), entpolitisiert (Bildung zugrundeliegende Annahmen werden nicht thematisiert), defizitorientiert (andere Perspektiven und Menschen werden als defizitär benannt und dargestellt) und paternalistisch (Problemlösung durch disempowerment anderer und deren Bevormundung) zu sein. Auch wenn diese Tendenzen in Bildung in unterschiedlicher Weise und durch verschiedene Akteur*innen und theoretische Perspektiven herausgefordert wurden, stellen sie dennoch einen breit geteilten und gleichzeitig unhinterfragten common sense dar, der auch im Globalen Lernen[57] nicht überwunden ist (ebd.: 200).

Andreotti zufolge müsse es ein Anspruch Globalen Lernens sein, den Ansatz von ethnozentrischen, ahistorischen, entpolitisierten und paternalistischen Praktiken zu befreien. Damit rücken Fragen in den Mittelpunkt, die sich auf die Bedingungen der Produktion von Wissen beziehen: Wer entscheidet, welches Wissen wissenswert ist? In welchem und mit welchem Interesse wird das entschieden? Wer profitiert von dieser hegemonialen Wahrnehmung? Wer entscheidet, mit welchem Interesse über das Verständnis und die Deutung von Realität und wer wird in diesen Entscheidungen (nicht) repräsentiert? Wer entscheidet darüber, was ein Problem und was eine Lösung für was ist und welche

---

57 Die Auseinandersetzung mit Annahmen und Implikationen von Bildungsansätzen ist zentral, um nicht (indirekt und unbewusst) hegemoniale Vorstellungen und Praktiken zu reproduzieren, die Machtstrukturen festigen, die eigentlich überwunden werden sollen (Andreotti 2014b: 49f.). „[…] our over-socialisation in modes of being enchanted by modernity (epitomised in Schooling itself) creates a condition of epistemic blindness where we see ourselves as autonomous, individuated and self-sufficient beings inhabiting a knowable and controllable word moving ‚forward' in a direction that we already know and contribute to." (Andreotti 2012: 21)

gesellschaftstheoretischen Annahmen spielen dabei eine Rolle? Ein an solchen Fragen ausgerichteter Anspruch adressiert ungleiche Machtstrukturen und damit einhergehende Repräsentationen und fordert sie heraus. Zugleich soll und muss es darum gehen, die Vorstellung zu hinterfragen, dass Bedeutungen von Begriffen oder auch theoretische Erklärungen objektiv und selbsterklärend sind (Andreotti 2014a: 13 ff.).

"GE [Global Education, N.I.], from this perspective, is a collective effort to engage with complex, diverse, uncertain and unequal societies and to face contemporary crises, by expanding frames of reference and learning from past mistakes, not to find a perfect solution for all, but to open the possibility for present and future generations to make different mistakes and to move on with our collective learning process." (Andreotti 2016: 201)

Die Kritik an Globalem Lernen, die ich hier in Anlehnung an Andreotti aufgezeigt habe, steht nicht nur mit gesellschaftstheoretischen Konzepten in Zusammenhang, sondern auch mit bildungstheoretischen Annahmen und Zugängen. Diese wiederum stehen teilweise mit gesellschaftstheoretischen Annahmen in Verbindung, bzw. gehen daraus implizit oder explizit hervor. Die Orientierung an kritischer Gesellschaftstheorie im Globalen Lernen ist verbunden mit der Infragestellung von Macht- und Herrschaftsverhältnissen. Demnach sind gesellschaftliche Verhältnisse von Menschen veränderbar, da sie auch von Menschen gemacht wurden/werden. Diese kritische Ausrichtung geht mit einem Bildungsverständnis einher, dem zufolge Menschen sich das alltägliche Eingebundensein in soziale Verhältnisse und damit auch die Veränderbarkeit von sozialer Welt erschließen. Ein solches Bildungsverständnis unterscheidet sich von Bildungsansätzen, die daran ausgerichtet sind, dass sich Menschen in bestehende, sich verändernde Verhältnisse einfügen und an sie anpassen (Lösch/Rodrian-Pfennig 2014: 53).

Globales Lernen wird als zentral für die menschliche Entwicklung im Kontext einer globalisierten Welt und damit verbundenen Interdependenzen und Unsicherheiten verstanden. Ein Bewusstsein für beabsichtigte und unbeabsichtigte globale Trends kann durch Globales Lernen geschaffen werden. Menschen sollen gebildet werden, um in komplexen, diversen, ungerechten Gesellschaften zurechtzukommen. In Verbindung damit steht die Frage, ob es die gesellschaftliche Aufgabe von Bildung ist, sich dem Wandel anzupassen oder Wandel mitzugestalten. Diese Frage verweist auf bildungstheoretische Verständnisse und didaktische Ausrichtungen, die im folgenden Kapitel genauer beschrieben werden.

3.2.4 Bildungstheoretische Grundlagen des Globalen Lernens

Mit der zunehmenden Ausrichtung entwicklungspolitischer Bildung hin zum Globalen Lernen zeigt sich eine gleichzeitige Verschiebung der Auseinandersetzung mit makrostrukturellen Problemen hin zum sozialen Lernen. Die Theorie und Praxis des Globalen Lernens war nicht nur mit einer Veränderung der Gegenstandsebene und damit den Entwicklungsproblemen der Weltgesellschaft verbunden, sondern sie korrespondiert auch mit einer didaktischen Neuausrichtung „die das lernende Subjekt mit seinen Lernblockaden und Lernpotentialen, aber auch mit seinen Rechten und seiner Verantwortung als Weltbürger(in) in den Mittelpunkt des Bildungsprozesses rückt" (Seitz 2002a: 376). Die Verortung aller Bildungsprozesse, nicht nur jener im Globalen Süden, in einem grenzüberschreitenden weltweiten Horizont, verweist auf den Gegenstand und die Leitidee des *Globalen* im Globalen Lernen. Zudem fordert das *Globale* in methodischer Hinsicht, Lernerfahrungen in multiperspektivischer und ganzheitlicher Weise zu erschließen (ebd.:379). Die Transformation von gesellschaftlichen Herausforderungen in Lernaufgaben kann dabei nicht auf dem Weg der Deduktion erfolgen. Ein solches Vorgehen würde voraussetzen, dass sich aus deskriptiven Aussagen über gesellschaftliche Zustände die daraus resultierenden Lernaufgaben ableiten lassen. Diese Annahme wird hier insofern zurückgewiesen, als Bildung an der Grenze zwischen Gesellschaft und Subjekt operiert. Prämissen über subjektive Positioniertheiten von Lernenden müssen hinzugezogen werden, um die Relevanz von Sachverhalten als potentielle Gegenstände des Lernens zu erfassen. Zudem können Sachverhalte erst im Zuge bestimmter Lernziele als pädagogisch relevant identifiziert werden (ebd.:387).

Globales Lernen zeichnet sich durch eine Offenheit und Unabgeschlossenheit aus. Unter dem Konzept lassen sich verschiedene Ansätze vereinen, die auf kein gemeinsames theoretisches, methodisches, sachliches oder normatives Konzept zurückzuführen sind. Dies ist unter anderem dadurch zu begründen, dass Globales Lernen in Deutschland, aber auch in der Mehrzahl der OECD-Länder, mit einer vielfältigen und engagierten Bildungspraxis in Verbindung steht, die in den Nischen selbstorganisierter Lernräume und zivilgesellschaftlichen Engagements zum Tragen kam und kommt. Auch die Ambivalenz des Gegenstands erschwert eine abschließende Definition dieses Konzepts, denn „so wenig es eine standortunabhängige Situationsdeutung der globalen Lage gibt, so wenig kann es eine standortunabhängige Beschreibung der Ziele und Aufgaben Globalen Lernens geben" (ebd.:378). Eine objektive Beschreibung der Weltlage und ein daraus folgendes globales Curriculum sind deshalb nicht haltbar. Je nach Standpunkt und sozialem und pädagogischem Kontext werden im Globalen Lernen unterschiedliche Ansätze, Prioritäten und Lösungsmöglichkeiten für globale gesellschaftliche Herausforderungen sichtbar.

Die beschriebenen Dimensionen des Globalen Lernens werden je nach gesellschafts- und bildungstheoretischen Zugängen unterschiedlich bewertet und gewichtet. Bildung, Erziehung und Pädagogik als Reflexionstheorien unterliegen theoretischen Prämissen und Implikationen. Seitz spricht jedoch von „theorieimmanente[n] Scheuklappen, [die] eine adäquate Auseinandersetzung mit internationalen pädagogischen Fragen behindern" (ebd.: 8).[58] Debatten um gesellschafts- und bildungstheoretische Hintergründe im Globalen Lernen werden häufig nicht direkt ausgetragen.

Auch wenn im Globalen Lernen die Grenzen klassischer Wissenschaftsdisziplinen verschwimmen, beschränkt sich die Theorieproduktion gerade im deutschsprachigen Raum auf eine überschaubare Anzahl von Werken, die Anfang der 1990er und zu Beginn des 21. Jahrhunderts verfasst wurden (Bühler 1996; Forghani 2001; Scheunpflug/Schröck 2002; Seitz 2002a; Selby/Rathenow 2003). Theoretische Überlegungen sind dabei hauptsächlich von handlungs- und systemtheoretischen Ansätzen geprägt sowie von Überlegungen zu weltbürgerlicher Erziehung und kosmopolitischen Weltvorstellungen. Die Heterogenität der theoretischen Zugänge zu Globalem Lernen verdeutlicht sich allerdings erst durch einen Blick auf unterschiedliche Texte und Aufsätze aus dem institutionalisierten Arbeitsfeld Globalen Lernens, die der Forschung und der Praxis zugrunde liegen und den Praktiker*innen oft kaum bewusst sind. Kaum reflektiert werden die dem Globalen Lernen zugrundeliegende Denksysteme, welche maßgeblich alltägliche Wirklichkeiten prägen und Perspektiven auf und Beziehungen zur Welt strukturieren. Aspekte ökonomischer, politischer und kultureller Machtstrukturen und damit verwobene und vorherrschende Logiken der Ausbeutung werden im Globalen Lernen wenig reflektiert (Castro Varela/Heinemann 2017: 47f.).

Scheunpflug und Hirsch beschreiben die Herausbildung des handlungstheoretischen und des systemtheoretischen Diskurses in den 1990er Jahren als eine zentrale Kontroverse der Theorie- und Praxisgeschichte im Globalen Lernen. Der mit diesen beiden theoretischen Diskursen in Verbindung stehende „Paradigmenstreit" (Scheunpflug/Hirsch 2000) bezieht sich auf den Umgang mit der Normativität des Gegenstandes. Die vorherrschenden Theorieansätze im

---

58 Patrick V. Dias postuliert eine unzulängliche „theoretische und politisch-praktische Basis" in der Pädagogik insgesamt, die für eine Analyse herrschender Sozial-, Politik- und Wirtschaftssysteme notwendig wäre (Dias 1997: 316).

Globalen Lernen wurden von Alfred Treml aufgrund des hohen „Moralingehalts" als „normative Postulativpädagogik" bezeichnet, die ihr Anliegen verfehlen (Treml 1996b).[59] Auf Grundlage der Gegenkritik aus dem handlungstheoretischen Feld (Bühler et al. 1996), bildeten sich zwei theoretische Positionen heraus, die ich im Folgenden kurz skizzieren werde (Scheunpflug 2008: 11).

Handlungstheoretische Konzeptionen Globalen Lernens legen in der Regel ein holistisches Welt- und Menschenbild zugrunde, das auch an normative Bildungsziele und -inhalte geknüpft wird. Zentral für handlungstheoretische Ansätze ist die Voraussetzung einer Vernunftbegabung des Individuums. Durch Bildung soll bspw. solidarisches Handeln, Toleranz, Empathie und eben eine ganzheitliche Weltsicht erlangt werden (Pike et al. 1994; Seitz 2002a; Selby/Rathenow 2003; VENRO 2000). Dem handlungstheoretischen Paradigma liegen nach VENRO[60] folgende vier Grundsätze zugrunde:

1. „Zukunftsfähige und nachhaltige Entwicklung bildet das Leitbild Globalen Lernens." Die normative Grundlage des Globalen Lernens ist das „Leitbild menschlicher Entwicklung und sozialer Gerechtigkeit" und die „Parteinahme für die Leidtragenden des Globalisierungsprozesses" (VENRO 2000: 11).
2. Glokalität bildet den Gegenstand Globalen Lernens – ausgerichtet am Ziel der zukunftsfähigen Entwicklung auf globaler und lokaler Ebene. Nicht Probleme in der Dritten Welt stehen im Fokus, sondern das Erkennen weltweiter Zusammenhänge und Verflechtungen. Die Fähigkeit des Perspektivwechsels und auch ein Verständnis der eigenen partikularen kulturellen Identität stellen Ziele von Globalem Lernen dar (ebd.: 10).
3. Die Fähigkeit zum Perspektivwechsel soll Komplexität durchschaubarer machen und mit vielfältigen, ganzheitlichen und partizipativen Methoden erreicht werden. Globales Lernen soll von Erfahrungen und Zugängen der

---

59 Alfred Treml prägte die Beschäftigung mit entwicklungspolitischer Bildung im Globalen Norden. Er versuchte die Forschungslücke bezüglich Aufgaben und Zielsetzungen von Entwicklungspädagogik schon in den 1980er Jahren zu füllen. Bis heute sind die von Treml an systemtheoretischen und später evolutionstheoretischen Annahmen ausgerichteten theoretischen Arbeiten vorherrschend in entwicklungspolitischer Bildung und Globalem Lernen (Treml 2000).

60 VENRO ist ein Verband für Entwicklungspolitik und humanitäre Hilfe, der auch eine Arbeitsgruppe zu Bildung Lokal/Global umfasst. In dieser vernetzten sich Expert*innen des Globalen Lernens mit dem Ziel Globales Lernen sowohl bei NGOs als auch bei staatlichen Trägern zu stärken. Die Information sind der Homepage von VENRO entnommen: https://venro.org/themen/globales-lernen (zugegriffen am 14.11.2022).

Lernenden ausgehen und positive, kulturelle und kreative Zugänge zum Globalen Süden eröffnen. Auch Medienerziehung und die Erkundung des Nahbereichs stellen methodische Zugänge dar (ebd.).
4. Das Lernziel besteht in der Stärkung selbstgesteuerten Lernens und der Vermittlung von Fähigkeiten zur Mitgestaltung der Weltgesellschaft. Menschen sollen darin unterstützt werden, Globalität wahrzunehmen und sich selbst im weiten Netz sozialer und wirtschaftlicher Entwicklung zu verorten. Diese Verortung ist geknüpft an zu reflektierende und offene Wertvorstellungen. Individuelle und kollektive Handlungskompetenz und Lebensgestaltung im Zeichen weltweiter Solidarität soll von den Lernenden ausgebildet werden (ebd.).

Aber nicht die handlungstheoretischen Ansätze[61], sondern der systemtheoretisch begründete Theoriediskurs dominierte lange die entwicklungspädagogische Auseinandersetzung. Lernende sollten demnach auf das Leben in einer Weltgesellschaft und ungewisse Zukünfte vorbereitet werden und entsprechende Kompetenzen erwerben, um zu lernen, mit Komplexität umgehen zu können (Scheunpflug 1996; Treml 1996a). Dieser Ansatz stützt sich auf eine systemtheoretische Analyse von Globalisierung, die im Anschluss an Luhmann als Entwicklung der Weltgesellschaft beschrieben wird und mit anthropologischen und lerntheoretischen Überlegungen verbunden wird. Folgende drei Grundsätze werden dabei von Scheunpflug und Schröck (Scheunpflug/Schröck 2002) formuliert:

1. Die Entgrenzung des Raums und die Komplexitätssteigerung in sachlicher, zeitlicher und sozialer Perspektive sind wesentliche Merkmale der Weltgesellschaft. Wissen verliert innerhalb kurzer Zeitspannen an Bedeutung und Fremdes und Vertrautes stoßen durch beschleunigten sozialen Wandel im Nahbereich aufeinander. Die unzureichende Problemlösefähigkeit von Menschen kann nur durch abstraktes Denken überwunden werden (ebd.: 6 f.).

---

61 Das didaktische Prinzip der Handlungsorientierung, welches in der politischen Bildung eine zentrale Rolle spielt, kann eine wichtige Ergänzung in der Debatte um handlungstheoretische Ansätze im Globalen Lernen darstellen. Wichtige Bezugspunkte für die Handlungsorientierung in der politischen Bildung bilden demokratietheoretische, subjekttheoretische und lerntheoretische Überlegungen (Wohnig 2022: 251). Hinsichtlich handlungstheoretischer Überlegungen im Globalen Lernen kann auch die Frage von Claire Moulin-Doos eine wichtige Perspektive aufzeigen, nämlich, „ob Bildung ihre Wirkmächtigkeiten nicht maßlos überschätzt, wenn sie statt durch Analyse politischer Probleme verstehbar zu machen, diese selbst verändern will, also durch Bildung überhaupt erst einen Europa- oder Weltbürger schaffen zu wollen." (Moulin-Doos 2016: 15)

2. Von Natur aus ist die Wahrnehmungsfähigkeit des Menschen auf die unmittelbare Umgebung beschränkt, daraus ergeben sich Schwierigkeiten, komplexe globale Zusammenhänge wahrzunehmen. Vorrangig werden Probleme erkannt und gelöst, die sinnlich erfahrbar sind und demnach am sozialen Nahbereich und überschaubaren Gruppen orientiert sind. Diese Nahbereichsorientierung ist mit Blick auf ethisches Handeln problematisch. Ethische Verantwortung und ethisches Handeln bezieht sich in globalen Zusammenhängen auf weit entfernte Menschen, zukünftige Generationen und die natürlichen Lebensgrundlagen der Menschheit. Daher ist das Einüben einer abstrakten Solidarität notwendig (ebd.: 7).
3. Die Pädagogik hat keinen methodischen Zugriff auf das Bewusstsein der Lernenden, daher funktioniert Lernen nicht als Vermittlung von Werten und Wissen (Scheunpflug/Seitz 1993). Lernen stellt vielmehr einen individuellen Vorgang dar, der durch Lernangebote angeregt, aber nicht vorgeschrieben werden kann. Ziel ist es daher, selbstorganisiertes Lernen der Lernenden zu fördern (Scheunpflug 2001: 74f.).

Neben diesen beiden beschriebenen theoretischen Ansätzen bilden die Traditionslinien des Kosmopolitismus und einer weltbürgerlichen Erziehung weitere theoretische Anknüpfungspunkte für pädagogische Reflexionen im Globalen Lernen (Forghani 2001). Viele didaktische Entwürfe nehmen allerdings keine explizite theoretische Verortung bspw. von Unterrichtmaterialien vor. Dies macht einmal mehr deutlich, dass Diskurse über gesellschafts- und bildungstheoretische Annahmen kaum geführt werden, unterschiedliche Theoriekonzepte jedoch handlungssteuernd für die Praxis im Globalen Lernen sind (Scheunpflug 2008: 13).

Globales Lernen aus hegemonietheoretischer Perspektive zu betrachten und entsprechend auch die Transformationsvorstellungen, die in diesem Kontext vorherrschen, bedeutet, den Blick auf die Verwobenheit von Bildung- und Lernprozessen mit bestehenden globalen Unrechtsverhältnissen zu richten. Andreotti schreibt in diesem Sinne: „every knowledge is also an ignorance (of other knowledge) […] [W]rongs are caused by knowledge too" (Andreotti 2012: 23). Mit einer hegemonietheoretischen Perspektive auf Bildung und Globales Lernen rückt die Frage in den Blick, wie Wissen produziert wird, wie dieses Wissen in Beziehung steht zu Macht- und Herrschaftsverhältnissen und wie diese Macht/Wissen-Komplexe wiederum Subjekte hervorbringen und Beziehungen bewusst oder unbewusst prägen. Auch Analyse- und Urteilsfähigkeit als zentrale Aspekte von Bildungsprozessen müssen in Zusammenhang mit bestehenden Macht- und Herrschaftsstrukturen gesehen werden, die in Bildungszusammenhängen wirken. Die Frage, die in den genannten theoretischen Diskursen immer wieder aufscheint, ist, welche Aufgabe Bildung im Kontext gesellschaftlichen Wandels zukommt.

Um dieser Frage mit einer in meinen Augen weiterreichenden theoretischen Ausrichtung zu begegnen, möchte ich Überlegungen von Astrid Messerschmidt im Anschluss an die kritische (Bildungs-)Theorie aufgreifen. In Anlehnung an die kritische Bildungstheorie widmet sich Messerschmidt der Verstrickung von Bildung und Herrschaft, um auf diesem Weg auch Fragen nach Widerstandspotentialen und Kritikfähigkeit von und durch Bildung aufwerfen zu können. Nicht nur theoretische Grundsätze und Ansprüche Globalen Lernens werden dadurch benannt, in den Blick kommt Globales Lernen im Kontext gesellschaftlicher Verhältnisse und den diesen zugrundeliegenden Macht- und Herrschaftsstrukturen. Herrschaft bedeutet hier die Unterwerfung unter Institutionen in Form gesellschaftlicher Verhältnisse. Sie stellt den notwendigen Grund für Kritik dar. Denn jedes Wissen, das zur Integration in das Gesellschaftssystem erworben wird, kann auch hoffnungsvoll als Widerstandpotential wirksam werden, indem es Möglichkeiten enthält, gesellschaftliche Verhältnisse zu verändern (Koneffke 2004: 246). Zugleich kann die Möglichkeit der Kritik auch von den Verhältnissen vereinnahmt werden und muss nicht zwangsläufig zur Überschreitung dieser führen. Die Idee der freien, mündigen, flexiblen, begeisterungsfähigen und kritischen Bürger*in ist konstitutiv für ein solches Verständnis von Bildung und macht die beteiligten Subjekte innovativ für die bürgerlich-kapitalistische Gesellschaft. Pädagogische Kritik ist entsprechend nicht per se widerständig und kann auch für Innovation und Systemstabilisierung genutzt werden. Pädagogik ist „nicht Anpassung an die Gesellschaft, sondern Anpassung an ihr Veränderungsprinzip" (Euler 2004: 20).

Messerschmidt baut in ihren Überlegungen auf einen dialektischen Bildungsbegriff auf, der von einer doppelten Widersprüchlichkeit ist, die auf bürgerlich-kapitalistische Verhältnisse – von Herrschaft und Befreiung und Herrschaft und Gleichheit – zurückgeht. Allgemeine pädagogische Fragen nach Bildung und Kritik verzahnt Messerschmidt mit dem Diskurs des Globalen Lernens. Postuliert wird der innere Zusammenhang zwischen Pädagogik und gesellschaftlichen Themenfeldern:

„Pädagogik hat Anteil an der Art und Weise, wie Globalisierung angefasst wird und gestaltet wird; sie ist beteiligt an der Wahrnehmung von Migration und Migrant/innen sowie an den gesellschaftlichen Platzzuweisungen, die daraus erfolgen; und sie trägt bei zu zeitgeschichtlich bedingten Welt- und Selbstbildern." (Messerschmidt 2009c: 9)

Pädagogik kann ihre Geschichte, im deutschen Kontext etwa ihre kolonialistische und nationalsozialistische Vergangenheit, nicht einfach ausblenden. Bildung, die mit dem Leitbegriff der Emanzipation arbeitet und darüber eine Diskrepanz zwischen Wirklichkeit und Möglichkeit aufzeigen möchte, kritisiert Messerschmidt, weil damit der „Wunsch nach einem positiven Maßstab" und die Suche „nach der ‚guten' Bildung" und damit die „innere Dialektik bürgerlicher Bildung" verdrängt wird (ebd.: 228).[62] Mit einer konsequent kritisch-emanzipatorischen Bildungstheorie weist sie auch den „Standpunkt reiner Opposition" von Bildung zurück und spricht sich für eine aktive Auseinandersetzung mit der Zwiespältigkeit von Kritik, Emanzipation und Bildung aus (ebd.: 251):

„Kritik kann sich [in Kontexten der Globalisierung, Migration, Zeitgeschichte und gesellschaftlichen Transformationsbestrebungen, N.I.] nicht auf pädagogische Grenzbestimmungen zurückziehen, will sie nicht affirmativ werden. Nicht-Affirmativität kann in der Auseinandersetzung mit globaler Ungleichheit und migrationsgesellschaftlichen Verhältnissen nicht in Reflexion aufgehen, sondern bleibt in der Unruhe des Anspruchs von Veränderung, auch wenn diese nicht allein pädagogisch zu leisten ist." (ebd.: 231)

Durch Bezüge zu feministischen, postkolonialen und postmodernen Theorien schlägt Messerschmidt zudem die Thematisierung von Beziehungen und Prozessen der Grenzmarkierung statt der Voraussetzung eindeutiger und einheitlicher Identitäten vor. Erst auf diese Weise kämen Bedingungen von Zugehörigkeit, Ausschlussmechanismen und Zuschreibungen in den Blick und die plurale Verfassung von Identitäten werde offengelegt (ebd.: 132). Hier kommt zum Tragen, wie das jeweils Andere der Konstitution des eigenen Selbst dient und darüber Subjektivierungsprozesse auch mit der Frage in Verbindung gebracht werden, „wie und wodurch ich selbst andere regiere" (ebd.: 224). Eine solche Kritik als Selbstkritik muss entsprechend Anspruch eines kritischen Globalen Lernens sein. Kritik ist demnach zuerst eine Suchbewegung, die weniger Ziele oder Problemlösungen definiert, als dass sie Fragen aufwirft. Darüber können Brüche und

---

62 Messerschmidt attestiert Bildungskonzepten des Globalen Lernens eine „geschichtslose" Herangehensweise, die Anforderungen einer historischen Kontextualisierung bisher kaum umsetzen. Globalgeschichtliche Aspekte und Zusammenhänge der Geschichte verschiedener Gesellschaften werden zu wenig erwähnt und stattdessen herrscht eine ausgeprägte Zukunftsorientierung vor, mit der Bildung als Lösung und Rettung postuliert wird (Messerschmidt 2009b: 28).

Widersprüche in Bildungspostulaten, wie jene der Autonomie oder Gleichheit erkannt und reflektiert werden, weil ein derartiger Modus (selbst-)kritischer Auseinandersetzung nach der kulturellen und sozialen Position von Kritik und Kritiker*innen fragt (ebd.:233). Bildungsarbeit ist somit immer auch kontextbezogene Arbeit an den eigenen Beziehungen – die Auseinandersetzung der Subjekte mit sich selbst und die Reflexion der eigenen Involviertheit in gesellschaftliche Verhältnisse. Kritische Bildungsarbeit und ein daran orientiertes Globales Lernen ist diesem Verständnis nach ein ständiges „Ringen um die Möglichkeiten von Bildung" (ebd.:126). Dabei geht es nicht so sehr darum, Fragen nach besserer Bildung zu stellen, als vielmehr gesellschaftliche Bedingungen in den Fokus zu rücken, die eine andere Bildung nötig machen (ebd.:228). Mit dieser Perspektive knüpft Messerschmidt an Adornos negative Pädagogik an, deren Anspruch gerade nicht darin besteht, Probleme auf einer abstrakten Ebene unzweideutig klären zu können. Vielmehr geht mit dieser das Plädoyer einher, Unsicherheiten und Uneindeutigkeiten anzuerkennen und zu artikulieren, die sich in den widersprüchlichen Erfahrungen der eigenen Involviertheit in die bestehenden Herrschaftsverhältnisse zeigen (ebd.:257). Es soll so die Erkenntnis gestärkt werden, „in Strukturen zu stecken, die nicht persönlich zu verantworten sind und in denen doch Verantwortung für das eigene Handeln übernommen werden muss, ohne die Gewissheit [zu haben], auf der richtigen Seite zu stehen" (ebd.:23).

Messerschmidt insistiert auf die Relevanz einer Pädagogik, die sich über ihre Subjektannahmen verständigt und zeigt auf, dass jegliche undialektische Fassung des Subjekts „ungeeignet für Lernen in zwiespältigen Globalisierungsverhältnissen" ist (ebd.:32). Sich auf kritische Bildungstheorie einzulassen und damit auch auf ein fragiles Bildungsverständnis, bedeutet, Bildung nicht als sicheres Projekt mit eindeutigen Wirkungen zu verstehen, sondern als widersprüchlich, gebrochen und vereinnahmt. Damit ist diese Perspektive besser in der Lage, Verortungsleistungen zu ermöglichen und vorzubereiten. Im Unterschied zu den systemtheoretischen und handlungstheoretischen Positionen werden die Ziele und Maßstäbe der Bildungsarbeit nicht immer schon vorausgesetzt und dadurch der kritischen Überprüfung entzogen. Mit diesem Bildungsverständnis können keine Zukunftsszenarien – Selbstbestimmung, Mitbestimmung, Solidarität etc. – ausgemalt werden, die angesichts der gesellschaftlichen Entwicklungen wie leere Versprechen aussehen. Brüche und Regressionen gesellschaftlicher Entwicklung müssen stattdessen Gegenstand von Bildungsprozessen und -konzeptionen werden (Messerschmidt 2009b: 137).

Aus den aufgezeigten Gründen ist ein solcher Ansatz der dialektischen Bildungstheorie außerordentlich relevant für das Projekt des Globalen Lernens. Er fokussiert jedoch stark auf die historischen Prozesse, die zum Verständnis und der eigenen Verortung in der Gegenwart zentral sind. Zugleich kommen mit dieser Perspektive die Zukunftsgewandtheit und das emanzipatorische Potential von Bildung etwas zu kurz. Die Gestaltung gesellschaftlicher Transformationsprozesse durch Bildung und damit ein expliziterer Blick auf die Transformation bestehender globaler Verhältnisse und die Gestaltung von Zukünften erfolgt mit und durch Überlegungen zu transformativer Bildung.

3.2.5 Transformative Bildung im Feld Globalen Lernens

„Transformative Bildung beginnt mit Bildungskritik. Die Lern- und Bildungsprozesse, die die mentalen Voraussetzungen für eine nicht-nachhaltige Entwicklung schaffen, gilt es zu überwinden." (Seitz 2015: 13f.)

Im Kontext Globalen Lernens und der BNE wird in den letzten Jahren zunehmend von transformativer Bildung gesprochen (Deutsche UNESCO-Kommission e.v (DUK) 2014; Eicker et al. 2020; VENRO 2014). Dabei steht transformative Bildung zunächst für einen allgemeinen Ansatz, „der Bildung einbezieht, um globale Nachhaltigkeitsherausforderungen zu meistern." (Singer-Brodowski 2018: 27). Im Folgenden findet eine kritische Auseinandersetzung mit dem Begriff der transformativen Bildung statt, um das Konzept Globalen Lernens auch bezüglich dieser Debatte zu verorten. Ich skizziere entsprechend theoretische Auseinandersetzungen um und verschiedene Verständnisse von transformativer Bildung, die für die Bearbeitung meiner Fragestellungen von Bedeutung sind.

Der Ansatz transformativer Bildung wurde unter anderem auch aufgrund der Agenda 2030 sichtbarer. Sie trägt den Titel „Transformation unserer Welt: Die Agenda 2030 für nachhaltige Entwicklung". Diese ‚Transformationsagenda' bildet einen Referenzrahmen für internationale Zusammenarbeit und nationale Nachhaltigkeitspolitik, an dem staatliche Politiken in den nächsten Dekaden gemessen werden können. Die Agenda 2030 kann in diesem Zusammenhang als Indikator gedeutet werden, dass Auswege aus den globalen ökologischen und sozialen Krisen gesucht werden. Die Herausforderung aller Staaten besteht in der Transformation hin zu einer ressourcenschonenden, klimafreundlichen und inklusiven Wirtschafts- und Lebensweise. Bildung wird eine zentrale Rolle zugeschrieben, um diese Ziele zu erreichen. Der gesamte Bildungsbereich soll auf das Leitbild einer nachhaltigen Entwicklung ausgerichtet werden. In den Arbeitsfeldern des Globalen Lernens/der BNE besteht der Anspruch und die Erwartung an Bildungspraxis und Bildungspolitik, zur zukunftsfähigen Gestaltung von (Welt-)Gesellschaft als zentrales Orientierungs- und Handlungsmoment beizutragen (Kap. 3.2.1.). Zugleich soll Bildung mit der Agenda 2030 generell als transformative Bildung begriffen werden (Seitz 2017: 161 f.). Das 2011 vom WBGU vorgelegte Gutachten „Gesellschaftsvertrag für eine große Transformation" (WBGU 2011) verdeutlicht den notwendigen Umbau der industriellen fossilen hin zu einer postfossilen, klimafreundlichen und solidarischen Lebens- und Produktionsweise. Diesen Prozess beschreibt der WBGU als wissensbasierten „gesellschaftlichen Suchprozess" (ebd.:23). Die Rolle von Bildung und Wissenschaft für gesellschaftlichen Wandel wird hier betont und die menschliche Kreativität und Lernfähigkeit als zentrale Ressourcen für den Transformationsprozess benannt. Es bedarf demnach einer veränderten Bildung, um die Transformation hin zu einer postfossilen, solidarischeren und nachhaltigeren Lebens- und Produktionsweise zu ermöglichen – „denn die Krise der Weltentwicklung ist auch Ausdruck einer Lernkrise" (Seitz 2017: 167). Das mit der *großen Transformation* verbundene Bildungsverständnis verweist darauf, dass für den gewünschten gesellschaftlichen Wandel ein neues Verständnis von Bildung erforderlich ist. Gesellschaftliche Transformation wird also zum Bildungsprojekt und Bildung als ein Feld und eine Strategie von (sozial-ökologischer) Transformation benannt. Die doppelte Rolle, die Bildung zugedacht wird, zeigt sich darin, dass es um die Transformation von individuellen Selbst- und Weltverhältnissen ausgehend von einer globalen Perspektive geht. Zudem sollen kollektive Relevanz- und Normsetzungen durch Bildungsprozesse vorangebracht werden und dadurch Impulse für gesellschaftliche Lernprozesse mit Blick auf die Förderung globaler Nachhaltigkeit entstehen (Vare/Scott 2007; VENRO 2014; WBGU 2007). Neben der expliziten Anrufung von Bildung und Bedeutungszuweisung im Zusammenhang mit anstehenden Veränderungen, stellt Globales Lernen ein Praxisfeld dar, das Bildung und Lernen immer schon in den Kontext sich wandelnder Herausforderungen in der globalisierten Welt stellt. Mit dem Bildungskonzept des Globalen Lernens geht der Anspruch einher, ökonomische, historische und kulturelle Zusammenhänge einer globalisierten Welt in Bildungsprozessen zu erlernen, verstehbar zu machen und in verantwortliches Handeln zu überführen. Dabei ist transformative Bildung ein neuer Schlüsselbegriff, der zunehmend im Kontext des Globalen Lernens diskutiert wird. Vor diesem Hintergrund ist es von besonderem Interesse, welche Vorstellungen und Ansätze bezüglich gesellschaftlicher Transformation Bildungspraxen Globalen Lernens explizit und implizit zugrunde liegen. An dieser Stelle möchte ich den im Kontext Globalen Lernens prägenden Diskurs zu transformativer Bildung skizzieren. Hier werden Fragen der gesellschaftlichen

Transformation und Bildung explizit aufgegriffen und die Verwendung des Begriffs transformativer Bildung kritisch diskutiert.

Die Popularität transformativer Bildung steht im Zusammenhang mit einer zunehmenden Kritik an Globalem Lernen/BNE. Im Zusammenhang mit dem Bedeutungszuwachs von Globalem Lernen und BNE werden Nachfragen laut, inwiefern die BNE-Dekade nicht doch insofern *business as usual* gewesen ist, als neoliberale Diskurse zu wenig hinterfragt wurden, entwicklungskritische Perspektiven zu wenig gefördert wurden oder auch der Schutz von Natur aufgrund ihres Eigenwertes kaum vertreten wurde (Kopnina/Meijers 2012). Mit der zunehmenden Institutionalisierung verschwinden tendenziell die radikalkritischen Elemente aus der Debatte und es werden zunehmend neoliberale Nachhaltigkeits- und Bildungsverständnisse adaptiert. Kritik wird bspw. daran geäußert, dass Dimensionen globaler Verteilungsgerechtigkeit zu langsam und zu wenig aufgegriffen und stillschweigend herkömmliche Annahmen über das Paradigma des Wirtschaftswachstums übernommen werden. Darüber hinaus zeigt sich ein instrumenteller Blick auf Natur und Ökosysteme, die Dominanz technologieorientierter Ansätze des Marktes sowie ein starker Fokus auf Standardisierung und Messbarkeit (Selby/Kagawa 2010: 40). Damit in Verbindung steht die Kritik, dass zu wenig danach gefragt wird, wie Bildung nicht-nachhaltige Werteentwicklung und mentale Infrastrukturen[63] (Welzer 2011) prägt und nicht-nachhaltige Alltagsideologien reproduziert (Brand 2004: 124; Selby and Kagawa 2010; VENRO 2014: 10 f.).

An dieser Stelle möchte ich in den Blick nehmen, welche gesellschaftstheoretischen Annahmen Bildung, die mit einem transformativen Anspruch verbunden ist/wird, zugrunde liegen. Ich werde unterschiedliche Rollen verdeutlichen, die Bildung und im speziellen Globalem Lernen/BNE im Zusammenhang mit der Notwendigkeit einer an Nachhaltigkeit ausgerichteten Gesellschaftstransformation von unterschiedlichen Akteur*innen zugeschrieben wird.

Der WBGU beschreibt die Rolle von Bildung im Kontext gesellschaftlicher Transformation in zweifacher Hinsicht. Transformationsbildung soll Formen

---

63 Mentale Infrastrukturen (Welzer 2011) sind zentral für das Denken und Handeln, welches die Wahrnehmung und das alltägliche Handeln prägen. Sie stehen in einem Verhältnis zu materiellen Infrastrukturen, gesellschaftlichen Institutionen und entsprechend auch mit Hegemonie (I.L.A.Kollektiv 2019: 90). Bildungskontexte stellen einerseits institutionelle Zusammenhänge dar, sind geprägt durch eine bestimmte materielle Infrastruktur und beteiligt an der Ausbildung von mentalen Infrastrukturen. In der Institution Schule werden Subjekte mit Fertigkeiten ausgestattet, die auch über die Verankerung mentaler Infrastrukturen Teilhabe an gesellschaftlichem Leben ermöglichen (Bierbaum 2004: 193).

der Teilhabe ermöglichen, die Erkenntnisse der Transformationsforschung aufgreifen. Transformationsbildung reflektiert „kritisch die notwendigen Grundlagen, wie ein fundiertes Verständnis des Handlungsdruckes und globales Verantwortungsbewusstsein [...]. Gleichzeitig generiert sie Ziele, Werte und Visionen, um dem Handeln Einzelner die notwendige Richtung zu geben" (WGBU 2011: 374). Darüber hinaus wird Transformationsbildung als Bildung beschrieben,

„die ein Verständnis für Handlungsoptionen und Lösungsansätze ermöglicht. Dazu gehört zum Beispiel Wissen zu klimaverträglichem Mobilitätsverhalten, Wissen zu nachhaltiger Ernährung oder Wissen zu generationsübergreifender Verantwortung. Entsprechende Bildungsinhalte betreffen z. B. Innovation, von denen eine transformative Wirkung zu erwarten oder bereits eingetreten ist." (ebd.)

Auch wenn der WGBU inhaltlich an Debatten des Globalen Lernens und der BNE anschließt, zeigt sich ein instrumentelles Bildungsverständnis im Sinne von Bildung *für* Nachhaltigkeit (u.a. Singer-Brodowski 2016b; Sterling 2010; Vare/Scott 2007). Ein solches Bildungsverständnis informiert Individuen über globalen Wandel und unterstützt dabei, auf Grundlage rationaler Entscheidungen das Handeln in die Richtung notwendiger Nachhaltigkeit auszurichten. Auch in internationalen BNE-Dokumenten wird auf ein solches Bildungsverständnis zurückgegriffen. Bildungsprozesse werden demnach direkt in den Dienst gesellschaftlicher, nachhaltiger Transformation gestellt. Ein solches relativ klares Bildungskonzept lässt sich insofern besser durchsetzen, als es vermeintlich das Potential hat, kurzfristig soziale und ökologische Wirkungen zu erzielen (Vare/Scott 2007: 193). Transformative Bildung *für* Nachhaltigkeit geht entsprechend von bestimmten Zielen und Transformations- bzw. Nachhaltigkeitswissen aus, die in Bildungskontexten an die Lernenden vermittelt werden. Sie sollen dazu befähigt werden, gesellschaftliche Transformationsprozesse zu gestalten und erlernen entsprechende Kompetenzen. Mit Bildung wird demnach der Auftrag verfolgt, Lehrpläne zu erweitern und zu ergänzen. Die inhaltliche Ausgestaltung der Bildungsangebote unterliegt dabei unterschiedlichen gesellschaftlichen Problemanalysen und entsprechend auch Nachhaltigkeits- und Transformationsverständnissen (Singer-Brodowski 2018: 27). Bildung *für* Nachhaltigkeit geht mit einem instrumentellen Verständnis von Bildung einher, wodurch die Kontroversität aus dem Blick gerät, welche auch hinter Begriffen wie Transformation und Nachhaltigkeit steckt. Bildung wird ausgerichtet an Transformationszielen und kann daher auch als Transformationsbildung bezeichnet werden (Kap. 2.4; Kap. 3.2.1). Ausgeklammert werden Fragen, wie bspw. bestimmtes Nachhaltigkeits-

und Transformationswissen generiert wird, welche Themen als Bildungsthemen ausgewählt werden und mit welchen Bewertungsmaßstäben dies in Verbindung steht. Eine so verstandene transformative Bildung ist mit der Frage konfrontiert, inwiefern es legitim ist, Lernende mit der Absicht persönlicher Verhaltensänderung zu konfrontieren und Bildung dazu legitimiert ist, gesellschaftliche Transformation herbeizuführen. Wissen ist jedoch immer politisch, auch Transformationswissen. Der Beutelsbacher Konsens – der nicht nur für die politische Bildung, sondern auch für Globales Lernen einen zentralen Bezugspunkt darstellt – zielt gerade darauf ab, Lernende nicht mit politischen Meinungen zu überwältigen und auf damit verbundene Verhaltensänderungen abzuzielen. Vielmehr muss die Diversität an Meinungen und Einschätzungen in demokratischen Gesellschaften aufgezeigt werden (Singer-Brodowski 2016b: 132 f.).

Einem Verständnis der transformativen Bildung *für* nachhaltige Entwicklung wird dabei der emanzipatorische Ansatz einer Bildung *als* nachhaltige Entwicklung entgegengesetzt. Mit diesem Ansatz wird das Ziel verbunden, Lernende dazu zu befähigen, aktiv an den gesellschaftlichen Transformationsprozessen zu partizipieren (u.a. Singer-Brodowski 2016b; Sterling 2010; Vare/Scott 2007). Ein solches Bildungsverständnis umfasst die Reflexion hegemonialer gesellschaftlicher und individueller Normalvorstellungen, Leitbilder und Werte. Entsprechend wird danach gefragt, welche verschiedenen Transformations- und Nachhaltigkeitsverständnisse es gibt und wie diese Aspekte globale Gerechtigkeit aufgreifen. In diesem Denkrahmen wird nach Zielen von Bildungsakteur*innen und der Qualität spezifischer Lernerfahrungen gefragt. Die Stärkung von Selbstreflexionsfähigkeit steht hier im Fokus. Das Bildungsverständnis des Bildungstheoretikers Hans-Christoph Koller bezieht sich in erster Linie auf die Transformation der Welt- und Selbstverhältnisse. Koller beschreibt Bildung als Transformation der

„grundlegenden Figuren der Selbst- und Weltverhältnisse […] die sich potenziell immer dann vollziehen, wenn Menschen mit neuen Problemlagen konfrontiert werden, für deren Bewältigung die Figuren ihres bisherigen Welt- und Selbstverhältnisses nicht mehr ausreichen." (Koller 2011: 15 f.)

Bei Lernenden soll kritisches Denken kultiviert werden, das nicht an vorgegebene Transformationsziele geknüpft ist. Transformative Bildung *als* Bildung für Emanzipation, im Rahmen von Nachhaltigkeit, stellt das lernende Subjekt und dessen Selbstverhältnis in den Mittelpunkt von Bildungsprozessen und fokussiert entsprechend auf lerntheoretische Fragen und Prozesse. Herkömmliche

Lerntheorien basieren in der Regel auf einem additiven Lernverständnis. Dabei werden in Lernprozessen Wissensbestände der Lernenden um neues Wissen erweitert und darüber Handlungsdispositionen vermittelt (Singer-Brodowski 2016b: 133). Ansätze transformativen Lernens setzen hingegen an grundlegenden Mustern an, die den Wahrnehmungs- und Interpretationsschemata von Menschen zugrunde liegen:

„Transformatives Lernen beinhaltet einen tiefen strukturellen Wandel der Grundannahmen des Denkens, Fühlens und Handelns. […] Es beinhaltet unser Selbstverhältnis und unsere Selbstverortung: unsere Beziehung zu anderen menschlichen Wesen und zur natürlichen Welt, unser Verständnis von Machtbeziehungen in verschränkten Strukturen der Klasse, der Rasse, des Geschlechts, unser Verständnis des eigenen Körpers, unsere Visionen alternativer Lebensentwürfe und unseren Sinn für Möglichkeiten für das Erreichen sozialer Gerechtigkeit und persönlicher Erfüllung." (O'Sullivan 2002: xvii zit. n. Singer-Brodowski 2016: 134)

Transformatives Lernen richtet den Blick auf eine Veränderung der Grundvoraussetzungen des menschlichen Fühlens, Denkens und Handelns und nicht, oder zumindest nicht allein, auf einen Zuwachs an Kompetenzen und Wissen. Dem liegt die Annahme zugrunde, dass globale Ungerechtigkeit und Ausbeutung von Lernenden durch einen strukturellen Wandel dieser Grundannahmen besser wahrgenommen und bearbeitet werden können.

Ein solcher emanzipativer Ansatz des transformativen Lernens im Zusammenhang mit kollektiven-sozialen Prozessen wurden insbesondere auch in Ansätzen der Befreiungspädagogik (Freire 1970) herausgearbeitet. Die Befreiung von subtilen Unterdrückungsmechanismen und hegemonialen Alltagsideologien durch eine Bewusstwerdung eben jener Prägungen steht dabei im Mittelpunkt. Diese Bewusstwerdung bezieht sich auf die Wirkung gesellschaftlicher Strukturen, die lernende Subjekte erleben. Zudem geht es um die Sensibilisierung von Subjekten für Transformationsmöglichkeiten von politischen und sozialen Verhältnissen. Der Kern des transformativen Lernens besteht aus einem Wechselspiel von Aktion und Reflexion. Lernende werden herausgefordert, sich mit gesellschaftlichen Missständen zu beschäftigen und die Veränderbarkeit der eigenen Rolle darin zu verstehen. Ein dialogisch-fragendes Vorgehen und Methoden, die Lernende dazu befähigen, sich in selbstorganisierten Prozessen mit Wissen, Werten und Emotionen im Kontext von Nachhaltigkeit und gesellschaftlicher Transformation auseinanderzusetzen, ohne das Lehrende eine Richtung vorgeben, ist für diese Bildungspraktiken daher zentrales Merkmal.

Transformative Lernprozesse können aus diesen Gründen jedoch nicht direkt gesteuert werden (Singer-Brodowski 2016a: 15 f.).

Die Unterscheidung zwischen einer Transformation der Selbstverhältnisse und einer Transformation der Weltverhältnisse zeigt sich auch in Analysen zu den Bildungsansätzen von Globalem Lernen und BNE und den damit verbundenen politischen Rahmenprogrammen. Die SDGs stellen zunehmend einen internationalen Referenzrahmen für nationale und föderale (Bildungs-)Politik im Kontext von Nachhaltigkeit und zukunftsfähiger Entwicklung sowie Transformation dar. Brissett und Mitter (Brissett/Mitter 2017) arbeiten in einer kritischen Diskursanalyse der SDGs, mit Fokus auf SDG 4 *Hochwertige Bildung*, heraus, dass diese ein utilitaristisches und wachstumsorientiertes Verständnis von Bildung fördern. Sie betonen aber außerdem, dass der utilitaristische Wachstumsdiskurs von einem Diskurs zu einem notwendigen (Bildungs-)Wandel für Nachhaltigkeit begleitet wird. Aus der Analyse geht hervor, dass SDG 4.7 ein transformativer Anspruch von Bildung zugrunde liegt. Dort wird Bildung systematisch auf Menschenrechte, Geschlechtergerechtigkeit, Nachhaltigkeit und Inklusion bezogen und in einen emanzipatorischen Rahmen eingebettet. Auch diesbezüglich zeigt sich das Spannungsfeld transformativer Bildung zwischen Bildung *für* und *als* Transformation, welches in Debatten des Globalen Lernens und BNE immer wieder thematisch ist (Kap. 3.2.4). Die Debatte läuft dort unter der Überschrift: Emanzipatorische vs. instrumentelle BNE (Vare/Scott 2007) oder auch „soft vs. critical global citizenship education" (Andreotti 2014b). Die Forderung nach einer kritischen Auseinandersetzung mit aktuellen Weltverhältnissen wird also separat von zentralen Zielen der individuellen Emanzipation von Subjekten verhandelt (Singer-Brodowski 2018: 30).

In der Beschreibung der Debatte um transformative Bildung und deren Bezüge zu Globalem Lernen und BNE zeigt sich eine differenzierte Diskussion darüber, was unter transformativer Bildung zu verstehen ist. Transformative Bildung fungiert als Oberbegriff für existierende Debatten und als Ansatz in Bildungskonzepten Globalen Lernens und BNE. Nicht nur wurden unterschiedliche Transformationsverständnisse deutlich, sondern auch divergierende bildungstheoretische und lerntheoretische Annahmen. Die Umkämpftheit von gesellschaftlicher Transformation (Kap. 2.3) erweitert sich hier um konkurrierende und ebenfalls um Hegemonie ringende (theoretische) Konzepte von Bildung und Lernen. Globales Lernen, das soll im folgenden Unterkapitel zusammengeführt werden, zeichnet sich daher durch eine Reihe von Spannungsverhältnissen aus, die in der Interpretation meines empirischen Materials immer wieder aufscheinen.

3.2.6 Spannungsverhältnisse im Globalen Lernen

Eine tiefreichende Ambivalenz, die im Globalen Lernen zum Tragen kommt, liegt darin, dass einerseits die Bedürfnisse der Lernenden im Fokus stehen und anderseits Herausforderungen der Weltgesellschaft und Weltentwicklung den zentralen Bezugspunkt bilden (Scheunpflug 2016: 33). Der konkrete Vollzug von Bildungsprozessen ist lokal, kontextuell und subjektbezogen, nicht abstrakt und global. Daraus ergeben sich Globalität und Lokalität bzw. Universalität und Subjektivität als Spannungsfelder des Globalen Lernens. Nach Seitz müssen diese in vier Dimensionen ausbalanciert werden:

- *„Die Forderung nach einer globalen Anschauung in der Erziehung kontrastiert mit dem Wissen um die unhintergehbare Pluralität der Perspektiven, die Welt zu betrachten.*
- *Das Plädoyer für ganzheitliche, anschauliche und konkrete Lernformen muss mit der Notwendigkeit in Einklang gebracht werden, im Lernprozess auch die Fähigkeit zu einem komplexen und abstrakten Denken auszubilden.*
- *Gegenüber dem umfassenden Leitbild einer globalen nachhaltigen Entwicklung sind Motivation und Reichweite der Verantwortung, die das Individuum wahrnehmen kann, begrenzt.*
- *Die Implementierung von auf supranationaler Ebene entwickelten Bildungskonzepten und die Durchführung von grenzüberschreitenden Bildungskooperationen müssen stets den regionalen Kontextbedingungen Rechnung tragen."* (Seitz 2002a: 381)

Die vier Spannungsfelder verorten sich entlang der Achsen universaler versus partikularer Wissensansprüche, einer Spannung zwischen konkreten Interventionen und notwendig abstrakten Reflexionen, umfassenden Ansprüchen und begrenzten Handlungsspielräumen sowie übergreifend der permanent wirksamen Ambivalenz zwischen globalen Zielen und regionalen Bedingtheiten. Unter Berücksichtigung dieser Spannungen ergeben sich folgende vier Eckpunkte der normativen Orientierungen im Feld des Globalen Lernens:
1. Die Fähigkeit zum Perspektivwechsel und eine globale Betrachtungsweise als Forderung für Bildungskontexte werden schon in der UNESCO-Empfehlung von 1974 als zentral benannt. Als durchgängiges Lernprinzip, nicht als zusätzlicher Lernstoff soll die Hinführung zu globalem Denken und Handeln realisiert werden. Dabei zielt Globales Lernen auf ein differenziertes Verständnis multikultureller Lebenswirklichkeiten ab. Die Aufgabe besteht darin, den Blick dafür zu öffnen, dass individuelle Lebens- und kollektive Entwicklungsperspektiven nur in globalen Weltzusammenhängen

zu begreifen sind. Unter Berücksichtigung einer vielfach gebrochenen und fragmentierten Welt geht es daher nicht um die Herstellung einer einheitlichen Weltsicht, sondern darum zu lernen, den eigenen Horizont im Bewusstsein der eigenen Begrenztheit immer wieder zu überdenken und zu überschreiten. Ein Verständnis für die subjektive Gebundenheit und Partikularität der eigenen Weltsicht ist grundlegend für Globales Lernen. Und auch die Bereitschaft, mit Achtung und Neugier anderen Anschauungsweisen zu begegnen, ist von zentraler Bedeutung. Die im Globalen Lernen verhandelten Themen und Bildungsinhalte müssen immer aus verschiedenen Perspektiven erschlossen werden. Zudem sollte der Fokus auf Perspektiven von marginalisierten und diskriminierten Gruppen im Kontext von Globalisierungsprozessen liegen. Diesbezüglich geht es um den Einbezug authentischer Quellen und nicht um ein Sprechen über entsprechende Gruppen. Globales Lernen steht somit vor der Aufgabe, globale Anschauungsweisen mit der Anerkennung von vielfältigen Perspektiven und insbesondere marginalisierten Positionen im Rahmen von Bildung zu verknüpfen (ebd.: 382).

2. Komplexes Denken und ganzheitliches Lernen sowie die Notwendigkeit, alle Erfahrungsdimensionen und Lernstile anzusprechen, sind aus reformpädagogischen Ansätzen hinreichend bekannt. Die handlungsorientierte Verknüpfung von Bildungsprozessen mit gesellschaftlichen Praxisfeldern ist auch im Globalen Lernen von besonderer Relevanz. Globales Lernen als ein Lernen, das Wahrnehmen, Fühlen, Denken, Urteilen und Handeln miteinander verbindet, steht teilweise vor der Herausforderung, dass sich die Komplexität weltgesellschaftlicher Verhältnisse nicht unmittelbar über authentische Situationen in der Lebenswelt der Lernenden erschließen lässt (ebd.: 383). So vollziehen sich diverse Prozesse der Globalisierung jenseits des Gesichtsfeldes bestimmter subjektiver Positioniertheiten, denn „[d]ie in der Interaktion zugänglichen Erfahrungsräume vermitteln nicht mehr das gesellschaftlich notwendige Wissen, sie führen womöglich systematisch in die Irre" (Luhmann 1984: 585). Hier liegt die Herausforderung darin, aktivierende ganzheitliche Lernformen und Kompetenzbildung für abstraktes und systemisches Denken nicht gegeneinander auszuspielen (Seitz 2002a: 383 f.). Zentral ist dabei die Frage, inwiefern und durch welche Methoden und Erfahrungen Prozesse der Globalisierung neben der kognitiven Ebene auch über emotionale und körperliche Ebenen erfahrbar gemacht werden können.

3. Weltbürgerliche Urteils- und Handlungskompetenz und zukünftige Entwicklung verweist auf die ethische Verantwortungsdimension, die neben dem sachlichen und sozialen Bildungshorizont im Rahmen einer uni-

versellen Bildung angelegt ist. Globales Lernen möchte Menschen darin unterstützen, an der Gestaltung der Weltgesellschaft sachkundig und verantwortungsbewusst mitzuwirken und ist somit einem normativen Leitbild menschlicher Entwicklung und sozialer Gerechtigkeit verpflichtet (ebd.: 384). Dabei kann die Mitverantwortung an verflochtenen globalen Prozessen nicht auf direktem Wege dem individuellen Handeln und/oder guten und bösen Absichten zugerechnet werden. In diesem Zusammenhang erweist sich der Slogan „Global denken – lokal handeln" als vereinfachte und gleichzeitig abstrakte Orientierung im Kontext Globalen Lernens. Die Ansprüche und Praxis eines verantwortlichen Handelns in der Weltgesellschaft müssen dabei immer mit dem Maß des psychologisch wie gesellschaftspolitisch Machbaren und Möglichen abgeglichen werden. Unterschiedliche Ressourcen wie Zeit, Wissen, strukturelle Zugänglichkeit und materielle Ressourcen stellen Bedingungen für die eigene Handlungsfähigkeit dar, welche zudem immer im Kontext unvollständiger und vorläufiger Situationsdeutung stehen (ebd.: 385).
4. Globales Lernen ist Teil eines globalen pädagogischen Programms und weltweiter sozialer und politischer Bewegungen. Verschiedene internationale Bildungsvereinbarungen, die insbesondere unter dem Dach der Vereinten Nationen formuliert wurden (Kap. 3.2.1), bilden zentrale Bezugspunkte Globalen Lernens, das verstärkt in diesem internationalen Kontext wahrzunehmen und zu realisieren ist. Hierbei werden Herausforderungen bezüglich Kommunikation sowie unterschiedliche sozio-ökonomische Bedingungen oder divergierende nationale Interessen deutlich. Daraus ergeben sich auch Probleme bei der (staatlichen) Implementierung internationaler Bildungskonzepte:

„Jede Internationale Pädagogik steht daher vor dem Problem, wie auch unter den Bedingungen extremer sozio-ökonomischer Ungleichheit und krasser Differenzen in der jeweiligen Bildungsinfrastruktur grenzüberschreitende Bildungskooperation gestaltet werden kann." (ebd.: 386)

Der Aufbau internationaler Bildungsprogramme und Kooperationsprojekte im Kontext des Globalen Lernens sollte entsprechend regionale Voraussetzungen berücksichtigen und mit politischem Handeln verknüpft werden, das strukturelle Ungerechtigkeiten adressiert und zu überwinden versucht (ebd.).

Mit den vier genannten Eckpunkten werden Schlüsselprobleme Globalen Lernens deutlich, die für die Interpretation meines empirischen Materials hilfreich sind. Mit ihnen wird die Vieldeutigkeit des Konzepts und der Praktiken des Globalen Lernens sicht- und strukturierbar.

Durch die hegemonietheoretische Rahmung der vorliegenden Arbeit müssen diese vier Aspekte aber immer in den Zusammenhang eines grundlegenderen Spannungsverhältnisses gestellt werden: Die *imperiale Lebens- und Produktionsweise* (Kap. 2.1) widmet sich dem Paradox, dass trotz vermeintlich geteilter (globaler) Normen und einem breiten Konsens zu weltweiter Gerechtigkeit und Nachhaltigkeit diese durch institutionelle und alltägliche Praktiken permanent unterlaufen werden. Auch das Bildungskonzept des Globalen Lernens ist Teil dieses Paradoxes: Es fordert und fördert normative Ansprüche und ist zugleich daran beteiligt, diese zu unterlaufen. Die Eingebundenheit in imperiale Lebens- und Produktionsweisen muss deshalb zum Gegenstand Globalen Lernens werden, um für macht- und herrschaftskritische Perspektiven zu sensibilisieren.

Ganz grundlegend habe ich in diesem Kapitel herausgearbeitet, dass *erstens* Bildungskontexte und die Bildungsinfrastruktur eine zentrale Rolle in der (Re-)Produktion, Absicherung und Stabilisierung hegemonialer Lebens- und Produktionsweisen spielen. Zugleich wird Bildung insbesondere im Rahmen emanzipatorischer (globaler) Gesellschaftsentwürfe eine zentrale Rolle im Umgang mit gesellschaftlichen Krisen und Herausforderungen zugeschrieben und werden *epochaltypische Schlüsselprobleme* als Lerngelegenheiten (Steffens 2010) verstanden. Ich konnte *zweitens* zeigen, dass Bildung von verschiedenen gesellschaftlichen Akteur*innen in Prozessen gesellschaftlicher Transformation adressiert und angerufen wird. Und *drittens* wurde deutlich, dass durchgängig globale gesellschaftliche Herausforderungen als Ausgangspunkt herangezogen werden und damit verbunden die Notwendigkeit und Ziele Globalen Lernens begründet werden. Entsprechend wird in und mit Globalem Lernen auch der (politische) Anspruch verbunden, einen aktiven, gestalterischen Beitrag zum Umgang mit und der Veränderung von krisenhaften globalen gesellschaftlichen Entwicklungen zu leisten – also nicht nur auf gesellschaftliche Transformationsprozesse zu reagieren, sondern transformative Selbst- und Weltverhältnisse (mit-)anzustoßen, durch demokratische Prozesse zu ermöglichen und diese als politisch zu verstehen.

Die Auseinandersetzung mit der historischen Entwicklung und gesellschaftstheoretischen und bildungstheoretischen Zugängen konnte zeigen, dass Globales Lernen nicht per se als Lösung für globale gesellschaftliche Herausforderungen und Krisen gesehen werden kann. Bildung und auch Globales Lernen ist vielmehr Teil hegemonialer Verhältnisse und verstrickt in die herausgearbeiteten Spannungsverhältnisse, die Dialektik von globalen gesellschaftlichen Ver-

hältnissen. In Anlehnung an die Ebenen – mentale Infrastrukturen, materielle Infrastrukturen und politische und wirtschaftliche Institutionen –, durch welche hegemoniale Verhältnisse hergestellt und abgesichert werden (Kap. 2.3), stellen sich drei Fragen, die für die nähere Operationalisierung meiner Untersuchung und schließlich die Interpretation meiner Daten leitend sein werden:
- Welche Vorstellungen eines erstrebenswerten Lebens verbunden mit Kritik an gesellschaftlichen Vorstellungen zeigen sich im Globalen Lernen und nehmen Einfluss auf den Alltagsverstand?
- Welche physischen Infrastrukturen ermöglichen und verunmöglichen Globales Lernen? Welche Ansätze des Globalen Lernens werden durch mentale und materielle Infrastrukturen geprägt und begünstigt?
- Welche (transnationalen) politischen und wirtschaftlichen Institutionen bedingen Bildungspraktiken des Globalen Lernens?

Eine solche Perspektive begreift Globales Lernen (und auch kein anderes (vermeintlich) progressives, emanzipatorisches Bildungskonzept) *nicht* als das Andere von Macht, Herrschaft und Hierarchie (Vey et al. 2019: 20). Inwiefern diese Perspektive von Bildungsakteur*innen eingenommen wird und die hegemoniale Eingebundenheit von Globalem Lernen auch in den Vorstellungen, Zielsetzungen, Prämissen und Strategien thematisiert wird, gilt es im Folgenden zu untersuchen. Gerade diese Verständnisse interessieren mich im Folgenden: Werden von den Bildungsakteur*innen auch widersprüchliche Bedingungen und institutionalisierte Spannungsfelder in den Blick genommen und die eigene Eingebundenheit in die hegemonialen Verhältnisse aktiv thematisiert? Und wenn ja, wie wird damit umgegangen? Oder zeigt sich bei den Akteur*innen im Globalen Lernen eine Dichotomie zwischen guter und schlechter Bildung, die zu einer subtilen Reproduktion hegemonialer Verhältnisse führt, weil die eigene Praxis als „immer schon gut" begriffen wird?

Die den empirischen Teil anleitende Frage nach den Transformationsverständnissen in der Bildungspraxis ist aus zwei Gründen besonders bedeutsam: Erstens ist ein selbstreflexiver Umgang dieser Akteur*innen unabdingbar, die Bildung mit dem Anspruch verfolgen, gesellschaftliche Verhältnisse zu verändern. Zweitens kann das Wissen über implizite und explizite Transformationsverständnisse der nicht-intendierten Reproduktion von hegemonialen Verhältnissen, deren Kritik und Überwindung den eigentlichen Anspruch des Globalen Lernens bildet, etwas entgegensetzen.

4 Globales Lernen in der empirischen Untersuchung

In diesem Kapitel wird das Forschungsdesign der vorliegenden Arbeit beschrieben und das forschungspraktische Vorgehen erläutert. Zunächst werden die leitenden Fragestellungen – ausgehend von den herausgearbeiteten Forschungsdesideraten – begründet (Kap. 4.1). Den Bezugspunkt der empirischen Untersuchung bilden Prinzipien qualitativer Sozialforschung, die in Kapitel 4.2 dargestellt werden. Anschließend folgt die Beschreibung des Forschungsgegenstandes. Mit dieser Beschreibung verbunden ist die Selbstpositionierung von mir als Forscherin zum Forschungsgegenstand und das damit verbundene Verständnis kritischer Wissenschaft und Wissensproduktion. Auch die Auswahl und die Beschreibung des Untersuchungssamples sowie der Zugang zum Forschungsfeld erfolgen in diesem Kapitel (Kap. 4.3). Der Prozess der Datenerhebung und das ausgewählte Instrumentarium wird in Kapitel 4.4 dargestellt. In einem abschließenden Teilkapitel folgt dann eine Skizze des konkreten Analysedesigns und der Datenauswertung (Kap. 4.5).

4.1 Zielsetzung und Fragestellung der Arbeit

Dieser Arbeit liegen zwei wesentliche Forschungsinteressen zugrunde: Erstens möchte ich die Zusammenhänge zwischen gesellschaftlicher Transformation – vor dem Hintergrund globaler multipler Krisen – und dem Bildungskonzept des Globalen Lernens explorativ erforschen. Zweitens gilt mein Forschungsinteresse den Perspektiven und dem praktischen Umgang außerschulischer Bildungsakteur*innen des Globalen Lernens mit bestehenden globalen gesellschaftlichen Herausforderungen und Transformationsprozessen.

Ausgehend von den drei im folgenden beschriebenen Forschungsdesideraten führe ich anschließend in die Forschungsfragen der Arbeit ein.

Desiderat 1: Bildungskontexte aus hegemonietheoretischer Transformationsperspektive

Zahlreiche sozialwissenschaftliche Auseinandersetzungen um Fragen sozialökologischer Transformation bedienen sich hegemonietheoretischer Perspektiven, durch die spezifische gesellschaftliche Macht- und Herrschaftsverhältnisse thematisiert werden. Das Verhältnis von Staat, Gesellschaft und Subjekten ist dabei eine wichtige konzeptionelle Grundlage für die Analyse von gesellschaftlichen Transformationsprozessen und den damit einhergehenden Macht- und Herrschaftsinteressen. Ausgehend von diesen Analysen wird Transformation als ein umkämpfter Prozess sichtbar, mit dem Fragen der Subjektivierung und Möglichkeiten kollektiver Handlungsfähigkeit verbunden sind. Die Auseinandersetzung mit Bildungskontexten findet in diesen hegemonietheoretischen Analysen jedoch kaum statt. In welcher Weise die politisch umkämpfe Frage, wie wir als Gesellschaft leben wollen, auch in Bildungskontexten ausgetragen wird, findet entsprechend wenig Beachtung in sozialwissenschaftlichen Debatten um (sozial-ökologische) Transformation (Kap. 2).

Desiderat 2: Bildungspraxen des Globalen Lernens und hegemoniale Verhältnisse

Formelle und non-formale Bildung, und hier insbesondere Konzepte wie Globales Lernen, werden für gesellschaftliche Transformationsprozesse im Allgemeinen und im Umgang mit globalen Krisen im Besonderen oft als Lösung und Antwort adressiert. Transformationsdebatten knüpfen dabei unter anderem an den seit Jahrzehnten bestehenden Diskurs um Nachhaltige Entwicklung an. Zu den wichtigen Beschlüssen, an die zahlreiche Initiativen der föderalen Bildungsstruktur in Deutschland anknüpf(t)en, gehören die Agenda 21, die Weiterentwicklung der Agenda 21 in Form der MDGs und die 17 SDGs. Bildungsformate, die Themen der globalen Gerechtigkeit, Nachhaltigkeit, Menschenrechte etablieren und generell gesellschaftspolitische Krisen als *epochaltypische Schlüsselprobleme* und Lernaufgaben vermitteln, werden als Beitrag zur als notwendig erachteten (sozial-ökologischen) Transformation verstanden. Sowohl bei der Anrufung von Globalem Lernen durch Politik als auch bei den von Bildungsakteur*innen selbst formulierten Ansprüchen, einen Beitrag zur (sozial-ökologischen) Transformation zu leisten, wird jedoch wenig reflektiert, dass das Konzept des Globalen Lernens selbst Teil des Politischen und mit Auseinandersetzungen um gesellschaftliche Hegemonie verwoben ist. Genauso, wie sich Bildung im Spannungsfeld von Anpassung und Widerstand bewegt, kann Globales Lernen als ursächlich für, aber auch potentiell als ein Instrument des Kampfes gegen Marginalisierung, Diskriminierung und Ausbeutung im Kontext hegemonialer Verhältnisse begriffen werden. Es fehlen bislang Untersuchungen, die Bildungspraxen des Globalen Lernens – auch über die Analyse von Bildungsmaterialien hinaus – hinsichtlich ihrer hegemoniestabilisierenden Rolle befragen (Kap. 3).

Desiderat 3: Globales Lernen und Verständnisse transformativer Praxis

Ausgehend von den soeben skizzierten Forschungsdesideraten wird eine dritte Leerstelle des Forschungsstands zum Globalen Lernen sichtbar. Der Ansatz transformativer Bildung wurde unter anderem auch aufgrund der Agenda 2030 sichtbarer. Sie trägt den Titel „Transformation unserer Welt: Die Agenda 2030 für nachhaltige Entwicklung". Diese ‚Transformationsagenda' bildet einen Referenzrahmen für internationale Zusammenarbeit und nationale Nachhaltigkeitspolitik. Der gesamte Bildungsbereich soll auf das Leitbild einer nachhaltigen Entwicklung ausgerichtet werden. In den Arbeitsfeldern des Globalen Lernens besteht der Anspruch, zur zukunftsfähigen Gestaltung von (Welt-)Gesellschaft beizutragen. Zugleich soll Bildung mit der Agenda 2030 generell als transformative Bildung begriffen werden (Seitz 2017: 161 f.). Der Anspruch einer transformativen Bildungspraxis steht zugleich im Zusammenhang mit einer zunehmenden Kritik an BNE und Globalem Lernen. Im Zusammenhang mit dem Bedeutungszuwachs von Globalem Lernen und BNE wird die BNE-Dekade als *business as usual* kritisiert. Begründet wird die Kritik dadurch, dass neoliberale Diskurse zu wenig hinterfragt, entwicklungskritische Perspektiven zu wenig gefördert oder auch der Schutz von Natur aufgrund ihres Eigenwertes kaum vertreten wurde (Kopnina/Meijers 2012). Mit der zunehmenden Institutionalisierung verschwinden tendenziell die radikal-kritischen Elemente aus der Debatte und es werden zunehmend neoliberale Nachhaltigkeits- und Bildungsverständnisse adaptiert. Damit in Verbindung steht die Kritik, dass zu wenig danach gefragt wird, wie Bildung nicht-nachhaltige Alltagsideologien reproduziert. Der postulierte transformative Anspruch im Kontext des Globalen Lernens geht nicht mit Auseinandersetzungen und Analysen der Programme und Bildungspraxen – durch die Akteur*innen selbst sowie durch Forschung – einher. Verschiedene relevante Ebenen – wie bspw. Programme, Politiken, Ressourcen, Orte und Zugänge – und damit einhergehende Herausforderungen und Fragestellungen bezüglich einer transformativen Bildungspraxis werden kaum thematisiert. Die Analyse von hegemonialen Herausforderungen, Hürden, Grenzen, Vorstellungen und auch Möglichkeiten für Bildungspraxen des Globalen Lernens und (globale sozial-ökologische) Transformationsprozesse finden kaum Erwähnung in der bisherigen Forschungsliteratur.

In dieser Arbeit geht es mir darum, bisherige Auslassungen in der Beforschung und Praxis von Globalem Lernen sichtbar zu machen und damit Perspektiven auf die Rolle von Globalem Lernen im Kontext (sozial-ökologischer) Transformation aufzuzeigen. Aus den Forschungsdesideraten leite ich die folgenden Fragestellungen ab:

Erste Fragestellung: Welche Transformationsverständnisse prägen die Bildungspraxen des Globalen Lernens?

Empirische Untersuchungen zum Feld des Globalen Lernens liegen bisher kaum vor. Zwar gibt es einige Forschungsarbeiten zur Wirkungsforschung und den Lerneffekten dieses pädagogischen Konzepts, eine tieferreichende empirische Analyse, die sich den der Praxis zugrundeliegenden (theoretischen) Konzepten und gesellschaftspolitischen Vorstellungen widmet, existiert bislang nicht. Indem ich mich dem Feld des Globalen Lernens über Bildungsakteur*innen nähere, möchte ich mich einerseits Praxisperspektiven zuwenden. Durch diesen Zugang können die Umsetzung von Konzepten und Programmen des Globalen Lernens analysiert und Wissen über die vielfältigen Aspekte der zugehörigen Bildungspraxen generiert werden. Andererseits möchte ich durch Interviews die Vorstellungen von Bildungsakteur*innen zum Verhältnis von Bildung und gesellschaftlicher Transformation freilegen, die eben diesen Praxen zugrunde liegen. Im Fokus stehen dabei unterschiedliche Transformationsvorstellungen, die anhand verschiedener Aspekte der Bildungspraxen herausgearbeitet werden. Das vorliegende Untersuchungssample wird dafür systematisch strukturiert und das Spektrum von Transformationsvorstellungen und -verständnissen dargestellt.

Zweite Fragestellung: Welche Rolle spielen institutionalisierte Spannungsverhältnisse für Bildungsakteur*innen des Globalen Lernens im Kontext transformativer Bildungspraxen?

Zudem möchte die Arbeit der Frage nachgehen, welchen gesellschaftlichen und institutionalisierten Spannungsfeldern Bildungspraktiker*innen im Kontext ihrer Arbeit Bedeutung zuweisen und inwiefern diese – je nach Transformationsverständnis unterschiedlich – die Praxen des Globalen Lernens beeinflussen. Inwiefern besteht ein Bewusstsein für widersprüchliche gesellschaftliche Anforderungen und Bedingungen und (wie) werden diese im Kontext der Bildungspraxen des Globalen Lernens bearbeitet? Dabei geht es darum, auch implizite Vorstellungen von der Verfasstheit von Gesellschaft sichtbar zu machen und zu analysieren. Von Interesse diesbezüglich ist, ob sich Bildungsakteur*innen des Globalen Lernens selbst als Teil hegemonialer Strukturen und der Kämpfe darum wahrnehmen und wie sie mit institutionalisierten Spannungsverhältnissen umgehen. Mein Interesse gilt hier also der Frage, inwiefern die eigene Involviertheit in gesellschaftliche Ordnung(en) – und damit immer auch deren Reproduktion – von Bildungsakteur*innen reflektiert wird und in welcher Weise sich diese Reflexion auf Bildungspraxen auswirkt. Die entsprechenden Wissens- und Handlungsstrukturen, Einstellungen und Prinzipien werden strukturiert analysiert und in Zusammenhang mit Transformationsverständnissen der Bildungsakteur*innen dargestellt.

Weiterführender Anspruch: Einen Beitrag zu Suchprozessen einer kritisch-emanzipatorischen politischen Bildung mit globalen Bezügen im Kontext der (Mit-)Gestaltung umkämpfter gesellschaftlicher Transformationsprozesse zu leisten

Mit dieser Arbeit verfolge ich zudem den Anspruch, einen Beitrag zur Reflexion und Weiterentwicklung von Konzepten und Praxen eines kritisch-emanzipatorischen Globalen Lernens zu leisten. Durch die Analysen im Rahmen dieser Arbeit geraten Kontexte in den Blick, die über Bildungsformate aktiv an gesellschaftlichen Transformationsprozessen mitwirken. Durch die vorliegende Arbeit soll somit der Zusammenhang zwischen gesellschaftlicher Transformation und dem Bildungskonzept sowie Bildungspraxen des Globalen Lernens hinsichtlich verschiedener relevanter Ebenen und damit einhergehende Herausforderungen und Fragestellungen – bezüglich einer transformativen Bildungspraxis – thematisiert und zusammengedacht werden. Durch die Bearbeitung der beschriebenen Fragestellungen können differenziertere Perspektiven auf die Rolle Globalen Lernens im Kontext (sozial-ökologischer) Transformation entstehen.

Das Erkenntnisinteresse dieser Arbeit bezieht sich auf offene und geschlossene, wahrgenommene und verdeckte, postulierte und nicht-postulierte Möglichkeitsräume von gesellschaftlichen Transformationsprozessen durch Bildungsakteur*innen des Globalen Lernens und die Rolle, die darin den Bildungspraxen des Globalen Lernens zugeschrieben wird.

Gerahmt wird mein Forschungsinteresse von der Frage, wie hegemoniale Verhältnisse durch Bildungsarrangements abgesichert, reproduziert und transformiert werden (können) und wie mit diesem Wissen Impulse und Ansatzpunkte für emanzipatorische, globale, gesamtgesellschaftliche Transformationsprozesse generiert werden können und Globales Lernen im Sinne einer kritischen politischen Bildung verstanden werden kann und sollte.

4.2 Annahmen und Prinzipien qualitativer Sozialforschung

Um Lücken in den einzelnen Forschungsdisziplinen aufzudecken, sie für diese Studie leitend werden zu lassen und die Ergebnisse fachgerecht einordnen zu können, ist das Vorgehen in dieser Arbeit theoriegeleitet. Der Forschungsansatz, der dieser Arbeit zugrunde liegt, ist ein explorativer und damit qualitativer Ansatz. Von Bedeutung ist dabei, dass qualitative bzw. rekonstruktive Forschungsverfahren keine objektiven Datenquellen produzieren. Realität wird nicht abbildhaft dargestellt, sondern zeigt sich bezüglich der Ebenen der Repräsentanz (Wirklichkeitsdimension) und der Performanz (Darstellungsfunktion) immer in verschiedenen Versionen. Damit verbunden ist die Frage nach dem Sinn der dargestellten Wirklichkeit für die befragte Person. „Die konstruktivistische Grundannahme der Versionshaftigkeit von Wirklichkeit bedeutet aber nicht [...], dass die Realitätsdarstellung in qualitativen Interviews subjektivistisch, willkürlich und zufällig ist [...]" (Kruse 2014: 40). Für die konkrete Arbeitspraxis rekonstruktiver Sozialforschung ergeben sich aus diesem Ansatz Verfahrensgrundlagen und eine gewisse Regelgeleitetheit (Mayring 2010: 20f.), derer ich mich in der vorliegenden empirischen Untersuchung bedient habe.

Erstens lässt sich das Erkenntnisprinzip des Verstehens/Fremdverstehens nennen. Wirklichkeit ist Sache ihrer Auslegung, daher basieren rekonstruktive Verfahren immer auf dem interpretativen Paradigma. Das *zweite* Prinzip der Offenheit bezieht sich auf den Forschungsgegenstand und die Forschungsmethode (Datenerhebung und Datenauswertung). Das theoretische Hintergrundwissen der Forscherin soll so lange wie möglich zurückgehalten werden bzw. reflexiv kontrolliert werden. *Drittens* soll nach dem Prinzip der Gegenstandsangemessenheit die Auswahl der Methode orientiert am Gegenstand erfolgen und nicht umgekehrt. Mit dem Prinzip der Kommunikation wird *viertens* die Interviewforschung als vielschichtiger interaktiver Prozess komplexer Kommunikation reflektiert (Kruse 2014: 40ff.). Und *fünftens* wird mit dem Prinzip der Prozesshaftigkeit die Involviertheit der Forscherin als konstitutiver Bestandteil des Forschungsprozesses und somit auch des Ergebnisses verstanden.[64]

4.3 Forschungsgegenstand: Transformationsverständnisse im Globalen Lernen

Das Hauptinteresse dieser Arbeit gilt der Rekonstruktion von impliziten und expliziten Transformationsverständnissen, die die Bildungspraxen des Globalen Lernens prägen. Diese verdeutlichen sich unter anderem im Sprechen über eigene Tätigkeiten und in den (Alltags-)Praxen von Bildungsakteur*innen.

---

64 Eine umfassende und detaillierte Auseinandersetzung mit Prinzipien qualitativer Sozialforschung ist u.a. bei Mayring (2010), Lamnek (2010), Gläser und Laudel (2010) oder Kruse (2014) zu finden.

Der konkrete methodische Zugriff findet durch leitfadengestützte Interviews mit Bildungsakteur*innen des Globalen Lernens statt, durch welche subjektive Einschätzungen, Schwerpunktsetzungen, Haltungen und Praxen artikuliert und eingefangen werden. Bevor ich im Weiteren genauer auf die Auswahl des empirischen Materials sowie das Analysedesign meiner Arbeit eingehe, möchte ich zunächst noch mein Verhältnis als Forscherin zum Forschungsgegenstand darstellen und transparent machen.

4.3.1 Forschungsrealitäten: Engagierte und involvierte Wissenschaft – zugrundeliegendes Selbstverständnis

Die in der vorliegenden Arbeit bearbeiteten Fragen werden vor dem Hintergrund der aktuellen und sich zuspitzenden gesellschaftlichen Herausforderungen und multiplen Krisen bearbeitet. Diese Arbeit soll nicht nur wissenschaftliche Erkenntnisse über Transformationsverständnisse von Bildungsakteur*innen des Globalen Lernens hervorbringen. Vielmehr verfolge ich damit auch die Absicht, einen Beitrag zur Weiterentwicklung von kritisch-emanzipatorischen Bildungspraxen und -verständnissen des Globalen Lernens zu leisten sowie Impulse für das politisch-strategische Nachdenken und Handeln im Kontext sozial-ökologischer Transformation zu geben.

Als Verfasserin der vorliegenden Arbeit verstehe ich meine Forschung als Teil kritischer Wissenschaft, die selbst Teil von den erforschten Kontexten und Zusammenhängen ist und der ein emanzipatorisches Erkenntnisinteresse zugrunde liegt. Es geht entsprechend um die Erforschung von Möglichkeiten emanzipatorischer gesellschaftlicher Transformationsprozesse und um die Frage, welchen Beitrag Konzepte und Praxen des Globalen Lernens dabei leisten können und sollen.

Die möglichen Perspektiven auf gesellschaftliche Realitäten werden durch die Entscheidung, wie Realität gesehen wird, immer implizit eingeschränkt, bzw. werden stets auch Perspektiven ausgeschlossen. Die Validität von Perspektiven auf soziale Phänomene kann entsprechend nicht daran gemessen werden, wie *wahrheitsgemäß* Realität abgebildet wird (Vey 2015). Das Streben nach einer als transzendental verstandenen Wahrheit kann nicht die Aufgabe von Wissenschaft sein. Denn Wahrheiten sind immer nur „positioned truths" (Abu-Lughod 2005: 468). Zugleich ist Wissenschaft und damit auch die Tätigkeit der Wissensproduktion Ergebnis von Machverhältnissen und -kämpfen, die sich in einen bestimmten Wahrheitshorizont einweben (Vey et al. 2019: 28). Jede wissenschaftliche Arbeit basiert auf einem politischen Wahrheitshorizont. Vorab werden methodologische, methodische, (wissenschafts-)theoretische und politische Entscheidungen und Schwerpunktsetzungen getroffen, die in verschiedene Wahrheitshorizonte eingebunden sind und daher nicht unpolitisch und unparteiisch sind (Vey 2015: 15 f.). Die Bedeutung einer Fragestellung oder eines Problems als Ausgangspunkt wissenschaftlichen Arbeitens entsteht nach dieser Annahme aus dem Blick der Forscherin auf gesellschaftliche Wirklichkeit. Nicht Objektivität, sondern Plausibilität ist demnach Maßstab für wissenschaftliche Erklärungen.

„Aus solch einem Verständnis von Wissenschaft und Wahrheit, dass die Möglichkeit feststehender, objektiver und universaler Wahrheiten negiert, resultiert die Notwendigkeit, diese Positionen kenntlich zu machen, aus der die wissenschaftliche Praxis heraus tätig wird." (ebd.: 16)

Das Verhältnis zwischen Forscherin und Forschungsgegenstand ist immer ein spezifisches und zugleich findet immer ein Sich-in-Beziehung-setzen mit dem Forschungsgenstand statt. In zahlreichen wissenschaftlichen Auseinandersetzungen wird sichtbar, dass die Verbindung von Wissenschaft und politischem Aktivismus beide Seiten bereichern kann und nicht zwingend problematisch ist (Abu-Lughod 2005; The Autonomous Geographies Collective 2010). Das Autonomous Geographies Collective begreift die Praxis von scholar activists als eine, mit der die Trennung von Politik und Wissenschaft aufgehoben wird. Es geht als Forscherin entsprechend nicht nur darum, sich mit politischen Fragen auseinanderzusetzen, sondern auch darum, die eigene Tätigkeit als politisch zu begreifen:

„What unites past and present generations of scholar activists is their desire to bring together their academic work with their political ideals to further social change and work directly with marginal groups or those in struggle. This work goes beyond simply trying to understand the politics of our research and argues that our work is political."
(The Autonomous Geographies Collective 2010: 246)

Dieses auch der vorliegenden Arbeit zugrundeliegende Wissenschaftsverständnis führt entsprechend dazu, dass ich an dieser Stelle kurz den spezifischen Entstehungskontext der folgenden Analyse und meine Beziehung zum Forschungsgegenstand darlege.

Meine Beziehung zum Forschungsgegenstand ist dadurch geprägt, dass mir die Kontexte der Forschungsfragen vertraut sind und ich selbst auf eine Art Teil der untersuchten Kontexte bin. Als selbstständige und angestellte Bildungsreferentin war ich viele Jahre im Bereich des Globalen Lernens tätig. Zudem fühle ich mich sehr verbunden mit Akteur*innen, die sich durch Bildungsarbeit für emanzipatorische Transformationsprozesse engagieren. Als Teil eines selbstorganisierten Kollektivs bin ich zudem seit einigen Jahren mit Praxen und Diskursen sozial-ökologischer Transformation verbunden. Im Rahmen meines wissenschaftlichen und politischen Engagements orientiere ich mich an dem Leitbild einer gerechten und solidarischen Gesellschaft, das sich an den Zielen der Demokratisierung und Gleichheit ausrichtet und dabei insbesondere auf den Abbau struktureller Ungleichheiten fokussiert. Mein eigenes politisches Engagement in diesem Bereich und die damit verbundenen spezifischen und umfangreichen Kenntnisse des untersuchten Feldes – sowohl im Bereich von Bildungspraxen als auch in bewegungsnahen Transformationskontexten – ermöglichte mir tiefergehende Einsichten und führte entsprechend auch zu Überlegungen und Konkretisierungen meines Forschungsvorhabens. Meine Rolle als Wissenschaftlerin ist somit tief verwoben mit den Rollen der Aktivistin und Bildnerin im Kontext sozial-ökologischer Transformationsprozesse. Der herrschaftskritische Anspruch, der mit dieser Arbeit verfolgt wird, geht entsprechend mit der Intention einher, „Strukturwissen emanzipativen Handelns" (Brand 2005: 24 ff.) zu produzieren und damit zur Reflexionsfähigkeit und strategischen, kollektiven Handlungs- und Transformationsfähigkeit im Kontext von Bildungspraxen des Globalen Lernens beizutragen.

Meine wissenschaftliche Tätigkeit, die Entstehung meines Dissertationsprojekts und die Perspektive, mit der ich auf gesellschaftliche Macht- und Herrschaftsverhältnisse blicke, ist zugleich durch meine Sozialisation und hegemoniale Gesellschaftsstrukturen geprägt. Mit dieser Arbeit wird nur ein bestimmter Ausschnitt sozialer Realität erfasst, der durch mich und meine Perspektiven geprägt ist.

4.3.2 Sample-Auswahl

Für die empirische Auseinandersetzung mit und die Erforschung von Globalem Lernen unter dem Gesichtspunkt der dieser Arbeit zugrundeliegenden Fragestellungen wurden elf leitfadengestützte Interviews mit Vertreter*innen von Vereinen und Organisationen geführt, die Angebote des Globales Lernen konzipieren und mit unterschiedlichen Zielgruppen durchführen. Einen umfassenden Überblick über die Trägerlandschaft des Globalen Lernens habe ich durch mein eigenes Agieren innerhalb dieser Kontexte erhalten können. Neben meiner eigenen Arbeit als Bildnerin sind hier insbesondere die Teilnahme an Kongressen (Mit Bildung die Welt verändern? 2016; WeltWeitWissen-Kongress 2018), die Teilnahme und Mitorganisation von Konferenzen (BildungMachtZukunft 2019; Zukunft für alle 2020) und die Besuche von Netzwerkveranstaltungen (bspw. BNE-Netzwerk-Nordhessen) hervorzuheben. Entstanden ist ein breites Netzwerk mit vielen Kontakten zu Praxisakteur*innen aus dem Kontext des Globalen Lernens.

Der Zugang und eine gewisse Vertrautheit mit der Landschaft des Globalen Lernens hat die Kontaktaufnahme zu potentiellen Interviewpartner*innen vereinfacht. Da Globales Lernen von diversen Akteur*innen angeboten wird, die jeweils auch mit unterschiedlichen Zielgruppen arbeiten, ist ein Merkmal der befragten Interviewpartner*innen, dass auch Angebote für Schulen bestehen und Schüler*innen und Lehrer*innen Zielgruppen der Organisationen und Vereine darstellen.

Ein weiterer Aspekt, der bei der Anfrage und Auswahl der Interviewpartner*innen berücksichtigt wurde, ist die Größe der Vereine und Organisationen und die Dauer ihres Bestehens. Das Sample bildet demnach ein Spektrum von fest etablierten Organisationen bis hin zu relativ jungen und neu gegründeten Vereinen ab. Auch die Heterogenität der Organisationsgröße, hier hinsichtlich der Anzahl an hauptamtlichen Mitarbeiter*innen, wurde berücksichtigt und spiegelt sich in der Zusammenstellung des Samples wider.

Das Sample setzt sich aus Vereinen und Organisationen zusammen, die primär Bildungsarbeit im Kontext des Globalen Lernens anbieten und dabei auf entwicklungspolitische Inlandsarbeit in Deutschland fokussieren, jedoch sowohl in ihrer spezifischen Region als auch bundesweit Bildungsangebote durchführen. Bildungsarbeit stellt bei einigen Vereinen und Organisationen das primäre Handlungsfeld dar, bei anderen Akteur*innen ist Bildungsarbeit eine von mehreren – politischen und zivilgesellschaftlichen – Tätigkeiten.

4.3.3 Beschreibung des Untersuchungssamples

Zur Übersicht habe ich die elf vorliegenden Transkripte anhand von Buchstaben gekennzeichnet, die auch in der empirischen Auswertung verwendet werden.

Die im Folgenden beschriebenen Informationen zu den Vereinen und Organisationen der Interviewpartner*innen dienen der Einordnung der einzelnen Fälle des Untersuchungssamples in der anschließenden Auswertung. Die Beschreibungen orientieren sich an den Homepages der Vereine und Organisationen und/oder an von den Akteur*innen veröffentlichten Texten. Unter Berücksichtigung einer weitestgehenden Anonymisierung werden die Selbstbeschreibung der Akteur*innen bewusst übernommen, weil hier bereits inhaltliche, politische und organisatorische Unterschiede sichtbar werden können. Interviewt wurde jeweils eine Person aus den beschriebenen Netzwerken, Vereinen bzw. Organisationen.

A

Das Netzwerk A hat sich 2002 gegründet und besteht aus sechs verschiedenen Partner*innen, die in der entwicklungspolitischen Bildungsarbeit tätig sind. Die Bildungsangebote des Netzwerks sind ausgerichtet auf die Themen Nachhaltigkeit/ökologische Landwirtschaft, Artenvielfalt/Regenwald, Fairer Handel und Konsum und Lebensstil. Die Grundlage des Bildungsangebots bildet das Konzept des Globalen Lernens bzw. der Ansatz BNE unter Einbezug des Orientierungsrahmens für den Lernbereich Globale Entwicklung und aktuelle Lehr- und Bildungspläne. In der Durchführung der Bildungsangebote werden unterschiedliche außerschulische Lernorte (hier: Tropengewächshaus, Weltladen und Völkerkundemuseum) genutzt. Die einbezogenen Lernorte bestehen schon länger als das Netzwerk selbst, hier wurden bereits zuvor eigene Bildungsangebote im entwicklungspolitischen Kontext konzipiert und durchgeführt.

Gefördert wird die Bildungsinitiative von Engagement Global im Auftrag des Bundesministeriums für wirtschaftliche Zusammenarbeit und Entwicklung sowie aus Mitteln des Kirchlichen Entwicklungsdienstes durch Brot für die Welt – Evangelischer Entwicklungsdienst.

B

Der Verein B ist seit 2008 als gemeinnütziger Verein eingetragen und wurde von Studierenden gegründet. Der Verein setzt sich aus ethnologischer Perspektive für nachhaltige Entwicklung und Globales Lernen ein. In der Bildungs- und Projektarbeit werden Impulse aus der Bildungspraxis mit Erkenntnissen aus der Wissenschaft – insbesondere der Ethnologie, der Geografie, den Sozial- und Erziehungswissenschaften und konstruktivistischen Erkenntnis- und Lerntheorien – kombiniert. Die Bildungsarbeit des Vereins wird durch verschiedene politische und gesellschaftliche Diskurse beeinflusst, vor allem durch Menschenrechtsarbeit, Globales Lernen, Transformative Bildung, Lernen für sozial-ökologische Transformation, Entwicklungspolitik und Umweltbildung. Die Themen der Bildungsangebote sind breit gefächert und bearbeiten unter anderem Afrikabilder, Entwicklungstheorie, Eurozentrismus und Post-/Neo-/Kolonialismus, Eurozentrismus und (Post-)Kolonialismus in der Wissenschaft, globale Zusammenhänge in der internationalen Zusammenarbeit, ethnozentrische Tendenzen in der Entwicklungszusammenarbeit, Migration und Entwicklung, Rassismus und Diskriminierung, Tourismus und nachhaltige Entwicklung und transformative Bildung/Lernen für die sozial-ökologische Transformation.

Die Bildungsarbeit des Vereins wird durch Spenden und verschiedene Förderprogramme des Bundesministeriums für wirtschaftliche Zusammenarbeit und Entwicklung, Engagement Global und Fördermittel von Stiftungen finanziert. Neben hauptamtlichen Mitarbeiter*innen bindet der Verein auch das Engagement von Vereinsmitgliedern in die praktische Bildungsarbeit ein.

C

Der Verein C besteht seit 2014 und ist ein interkultureller Treffpunkt und Lernort für globale Zusammenhänge. Neben eigenen Bildungsangeboten unterstützt der Trägerverein über 40 Mitgliedsorganisationen, bündelt deren Interessen und setzt sich dafür ein, dass die Region ihrer Verantwortung für globale Gerechtigkeit, Armutsüberwindung, nachhaltige Entwicklung und ein friedliches Zusammenleben der Kulturen nachkommt. Die Bildungsangebote orientieren sich am Konzept des Globalen Lernens und werden unter anderem von Engagement Global gefördert.

D

Das Netzwerk D ist als entwicklungspolitisches Landesnetzwerk tätig und wurde 2005 als Nachfolger des entwicklungspolitischen Runden Tisches gegründet. Es besteht aus mehr als 40 Mitgliedern, die sich im Rahmen der Eine-Welt-Arbeit engagieren. Mit Bildungs- und Informationsprojekten – ausgerichtet an Entwicklungspolitik und am Konzept des Globalen Lernens – setzt sich das Netzwerk für globale nachhaltige Entwicklung ein. Dabei bestehen Angebote zu Themen wie Umwelt, Menschenrechte, Frieden oder nachhaltige Entwicklung, die fächerübergreifend in Schulen sowie in außerschulischen Kontexten behandelt werden.

Die Arbeit des Netzwerks wird über Spenden, Mitgliedsbeiträge und verschiedene Förderprogramme des Bundesministeriums für wirtschaftliche Zusammenarbeit und Entwicklung und Engagement Global sowie durch Mittel des Bundeslandes und verschiedene Stiftungen gefördert.

E

Das Eine-Welt-Promotor*innen-Programm setzt sich bundesweit für globale Gerechtigkeit und nachhaltige Entwicklung ein. Promotor*innen beraten und vernetzen zivilgesellschaftliche Organisationen und Initiativen in ganz Deutschland. Sie stärken das Wissen und die Kompetenzen im Hinblick auf ökologische und soziale Zukunftsfähigkeit, fördern politische Partizipation und zivilgesellschaftliches Engagement. Getragen wird das Programm von der Arbeitsgemeinschaft der Eine-Welt-Landesnetzwerke in Deutschland und der Stiftung Nord-Süd-Brücken. Die Fachpromotor*innen arbeiten zu spezifischen Themen und sind an Trägervereine angegliedert. Die interviewte Person ist Fachpromotor*in für Globales Lernen und bietet bedarfsorientierte Informationen und Fortbildungen für Bildungseinrichtungen, Lehrkräfte, andere Multiplikator*innen und Interessierte an. Die Fachpromotor*in ist an einen Weltladen angegliedert. Die Promotor*innen-Stelle besteht seit 2012.

Das Programm wird durch Engagement Global im Auftrag des Bundesministeriums für wirtschaftliche Zusammenarbeit und Entwicklung gefördert.

F

Seit 2011 besteht der unabhängige, gemeinnützige Verein F, der sich für eine sozial-ökologische Transformation der Wirtschaft einsetzt. Mit seiner Bildungsarbeit möchte der Verein mehr Interesse von Jugendlichen und jungen Erwachsenen an wirtschaftlichen Themen wecken. Der Verein möchte Menschen darin unterstützen, gemeinsam Antworten auf drängende gesellschaftliche Fragen zu finden. In Bildungsveranstaltungen geht es um die Reflexion und Diskussion des Wirtschaftssystems, um Ursachen sozialer Ungleichheit und der ökologischen Krise sowie das Kennenlernen erprobter Alternativen für sozial-ökologisches Wirtschaften. Die Bildungsangebote zielen darauf ab, Menschen in ihrer Selbstwirksamkeit, Achtsamkeit und Solidarität zu bestärken. Sozial-ökologische Transformation wird dabei als Ziel, zugleich aber als offener Prozess verstanden, in dem es keine einfachen Antworten auf komplexe Probleme gibt.

Der Verein ist basisdemokratisch organisiert und versucht Finanzen an Bedarfen auszurichten und gemeinsam zu entscheiden, wie vorhandene Gelder eingesetzt werden. In der Arbeitsorganisation setzt sich der Verein aktiv mit Diskriminierung auseinander und versucht dieser auch in den eigenen Strukturen entgegenzuwirken. Die Finanzierung des Vereins ist an zwei Grundsätzen ausgerichtet: Der Verein arbeitet nicht gewinnorientiert und verweigert sich einer Finanzierung von Projekten durch Unternehmen oder Organisationen, die für unökologische, undemokratische oder unsoziale Produktionsmethoden stehen.

G

Der Verein G entstand 1980 als Zusammenschluss von sog. Dritte-Welt-Gruppen, die sich schon in den 1970er Jahren entwicklungspolitisch engagiert hatten. Neben Kultur-, Öffentlichkeits- und Lobbyarbeit engagiert sich der Verein mit Bildungsarbeit für globale soziale Gerechtigkeit und eine zukunftsfähige Entwicklung. Der Verein trägt die Gemeinnützigkeit, führt das DZI-Spendensiegel und ist Unterzeichner der Selbstverpflichtung der Initiative Transparente Zivilgesellschaft. Der Verein stellt als regionales Zentrum mit bundesweiter Ausstrahlung eine feste Größe in der entwicklungspolitischen Landschaft in Deutschland dar.

Die Unterstützung von Lernprozessen, die auf weltverantwortliches Leben abzielen, stellt eine wesentliche Aufgabe des Vereins dar. Die Bildungsarbeit orientiert sich an konzeptionellen Überlegungen des Globalen Lernens. Da ein einheitliches, klar definiertes Verständnis von Globalem Lernen nicht besteht, wird die Vermittlung folgender Kompetenzen als Ziel beschrieben: Fähigkeit zur Empathie und dazu, die Welt aus der Perspektive anderer betrachten zu können, interkulturelle Fähigkeiten, Fähigkeit zum Umgang mit Widersprüchlichkeiten, Fähigkeit zum Umgang mit komplexen Systemen, die einfache lineare Lösungen nicht zulassen, Fähigkeiten zum Umgang mit schnell alterndem Wissen und mit Nicht-Wissen.

Der Verein gehört zu den Trägerorganisationen des Eine-Welt-Promotor*innen-Programms. Die Finanzierung des Vereins und dessen Bildungsarbeit erfolgt über unterschiedliche Förderprogramme sowie Stiftungsgelder und Spenden.

H

Die gemeinnützige Unternehmergesellschaft H bietet seit 1996 Bildungsangebote mit dem Ziel an, das Verständnis von Gerechtigkeit, Frieden und nachhaltiger Entwicklung zu fördern. Lehrkräfte und Schüler*innen sollen ermutigt werden, die eigenen Wertesysteme, die eigene Geschichte, Kultur und den eigenen Lifestyle selbstkritisch in den Blick zu nehmen und für eine globale Nachhaltigkeit aktiv zu werden. Mit Globalem Lernen möchte die Gesellschaft Räume schaffen, in denen globale Verflechtungen und Machtstrukturen analysiert werden können. Es sollen Lernprozesse initiiert werden, die dazu beitragen, vermeintlich allgemein gültige und selbstverständlich scheinende Sichtweisen anders zu denken und zu „entlernen".

Seit ihrem Bestehen hat sich die Gesellschaft in ihrem Bundesland zu einem der wichtigsten Anbieter im Bereich BNE und Globales Lernen entwickelt. Sie wurde fünfmal als offizielles Projekt der UN-Dekade Bildung trifft Entwicklung ausgezeichnet.

Die Förderung der Tätigkeiten geschieht durch Engagement Global, Brot für die Welt, den Kirchlichen Entwicklungsdienst der Nordkirche, die Schulbehörde des Bundeslandes und andere Stiftungen.

I

Der Verein I wurde 1992 gegründet und ist ein Zentrum für Globales Lernen. Der gemeinnützige Verein macht Bildungsarbeit und -angebote für Lehrkräfte, Schüler*innen und Multiplikator*innen zu vielfältigen Themen des Globalen Lernens. Die Bildungsarbeit ist an sozialer Gerechtigkeit, Menschenrechten und der Zukunftsfähigkeit der Welt ausgerichtet. Die Bildungsarbeit soll dazu beitragen, gegenwärtige globale Zusammenhänge erkennbar zu machen und in diesem Rahmen die eigene Rolle und Verantwortung zu reflektieren. Ziel des Vereins ist es zudem, Globales Lernen systematisch im Bildungssystem zu verankern.

Der Verein verfügt über eine spezialisierte Mediathek, über die pädagogisch-didaktische Materialien und Informationen zu diversen Themen des Globalen Lernen recherchiert und ausgeliehen werden können. Die in der Mediathek erhältlichen Materialien werden anhand von Qualitätsmerkmalen zusammengestellt, die Machtgefälle und Diskriminierung kritisch thematisieren.

Der Verein wird institutionell durch Landesmittel der Landesstelle für Entwicklungszusammenarbeit gefördert.

J

Der 1991 gegründete Verband J setzt sich für Themen, Inhalte und Politik globaler Gerechtigkeit ein. Der Verband bildet einen Zusammenschluss von über 100 Eine-Welt-Initiativen und versteht sich als Sprachrohr für Menschen, die sich für globale Gerechtigkeit engagieren. Neben dem Ziel der Vernetzung und des Austausches von Initiativen ist im Verband seit 2011 eine Fachstelle Globales Lernen eingerichtet. Die Fachstelle ist Teil des Eine-Welt-Promotor*innen-Programms der Arbeitsgemeinschaft der Eine-Welt-Landesnetzwerke in Deutschland e.V. Ziel der Fachstelle ist es, Wissen zum Globalen Lernen zu vermitteln, in den Bereichen Migration und Entwicklung zu beraten, zivilgesellschaftliches Engagement zu fördern und zu vernetzen und schließlich dadurch die öffentliche Wahrnehmung von Eine-Welt-Themen zu stärken.

Gefördert wird die Arbeit der Fachstelle aus Mitteln des Bundesministeriums für wirtschaftliche Zusammenarbeit und Entwicklung, Landesmitteln und Stiftungsgeldern.

K
Mit dem Ziel einer demokratischen Kontrolle der Finanzmärkte wurde im Jahr 2000 das Netzwerk K gegründet. Das Netzwerk setzt sich aus Mitgliedsorganisationen und Einzelpersonen zusammen, ist Teil einer europaweit aktiven, globalisierungskritischen NGO und versteht sich als Teil einer aktionsorientierten „Bildungsbewegung". Über Vorträge, Publikationen, Podiumsdiskussionen, Pressearbeit, Infomaterial, Bildungsmaterial und Akademien sollen Zusammenhänge der Globalisierungsthematik einer breiten Öffentlichkeit zugänglich gemacht werden. Die Arbeit wird von einem wissenschaftlichen Beirat begleitet. Das Engagement im Bildungsbereich zielt vor allem darauf ab, Informationen zu relevanten gesellschaftlichen Themen – insbesondere zu den Auswirkungen von Globalisierungsprozessen – didaktisch aufzubereiten und anderen zur Verfügung zu stellen. Im Fokus der Bildungsarbeit steht zudem, jene Positionen sichtbarer zu machen, die die gemeinsame Vision einer solidarischen und sozial gerechten Gesellschaft teilen. Die Stärkung politischer und sozialer Teilhabe und die Befähigung von Menschen, Themen der Globalisierung erfassen und einordnen zu können, ist erklärtes Ziel dieser Ansätze emanzipatorisch-politischer Bildung.

Die Finanzierung der Bildungsarbeit erfolgt weitestgehend über Spenden, Mitgliedsbeiträge und Engagement.

4.4 Datenerhebung

In der vorliegenden Arbeit habe ich mich dem Untersuchungsgegenstand – *den Transformationsverständnissen, die den Praxen des Globalen Lernens zugrunde liegen* – explorativ angenähert. Hinsichtlich des methodischen Zugangs zum Untersuchungsgegenstand und der Datenerhebung sind explorative Studien wenig normiert. Die in den vorangestellten Kapiteln erarbeiteten Theoriebezüge beeinflussen den qualitativen Forschungsprozess. In den folgenden Abschnitten wird deshalb erläutert, wie durch Verfahren der Datenerhebung (Kap. 4.4.1; Kap. 4.4.2) und -auswertung (Kap. 4.5) eine Offenheit für neue, aus dem Material gewonnene Erkenntnisse bewahrt und theoriegenerierend weiterverarbeitet werden kann.

4.4.1 Theoriegenerierende Expert*inneninterviews

Expert*inneninterviews stellen eine anwendungsfeldbezogene Variante von leitfadengestützten Interviews dar. Das Spezifische an diesem Erhebungsinstrument ist die Zielgruppe.⁶⁵ Expert*innen stehen als Repräsentant*innen im Rahmen eines informationsorientierten Ansatzes für die Handlungsweisen, Sichtweisen und Wissenssysteme eines fachlichen Feldes mit entsprechenden organisatorischen und institutionellen Zusammenhängen (Gläser/Laudel 2004). Dabei ist zu beachten, dass methodisch-methodologisch zwischen mindestens drei unterschiedlichen Expert*inneninterview-Formen unterschieden wird. Alexander Bogner und Wolfgang Menz unterscheiden zwischen explorativen, systematisierenden und theoriegenerierenden Expert*inneninterviews (Bogner/Menz 2005: 36 ff.). Die Auswahl des theoriegenerierenden Expert*inneninterviews als Zugang zur Erhebung meines empirischen Materials lässt sich wie folgt begründen: Durch theoriegenerierende Expert*inneninterviews werden nicht primär sachdienliche Informationen erhoben, vielmehr geht es darum, die Genese fachlicher Wissenssysteme in sozialkonstruktivistischer Perspektive aufzuarbeiten.

„Das theoriegenerierende Interview zielt im Wesentlichen auf die kommunikative Erschließung und analytische Rekonstruktion der ‚subjektiven Dimension' des Expertenwissens. Subjektive Handlungsorientierungen und implizite Entscheidungsmaximen der Experten aus einem fachlichen Funktionsbereich bezeichnen hier den Ausgangspunkt der Theoriebildung." (ebd.:38)

Theoriegenerierende Expert*inneninterviews zielen entsprechend auf implizites Wissen, auf Deutungsmuster und Handlungsroutinen ab, die eine zentrale Funktion für das Handeln als Expert*innen darstellen (ebd.). Für die Analyse von Transformationsverständnissen der Bildungsakteur*innen im Globalen Lernen spielt ein solches subjektives Deutungswissen, das dem Handeln der Bildungsakteur*innen zugrunde liegt, eine zentrale Rolle. Für das Forschungsvorhaben sind die grundsätzlichen (politischen) Annahmen, die anvisierten Ziele, die Begründungen der Inhalte und didaktisch-methodischen Zugänge, aber auch Einschätzungen hinsichtlich der strukturellen Handlungs- und Rahmenbedingungen des Globalen Lernens von besonderem Interesse. Subjektive Handlungsorientierungen sowie explizite und implizite Handlungsmaximen sind relevant, auch um davon ausgehend theoretische Überlegungen

---

65 Im Zusammenhang mit der Konzeptualisierung von Expert*inneninterviews stellt sich die Frage, was ein*e Expert*in genau ist. Eine differenzierte Auseinandersetzung mit dem Konzept und Begriff der*des Expert*in ist bei Bogner und Menz in „Das theoriegenerierende Experteninterview. Erkenntnisse, Wissensformen, Interaktion" zu finden (Bogner/Menz 2005).

zu generieren. Es geht dabei nicht (nur) um die individuellen Einstellungen der Bildungsakteur*innen, sondern um Deutungsperspektiven, die in den Bildungspraxen wirkmächtig werden. Der Anspruch der vorliegenden empirischen Analyse ist es, theoriegenerierend in dem Sinne zu arbeiten, dass verschiedene Verständnisse und Vorstellungen zu Transformation im Kontext des Globalen Lernens systematisiert, voneinander unterschieden und miteinander verglichen werden.

4.4.2 Interviewdurchführung in der Praxis

Das Expert*inneninterview stellt eine geeignete Methode zur Erforschung der dieser Arbeit zugrundeliegende Fragestellungen dar, weil sich das Erkenntnisinteresse auf einen vorher benannten und nicht gänzlich offenen Themenkomplex richtet. Somit können Fragen aus den theoretischen Vorüberlegungen erschlossen und abgeleitet werden (Bogner/Menz 2005). Mit den Interviews wird das Ziel verfolgt, Perspektiven und Haltungen der Bildungsakteur*innen bezüglich gesellschaftlicher Transformation zu rekonstruieren. Die theoriegenerierenden Expert*inneninterviews gehen mit einem ausgearbeiteten Leitfaden einher, mit dem die Bildungspraxen und das Tätigkeitsfeld der interviewten Bildungsakteur*innen thematisiert werden. Bei allen interviewten Expert*innen wird der gleiche Leitfaden verwendet. Dadurch wird die Vergleichbarkeit der Äußerungen gewährleistet, die im Hinblick auf den theoriebildenden Ansatz von Bedeutung ist. Mit der Strukturierung von Expert*inneninterviews mithilfe eines ausgearbeiteten Leitfadens geht immer auch die Gefahr einher, dass bestimmte Vorannahmen des*r Forschers*in das Gespräch lenken und die Datengenerierung beeinflussen. Relevanzsysteme der Expert*innen könnten entsprechend durch den strukturierten Gesprächsverlauf übergangen werden. Diesbezüglich gibt Jan Kruse zu bedenken, dass

„der Begriff ‚qualitative Interviewführung' ein irreführender Begriff [ist], denn es müsste angemessener lauten ‚qualitative Interviewgeführtwerdenführung'. Damit ist gemeint, dass in offen qualitativen Interviews so umfassend wie möglich gilt, den Relevanzsetzungen der Befragten zu folgen, sprich: nicht das Interview zu führen, sondern sich im Interview führen zu lassen." (2014: 212)

Die Rolle, die der Leitfaden im Interview einnimmt, und die Art und Weise seines Einsatzes hängen zugleich vom Forschungsgegenstand ab. Leitfaden-Interviews eignen sich, wenn

„einerseits subjektive Theorien und Formen des Alltagswissens zu rekonstruieren sind und so maximale Offenheit gewährleistet sein soll, und wenn andererseits von den Interviewenden Themen eingeführt werden sollen und so in den offenen Erzählraum strukturierend eingegriffen werden soll." (Helfferich 2011: 179)

Grundsätzlich scheint die Lenkung von Expert*inneninterviews durch einen strukturierten Leitfaden durch das Erkenntnisinteresse legitimiert. Die Strukturierung des Interviewleitfadens sollte sich nach Kruse jedoch an zwei Aspekten orientieren. Erstens sollte die Gestaltung des Interviewleitfadens eine flexible und dynamische Handhabung ermöglichen und darüber sowohl Strukturierung gewährleisten als auch Offenheit zulassen. Und zweitens sollten die gestellten Fragen keine schließende Wirkung haben und nicht im Modus des Abfragens oder Ausfragens operieren. Der Modus des Erfragens sollte vielmehr orientierend sein (Kruse 2014: 212f.).

Der in der vorliegenden Studie angewendete Leitfaden wurde anhand des S2PS2-Verfahrens nach Kruse entwickelt (ebd.: 230f.). Er wurde mit dem Ziel konzipiert, einen explorativen Zugang zu Verständnissen, Haltungen, Praxen und Tätigkeiten der Bildungsakteur*innen im Globalen Lernen zu generieren. Der Leitfaden enthält sieben inhaltliche Leitfragen, denen konkrete Nachfragen zugeordnet sind, und endet mit einer Abschlussfrage. Da die Abschnitte inhaltlich aufeinander aufbauen, wird die Reihenfolge der inhaltlichen Frageblöcke in den Durchführungen der Interviews eingehalten.

1. Der erste Abschnitt ist als offene Einstiegsfrage konzipiert, um eine niedrigschwellige Annäherung an den Tätigkeitsbereich der Bildungsakteur*innen im Globalen Lernen zu ermöglichen. Die Einstiegfrage nimmt die Funktion ein, subjektive Deutungen und Beschreibungen der Motivation und der Gründe für die Arbeit in diesem Kontext freizulegen.
2. Der zweite Abschnitt fokussiert die Ziele und Themen des Bildungskonzeptes Globales Lernen. Der Frageabschnitt möchte Daten generieren, die Einblicke in die Selbstverständnisse und Bildungspraxen der Bildungsakteur*innen ermöglichen. Neben der Begründung und Motivation bestimmter thematischer Schwerpunktsetzungen geht es auch um die den Bildungspraxen zugrundeliegenden Werte und politischen Positionen.
3. Im dritten Abschnitt des Leitfadens wird nach dem Zusammenhang zwischen dem Bildungskonzept Globales Lernen und gesellschaftlichen Transformationsprozessen gefragt. Es geht dabei einerseits darum, welche Rolle alternative Gesellschaftsmodelle in den Bildungspraxen spielen, und ande-

rerseits um die Bedeutung, die diesen Praxen für gesellschaftliche Veränderungsprozesse zugeschrieben werden.
4. Der anschließende vierte Fragekomplex nimmt die konkreten Bildungspraxen der Interviewpartner*innen in den Fokus. Dabei geht es um die spezifische Planung und Durchführung von Bildungsangeboten sowie um die Begründung und Auswahl von bestimmten Lernformaten. Zudem wird nach Indikatoren gefragt, an denen die Bildungsakteur*innen für sich eine Zufriedenheit mit ihrer Tätigkeit festmachen.
5. Im fünften Fragenkomplex stehen Zielgruppen im Mittelpunkt, die mit der Bildungsarbeit der Interviewpartner*innen erreicht werden sollen.
6. Im sechsten Fragekomplex wird nach der Bedeutung von Kooperation und Vernetzung für das Tätigkeitsfeld des Globalen Lernens gefragt. Der Fokus liegt dabei auf der Frage, mit welchen Akteur*innen Kooperation und Vernetzung stattfindet, wie diese zustande kommen und welche Praxen die Zusammenarbeit auszeichnen.
7. Im siebten und letzten inhaltlichen Abschnitt geht es darum, was das Bildungskonzept Globales Lernen von anderen Bildungskonzepten unterscheidet. Zudem wird nach Herausforderungen gefragt, die im Tätigkeitsfeld des Globalen Lernens bestehen, wie mit diesen umgegangen wird und wie weitere Entwicklungspotenziale des Ansatzes entfaltet werden können.

Abschließend hatten die Interviewpartner*innen die Möglichkeit, weitere Inhalte, Perspektiven und Aspekte zu teilen, die für ihr Tätigkeitsfeld von Bedeutung, bis zu diesem Zeitpunkt aber nicht zur Sprache gekommen sind.

4.5 Datenauswertung: Die inhaltlich strukturierende Inhaltsanalyse

Ausgehend von einigen allgemeinen Erläuterungen zum Vorgehen der qualitativen Inhaltsanalyse erfolgt in diesem Kapitel zunächst die transparente Darstellung der Datenauswertung (Kap. 4.5.1). Mit dieser verbunden ist die Begründung, warum das vorliegende Forschungsvorhaben mit der inhaltlich strukturierenden qualitativen Inhaltsanalyse nach Kuckartz (2012) durchgeführt wurde. Aus dieser Entscheidung ergeben sich forschungspraktische Konsequenzen, die ebenfalls dargestellt werden (Kap. 4.5.2). Des Weiteren wird der Prozess der Kategorienbildung (Kap. 4.5.3) und die Ergebnisdarstellung (Kap. 4.5.4) beschrieben, an der sich die inhaltliche Struktur des 5. Kapitels orientiert.

4.5.1 Die Kennzeichen der qualitativen Inhaltsanalyse

Verschiedene Verfahren der systematischen Textanalyse können anhand der qualitativen Inhaltsanalyse erfolgen. Regelgeleitet und nachvollziehbar können Texte auf eine Fragestellung hin interpretiert und ausgewertet werden. Die qualitative Inhaltsanalyse zeichnet sich durch eine interpretative Form der Auswertung aus. Für den Prozess der Interpretation, Klassifikation und Bewertung werden Codierungen vorgenommen. Dabei ist die Textanalyse auf menschliche Verstehens- und Interpretationsleistungen angewiesen (Kuckartz 2012: 39). Für die Auswertung von Expert*inneninterviews wird die qualitative Inhaltsanalyse empfohlen, weil diese eine systematische, regel- und theoriegeleitete Analyse fixierter Kommunikation ermöglicht. Für die Strukturierung und Analyse des erhoben Forschungsmaterials werden im Prozess der qualitativen Inhaltsanalyse Kategorien entwickelt, die induktiv und/oder deduktiv festgelegt werden (ebd.: 60). Anhand folgender sechs Punkte beschreibt Udo Kuckartz die qualitative Inhaltsanalyse:

„1. Zentralität der Kategorien für die Analyse, 2. Systematische Vorgehensweise mit klar festgelegtem Regelsystem für die einzelnen Schritte, 3. Klassifizierung und Kategorisierung des gesamten Materials, 4. Einsatz von Techniken der Kategorienbildung am Material, 5. Von der Hermeneutik inspirierte Reflexion über das Material und die interaktive Form seiner Entstehung, 6. Anerkennung von Gütekriterien, Anstreben der Übereinstimmung von Codierenden" (ebd.:39).

4.5.2 Inhaltlich strukturierende Inhaltsanalyse

Herangehensweise und Techniken der qualitativen Inhaltsanalyse werden in der Forschungsliteratur zu sozialwissenschaftlichen Methoden unterschiedlich beschrieben. Unterschiede bestehen hinsichtlich der systematischen Herangehensweise und der Zielsetzung. Das in dieser Arbeit angewendete Forschungsdesign bezieht sich auf die inhaltlich strukturierte qualitative Inhaltsanalyse nach Kuckartz (2012). Kuckartz lässt bei diesem Verfahren bewusst offen, ob die Kategorienbildung induktiv am Material oder deduktiv ausgehend von der Theorie erfolgt. Die genannten Zugänge sind ihm zufolge in reiner Form in Forschungsprojekten ohnehin selten zu finden (2012: 76f.). Diese Offenheit der Kategorienbildung geht mit einer Flexibilität einher, die mir angemessen und plausibel für meinen Forschungsgegenstand erscheint. Das Schema der inhaltsstrukturierenden qualitativen Inhaltsanalyse nach Kuckartz folgt sieben aufeinander aufbauenden Phasen: Der Prozess beginnt mit einer initiierenden

Textarbeit, es werden wichtige Textstellen markiert und Memos verfasst. Erste Gedanken werden festgehalten und Auffälligkeiten hervorgehoben (Phase 1). Anschließend werden für den Auswertungsprozess anhand der Forschungsfrage und orientiert am Interviewleitfaden thematische Hauptkategorien entwickelt (Phase 2). Das Codieren des gesamten empirischen Materials mit diesen Hauptkategorien erfolgt anhand eines festgelegten Regelwerkes (Phase 3). Dann werden alle mit den gleichen Hauptkategorien codierten Textstellen zusammengefügt (Phase 4). Schließlich werden am Material weitere Subkategorien erarbeitet (Phase 5). Das erweiterte, ausdifferenzierte Kategoriensystem dient dann der Durchführung eines zweiten Codierungsprozesses (Phase 6). Bei Bedarf kann dieser Prozess mehrere Male wiederholt werden, um auf weitere Differenzierungen zu stoßen. Abgeschlossen wird die inhaltlich strukturierende Inhaltsanalyse mit der kategorienbasierten Auswertung und der Ergebnisdarstellung (Phase 7) (ebd: 78).

4.5.3 Kategorienbildung

In der qualitativen Inhaltsanalyse, wie ich sie in dieser Studie anwende, stehen Kategorien im Mittelpunkt des Auswertungsverfahrens (Mayring 2010: 49f.). Das Kategoriensystem, das für die Analyse des empirischen Materials herangezogen wurde, ist durch deduktive – also aus der wissenschaftlich-theoretischen Literatur und Auseinandersetzung abgeleitete – und induktive – aus dem Material abgeleitete – Kategorien entstanden. Kuckartz (2012: 62) schreibt: „Eine deduktive Kategorienbildung schließt […] keineswegs aus, dass während der Analyse Veränderungen am Kategoriensystem (und an den Kategoriendefinitionen) stattfinden und damit von der strengen Einhaltung der Definition abgewichen wird." Entsprechend wurde das erhobene Material durch deduktiv abgeleitete Kategorien analysiert und versucht, die Äußerungen in ein vorgefertigtes Raster einzugliedern. Diversifiziert wurden die deduktiven Kategorien, die weitestgehend als Hauptkategorien konzipiert waren, durch Subkategorien, die induktiv aus dem empirischen Material gebildet wurden. Die induktiv hergeleiteten Subkategorien wurden mittels Codes und Memos erarbeitet, die bei der Bearbeitung der Texte entstanden. Berücksichtigt wurden bei der Ergänzung des Kategoriensystems durch induktiv gebildete Kategorien, die Schritte für induktive Kategorienbildung nach Mayring (2010: 83f.) und Kuckartz (2012: 63f.). Folgendes Kategoriensystem liegt der Analyse meines empirischen Materials zugrunde:

Hauptkategorie	Subkategorie
1 Tätigkeit im Globalen Lernen	a) Motivation b) Politische Aktivitäten c) Relevanz der eigenen Tätigkeit
2 Ziele und Ansprüche von Globalem Lernen	a) Gegenstand/Themenwahl/Themenkomplexe b) Einflussfaktoren, die sich auf Ziele auswirken c) Werte, politische Positionen/Ziele und Begründungen
3 Alternativen und Transformation	a) Auseinandersetzung mit alternativen Gesellschaftsmodellen/Handlungsentwürfen b) Erdenken von Zukünften c) Rolle von Widersprüchlichkeiten d) Benennung von Missständen/ Krisenzusammenhängen e) Rolle von Globalem Lernen für gesellschaftliche Veränderung
4 Planung und Durchführung	a) Pädagogische/didaktische Ziele b) Überlegungen bezüglich Konzeption c) Methodenwahl d) Lernformate/Lernzugänge/Lernverständnis e) Arbeitsorganisation f) Reflexion der eigenen Position g) Zufriedenheit mit Tätigkeit
5 Zielgruppen	a) Variationen in Bildungsformaten b) Interessen von Zielgruppen
6 Kooperation und Vernetzung	a) Akteure b) Chancen/Potentiale c) Austausch d) Herausforderungen
7 Rahmenbedingungen, unter denen Bildungspraxes des Globalen Lernens stattfinden	a) Besonderheiten/Ausganspunkt von Globalem Lernen b) Ideen für Weiterentwicklung c) Institutionalisierung d) Tätigkeitsrahmen/Spiel- und Handlungsräume e) Globales Lernen und Schule f) Ressourcen/Förderstrukturen g) Herausforderungen

Abbildung 2: Haupt- und Subkategorien der empirischen Analyse

Für die Codierung des empirischen Materials habe ich das Computer-Analyseprogramm MaxQDA verwendet.

4.5.4 Erläuterungen zur Ergebnisdarstellung

Die Erstellung des ausdifferenzierten Kategoriensystems, anhand dessen ich das empirische Material codiert habe, erwies sich als zielführende Strukturierung des Materials. Im Laufe des Forschungsprozesses habe ich mich für eine Ergebnisdarstellung der Analyse von Zusammenhängen der Hauptkategorien entschieden (Kuckartz 2012: 95). Anschließend habe ich großflächigere Zusammenhänge rekonstruiert, die dann zur Strukturierung der Ergebnisdarstellung geführt haben. In der Arbeit ging es mir vor allem darum, verschiedene Tendenzen von Transformationsverständnissen von Bildungsakteur*innen des Globalen Lernens herauszuarbeiten. Im Prozess der Analyse wurde dabei deutlich, dass durch eine Unterscheidung zwischen dem Fokus auf das Bildungskonzept des Globalen Lernens und den strukturellen Handlungs- und Rahmenbedingungen des Globalen Lernens verschiedene Transformationsebenen und damit verbundene Perspektiven und Verständnisse sowie Spannungsfelder gut abgebildet werden können. Die Darstellung der Ergebnisse habe ich in zwei rahmende Kapitel unterteilt. Sie beginnt mit dem ersten Teil, *Transformationsverständnisse im Feld des Globalen Lernens* (Kap. 5.1), und wird durch einen zweiten Teil der *Strukturellen Rahmenbedingungen der Bildungspraxen des Globalen Lernens* ergänzt (Kap. 5.2). Die beiden Teilkapitel folgen einer spezifischen Struktur, die darin besteht, dass die aus den Subkategorien gebildeten Unterkapitel aus drei Teilen bestehen: Teil I widmet sich einer dichten inhaltlichen Beschreibung und Interpretation der Ergebnisse, Teil II versucht eine Rückbindung und Einbettung der Ergebnisse an hegemonietheoretisch inspirierte Überlegungen und Spannungsfelder, Teil III setzt die Ergebnisse und theoretischen Zusammenhänge in Beziehung zu Transformationsverständnissen, die aus dem Material abgeleitet werden können. Dieser Dreischritt der Ergebnisdarstellung ermöglicht eine strukturierte und umfassende Zusammenfassung von zentralen Resultaten der empirischen Analyse. Zudem wird die Verbindung zu den Überlegungen hergestellt, die im theoretischen Teil der Arbeit herausgearbeitet werden und zentral für eine hegemonietheoretische Perspektive auf Transformation sind. Darüber hinaus werden durch diese Form der Ergebnisdarstellung unterschiedliche Ebenen sichtbar, auf denen Transformationsvorstellungen handlungsleitend wirken.

5 Globales Lernen (in) der Transformation – Ergebnisse der empirischen Analyse

„*Es kommt nicht so sehr darauf an, daß wir global denken, sondern welche globale Sichtweise wir entwickeln.*" *(Wintersteiner 1999: 232)*

Im folgenden Kapitel werden die Ergebnisse der empirischen Analyse dargestellt. Den Bezugsrahmen für die Darstellung der empirischen Ergebnisse bildet ein hegemonietheoretischer Ansatz. In Kapitel 3.1 habe ich bereits die theoretischen Bezüge, die eine Verschränkung von Hegemonie, Subjektivierung und Bildung verdeutlichen, ausgeführt. Mit einer hegemonietheoretischen Analyse wird das Bildungskonzept des Globalen Lernens und die Art und Weise, wie sich Akteur*innen in ihrer praktischen Arbeit dazu verhalten, als in Gesellschaft situiert verstanden.

Dem allgemeinen und verbreiteten Verständnis von Globalem Lernen zufolge liegt dem Bildungskonzept des Globalen Lernens ein transformativer Anspruch zugrunde. So konstatieren bspw. Scheunpflug und Schröck (2002: 16): „Globales Lernen ist dem Leitbild verpflichtet, unsere Welt gerechter, zukunftsfähiger und ökologischer zu gestalten und orientiert sich deshalb an gesellschaftlichen Herausforderungen und Problemlösungen." Der Anspruch und das Selbstverständnis von engagierten Bildungsakteur*innen im Arbeitsfeld des Globalen Lernens, Bildung eine Schlüsselrolle im Kontext gesellschaftlicher Transformation zuzuschreiben, kommt spätestens seit der Weltkonferenz für Umwelt und Entwicklung in Rio de Janeiro 1992 zunehmend zum Ausdruck (Seitz 2017: 161). Aus dem transformativen Anspruch, der mit dem Bildungskonzept des Globalen Lernens einhergeht, lassen sich jedoch noch keine Erkenntnisse über transformative Ansprüche in der Praxis ableiten. Zudem bleibt offen, wie die Umsetzung des transformativen Anspruchs in Bildungspraxen des Globalen Lernens gelingt und mit welchen Herausforderungen und Möglichkeiten dieser in Verbindung steht. So können transformative Ansprüche im Hinblick auf drei Ebenen differenziert werden: Globales Lernen als Bildungskonzept, indem transformative Ansprüche beschrieben und definiert werden, als Bildungspraxis, in der transformative Praxen Umsetzung findet, und als Bildungsprogramm, durch welches Rahmenbedingungen von transformativen Ansprüchen gesteckt werden.

Die folgende Darstellung der empirischen Analyse widmet sich – auch vor dem Hintergrund des hegemonietheoretischen Gesellschaftsverständnisses dieser Arbeit – Bildungspraxen des Globalen Lernens und der weiterführenden Frage, *welche* Transformationsverständnisse dem transformativen Anspruch zugrunde liegen. Welche Transformationsverständnisse lassen sich in Selbstverständnissen von Bildungsakteur*innen und deren Beschreibungen ihrer Bildungspraxen des Globalen Lernen finden? Die Analyse unterschiedlicher Transformationsverständnisse von außerschulischen Bildungsakteur*innen im Globalen Lernen, also die der Bildungspraxis zugrundeliegenden Vorstellungen von gesellschaftlichem Wandel, stehen im Mittelpunkt der empirischen Untersuchung. Die Bildungspraxen stehen in Verbindung mit dem Bildungskonzept des Globalen Lernens und institutionalisierten Bildungsprogrammen.

Die Ergebnisse der elf leitfadengestützten Interviews werden in diesem Kapitel dargestellt. Die unterschiedlichen Vorstellungen und Verständnisse von Transformation werden weitestgehend anhand des Kategoriensystems, mit dem das Material strukturiert analysiert und aufgearbeitet wurde, dargestellt (Kap. 4.5.3). In den herausgearbeiteten Schlüsselkategorien werden relevante Aspekte der Antworten der befragten Akteur*innen strukturiert und verortet. Anhand der genannten Aspekte habe ich wichtige Dimensionen im Hinblick auf die Forschungsfrage herausgearbeitet, also der politisch umkämpften Frage, wie wir als Gesellschaft leben wollen und auf welche Weise diese Frage von Bildungspraktiker*innen des Globalen Lernens verhandelt wird. Perspektiven und Vorstellungen bezüglich Transformation, die sich in der Betrachtung unterschiedlicher Kategorien ergeben, werden als Teilaspekte von Transformationsverständnissen herausgearbeitet. Transformationsverständnisse im Feld des Globalen Lernens setzen sich entsprechend aus verschiedenen Teilaspekten zusammen, die nicht immer schlüssig argumentativ aufeinander bezogen werden und sich sogar widersprechen können. Zum Teil ist dies der Komplexität von Transformationsverständnissen geschuldet, zum Teil werden Spannungsfelder und Herausforderungen einer Bildungspraxis sichtbar, die einen gesellschaftsverändernden Anspruch verfolgt (Kap. 3.2).

Die Ergebnisdarstellung der empirischen Analyse erfolgt in Form von zwei rahmenden Teilkapiteln, die sich auf spezifische Perspektiven beziehen und anhand derer Aspekte von Transformationsvorstellungen betrachtet werden. Durch die Darstellung der empirischen Ergebnisse in unterschiedlichen Teilkapiteln können jeweils einzelne Aspekte, Ebenen und Tendenzen von Transformationsvorstellungen im Kontext des Globalen Lernens eingefangen werden. Globales Lernen wird als in gesellschaftliche Strukturen und Logiken eingebettet greifbar und dadurch werden auch Spektren von unterschiedlichen Transformationsverständnissen sichtbar.

Im ersten Teilkapitel werden Transformationsvorstellungen der Interviewpartner*innen mit Bezug zum Globalem Lernen als didaktisches Konzept analysiert (Kap. 5.1). Im zweiten Teilkapitel stehen strukturelle Handlungs- und Rahmenbedingungen, die die Bildungspraxen des Globalen Lernens beeinflussen, im Fokus der Beschreibung und Analyse von Transformationsvorstellungen und -verständnissen (Kap. 5.2). Das Teilkapitel zu Transformationsverständnissen im Feld Globalen Lernens gliedert sich in fünf Unterkapitel: Globales Lernen und BNE als „Einstellungs- und Geschmacksfrage?" (Kap. 5.1.1), Inhaltsaspekte des Globalen Lernens (Kap. 5.1.2), Zielaspekte des Globalen Lernens (Kap. 5.1.3), Vermittlungsaspekte des Globalen Lernens (Kap. 5.1.4) und politisch-normative Orientierungen im Globalen Lernen (Kap. 5.1.5). Das Teilkapitel zu strukturellen Rahmenbedingungen der Bildungspraxen des Globalen Lernens wird in drei Unterkapiteln untergliedert – Förderlogiken und Ressourcen (Kap. 5.2.1), Arbeitsorganisation (Kap. 5.2.2) und Kooperation mit Schulen (Kap. 5.2.3). In den Unterkapiteln werden jeweils drei Aspekte des empirischen Materials deskriptiv dargestellt. Darauf folgt die allgemeine Einordnung unter „Was nehmen wir mit?" der herausgearbeiteten Ergebnisse aus den drei deskriptiv beschriebenen Aspekten in Bezug auf die in den Theoriekapiteln thematisierten theoretischen Annahmen und Überlegungen. In einem dritten Schritt findet eine Analyse und Einordnung der jeweiligen Schlüsselkategorien mit Bezug zur Forschungsfrage der Arbeit statt – also welche Transformationsverständnisse sichtbar werden.

Die allgemeine Schlussbetrachtung und Diskussion der dargestellten empirischen Ergebnisse sowie die Rückbindung an die Fragestellung dieses Dissertationsprojektes erfolgt in Kapitel 6.

5.1 Transformationsverständnisse im Feld des Globalen Lernens

[…] natürlich stellt sich da die Frage, „Welches Globale Lernen?", ne, also DAS Globale Lernen gibt es glaube ich nicht […] (J: 52)

Globales Lernen als Bildungskonzept wird im Folgenden aus unterschiedlichen Perspektiven analysiert. Eine für die Fragestellung dieser Arbeit relevante Perspektive ist die der Didaktik. Klaus Seitz thematisiert in „Bildung in der Weltgesellschaft" die oftmals fehlende didaktische Metatheorie, durch welche das Arbeitsfeld und die pädagogische Argumentation im Globalen Lernen (und BNE) gekennzeichnet sind. Die Beziehung zwischen intendierten Qualifikationen, gesellschaftlichen Anforderungen und individuellen Lernvoraussetzungen bleibt oft vage und darüber hinaus auch, wie proklamierte Lernziele legitimiert und hergeleitet werden. Dem „doppelte[n] Selbstverhältnis" (Seitz 2002a: 30) didaktischer Modelle zugleich Theorie und Lehre zu sein, geht damit einher, dass

„didaktische Theorie gleichermaßen als Reflexions- wie auch Planungstheorie verfassten Lehrens und Lernens in Erscheinung tritt. Jede Didaktik verweist ihrerseits auf eine Metatheorie, auf die Herleitung angemessener Verfahren und Methoden didaktischer Forschung, auf Kriterien für die Leistungsfähigkeit didaktischer Theorie, auf Prämissen über die relevanten Bestimmungsmomente und den Gegenstandsbereich didaktischer Konstruktion." (ebd.)

Durch die Analyse von Transformationsverständnissen der Interviewpartner*innen, die die Bildungspraxis des Globalen Lernens implizit und explizit prägen, möchte ich dieses „doppelte Selbstverständnis" in den Blick nehmen. Welche theoretischen und praktischen Überlegungen gesellschaftlicher Transformation scheinen in didaktischen Aspekten des Globalen Lernens auf? Eine Annäherung daran findet über Perspektiven von Praxisakteur*innen des Globalen Lernens statt. Geäußert werden unterschiedliche Annahmen, Ansichten und Vorstellungen dazu, was das Bildungskonzept und die Bildungspraxen Globalen Lernens auszeichnet. Die Struktur des folgenden Kapitels orientiert sich an vier elementaren Bestimmungsfaktoren, um deren Präzisierung didaktische Theorie im Allgemeinen bemüht ist (ebd.: 38): Inhaltsaspekte Globalen Lernens, Zielaspekte Globalen Lernens, Vermittlungsaspekte Globalen Lernens sowie Werte und politische Positionen im Globalen Lernen. Da die Bildungspraxen des Globalen Lernens eine Ähnlichkeit zum Konzept der BNE aufweisen, findet vor der eigentlichen Darstellung und Analyse didaktischer Aspekte des Globalen Lernens noch eine Beschreibung und Analyse des Verhältnisses zwischen Globalem Lernen und BNE statt.

5.1.1 Globales Lernen und BNE – „als Einstellungs- und Geschmacksfrage"

Die historische Genese von Globalem Lernen zeigt, wie der Ansatz durch gesellschaftspolitische Debatten und Entwicklungen geprägt und bestimmt wurde/wird. Die Ausrichtung und Benennung von Bildungskonzepten steht dabei in Verbindung mit gesellschaftspolitischen Zeit- und Krisendiagnosen und politischen Interessen. In der Entwicklung Globalen Lernens und den Debatten um dieses Konzept (Kap. 3.2) spielt das Verhältnis zu BNE eine besondere Rolle, was auch von den Interviewpartner*innen thematisiert wird. Das folgende Teilkapitel ist daher an der Frage ausgerichtet, wie die Interviewpartner*innen mit den sehr ähnlichen Bildungskonzepten des Globalen Lernens und der BNE in ihrer Praxis umgehen. Den unterschiedlichen Umgang verdeutliche ich an Perspektiven auf das Verhältnis zwischen Globalem Lernen und BNE. Dieses wird bezüglich folgender Aspekte sichtbar: der Genese und der Definition von Globalem Lernen und BNE sowie dem Zusammenhang von gesellschaftlichen Debatten und institutionalisierten Förderprogrammen und damit verbundenen Finanzierungsmöglichkeiten von Bildungspraxen.

Globales Lernen und BNE sind relativ neue Bildungskonzepte, die erst um 1990 in die Debatte gekommen sind und deren genaue Definition und Abgrenzung auch innerhalb des Felds der Praxisakteure nicht abgeschlossen zu sein scheint:

[…] Naja, das Problem ist so, dass es doch immer ein bisschen Uneinigkeit gibt, was ist denn Bildung für nachhaltige Entwicklung, was ist denn Globales Lernen, Umweltbildung, Anti-Ra-, Demokratiebildung, politische Bildung, das ist relativ schwer aufzudröseln. Das kann sich jeder selber erarbeiten, aber das merkst du auch im Umgang mit unseren ganzen Freunden und Mitstreitern aus unterschiedlichen Institutionen, da gibt es selten so eine totale Übereinstimmung, sag ich mal. (D: 132)

Seit den 1970er Jahren etablieren sich die verschiedenen Handlungsfelder der entwicklungspolitischen Bildungsarbeit, der Menschenrechtsbildung, der Friedenspädagogik und der sog. Dritte-Welt-Pädagogik. Die darunter verhandelten Themen sind heute immer noch aktuell und lassen sich im Globalen Lernen und BNE wiederfinden (D: 46; A: 41; C: 50). Bildungskonzepte, die sich mit gesellschaftlichen Fragen, Krisen, Herausforderungen und *epochaltypischen Schlüsselproblemen* (Klafki 1985) auseinandersetzen, beziehen sich auf diese Referenzen und werden zugleich von Bildungsakteur*innen mit unterschiedlichen Inhalten gefüllt. Die Definitionen von Globalem Lernen, BNE und anderen Bildungsansätzen lassen immer einen Interpretationsspielraum zu, sodass Bildungsakteur*innen mit unterschiedlichen Schwerpunkten und inhaltlichen Ausrichtungen unter dem Label des gleichen Bildungskonzepts agieren. Die genaue Auslegung dieser – in einem bestimmten Rahmen – deutungsoffenen Bildungskonzepte zeigt sich häufig erst im Profil von Organisationen und Vereinen (J: 69). Ein*e Interviewpartner*in beschreibt diese Deutungsoffenheit als eine „Geschmacksfrage und Einstellungsfrage" (A: 146). Schnittstellen des Globalen Lernens zu anderen Bildungskonzepten – wie Friedenspädagogik, Menschenrechtsbildung, politischer Bildung und/oder Umweltbildung – ergeben sich durch Inhalte (Kap. 5.1.2), Zielsetzungen (Kap. 5.1.3), Vermittlungspraxen (Kap. 5.1.4) und politische Orientierungen (Kap. 5.1.5). Grundlegende Alleinstellungsmerkmale des Globalen Lernens zu definieren, die über den Fokus auf Globalisierung, den Globalen Süden und lokal-globale Verknüpfungen hinausgehen, fällt den interviewten Akteur*innen schwer (I:4; K: 14; F: 71; E: 128; B: 14; C: 92).

Es besteht ein enger Zusammenhang zwischen den Bildungskonzepten Globalen Lernens und BNE, der auch in der Analyse des empirischen Materials deutlich wird. Teilweise werden die Konzepte Globales Lernen und BNE synonym verwendet. Einigen Interviewpartner*innen ist hingegen bewusst, dass die Bildungskonzepte Globales Lernen und BNE unterschiedlich ausgelegt und genutzt werden (F: 64; H: 101; A: 146; J: 100; D: 143-144; B: 101; I: 105). Die unterschiedlichen Verwendungen und Bezugnahmen auf Globales Lernen und BNE, die von den Interviewpartner*innen artikuliert wurden, werden im Folgenden aufgeführt.

Die Überschneidung zwischen Globalem Lernen und BNE (Kap. 3.2.1) hat nicht automatisch zur Folge, dass Verbindungslinien zwischen sozialen und ökologischen Themen gezogen werden.

[...] dass es ein sehr ganzheitliches System ist, dass ich sehr, sehr viele Themenbereiche in diesem Globalen Lernen mit unterbringe ähm und dass es auch wichtig ist, dass es so gesehen wird. Ähm wir haben das Problem bei Bildung für nachhaltige Entwicklung, wie es ja oft jetzt auch gerade im politischen Diskurs besprochen wird, dass es ganz oft auf so Umweltthemen beschränkt wird, also dass wir so Umwelt, da kommt es ja auch ursprünglich her, und dann diese Öffnung auf die globalen Themen ähm oft zu kurz kommt [...] (C: 92)

Kritisiert wird, dass BNE oft vor allem auf Umweltthemen und Nachhaltigkeitsthemen bezogen wird, die kaum mit globalen und auch sozialen Dimensionen in Verbindung gebracht werden. Durch die oder auch trotz der vermeintlich synonyme(n) Verwendung von Globalem Lernen und BNE kommt die globale Perspektive – die aus der historischen Genese heraus eher einen Fokus des Globalen Lernens darstellt – oft zu kurz. Das Verhältnis von BNE und Globalem Lernen kann daher auch als konkurrierend betrachtet werden – kritisiert wird von einigen Interviewpartner*innen, dass Umweltthemen und globale (soziale) Themen gegeneinandergestellt werden, indem bspw. bestimmte Perspektiven als dringlicher definiert werden.

Also ich bin in dieser BNE-Szene und da gibt es wahrhaftigen Gott die Erfurter Kriterien, die sich mal ganz wichtig und bedeutende Menschen ausgedacht haben. Das sind glaube ich acht Kriterien, damit man Bildungslandschaften machen kann, damit man Leute ins Boot holen kann für Bildung für nachhaltige Entwicklung, die ja vieles genauso will und dann BIN ich da hin, hab ich gesagt: „Sag mal, seid ihr eigentlich WAHnsinnig, da steht ja überhaupt nix Globales" und dann haben die gesagt: „Das kommt später." [...] (A: 117)

Eine Erklärung für die unterschiedliche thematische Schwerpunktsetzung auf ökologische Fragen im Bereich der BNE und globale, soziale Fragen im Bereich des Globalen Lernens wird von einem Interviewpartner*innen auch in der Dominanz unterschiedlicher Disziplinen/Perspektiven in den Ansätzen gesehen. Ein naturwissenschaftlicher Schwerpunkt der Umweltbildung zeige sich demnach noch in der BNE, wobei im Globalen Lernen sozialwissenschaftliche Hintergründe vorherrschend seien (D: 143-144).

Die Beschreibung von Bildungskonzepten geht zudem einher mit gesellschaftspolitischen Debatten, Interessen und entsprechend auch mit der Verteilung von und dem Zugang zu Ressourcen (Kap. 5.2). Bestimmte Formulierungen in den Beschreibungen von Bildungspraxen eröffnen Zugänge zu Fördermitteln und stellen darüber hinaus neben inhaltlichen Ausrichtungen auch den Zugang zu einer materiellen Absicherung dar. In den letzten Jahrzehnten findet das Bildungskonzept BNE zunehmend Aufmerksamkeit – in Form von Förderprogrammen und dem Ziel, BNE in schulischen Strukturen zu verankern (Kap. 3.2.1.2). Diese politisch-institutionellen Entwicklungen (Landespolitik, Landesstrategien) verdeutlichen einen strategischen Moment, der mit der Benennung von Bildungspraxen einhergeht.

[...] wo findet der Diskurs statt. Der findet in [Bundesland] zum Beispiel echt auch unter BNE statt, dass heißt also (?) wir sind Teil des BNE-Daches [...], also es gibt eine Landesstrategie BNE, es gibt Schule der Zukunft, auch BNE, das Schulministerium ist auf BNE aus und so weiter. Also wir müssen uns sozusagen unter dieses Dach stellen. (G: 101)

BNE stellt zunehmend das bildungspolitische Programm dar, unter dem Bildungsakteur*innen ihre Auslegungen von BNE und Globalem Lernen umsetzen. BNE erfahre gemäß einigen Interviewpartner*innen größere Akzeptanz als die Betitelung Globales Lernen, auch wenn die gleichen Inhalte vermittelt werden (würden). Das Konzept BNE (klassisch Umwelt- und Nachhaltigkeitsthemen) wird von einigen Interviewpartner*innen genutzt, um Themen des Globalen Lernens (klassisch globale Gerechtigkeitsthemen) zu behandeln (G: 19). Bildungsakteur*innen des Globalen Lernens werden im Kontext dieser Entwicklung – hin zu einem Fokus auf BNE – in der Verantwortung gesehen, sich in bestehende Programme einzubringen, um diese thematisch zu erweitern (G: 103; A: 43; J: 26).

Neben der breiten, auch strategischen Nutzung der Bildungskonzepte BNE und Globales Lernen durch unterschiedliche Bildungsakteur*innen und den Bestrebungen, diese mit kritischen, emanzipatorischen Inhalten zu füllen, wird eine weitere Tendenz sichtbar. Die zunehmend etablierten und institutionalisierten Konzepte werden kritisiert, da mit der staatlichen Förderung von BNE und Globalem Lernen kritische Elemente und Debatten weniger sichtbar werden. Im Zuge dessen wird die Gefahr gesehen, dass eine Anpassung an hegemoniale Nachhaltigkeitsverständnisse stattfindet (F: 9; K: 43).

Zunehmend ist auch die Rede von transformativer Bildung und transformativem Lernen:

[…] und wenn, also was ja jetzt gerade angesagt ist, ist eben auch von „transformativer Bildung" zu […] quasi als eine Kritik an Globalem Lernen und BNE und dessen, was bisher unter anderem da halt auch passiert ist. Nämlich zu wenig grundlegendes Hinterfragen und Reflexionsfähigkeit stärken und ähm Handlungsmöglichkeiten jenseits von Konsummöglichkeiten aufzuzeigen so […] (F: 69)

Ein kleiner Teil der Interviewpartner*innen weist darauf hin, dass mit diesem Diskurs darauf reagiert wird, dass die Bildungskonzepte Globales Lernen und BNE immer konturloser werden und (macht-)kritische, gesellschaftsverändernde und politische Perspektiven nur (noch) einen Teil der Bildungspraxis darstellen, die unter dem Dach BNE oder Globalen Lernen zu finden sind (Kap. 3.2.5). Die Debatte um transformative Bildung geht mit einem kritisch-reflexiven Anspruch der eigenen Bildungspraxis und den damit verbundenen Zielen einher sowie der Beobachtung einer zunehmenden Einhegung und Indienstnahme von Globalem Lernen und BNE durch hegemoniale (Bildungs-)Strukturen. Dieser Tendenz soll mit dem Konzept der transformativen Bildung etwas entgegengesetzt werden (F: 69; B: 129-130). Zugleich wird in den Interviews deutlich, dass die Selbstverortung und Positionierung der Bildungsakteur*innen in und zu den Diskursen und Praktiken um BNE und Globales Lernen keine selbstverständliche Haltung darstellt.

5.1.1.1 Was nehmen wir mit?

Die Bildungskonzepte Globales Lernen und BNE sind in politische Kämpfe verstrickt, die Einfluss auf mit den Bildungskonzepten verbundene Deutungsmacht haben. Die zunehmende institutionelle Etablierung des Bildungskonzepts BNE wird als relevant auch für diejenigen Bildungspraxen beschrieben, die an sich unter dem Konzept Globales Lernen verortet werden. BNE wird von Bildungsakteur*innen des Globalen Lernens strategisch genutzt, um spezifische Inhalte des Globalen Lernens zu verbreiten. Das Sprechen über die Nähe der Bildungskonzepte des Globalen Lernens und BNE verdeutlicht auch, wie unterschiedlich sich die Interviewpartner*innen selbst als Teil der hegemonialen Ordnung um BNE und Globales Lernen wahrnehmen, verorten und Diskurse und Praktiken in Verbindung mit den Konzepten versuchen zu definieren. Diesbezüglich zeichnen sich drei Tendenzen unter den Interviewpartner*innen ab. Ein Teil bezieht sich positiv auf die Möglichkeiten, die durch eine zunehmende Etablierung von BNE auch für Bildungspraxen des Globalen Lernens entstehen. Der Fokus liegt dabei insbesondere auf Förderstrukturen – materielle Ressourcen, politische Legitimation und inhaltliche Nachfrage –, von denen auch Bildungsakteur*innen, die sich im Globalen Lernen verorten, profitieren können. Diese Tendenz kann als *pragmatisch-angepasst* bezeichnet werden. Eine zweite Tendenz zeigt sich durch Interviewpartner*innen, die die sich ergebenden Möglichkeiten durch den zunehmend etablierten BNE-Diskurs zwar ebenfalls sehen und nutzen. Zugleich verstehen sie ihre Rolle aber auch darin, BNE inhaltlich mitzugestalten, den Diskurs und die damit verbundenen Praxen also mitzubestimmen und zu füllen. Diese Tendenz bezeichne ich als *pragmatisch-intervenierend*. Eine dritte Tendenz wird bei Interviewpartner*innen sichtbar, die die zunehmenden Institutionalisierungsprozesse im Bereich BNE und Globales Lernen kritisch betrachten und die Gefahren benennen, die in einer zunehmenden Verwässerung und hegemonialen Aneignung der Konzepte liegen. Diese Interviewpartner*innen sehen ihre Rolle darin, durch die Diskussion des Konzepts Globales Lernen und zunehmend auch des Konzepts der transformativen Bildung kritische Bildungspraxen explizit sichtbar zu machen und auf Leerstellen im Konzept BNE – und im Zusammenhang mit transformativer Bildung auch im Globalem Lernen – hinzuweisen.[66] Diese Tendenz lässt sich als *kritisch-distanziert* beschreiben.

---

66 Deutlich wird jedoch, dass auch das Konzept der transformativen Bildung zunehmend von institutionalisierten Strukturen angeeignet und in diesem Zuge ebenfalls verwässert wird und Kontroversen bezüglich bestimmter Begriffe und Konzepte unsichtbar gemacht werden (Lingenfelder 2020; UN 2015).

Deutlich wird im Verhältnis zwischen BNE und Globalem Lernen und dem Umgang der Interviewpartner*innen mit diesen Konzepten, dass aus Sicht einiger Bildungsakteur*innen ein Spannungsverhältnis besteht. Dieses zeichnet sich dadurch aus, dass Bottom-Up-Prozesse und Initiativen aus zivilgesellschaftlichen Kontexten – durch welche Globales Lernen geprägt ist (Kap. 3.2.1) – durch staatliche Programme wie BNE zunehmend vereinnahmt werden und durch Top-Down-Prozesse entpolitisiert werden. Die Konflikthaftigkeit und Umkämpftheit der Bildungskonzepte wird entsprechend durch institutionalisierte politische Rahmenprogramme unsichtbar gemacht. Einige Interviewpartner*innen zeigen ein Bewusstsein für das genannte Spannungsverhältnis und nehmen sich selbst als Teil hegemonialer Strukturen und Prozesse wahr. In Anlehnung an die Frankfurter Erklärung werden Bildungspraxen als Teil herrschender Ordnung thematisiert und mit dem Ziel verbunden, hegemoniale Normsetzungen reflexiv und kritisch zu bearbeiten (Eis et al. 2015). Deutlich wird, dass Rahmenbedingungen von Globalem Lernen und BNE, die politischen Reglementierungen und Programmierungen unterliegen, keine herrschaftsfreien Räume sind, nicht zuletzt, da alle Interviewpartner*innen auf die materielle Infrastruktur angewiesen sind. Finanzielle Ressourcen stellen eine Basis für die Bildungsakteur*innen dar, um ihre Bildungsarbeit durchführen zu können und diese Abhängigkeit wirkt sich – wie später dargelegt werden wird – oft auf die inhaltliche Ausrichtung der Bildungspraxis aus (Kap. 5.2.1).

Transformationsvorstellungen: Ringen um Konzepte vs. unter akzeptierter Flagge segeln

Aus diesen einführenden Darstellungen zum Verhältnis von Globalem Lernen und BNE werden unterschiedliche Tendenzen von Transformationsverständnissen sichtbar. Ein *pragmatisch-angepasstes* Verhältnis zu BNE und Globalem Lernen geht mit einem Fokus auf die Verbreitung und Etablierung von Bildungsinhalten des Globalen Lernens einher, die von Seiten staatlicher Institutionen – bspw. in Form des Orientierungsrahmens für Globale Entwicklung – vorgeschlagen werden. Bildungsakteur*innen führen vorgegebene Programme aus und die Gestaltung der Programme selbst stellt keine Grundlage der Arbeit im Kontext von BNE und Globalem Lernen dar. Die zunehmende gesellschaftliche Akzeptanz und Verbreitung von BNE und Globalem Lernen wird nicht mit der Gefahr verbunden, dass Inhalte verwässert und entpolitisiert werden. Transformation findet demnach als langsamer, linearer Prozess der Sichtbarkeit, Verbreitung und Anerkennung von Bildungsinhalten und -zielen des Globalen Lernens und der BNE statt. Im *pragmatisch-intervenierenden* Verhältnis zu BNE und Globalem Lernen wird ein Transformationsverständnis deutlich, dass unterschiedliche gesellschaftliche Interessen, die darum ringen, Hegemonie zu erlangen oder die Bestehende abzusichern, erkennt. Globales Lernen und BNE werden entsprechend als Konzepte verstanden, deren programmatische und inhaltliche Ausrichtung stets in Aushandlungs- und Deutungsprozesse involviert ist. In diese Auseinandersetzung um die Ausgestaltung der Programme bringen sich Bildungsakteur*innen ein und machen verschiedene Verständnisse und Perspektiven sichtbar. Transformation wird als genuin mit der Aushandlung von Interessen verbunden verstanden. In Anlehnung an dieses Transformationsverständnis zeigt sich in einem *kritisch-distanzierten* Verhältnis zu BNE und Globalem Lernen, dass nicht nur gesellschaftliche Interessen berücksichtigt werden, sondern diese auch explizit mit gesellschaftlichen Macht- und Herrschaftsstrukturen zusammengebracht werden. Es findet ein grundlegendes Hinterfragen von gesellschaftlichen Strukturen statt, welches als notwendig für Transformationsprozesse erachtet wird. Auch Transformationsprozesse selbst sind von gesellschaftlichen Macht- und Herrschaftsstrukturen durchzogen und es gilt diese zu analysieren, zu kritisieren und Gegenmacht aufzubauen.

5.1.2 Inhaltsaspekte des Globalen Lernens

Welche Themen und Fragestellungen werden im Globalen Lernen bearbeitet? Unter Inhaltsaspekten wird in der Didaktik der Gegenstand, also das *„Was?"* des Bildungsprozesses gefasst – die Sachebene. Es besteht ein enger Zusammenhang zwischen Inhaltsaspekten und jenen fachwissenschaftlichen und gesellschaftstheoretischen Debatten, die in den Bezugsdisziplinen von Globalem Lernen geführt werden (Seitz 2002a: 38f.). In den Perspektiven der Interviewpartner*innen zeigt sich, dass Inhaltsfelder des Globalen Lernens sich an gesellschaftlichen Entwicklungen und Problemen ausrichten, die durch Globalisierungsprozesse bedingt sind (C: 90; G: 38). Häufig handelt es sich dabei um globale Missstände, die in einem systemischen Zusammenhang stehen – und keine neuen Phänomene sind. Dementsprechend haben bestimmte Themen – wie Menschenrechte, Ressourcenausbeutung, Fairer Handel – einen festen Platz im Globalen Lernen und werden immer wieder – je nach gegenwärtiger weltpolitischer Situation – unterschiedlich stark akzentuiert bearbeitet (J: 32). Auch wenn bezüglich der inhaltlichen Schwerpunkte Einigkeit bei allen interviewten Personen besteht, werden unterschiedliche Problemanalysen sichtbar und damit einhergehend auch verschiedene Perspektiven auf die Kritisier- und Veränderbarkeit von (Welt-)Gesellschaft.

Im Globalen Lernen werden in der Regel Missstände aufgegriffen, die in einem globalen Kontext betrachtet werden. Es rückt zunehmend die Frage in den Mittelpunkt, in welchen Zusammenhang globale Herausforderungen und Missstände im Globalen Süden mit gelebten Normalitäten im Globalen Norden stehen (I: 9; G: 18). Inhalte des Globalen Lernens verweisen daher auf Objekte der Transformation – auf Problembeschreibungen, die hegemonialen Deutungskämpfen unterliegen. Objekte der Transformation werden also zu Lerngegenständen des Globalen Lernens. Zudem stehen Inhalte des Globalen Lernens mit Subjekten der Transformation in Verbindung, also der Frage nach Akteur*innen, die mit den behandelten Themen verknüpft werden, wie auch der Ansprache der Lernenden als potenzielle Subjekte der Transformation durch die Behandlung spezifischer Inhalte.

Die Analyse der inhaltlichen Schwerpunkte im Globalen Lernen verknüpfe ich an dieser Stelle mit Perspektiven gesellschaftlicher Veränderung und mit Transformationsfragen. Verständnisse und Vorstellungen der Interviewpartner*innen von Subjekten und Objekten der Transformation (Kap. 2.2.3) werden in den Inhaltsaspekten, die in der Bildungspraxis thematisiert werden, sichtbar. Unter dem Dach des Globalen Lernens lassen sich diverse Inhaltsbereiche ansiedeln (E: 127), in denen zum Ausdruck kommt, welche Aspekte als Probleme und Herausforderungen definiert, worin die Ursachen gesehen und inwiefern gesellschaftliche Verhältnisse auch als kritisier- und veränderbar verstanden werden.

Die von den Interviewpartner*innen benannten Inhalte des Globalen Lernens clustere ich anhand dreier Bereiche, die oft in Verbindung miteinander stehen und inhaltliche Zugänge zu Themen verdeutlichen. Folgende drei Inhaltsbereiche strukturieren dieses Unterkapitel: 1. Art und Weise der Thematisierung von gesellschaftlichen Missständen 2. Auseinandersetzung mit Alternativen zu bestehenden gesellschaftlichen Verhältnissen und 3. Auseinandersetzung mit struktureller Diskriminierung und Ungleichheit.

5.1.2.1 Gesellschaftliche Missstände
Die inhaltliche Ausrichtung von Globalem Lernen an einer Problematisierung von Ist-Zuständen globaler gesellschaftlicher Verhältnisse wird von den Interviewpartner*innen mit einem Bezugsrahmen verknüpft, der an Werten und normativen Orientierungen ausgerichtet ist (Kap. 5.1.5) und teilweise mit gesellschaftstheoretischen Analysen begründet wird (F: 45). Durch diesen normativen Bezugsrahmen werden globale Missstände und Krisen definiert und zum inhaltlichen Gegenstand von Globalem Lernen. Die Differenz zwischen Ist- und Soll-Zustand ist Gegenstand der Problematisierung (I: 18).

Die Bandbreite der Inhalte, die in Bildungsangeboten thematisiert und problematisiert werden, ist enorm. Nachhaltigkeitsthemen spielen eine zentrale Rolle. Menschenrechtsthemen sowie Inhalte mit Bezug zu globalen Wirtschaftsstrukturen werden immer wieder benannt. Verbindungen zwischen verschiedenen Inhaltsfeldern werden von den Interviewpartner*innen und ihren Vereinen und Organisationen in unterschiedlicher Art hergestellt und konzipiert. Hegemoniale Verhältnisse werden in Frage gestellt. Inhalte Globalen Lernens werden dabei in Kooperation mit unterschiedlichen Akteur*innen – wie Aktivist*innen, sozialen Bewegungen, Initiativen vor Ort, NGOs, Vereinen – aufgegriffen, wodurch unterschiedliche Problemperspektiven und -analysen zustande kommen (K: 49; H: 28).

Problemanalysen basieren auf der expliziten oder impliziten Verwendung von Konzepten, anhand derer globale gesellschaftliche Verhältnisse analysiert werden. Explizit genannt wird von einer*m Interviewpartner*in das Konzept der *imperialen Lebens- und Produktionsweise* (Brand/Wissen 2017a), welches als Grundlage für die inhaltliche Ausrichtung der Bildungsarbeit dient. Mit der Verwendung dieses Konzepts gehe eine Problematisierung von Ist-Zuständen einher, die unterschiedliche Themen miteinander verknüpft und auf struktureller und systemischer Ebene ansetze (F: 45).

Die kritische Auseinandersetzung mit Ist-Zuständen ist bei einigen Interviewpartner*innen von größeren und abstrakteren Fragestellungen geleitet. Das weltweite Wirtschaftssystem sowie Fragen um Wirtschaftswachstum und damit in Zusammenhang stehende Folgen werden thematisiert (F: 14; I: 12; C: 29). Themen und Inhalte werden explizit mit der Funktionsweise und Logik von hegemonialen politischen Grundprinzipien und Grundproblemen in Verbindung gebracht, wie bspw. der Europäischen Union oder auch transnationalen Freihandelsabkommen. Das hegemoniale Prinzip des Freihandels wird dann als Fluchtgrund thematisiert und zugleich das Prinzip der globalen Bewegungsfreiheit angeführt, wodurch Perspektiven auf Migration entstehen können, die anderen Logiken der globalen gesellschaftlichen Organisation folgen und so durch die Problematisierung von Ist-Zuständen Perspektiven eröffnet werden, die wiederum Denk- und Handlungsoptionen aufzeigen (Kap. 5.1.3.3) (K: 33; 45).

Die inhaltliche Bearbeitung von Themen über das Problematisieren von Ist-Zuständen führt dazu, dass Verbindungen zwischen Themen deutlich werden und diese nur schwer als separate, abgeschlossene Aspekte behandelt werden können. Fragen von Stadtentwicklung und Wohnungsfragen werden im Zusammenhang mit Finanzmärkten thematisiert (K: 35). Im Kleinen, also beispielhaft an städtischem Raum, werden neoliberale Tendenzen der Stadtentwicklung aufgezeigt, die jedoch an vielen Orten der Welt zu sehen und zu erfahren seien, da sie ähnlichen Prinzipien folgen (H: 34). Der Blick auf andere Städte verdeutlicht hier nicht nur, dass im urbanen Raum ähnliche Herausforderungen existieren, sondern geht auch mit der Frage des Umgangs mit diesen einher.

Die Thematik Ernährung stellt ein großes Inhaltsfeld im Globalen Lernen dar und wird von einigen Interviewpartner*innen mit diversen inhaltlichen Bezügen bespielt. Bildungsangebote werden zu Themen rund um die Herstellung von alltäglichen Lebensmitteln angeboten, zu Konflikten um Land im Kontext von Lebensmittelproduktion (E: 53), zu Fragen von Artenvielfalt und Biodiversität und Wirkungen verschiedener Formen der Herstellung von Lebensmittel (A: 17) oder zu der Verbindung zwischen Klimathemen und Ernährung und Landwirtschaft (H: 37). Die Thematik der Ernährung und Landwirtschaft wird auch in Verbindung mit Arbeitsbedingungen bearbeitet (E: 52):

[…] Stichwort Arbeitsverhältnisse, ist die Frage „Wer pflückt eigentlich auf Europas Feldern Obst und Gemüse" ja oder wer reinigt Hotels so genau, wer pflegt (K: 38)

Das Thema Arbeitsverhältnisse ist nicht nur von Missständen im Bereich der Landwirtschaft und Ernährung geprägt, sondern hat eine Dimension struktureller Prekarisierung, die auch in anderen gesellschaftlichen Bereichen zu erkennen ist. Prekarisierung von Arbeitsverhältnissen im Kontext von Globalisierungsprozessen und globalen Liefer- und Produktionsketten sind inhaltlicher Gegenstand im Globalen Lernen (H: 34; K: 39). Der Zusammenhang zwischen prekären Arbeitsverhältnissen und Konsumgewohnheiten im Globalen Norden oder auch die ökologische Dimension wird thematisiert (K: 36). Nicht nur Arbeitsverhältnisse und ökologische Fragen hängen zusammen, sondern auch Fragen von Verteilung werden deutlich:

[…] von Verteilung von Ressourcen und ähm sehr stark sozusagen auch der Fokus auf „Wo kommen die, wo kommen unsere Rohstoffe her?" sozusagen, mit sehr stark einer Ausbeutungs- und einer Umweltzerstörungskomponente. Also gerade im Bereich der beruflichen Bildung werden sehr viel Planspiele entwickelt, wo es darum geht, was sozusagen in der Primärproduktion oder ja den Wertschöpfungsprozessen mit den Rohstoffen ähm oder was da vor Ort passiert. (I: 19)

Inhalte, die sich stark an Produkten und Konsum orientieren, werden mit Arbeitsbedingungen bspw. entlang von Textillieferketten in Verbindung gebracht (E: 52; B: 34; H: 26).

Die inhaltliche Ausrichtung an einer Problematisierung von Ist-Zuständen weist zugleich auf die Veränderbarkeit und Gestaltbarkeit des Ist-Zustands hin. Der inhaltliche Fokus, der sich an der Problematisierung von Ist-Zuständen orientiert, steht meist in Verbindung mit dem Aufzeigen von alternativen Lebens- und Produktionsbedingungen. Diese bilden einen weiteren Inhaltsaspekt von Globalem Lernen: Inhalte, die zur Auseinandersetzung mit Alternativen zum Bestehenden, zu hegemonialen Ist-Zuständen anregen und zu Projekten, die bislang nur in gesellschaftlichen Nischen praktiziert werden. Die Auseinandersetzung mit globalen Missständen wird entsprechend erweitert um eine Perspektive, die den Ist-Zustand und damit einhergehende Probleme und Krisen nicht als festgeschrieben thematisiert, sondern die Gestaltbarkeit von gesellschaftlichen Verhältnissen aufzeigt (H: 28).

5.1.2.2 Alternativen zu bestehenden gesellschaftlichen Verhältnissen

[…] meiner Meinung nach sind wir so an einem Paradigmenwechsel. Also bisher ist eben sehr viel „Was läuft nicht gut?" Das war so sicher der Fokus in den vergangenen Jahrzehnten. Jetzt sind wir mittlerweile dabei, Bildung für Nachhaltige Entwicklung im Sinne von „So geht es nicht weiter!". Dann ist aber auch die Frage, welche Transformation brauchen wir? Geht es noch, wenn wir grünes Wachstum haben und solche Sachen […] (G: 38)

Die Inhalte, die von den Interviewpartner*innen als Gegenstand ihrer Bildungspraxis genannt werden, stehen in engem Zusammenhang mit zivilgesellschaftlichen Akteur*innen, die in diversen Gesellschaftsbereichen ein „Weiter-sowie-bisher" kritisieren. Entsprechend liegt neben der Auseinandersetzung mit den Ist-Zuständen (und deren historischer Gewordenheit) eine thematische Beschäftigung mit Alternativen zum Bestehenden nahe.

Ähm, Kapitalismus funktioniert nicht ohne Wachstum […], wenn man sozusagen aus Nachhaltigkeitsaspekten ran geht, ist eine Alternative zwingend notwendig zu diskutieren. (I: 37)

Die Beschäftigung mit Alternativen findet in einem Spektrum zwischen abstrakt-theoretisch und konkret-beispielhaft statt. Ausgehend von Alternativen, die auf gesellschaftliche Transformationsprozesse verweisen und die als Inhalte im Globalen Lernen herangezogen werden, können unterschiedliche Vorstellungen der Interviewpartner*innen darüber herausgearbeitet werden, was von wem und für wen und aus welchen Gründen transformiert werden muss. Die Notwendigkeit einer Systemalternative, um nachhaltige Lebens- und Produktionsweisen umsetzen zu können, stellt bspw. keinen allgemeinen Bezugspunkt in meinem Sample dar. Die Perspektive des „so nicht" führt zu der Frage „wie anders" und geht mit einer Suchbewegung unterschiedlicher gesellschaftlicher Akteur*innen einher (J: 48).

Die Offenheit, die die inhaltliche Auseinandersetzung mit der Suche nach Alternativen mit sich bringt, führt dazu, dass sich je nach organisationalem Selbstverständnis unterschiedliche Schwerpunktsetzungen und Herangehensweisen zeigen.

[...] so klassische Beispiele sind, dass man irgendwie fair trägt, fair gehandelte Produkte kauft oder dass man versucht, ja zumindest nicht so oft bei H&M einzukaufen, weil das so schlecht ist oder Second-Hand Klamotten und so. (B: 55)

Das Aufzeigen von Alternativen geht oft mit Handlungsoptionen einher, die auf der individuellen Ebene des*der Einzelnen bleiben und auf eine konkrete und umsetzbare Dimension verweisen. Der Fokus liegt auf der Lebensweise, dabei stehen faire Produktionsweisen im Fokus, kapitalistische Wertschöpfungsketten und die damit verbundenen Probleme werden jedoch nicht hinterfragt. Fairer Handel wird von einigen Interviewpartner*innen als relevantes und etabliertes Thema ihrer Bildungsarbeit genannt (J: 28-29; G: 26; E: 49). Fairer Handel umfasst alternative Handlungsoptionen – bspw. als fairer Pausenverkauf auf dem Schulhof (C: 32-33) –, die meist die Ebene des individuellen Konsums adressieren. Der Themenkomplex Fairer Handel wird jedoch auch als Modell im Kontext von fairem und gerechtem Wirtschaften thematisiert und als Alternative aufgezeigt, um gegen Armut vorzugehen (I: 18). Dieser zweite inhaltliche Fokus auf Fairen Handel nimmt die Produktionsverhältnisse globalen Wirtschaftens und Handelns in den Blick. Die inhaltliche Arbeit mit alternativen Formen der Vergesellschaftung, die wie bspw. Buen Vivir aus dem Globalen Süden kommen, umfasst einen Perspektivwechsel. Es wird auf systemische Alternativen verwiesen und darauf, dass Alternativen nicht zwangsläufig erst entwickelt werden müssen, sondern teilweise schon praktiziert werden und/oder wurden, aber dann verdrängt werden/worden sind (F; K: 34; I; A: 34).

Subjekte der Transformation, die gesellschaftlichen Wandel anstreben und gestalten, werden in der Bildungsarbeit des Globalen Lernens über das Thematisieren von Alternativen sichtbar. Der Fokus einiger Interviewpartner*innen liegt dabei darauf, wie gesellschaftliche Strukturen politisch verändert werden (können) und die Bedeutung, die in diesem Prozess insbesondere gelebte Alternativen und sozialen Bewegungen einnehmen. Eine inhaltliche Auseinandersetzung mit diesen beiden stellt einen relevanten Aspekt von Bildungsarbeit dar. Gelebte Normalitäten, wie bspw. das Paradigma des Wirtschaftswachstums, Eigentums- und Besitzverhältnisse oder auch die Alternativlosigkeit des kapitalistischen Wirtschaftssystems können als solche erkannt und irritiert werden (K: 49; F: 10). Diese Form der inhaltlichen Auseinandersetzung ist orientiert an politischen Diskursen und Auseinandersetzungen, die konkret in Gesellschaft stattfinden. Es geht um das Ringen um Sichtbarkeit und Sichtbarmachen von alternativen Perspektiven und entsprechend auch von Subjekten der Transformation.

[…] Rausgehen in Projekte und Initiativen, die anders wirtschaften, um eben da zu lernen: Wie sieht ganz konkret eine alternative Wirtschaft aus jenseits von Wachstum? Aber auch: Was lernt man da eigentlich in diesen Projekten so, was lernen die Leute da eigentlich? Nämlich zum Beispiel ein solidarisches Miteinander und oder eine demokratische Entscheidungsfindungsstruktur oder, ähm ja, eine Zugehörigkeit und Verbundenheit und alles Mögliche sonst noch. Eben auch ganz praktische Skills: Wie gärtnere ich, wie ähm repariere ich Sachen, sowas halt natürlich auch. (F: 16)

Die Auseinandersetzung mit Alternativen über den Besuch konkret gelebter Projekte schafft Zugang zu Subjekten der Transformation und ermöglicht zugleich, die Lernenden selbst als Subjekte der Transformation zu adressieren. Die Gestaltung und Veränderung von Gesellschaft geht dabei weit über Konsumverhalten hinaus und wird durch das Kennenlernen von Orten, an denen Alternativen gelebt werden, sichtbar und konkret. Die Auseinandersetzung mit Alternativen stellt jedoch kein selbstverständliches Inhaltsfeld im Globalen Lernen dar (G: 20).

Die inhaltliche Schwerpunktsetzung Globalen Lernens ist von gesellschaftlichen Debatten geprägt (Kap. 3.2.1), die je nach Praxisakteur*in die inhaltliche Ausrichtung der Bildungsarbeit (mit-)bestimmen. Objekte und Subjekte der Transformation, gesellschaftliche Verhältnisse, die im Fokus der Problemanalyse stehen, unterliegen Veränderung. Inhalte, die stärker an Alternativen zum Bestehenden ausgerichtet sind, stellen eine Form des Paradigmenwechsels im Globalen Lernen dar. Der Blick auf den Globalen Süden wird um den (selbst-) reflexiven Blick auf den Globalen Norden erweitert und teilweise explizit mit einer Kritik an hegemonialen Lebens- und Produktionsweisen im Globalen Norden verbunden. Die inhaltliche Ausrichtung an Alternativen ist für die Interviewpartner*innen, die diesen Aspekt thematisiert haben, mit gesamtgesellschaftlichen und systemischen Fragen von nachhaltigen Lebens- und Produktionsbedingungen verknüpft (I: 46; F: 10). Mit der Rückbindung der Inhalte geht der Anspruch einer, diese mit gesamtgesellschaftlichen Diskursen und Praktiken zu verbinden und sich an diesen zu orientieren (H: 32-33; E: 79):

Jetzt gerade versuchen wir natürlich auch auf aktuelle Debatten aufzuspringen. Vor zwei, drei Jahren war das sowas wie „Flucht und Migration", wo natürlich ein riesengroßes Thema war, wo wir versucht haben, viele Referenten zu schulen, weil die Anfragen sehr hoch waren. Jetzt durch die „Fridays-for-Future"-Kampagnen bspw. haben wir das Thema „Klimawandel", was ganz stark mit hochkommt. (C: 16)

Für einige Interviewpartner*innen besteht darüber hinaus der Anspruch, Inhalte nicht nur an aktuelle Debatten rückzubinden, sondern Inhalte selbst zu setzen, darüber Debatten zu Alternativen mitzuprägen und Inhalte an weniger sichtbaren Positionen von bspw. sozialen Bewegungen zu orientieren (E: 79; F: 9; K: 24).

Einige der Interviewpartner*innen beziehen in die Inhalte ihrer Bildungspraxis zudem explizit Dimensionen von Machtanalyse und struktureller Diskriminierung ein (F; J; K; H; B; I). Ein solcher inhaltlicher Fokus verdeutlicht eine weitere Perspektive auf Objekte und Subjekte der Transformation, die in der inhaltlichen Ausrichtung von Globalem Lernen deutlich wird.

5.1.2.3 Diskriminierung und Ungleichheit

[…] wo es überall darum geht, dass eben Menschen privilegiert sind und andere deprivilegiert sind, also was ja auch im Rahmen von der Wirtschaft von ökonomischem Denken passiert (3) (F: 17)

Perspektiven auf Gewohntes verändern und Normalvorstellungen hinterfragen – wie kann das gelingen? Einige Interviewpartner*innen thematisieren in ihrer Bildungsarbeit gesellschaftliche Strukturen und Normalitäten, die mit Diskriminierungsstrukturen verbunden sind, indem sie sich einer dezidierten Machtanalyse und Herrschaftskritik bedienen. In rassismuskritischer Bildungsarbeit werden gesellschaftliche Funktionsweisen und Zusammenhänge aus einer Perspektive wahrgenommen und problematisiert, die in einer *weißen* Hegemonie unterrepräsentiert sind (B: 24; H: 35; I: 8). Die Auseinandersetzung mit Rassismus und Themen rund um Kolonialismus wird von einigen Interviewpartner*innen als wichtiger Inhalt Globalen Lernens genannt:

Also angedockt an die Wirtschaft, an die Politik, natürlich auch an unsere Kultur und ähm Perspektiven, die wir historisch entwickelt haben sozusagen, also Konzepte von Eurozentrismus, Fragen wie "Wie haben koloniale Strukturen und Abhängigkeiten und die Geschichte was mit uns gemacht?". Also das sind so für mich ganz klare Schwerpunkte des Globalen Lernens. (I: 8)

Als historisch gewachsenes Strukturelement von Gesellschaft wird Rassismus als Bezugspunkt für Transformation adressiert – mit unterschiedlichen Schwerpunkten auf Rassismus als problematische Struktur, Ideologie und/oder Prozess. Die Sensibilisierung für Kontinuitäten des Kolonialismus und rassistische Strukturen erfolgt auch mit Bezug auf gegenwärtige gesellschaftliche Konflikte. Gesellschaftliche Macht- und Diskriminierungsstrukturen werden als gesellschaftliche Verhältnisse problematisiert, die Lebens- und Produktionsweisen prägen. Über lokale Kontexte und sozialräumliche Zugänge – bspw. die Stadt, in der die Kinder und Jugendlichen selbst leben – wird der Bezug zur Lebensrealität und Alltagswelt und darüber die Verwobenheit mit struktureller Diskriminierung und deren Erscheinungsformen aufgezeigt (H: 35).

Das Erstarken rechtspopulistischer und rechtsextremer Bewegungen in Europa und darüber hinaus als gegenwärtiges und an gesellschaftlicher Brisanz gewinnendes Thema wird als bedeutsam für Globales Lernen benannt. Unter dem Stichwort Rechtspopulismus spielt die Thematik im Kontext von Gesellschaften des Globalen Nordens – meist mit Blick auf Deutschland – eine Rolle (J: 34; G: 46). Zugleich besteht der Anspruch Rechtspopulismus und rassistische Denk- und Handlungsstrukturen auch bei Themen wie bspw. dem Klimaschutz mitzudenken. Perspektiven des Globalen Südens auf globale Themen wie Klimawandel müssen einbezogen werden, um nicht eurozentristische und rassistische Verhältnisse zu reproduzieren. Welche Lösungen werden im Globalen Norden verfolgt, die auf Kosten von Menschen im Globalen Süden gehen und entsprechend nur für einen Teil der Menschheit eine wirkliche Lösung darstellen? Emanzipativ anmutende Forderungen für die Gestaltung der Zukunft müssen einer Reflexion unterzogen werden und die Frage gestellt werden, welche rassistischen Strukturen und globalen Abhängigkeitsverhältnisse (zum Teil auch unbeabsichtigt) reproduziert werden (G: 46).

Neben der machtkritischen Auseinandersetzung mit Rassismus werden auch ökonomische Strukturen unter der Perspektive von Macht und Diskriminierung thematisiert. Bildungsmaterial zu Kapitalismus, Marktwirtschaft und Wachstumsfragen stellt bspw. Fragen zur Demokratisierung von Wirtschaftsstrukturen ins Zentrum und fragt danach, wer von bestehenden Strukturen profitiert und entsprechende Interessen vertritt. Die machtkritische Perspektive auf ökonomische Strukturen zeigt sich in der Thematisierung von Bankenrettung, der EU-Handelspolitik, Freihandel und Handelsabkommen wie TTIP (Transatlantisches Freihandelsabkommen, Transatlantic Trade and Investment Partnership), EPA (Wirtschaftspartnerschaftsabkommen, Economic Partnership Agreement), dem Zusammenhang von Wohnungsfragen und Finanzmärkten oder wachstumskritischen Perspektiven auf ökonomische Verhältnisse (K: 32-35; F: 9). Ein dezidiert machtkritischer Fokus auf Inhalte des Globalen Lernens ermöglicht das Sichtbarwerden von unterschiedlichen Interessen, die sich historisch strukturell verankert haben. Von Bedeutung ist dieser Fokus, weil – je nach gesellschaftlicher Positionierung von Subjekten – aus strukturell verankerten Interessen Privilegien oder Diskriminierungserfahrungen resultieren.

Die machtkritische Perspektive, mithilfe derer Inhaltsaspekte thematisiert werden, kann allerdings nicht als selbstverständlich für den Kontext Globales Lernen betrachtet werden. Nur etwa die Hälfte der Interviewpartner*innen nennt Machtkritik als wichtigen Aspekt ihrer politisch-bildenden Arbeit. Von anderen Interviewpartner*innen wurde diese Dimension nicht benannt oder es wurde sich bspw. kritisch darauf bezogen, postkoloniale Themen als Inhaltsfeld von Globalem Lernen zu behandeln:

Da fehlen mir oft die Alternativen, weil da gibt es dann immer nur dieses Ding, „Jaja, aufgrund dessen ist es so und so und ist es so und so!", wo ich dann immer sag „Naja, jein: Im großen historischen Maße betrachtet habt ihr da schon Recht, aber das kann man eben auch nicht pauschalisieren." Weil Kolonialismus hat (.) ist nicht 100 Prozent negativ. Das kann man nicht sagen. Ja, das hat irgendwo mit Sicherheit auch irgendwo Vorteile – egal erstmal für wen, aber man kann es eben nicht so darstellen – auf deutsch gesagt –, als ob es alles scheiße war. Das kann ich mir nicht vorstellen, ja. (4: 66-67)

So zeigt sich, dass auch eine machtkritische Reflexion der eigenen Positionierung und damit verbundene Wahrnehmungen von globalen Verhältnissen keine Selbstverständlichkeit im Globalen Lernen sind.

Die dezidierte Auseinandersetzung mit strukturellen Diskriminierungsformen stellt einerseits einen Inhaltsaspekt selbst dar und bildet andererseits eine Schablone, unter welcher Inhalte spezifisch thematisiert und in den Kontext globaler Diskriminierungs- und Ungleichheitsstrukturen gestellt werden. Der Schwerpunkt dieser inhaltlichen Arbeit liegt dabei auf der Auseinandersetzung mit Rassismus und globalen Wirtschafts- und Handelsstrukturen, weitere strukturelle Diskriminierungsformen – wie Klassismus, Sexismus und Ausbeutung der Natur – werden zwar von manchen Interviewpartner*innen genannt, genaue Ausführungen dazu bleiben jedoch aus.

Globale und gesellschaftliche Verhältnisse im Zusammenhang mit struktureller Diskriminierung zu thematisieren, bezieht die historische Gewordenheit dieser Strukturen mit ein und wirkt deren Naturalisierung entgegen. Eine solche Perspektive fragt nach Zusammenhängen gegenwärtiger gesellschaftlicher Herausforderungen, struktureller Diskriminierung und Ungleichheit und zeigt Perspektiven auf, diese zu überwinden. Auch die globale gesellschaftliche Funktion von struktureller Diskriminierung und Ungleichheit stellt einen inhaltlichen Fokus dar und bezieht damit auch die Frage ein, wer wie durch die herrschenden Verhältnisse unterschiedlich privilegiert und depriviligiert ist bzw. diskriminiert wird. Darüber können wahrgenommene Normalitäten in Frage gestellt und Hegemonie herausgefordert werden. Über das Thematisieren von strukturellen Macht- und Diskriminierungsverhältnissen können Subjekte und Objekte der Transformation im Zusammenhang mit unterschiedlichen gesellschaftlichen Kräfteverhältnissen wahrnehmbar werden.

5.1.2.4 Was nehmen wir mit?

Die Frage, welche Themenfelder und Inhalte im Globalen Lernen verhandelt werden, beschreibt Georg Krämer als „Sachorientierung", mit der ein Fokus auf weltweite „Zusammenhänge und Interdependenzen, von Ökonomie, und Ökologie, sozialer Entwicklung oder Politik" (Krämer 2008: 7) gelegt wird. In meinem empirischen Material wird deutlich, wie sich ausgewählte Inhalte Globalen Lernens um *epochaltypische Schlüsselprobleme* gruppieren. Deutlich wird zudem, wie sich bestimmte (globale) Missstände gegenseitig bedingen, verstärken und nicht getrennt voneinander betrachtet werden können. Vielmehr wird von einigen Interviewpartner*innen thematisiert, dass die unterschiedlichen Missstände auf ähnlichen systemischen Logiken und historischen Ursachen beruhen. Inhalte des Globalen Lernens verweisen auf Objekte der Transformation – problematische, krisenhafte, konflikthafte gesellschaftliche Verhältnisse, die es wahrzunehmen, zu kritisieren und zu verändern gilt. In der inhaltlichen Auseinandersetzung mit Objekten der Transformation – Fairer Handel, Flucht und Migration, Klimawandel, Wasser als Menschenrecht, faire und ökologische Produktionsbedingungen, Textillieferketten, Ernährung und Konsum, Regenwald(nutzung) (C: 14-16; D: 36-38; G: 27; E: 52; A: 18) – sollen die Lernenden Bezug zu ihrer eigenen Lebenswelt herstellen. Globales Lernen und die darüber vermittelten Inhalte können als Transmitter betrachtet werden, um gesellschaftliche Missstände, Konflikte und Alternativen zu bestehenden gesellschaftlichen Verhältnissen überhaupt als solche sichtbar zu machen. Darüber werden nicht nur (krisenhafte) gesellschaftliche Verhältnisse in den Blick genommen, die Lernenden kommen auch mit ihrer eigenen diesbezüglichen Verstricktheit und Positioniertheit in Verbindung. Zugleich wird deutlich, dass subjektive Perspektiven der Interviewpartner*innen die Auswahl von Inhalten beeinflussen.

Über Inhalte des Globalen Lernens kommen unterschiedliche Subjekte der Transformation in den Blick – NGOs, soziale Bewegungen, staatliche Akteure, Parteien, Gewerkschaften, diverse zivilgesellschaftliche Initiativen, Wissenschaftler*innen. Zugleich zeigen sich unterschiedliche Subjektverständnisse, wenn Teilnehmende selbst als Subjekte der Transformation adressiert werden. Eine ausführliche Auseinandersetzung mit verschiedenen Subjektverständnissen und der Rolle, die diese in den Bildungspraxen des Globalen Lernens spielen, werden im weiteren Verlauf und mit der Bearbeitung der Zielaspekte (Kap. 5.1.3) thematisiert.

Deutlich wird zudem, dass – trotz eines allgemeinen inhaltlichen Rahmens Globalen Lernens – die ausgewählten Inhalte in sehr unterschiedlicher Art und Weise thematisiert werden. Die Unterschiede bezüglich der Inhaltsfelder – *Gesellschaftliche Missstände, Alternativen zu bestehenden gesellschaftlichen Verhältnissen* und *Diskriminierung und Ungleichheit* – werden daran deutlich, in welcher Tiefe sie behandelt werden und wie mit deren Zusammenhängen und Interdependenzen umgegangen wird. Mit der tabellarischen Zusammenfassung werden Unterschiede in der inhaltlichen Auseinandersetzung (bei gleichem Thema) systematisch in einem Überblick erfasst (Abb. 3). Auch wenn es eine große Übereinstimmung darüber gibt, welche Themen den inhaltlichen Gegenstand des Globalen Lernens bilden, kann die Auseinandersetzung stark variieren. Die Tabelle (Abb. 3) verdeutlicht, wie anhand der verschiedenen Ebenen – Symptome/Perspektiven, Strukturen, Weltanschauungen/Herrschaftsstrukturen – Inhalte des Globalen Lernens unterschiedlich thematisiert und welche Aspekte in den Blick genommen werden, was sichtbar gemacht wird oder unsichtbar bleibt. Objekte der Transformation werden über behandelte Inhalte im Globalen Lernen als politisch-epistemisches Feld sichtbar. Wissen um Probleme, Problemursachen, Problem- und Situationsanalyse, Problemlösungen und zuständige Akteur*innen in globalisierten Verhältnissen unterliegen gesellschaftlichen Deutungskämpfen (Kap. 2.4) – auch in den Inhaltsaspekten Globalen Lernens wird dies deutlich.

Transformationsvorstellungen – Objekte und Subjekte der Transformation
Bereits die Auswahl von Inhalten und Lerngegenständen lässt darauf schließen, welche gesellschaftlichen Verhältnisse von den Initiator*innen als problematisch, konfliktiv und/oder veränderbar aufgegriffen werden. Gesellschaftspolitische

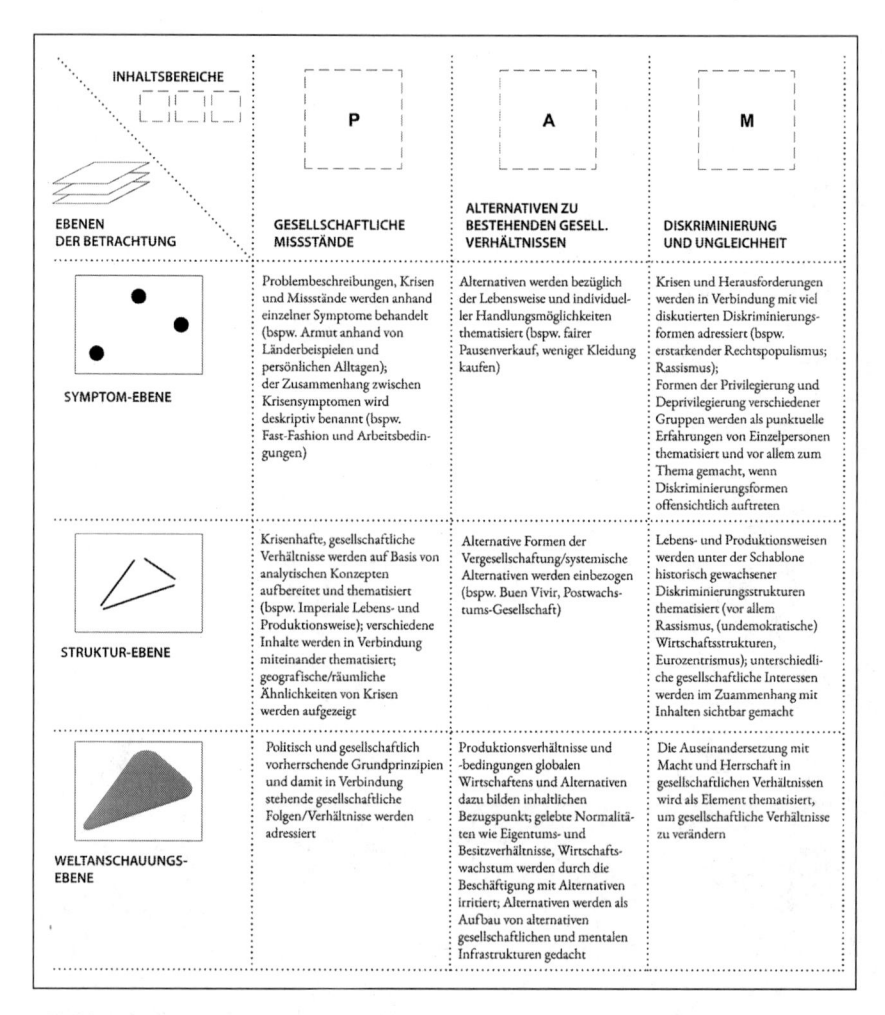

EBENEN DER BETRACHTUNG	P — GESELLSCHAFTLICHE MISSSTÄNDE	A — ALTERNATIVEN ZU BESTEHENDEN GESELL. VERHÄLTNISSEN	M — DISKRIMINIERUNG UND UNGLEICHHEIT
SYMPTOM-EBENE	Problembeschreibungen, Krisen und Missstände werden anhand einzelner Symptome behandelt (bspw. Armut anhand von Länderbeispielen und persönlichen Alltagen); der Zusammenhang zwischen Krisensymptomen wird deskriptiv benannt (bspw. Fast-Fashion und Arbeitsbedingungen)	Alternativen werden bezüglich der Lebensweise und individueller Handlungsmöglichkeiten thematisiert (bspw. fairer Pausenverkauf, weniger Kleidung kaufen)	Krisen und Herausforderungen werden in Verbindung mit viel diskutierten Diskriminierungsformen adressiert (bspw. erstarkender Rechtspopulismus; Rassismus); Formen der Privilegierung und Deprivilegierung verschiedener Gruppen werden als punktuelle Erfahrungen von Einzelpersonen thematisiert und vor allem zum Thema gemacht, wenn Diskriminierungsformen offensichtlich auftreten
STRUKTUR-EBENE	Krisenhafte, gesellschaftliche Verhältnisse werden auf Basis von analytischen Konzepten aufbereitet und thematisiert (bspw. Imperiale Lebens- und Produktionsweise); verschiedene Inhalte werden in Verbindung miteinander thematisiert; geografische/räumliche Ähnlichkeiten von Krisen werden aufgezeigt	Alternative Formen der Vergesellschaftung/systemische Alternativen werden einbezogen (bspw. Buen Vivir, Postwachstums-Gesellschaft)	Lebens- und Produktionsweisen werden unter der Schablone historisch gewachsener Diskriminierungsstrukturen thematisiert (vor allem Rassismus, (undemokratische) Wirtschaftsstrukturen, Eurozentrismus); unterschiedliche gesellschaftliche Interessen werden im Zusammenhang mit Inhalten sichtbar gemacht
WELTANSCHAUUNGS-EBENE	Politisch und gesellschaftlich vorherrschende Grundprinzipien und damit in Verbindung stehende gesellschaftliche Folgen/Verhältnisse werden adressiert	Produktionsverhältnisse und -bedingungen globalen Wirtschaftens und Alternativen dazu bilden inhaltlichen Bezugspunkt; gelebte Normalitäten wie Eigentums- und Besitzverhältnisse, Wirtschaftswachstum werden durch die Beschäftigung mit Alternativen irritiert; Alternativen werden als Aufbau von alternativen gesellschaftlichen und mentalen Infrastrukturen gedacht	Die Auseinandersetzung mit Macht und Herrschaft in gesellschaftlichen Verhältnissen wird als Element thematisiert, um gesellschaftliche Verhältnisse zu verändern

Abbildung 3: Systematisierung von Objekten der Transformation (eigene Darstellung)

Inhalte bilden den Gegenstand von Globalem Lernen. Über diese wird auf notwendige Veränderungen und Perspektiven gesellschaftlicher Transformation verwiesen. Globales Lernen *zu* Transformationsinhalten und damit verbundene Transformationsverständnisse kommen entsprechend in den Blick. Über die Analyse von Inhalten des Globalen Lernens werden Objekte der Transformation, also variierende gesellschaftliche Problem- und Zukunftsbeschreibungen (Kap. 2.3) deutlich. Die Auseinandersetzung mit Objekten der Transformation im Globalen Lernen macht implizite und explizite Transformationsverständnisse der Interviewpartner*innen deutlich, die Bildungspraxen prägen. Zudem sind Subjekte der Transformation Teil der inhaltlichen Schwerpunktsetzung. Damit in Verbindung steht entsprechend die Frage, welche gesellschaftlichen Akteur*innen als handelnd und gestaltend im Zusammenhang mit den adressierten Inhalte sichtbar werden.

Unterschiede im Transformationsverständnis werden dadurch deutlich, dass Inhalte sich unterschiedlich auf die Bereiche – *Gesellschaftliche Missstände, Alternative Lebens- und Produktionsweisen* und *Diskriminierung und Ungleichheit* – verteilen. Zudem zeigen sich unterschiedliche Transformationsverständnisse in den drei Bereichen selbst daran, wie umfassend und tiefgreifend Inhalte und Zusammenhänge zwischen Inhalten thematisiert werden (Abb. 3). Die Tendenz eines Transformationsverständnisses angelehnt an den Transformationstyp der *inkrementellen* Transformation – das Antworten auf kleine Krisen und Anpassungsprozesse, die kapitalistischen Verhältnissen inhärent sind und diese stabilisieren (Kap. 2.2.3) – zeigt sich in einem Fokus auf Inhalte aus den Bereichen *Gesellschaftliche Missstände*. Inhalte aus dem Bereich *Alternativen zu bestehenden gesellschaftlichen Verhältnissen* werden in erster Linie auf der Ebene des Lebensstils – das Individuum steht im Fokus – thematisiert und strukturelle Alternativen nicht benannt, entsprechend werden Inhalte auch nicht mit dem Bereich der *Diskriminierung und Ungleichheit* verknüpft. Ein inkrementelles Transformationsverständnis zeigt sich zudem daran, dass Zusammenhänge zwischen thematisierten Inhalten – Objekten der Transformation – kaum adressiert werden. Inhalte werden eher separat voneinander behandelt und die Verbindung zu strukturellen Logiken, die mit adressierten Krisen in Verbindung stehen, bleibt aus (Abb. 4).

Ein Transformationsverständnis in Anlehnung an den *integrierenden* Typus – größere Krisen führen zur Infragestellung und Auseinandersetzung um Hegemonie, bestehende Machtverhältnisse erhalten jedoch grundlegende kapitalistische Strukturen (Kap. 2.2.3) – zeigt sich darin, dass die inhaltliche Ausrichtung des Bildungsprogramms gleichmäßiger auf die drei Bereiche *Gesellschaftliche Missstände, Alternativen zu bestehenden gesellschaftlichen Verhältnissen* und *Diskriminierung und Ungleichheit* verteilt ist. Inhalte werden stärker mit einer Perspektive auf strukturelle (problematische) Bedingungen und deren historische Gewordenheit thematisiert und Macht- und Diskriminierungsverhältnisse benannt. Dieses Transformationsverständnis ist angelehnt an den *integrierenden* Typus von Transformation und stützt sich auf Analysekonzepte, die für die Erarbeitung und Auseinandersetzung mit Inhalten herangezogen werden. Es werden Zusammenhänge zwischen Inhalten hergestellt, wodurch hegemoniale Ordnungen, strukturelle

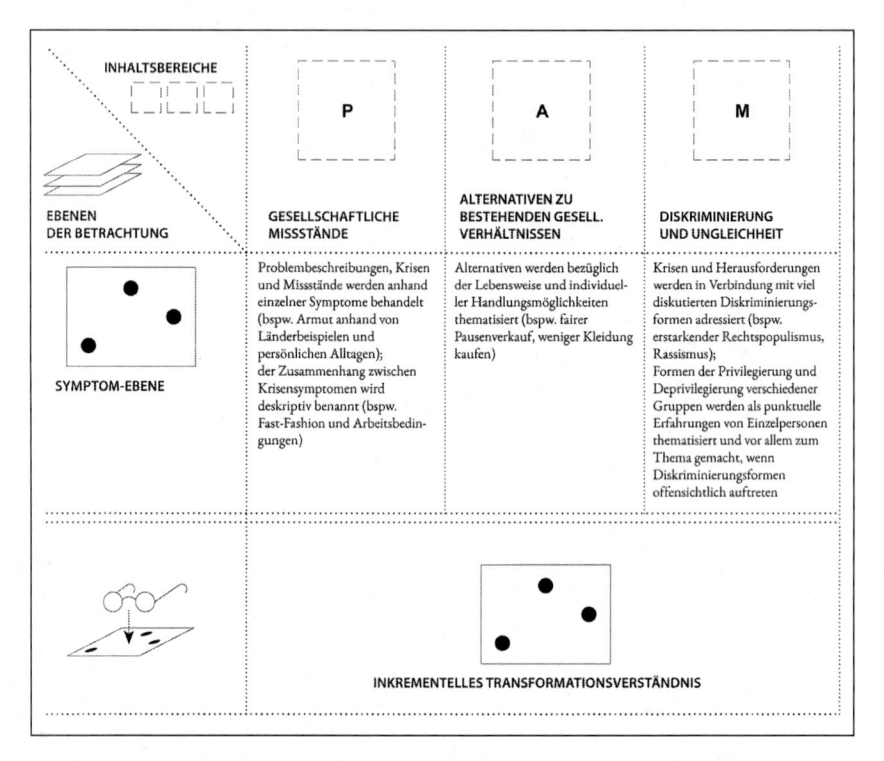

	INHALTSBEREICHE	P	A	M
EBENEN DER BETRACHTUNG		GESELLSCHAFTLICHE MISSSTÄNDE	ALTERNATIVEN ZU BESTEHENDEN GESELL. VERHÄLTNISSEN	DISKRIMINIERUNG UND UNGLEICHHEIT
SYMPTOM-EBENE		Problembeschreibungen, Krisen und Missstände werden anhand einzelner Symptome behandelt (bspw. Armut anhand von Länderbeispielen und persönlichen Alltagen); der Zusammenhang zwischen Krisensymptomen wird deskriptiv benannt (bspw. Fast-Fashion und Arbeitsbedingungen)	Alternativen werden bezüglich der Lebensweise und individueller Handlungsmöglichkeiten thematisiert (bspw. fairer Pausenverkauf, weniger Kleidung kaufen)	Krisen und Herausforderungen werden in Verbindung mit viel diskutierten Diskriminierungsformen adressiert (bspw. erstarkender Rechtspopulismus, Rassismus); Formen der Privilegierung und Deprivilegierung verschiedener Gruppen werden als punktuelle Erfahrungen von Einzelpersonen thematisiert und vor allem zum Thema gemacht, wenn Diskriminierungsformen offensichtlich auftreten
			INKREMENTELLES TRANSFORMATIONSVERSTÄNDNIS	

Abbildung 4: Inkrementelles Transformationsverständnis (eigene Darstellung)

Logiken und damit verbundene Interessen sichtbar gemacht werden können. Zudem wird die inhaltliche Auseinandersetzung an gegenwärtigen gesellschaftlichen Konflikten und Praxen alternativer Lebens- und Produktionsweisen verdeutlicht. Subjekte der Transformation, die sich in alternativen Praxen und für gesellschaftlichen Widerstand organisieren, werden durch Inhalte sichtbar und entsprechend auch die Veränderbarkeit gesellschaftlicher Verhältnisse, welche über individuelle Lebensstile hinausgehen. Deutlich wird eine umfassende Perspektive auf Subjekte der Transformation, also Akteur*innen, die gesellschaftlichen Wandel anstoßen, organisieren und mitgestalten. Zivilgesellschaftliche Akteure – insbesondere soziale Bewegungsakteur*innen – und kollektive Praxen, die über individuelles und institutionelles Handeln hinausgehen, werden als relevant für gesellschaftliche Transformationsprozesse adressiert. Zudem wird das Konflikthafte gesellschaftlicher Transformation sichtbar, da unterschiedliche gesellschaftliche Interessen benannt werden (Abb. 5).

EBENEN DER BETRACHTUNG	INHALTSBEREICHE		
	P GESELLSCHAFTLICHE MISSSTÄNDE	A ALTERNATIVEN ZU BESTEHENDEN GESELL. VERHÄLTNISSEN	M DISKRIMINIERUNG UND UNGLEICHHEIT
SYMPTOM-EBENE	Problembeschreibungen, Krisen und Missstände werden anhand einzelner Symptome behandelt (bspw. Armut anhand von Länderbeispielen und persönlichen Alltagen); der Zusammenhang zwischen Krisensymptomen wird deskriptiv benannt (bspw. Fast-Fashion und Arbeitsbedingungen)	Alternativen werden bezüglich der Lebensweise und individueller Handlungsmöglichkeiten thematisiert (bspw. fairer Pausenverkauf, weniger Kleidung kaufen)	Krisen und Herausforderungen werden in Verbindung mit viel diskutierten Diskriminierungsformen adressiert (bspw. erstarkender Rechtspopulismus, Rassismus); Formen der Privilegierung und Deprivilegierung verschiedener Gruppen werden als punktuelle Erfahrungen von Einzelpersonen thematisiert und vor allem zum Thema gemacht, wenn Diskriminierungsformen offensichtlich auftreten
STRUKTUR-EBENE	Krisenhafte, gesellschaftliche Verhältnisse werden auf Basis von analytischen Konzepten aufbereitet und thematisiert (bspw. Imperiale Lebens- und Produktionsweise); verschiedene Inhalte werden in Verbindung miteinander thematisiert; geografische/räumliche Ähnlichkeiten von Krisen werden aufgezeigt	Alternative Formen der Vergesellschaftung/systemische Alternativen werden einbezogen (bspw. Buen Vivir, Postwachstums-Gesellschaft)	Lebens- und Produktionsweisen werden unter der Schablone historisch gewachsener Diskriminierungsstrukturen thematisiert (vor allem Rassismus, (un)demokratische) Wirtschaftsstrukturen, Eurozentrismus); unterschiedliche gesellschaftliche Interessen werden im Zusammenhang mit Inhalten sichtbar gemacht
	INTEGRIERENDES TRANSFORMATIONSVERSTÄNDNIS		

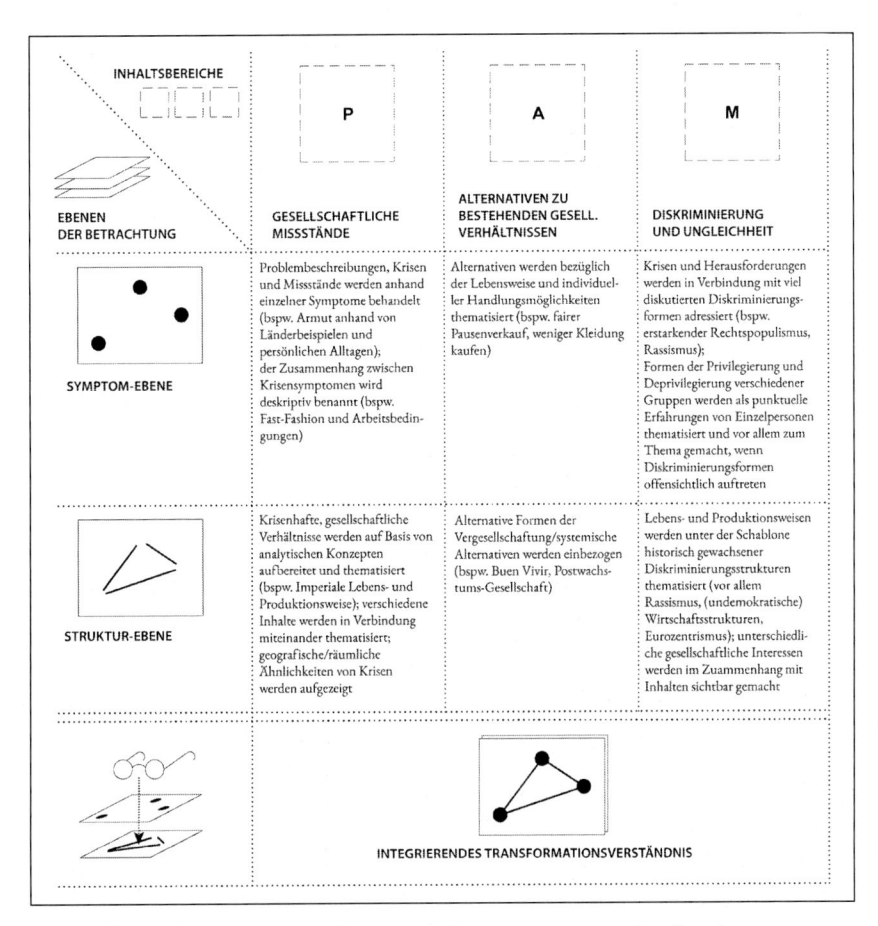

Abbildung 5: Integrierendes Transformationsverständnis (eigene Darstellung)

Ein an den dritten und damit *radikalen* Transformationstyp – grundlegende Veränderung von Vergesellschaftung, die über kapitalistische Verhältnisse hinausgeht (Kap. 2.2.3) – anschließendes Transformationsverständnis zeigt sich in einigen wenigen Aussagen von Interviewpartner*innen, die sich darauf beziehen, dass bspw. globale Gerechtigkeit in kapitalistischen Verhältnissen nicht umsetzbar sei oder auch die Überwindung von Rassismus eine grundlegende Umstrukturierung gesellschaftlicher Strukturen bedarf. Weltanschauungen und Herrschaftsstrukturen, die globaler Vergesellschaftung zugrunde liegen, werden sichtbar gemacht und problematisiert. Ein solches Transformationsverständnis wird ebenfalls in den drei Inhaltsbereichen – *Gesellschaftliche Missstände, Alternativen zu bestehenden gesellschaftlichen Verhältnissen* und *Diskriminierung und*

Ungleichheit – deutlich, da Inhalte viel stärker in ihrer jeweiligen Komplexität aufgegriffen werden und systemische Logiken, die gesellschaftlichen Missständen zugrunde liegen im Fokus stehen (Abb. 6).

INHALTSBEREICHE EBENEN DER BETRACHTUNG	P GESELLSCHAFTLICHE MISSSTÄNDE	A ALTERNATIVEN ZU BESTEHENDEN GESELL. VERHÄLTNISSEN	M DISKRIMINIERUNG UND UNGLEICHHEIT
SYMPTOM-EBENE	Problembeschreibungen, Krisen und Missstände werden anhand einzelner Symptome behandelt (bspw. Armut anhand von Länderbeispielen und persönlichen Alltagen); der Zusammenhang zwischen Krisensymptomen wird deskriptiv benannt (bspw. Fast-Fashion und Arbeitsbedingungen)	Alternativen werden bezüglich der Lebensweise und individueller Handlungsmöglichkeiten thematisiert (bspw. fairer Pausenverkauf, weniger Kleidung kaufen)	Krisen und Herausforderungen werden in Verbindung mit viel diskutierten Diskriminierungsformen adressiert (bspw. erstarkender Rechtspopulismus, Rassismus); Formen der Privilegierung und Deprivilegierung verschiedener Gruppen werden als punktuelle Erfahrungen von Einzelpersonen thematisiert und vor allem zum Thema gemacht, wenn Diskriminierungsformen offensichtlich auftreten
STRUKTUR-EBENE	Krisenhafte, gesellschaftliche Verhältnisse werden auf Basis von analytischen Konzepten aufbereitet und thematisiert (bspw. Imperiale Lebens- und Produktionsweise); verschiedene Inhalte werden in Verbindung miteinander thematisiert; geografische/räumliche Ähnlichkeiten von Krisen werden aufgezeigt	Alternative Formen der Vergesellschaftung/systemische Alternativen werden einbezogen (bspw. Buen Vivir, Postwachstums-Gesellschaft)	Lebens- und Produktionsweisen werden unter der Schablone historisch gewachsener Diskriminierungsstrukturen thematisiert (vor allem Rassismus, (undemokratische) Wirtschaftsstrukturen, Eurozentrismus); unterschiedliche gesellschaftliche Interessen werden im Zuammenhang mit Inhalten sichtbar gemacht
WELTANSCHAUUNGS-EBENE	Politisch und gesellschaftlich vorherrschende Grundprinzipien und damit in Verbindung stehende gesellschaftliche Folgen/Verhältnisse werden adressiert	Produktionsverhältnisse und -bedingungen globalen Wirtschaftens und Alternativen dazu bilden inhaltlichen Bezugspunkt; gelebte Normalitäten wie Eigentums- und Besitzverhältnisse, Wirtschaftswachstum werden durch die Beschäftigung mit Alternativen irritiert; Alternativen werden als Aufbau von alternativen gesellschaftlichen und mentalen Infrastrukturen gedacht	Die Auseinandersetzung mit Macht und Herrschaft in gesellschaftlichen Verhältnissen wird als Element thematisiert, um gesellschaftliche Verhältnisse zu verändern
		RADIKALES TRANSFORMATIONSVERSTÄNDNIS	

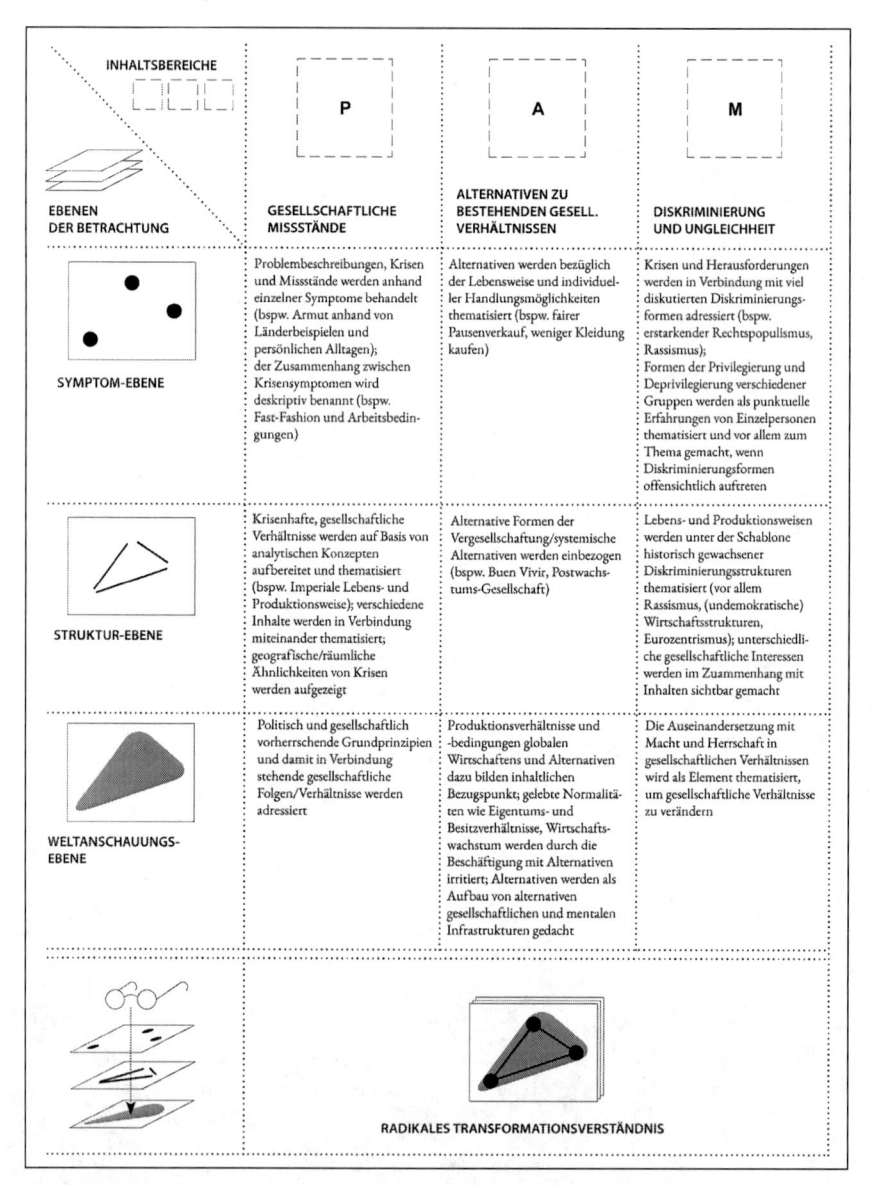

Abbildung 6: Radikales Transformationsverständnis (eigene Darstellung)

Die inhaltliche Ausrichtung der Bildungspraxis stellt einen Aspekt dar, über den Transformationsverständnisse im Kontext des Globalen Lernens sichtbar werden. Ein weiterer Aspekt, durch welchen sich implizite und explizite Transformationsverständnisse der Interviewpartner*innen zeigen, sind Ziele, die mit der Bildungspraxis des Globalen Lernens verbunden sind. Eine genauere Betrachtung von Zielen des Globalen Lernens findet im nächsten Teilkapitel statt.

5.1.3 Zielaspekt des Globalen Lernens
Wozu Globales Lernen? Unter dem Zielaspekt wird die Frage nach Lern- und Bildungszielen verhandelt, dem *Wozu*, dem Lern- und Lehrprozesse dienen sollen. Lern- und Bildungsziele des Globalen Lernens beziehen sich dabei auf Kompetenzen, die mit dem Ziel gefördert werden, in einer globalisierten, vernetzten Weltgesellschaft verantwortlich leben und sich in dieser orientieren zu können. Ethische Ziele wie Gerechtigkeit und Nachhaltigkeit bilden im Globalen Lernen dafür einen wesentlichen Bezugspunkt (Kap. 3.2.1; Kap. 5.1.5). Den abstrakten Lerngegenständen – gesellschaftlichen Herausforderungen und Problemlösungen – und den Lern- und Bildungszielen – Nachhaltigkeit und Gerechtigkeit – wird sich im Globalen Lernen oft über die konkrete Alltagswelt der Lernenden angenähert. Die damit verbundene Subjektorientierung bildet einen wichtigen Bezugspunkt in Bildungskonzeptionen Globalen Lernens (Krämer 2008: 7).

Ziele, die von den Interviewpartner*innen genannt werden, verdeutlichen eine starke Subjekt-, Alltags- und Lebensweltorientierung. All diesen Zielen liegt das Ziel, Wissen zu vermitteln, zu Grunde. Neben dieser Einordnung gibt es noch eine andere Zieltypologie – orientiert an den theoretisch und konzeptionell benannten Zielen Globalen Lernens Erkennen, Bewerten, Handeln (KMK et al. 2016; Krämer 2008: 7). Diese Zieltypologie nutze ich im Folgenden, um die von den Interviewpartner*innen thematisierten Ziele zusammenzufassen: Erkennen: Perspektiverweiterung (Kap. 5.1.3.1), Bewerten: Ermöglichung von Reflexion und Selbstverortung (Kap. 5.1.3.2) und Handeln: Erkennen von Handlungsoptionen (Kap. 5.1.3.3). In den nachfolgenden differenzierten Darstellungen der Zielaspekte werden einerseits konkrete Verständnisse der Interviewpartner*innen bezüglich der Ziele herausgearbeitet und andererseits auch verdeutlicht, wie die *gleich* benannten Ziele in unterschiedlicher Weise umgesetzt werden.

5.1.3.1 Erkennen: Perspektiverweiterung und Wissen
Ziel von Globalem Lernen, welches von allen Interviewpartner*innen genannt und von einigen auch als eine Art Alleinstellungsmerkmal des Globalem Lernens dargestellt wird, ist die Perspektiverweiterung mit Bezug auf das Globale,

die Globalität. Deutlich werden aber Unterschiede bezüglich der Ausrichtung dieser Perspektiverweiterung und den Vorstellungen darüber, wie umfassend Perspektiven erweitert – und auch irritiert – werden sollen.

Als Gemeinsamkeit der Interviewpartner*innen zeigt sich der Anspruch der Perspektiverweiterung, der mit dem Hinterfragen von Normalvorstellungen und dem, was bspw. medial vermittelt wird, verknüpft ist. Der Ausgangspunkt von Globalem Lernen ist eine Zustandsbeschreibung von Gesellschaft. In dieser liegt der Fokus auf Krisen und Missständen im Kontext der Weltgesellschaft. Die Auseinandersetzung mit Themen und Inhalten geschieht im Hinblick auf gesellschaftliche Verhältnisse, die auf Ungerechtigkeitsstrukturen verweisen (J: 45; D: 12). Aus der historischen Genese des Ansatzes lässt sich herleiten, warum das Globale Lernen für lange Zeit die existenten Probleme des Globalen Südens fokussierte, bspw. Hunger, Armut oder auch Kriege (Kap. 3.2.1). Daraus resultierte häufig eine Perspektiverweiterung, die sich dezidiert auf den Globalen Süden und ungerechte Lebens- und Alltagsverhältnisse richtete und wenig bis gar nicht an der Alltagswelt der Lernenden orientiert war. Mit der Verschiebung des Fokus auf (ökologische) Nachhaltigkeit rücken ökologische Probleme ins Zentrum und damit auch Verhältnisse und Zusammenhänge zwischen Missständen im Globalen Süden und Lebens- und Produktionsweisen im Globalen Norden (G: 18). Die Perspektiverweiterung zielt entsprechend stärker auf Voraussetzungen und Auswirkungen von Lebensweisen des Globalen Nordens auf den Globalen Süden, die Natur und den Planeten ab (C: 93). Der Blick soll auf das Eigene, die eigene Lebensweise und Alltagsroutinen erweitert werden und dabei auch unterschiedliche Betroffenheiten und Anpassungsbedarfe von Ländern und Menschen im Kontext globaler Herausforderungen wie ökologischer Krisen oder wirtschaftlichem Wachstum in den Fokus gerückt werden (G: 48; F: 47; E: 35; C: 10; B: 15; J: 21; H: 14). Das Ziel der Perspektiverweiterung richtet sich also verstärkt an der Verwobenheit und der Verstrickung von (persönlichem) Verhalten und bestehenden globalen Herausforderungen aus:

[…] ganz klar (3) für diese ganzen Bereiche, die auch für Jugendliche und Kinder relevant sind „Wo kommt mein Handy her, wo kommt mein Frühstück her?", solche Sachen und so, da sein Bewusstsein zu schärfen, wie sehr sozusagen wir global abhängig sind, aber aus einer privilegierten Position heraus von der Ausbeutung des Globalen Süden profitieren, mit unserem Reichtum, historisch, aber auch aktuell […] (I: 47)

Globale Zusammenhänge sollen für heterogene Zielgruppen greifbar gemacht werden. Zentral ist das Nachdenken über und das Sensibilisieren für Globalisierung und damit verbundene Lebenssituationen und -alltage (B: 19; J: 98; D: 12). Perspektiven des Globalen Südens sollen zudem sichtbar gemacht werden, „[...] den Blick auf die Welt, auf das große Ganze ähm fördern, unterstützen [...]" (G: 46).

Für einige der Interviewpartner*innen besteht eine Perspektiverweiterung zudem hinsichtlich einer zeitlichen Dimension, indem der Fokus auf historische Entwicklungen gelegt wird (Kap. 5.1.2.3). Perspektiven auf Geschichte gehen dabei mit einem veränderten Blick auf gegenwärtige Ungleichheitsverhältnisse und Diskriminierungsstrukturen einher. Perspektiverweiterung kann darauf abzielen, zu erkennen, dass bestimmtes Verhalten, spezifische Einstellungen, Diskriminierung und Rassismus, Lebens- und Produktionsweisen – und darüber Alltagsroutinen – prägen und historisch gewachsen sind (J: 98). Die spezifische Verknüpfung von Diskriminierungssensibilität und Perspektiverweiterung und eine damit verbundene machtkritische Perspektive, mit der gesellschaftliche Strukturen als historisch gewachsen und umkämpft in den Blick kommen, stellt jedoch kein allgemeingültiges und selbstverständliches Ziel von Perspektiverweiterung im Globalen Lernen dar. Diese machtkritischen Praxen gibt es im Globalen Lernen, sie ist jedoch keine Perspektive (F: 70), die bei allen Interviewpartner*innen wiederzufinden ist und damit expliziter Bestandteil jeder Bildungspraxis des Globalen Lernens wäre.

Perspektiverweiterung steht immer in Verbindung mit bestimmten Inhalten und Fragestellungen sowie zeitlichen und geografischen Dimensionen, durch welche die Richtung und Tiefe der Perspektiverweiterung bestimmt wird. Andere Lebensrealitäten und globale Verhältnisse werden in den Blick genommen und mit dem Alltagsleben der Lernenden in Verbindung gebracht (I: 47; H: 17). Das Erkennen oder auch Kennenlernen unterschiedlicher globaler Themen (Kap. 5.1.2) steht entsprechend mit dem Ziel in Verbindung, dass Perspektiverweiterungen durch Bildungspraxen des Globalen Lernens stattfinden. Das Ziel der Perspektiverweiterung wird von den Interviewpartner*innen in unterschiedlicher Weise umgesetzt und geht mit gesellschaftspolitischen Selbstverständnissen der Interviewpartner*innen einher, die die Dimensionen der Perspektiverweiterung bestimmen.

5.1.3.2 Bewerten: Reflexion und Selbstverortung

Das Ziel des Perspektivwechsels steht in engem Zusammenhang mit dem Anliegen, Reflexionsprozesse anzustoßen und die Selbstverortung im global strukturierten gesellschaftlichen Kontext zu fördern. Das Hinterfragen der eigenen Perspektiven, gelebter gesellschaftlicher Grundannahmen und das damit verbundene Erschließen anderer, internationaler Perspektiven geht mit der Notwendigkeit von Reflexion einher. Reflexionsmomente zielen dabei auf die Fähigkeit der Selbstverortung in globalen Verhältnissen ab (F: 49; J: 22; I: 47; C: 10),

[...] ähm, ich finde es wichtig, dass es immer auch eine Reflexion der eigenen Position in der Welt ist. Und ähm, genau, das Ziel ist eben, diese Position zu erkennen, zu reflektieren und danach zu handeln – ganz grob, ähm – und weniger Wissensvermittlung. Das gehört natürlich dazu, wenn man sich irgendwie verorten will in einer globalen Matrix aus Gleichheit und Ungleichheit. Dann gehört es dazu, diese Strukturen zu kennen [...] viel mehr noch darum, sich selber darin zu verorten und seine Position zu reflektieren und das in alltägliches Handeln auch zu übertragen. (E: 33)

Für das Erkennen hegemonialer Strukturen und den damit verbundenen Formen des Subjektseins wird von den Interviewten das Zusammenspiel von Reflexion und Selbstverortung einerseits und das Benennen von gesellschaftlichen Ungleichheitsstrukturen andererseits hervorgehoben. Es werden Perspektiven eröffnet, sich zu den Verhältnissen zu verhalten und diese aus der eigenen Subjektposition zu bewerten. Damit einher geht die Reflexion eigener Interessen und Motive im Zusammenhang mit gesamtgesellschaftlichen Entwicklungen und Strukturen. Die Vermittlung von Wissen wird dafür als Voraussetzung genannt. Zugleich ist Wissensvermittlung eng mit den drei Zielen – Perspektiverweiterung, Reflexion und Handlungsorientierung – verbunden, wobei diese Zieldimensionen nicht als linear, aufeinander aufbauend, sondern vielmehr zirkulierend gedacht und beschrieben werden. Die Vermittlung von Funktionsweisen gesellschaftlicher Strukturen stellt einen wichtigen Aspekt dar, um daran anschließend die Verwobenheit von Lebensweisen und Alltagen der Zielgruppen zu verdeutlichen und die subjektive Involviertheit zu begreifen (H: 13; J: 21). Wissensvermittlung hat demnach das Ziel, sich als Subjekt verorten zu können. Historisch gewachsene und weiterhin bestehende gesellschaftliche Machtverhältnisse stellen für Subjektivierungsprozesse einen Bezugspunkt dar, deren Wirkungen von einigen Interviewpartner*innen mit Bezug auf Nord-Süd-Verhältnisse als bedeutsam genannt werden (J: 97; H: 13).

Die Förderung von Reflexions- und Urteilsfähigkeit sowie die mit diesen in Wechselwirkung stehende Fähigkeit, sich als Subjekt in gesellschaftlichen Verhältnissen zu verorten, wird allerdings nur von einigen Interviewpartner*innen explizit als Ziel der Bildungspraxis genannt. Andere hingegen thematisieren diese Fähigkeiten als wichtige Voraussetzung für und auch als Resultat von anderen Zielaspekten – wie Perspektiverweiterung oder Handlungsfähigkeit – des

Globalen Lernens. Die Vermittlung von Wissen ist zentral für Reflexion- und Selbstverortungsfähigkeiten. Entsprechend sind diese orientiert an bestimmten Parametern, die bei manchen Interviewpartner*innen in der Auseinandersetzung mit Macht- und Herrschaftsstrukturen bestehen. Für einen Teil der Interviewpartner*innen ist ein Ziel ihrer Bildungspraxis, die Lernenden in ihrer Reflexionsfähigkeit in globalisierten Zusammenhängen zu stärken, durch eine Selbstverortung und Selbstpositionierung in diesen, Handlungsmöglichkeiten zu erkennen und sich als handelnde Subjekte zu begreifen. Reflexion und Selbstverortung anzustoßen, steht daher nicht für sich, sondern geht mit dem Ziel einher, Impulse zu geben, alternatives Handeln einzuüben und eine entsprechende Rolle in der Welt zu finden (F: 6; E: 33).

5.1.3.3 Handeln: Orientierungen und Kompetenzen

Die Reflexion und Selbstverortung geht mit dem Erkennen und Erfahren von Handlungsoptionen in globalisierten Lebens- und Produktionsweisen einher (J: 22). Zugleich wird die Handlungsorientierung als methodischer Zugang und die Vermittlung von Handlungskompetenzen von allen Interviewpartner*innen als wichtiges Ziel Globalen Lernens beschrieben und verdeutlicht den weitreichenden Konsens unter Bildungspraktiker*innen bezüglich des handlungstheoretischen Paradigmas (VENRO 2000).

Handlungsorientierte Prozesse des Ausprobierens, Erlernens und Einübens werden innerhalb von Lernsettings als methodischer Zugang genutzt, um die Auseinandersetzung mit Globalität und Globalisierung zu fördern. Die Handlungsorientierung im Lernsetting erfolgt bspw. nach einer inhaltlichen Auseinandersetzung, um sich mit den Inhalten vertiefend und in einer anderen Art und Weise auseinanderzusetzen (H: 42). Handlungsorientierte methodische Zugänge werden als relevant für die Gestaltung von Bildungsformaten benannt:

Dass es immer, immer, immer – wenn es zeitlich irgendwie geht – mit Phasen ist, wo die selber was tun. Also wo die Handlungsorientierung eben nicht dieses „Ich mach hinterher irgendwas", im Sinne von Investitionshandeln oder politisches Handeln, sondern wo es ums Handeln im Rahmen des Formates geht. Also, was basteln, was herstellen, was produzieren, was diskutieren so (3) […] (A: 81)

Die Integration handlungsorientierter Aktivitäten in Form der Wahl von Methoden, in denen die Menschen aktiv sein müssen, stellt ein Element dar, um darüber in die Reflexion und Aufarbeitung einer Thematik einzusteigen (K: 72). Die Handlungsorientierung im Lernsetting wird teilweise auch mit der Frage verknüpft, wie sich eigene Denk-, Fühl- und Handlungsweisen und die Veränderung dieser in konkreten Beispielen erfahren lassen. Verbunden mit der Handlungsorientierung ist eine reflektierende Beschäftigung, über die Auseinandersetzung ermöglicht werden können, die im Alltag sonst nicht so konkret stattfinden könnte (F: 90). Die Handlungsorientierung der Bildungspraxis soll Lernende dazu befähigen, außerhalb des Lernsettings handlungsfähig zu werden. Für alle Interviewpartner*innen stellt die Handlungsorientierung eine Dimension dar, die über das konkrete Lernsetting hinausweist. Das Ausprobieren alternativer Praktiken und Handlungsweisen, also das Aktivsein im Lernsetting, ist mit dem Ziel verbunden, alternative Handlungsweisen in den Alltag zu integrieren (F: 90; A: 136-137; H: 14-16). Es geht entsprechend darum,

[…] jene Kompetenzen zu vermitteln, die wir heute in der Welt brauchen, um uns zu orientieren und um verantwortlich dabei zu handeln […] (G: 10)

Auf welchen Ebenen alternative Handlungsweisen dabei thematisiert werden, variiert allerdings stark. Deutlich wird diesbezüglich eine Differenzierung zwischen individuellen und kollektiven Handlungsoptionen. Hiermit sind Annahmen darüber verknüpft, welches „Handeln" für gesellschaftliche Transformation als bedeutsam gesehen wird und in welchen Rollen Subjekte dabei adressiert werden.

Die Handlungsoptionen, die in Bildungssettings aufgezeigt werden, beziehen sich oft darauf, was jede*r Einzelne auch im Alltag tun kann (I: 8). Konsummöglichkeiten werden als breites Feld thematisiert, in dem alternatives Handeln möglich und notwendig ist. Der Kauf fairer Produkte, weniger zu konsumieren und generell Konsummuster zu verändern, zeigen das Spektrum jener Handlungsoptionen auf, die sich auf individuelles Konsumhandeln beziehen (C: 31; B: 21; E: 34).

Aber es geht darum zu sagen: Hey, wenn jeder ein bisschen was machen würde, wenn jeder mal gucken sollte ähm das nächste Mal vielleicht habe ich ein Handy, kaufe ich mir ein neues Handy, kann ich es nochmal reparieren, geht es vielleicht noch ein bisschen. Oder ich habe 20 T-Shirts von H&M, kaufe ich mal drei aus dem Fairen Handel oder so […] (C: 51)

Die Lernenden werden in erster Linie als Konsument*innen adressiert und das individuelle Handeln als wirksames Mittel für die Lösung globaler Missstände vermittelt. Dieser Fokus wird in den Bildungspraxen des Globalen Lernens als sehr verbreitet benannt und zugleich von einigen Interviewpartner*innen problematisiert. Bei verallgemeinernden, individualisierten (Konsum-)Handlungsmöglichkeiten bliebe unverhandelt, dass auch die Gesellschaften des Globalen Nordens divers aufgestellt sind und Handlungsoptionen immer auch mit der Frage der (finanziellen) Möglichkeiten in Zusammenhang stehen: Wer kann sich ein alternatives Konsumverhalten leisten? Wer kann über alternative Konsummuster entscheiden? Für wen ist es möglich zu verzichten? (B: 21; E: 34; K:39; H: 43; F: 47) Das Aufzeigen von Handlungsoptionen müsse an die Lebenswirklichkeiten der Lernenden anknüpfen, darüber könnten Voraussetzungen der postulierten Handlungsoptionen sichtbar werden und auch unterschiedliche Verantwortlichkeiten erarbeitet werden (C: 11; H: 43).

Handlungsoptionen, die unterschiedliche Lebenswirklichkeiten und Alltage berücksichtigen, gehen mit der Anerkennung und Reflexion unterschiedlicher gesellschaftlicher Positionierungen, daraus resultierenden Möglichkeitsperspektiven und der nicht Verallgemeinerbarkeit von Handlungsoptionen einher. Dieser Anspruch wird als *eine* Haltung im Sample deutlich, die es in der Bildungspraxis des Globalen Lernens zu berücksichtigen gilt (H: 43; B: 42; A: 137).

Ausgehend vom *gesellschafts*politischen Bezug des Globalen Lernens begründen einige Interviewpartner*innen eine kollektive Handlungsorientierung, die mit einer politischen Praxis in Verbindung gestellt wird.

[…] aber auch so´n Verständnis von „Ich kann politisch handlungsfähig werden, also zu politischem Engagement und Aktivismus zu motivieren", tatsächlich (3) Genau, ich finde viel ist immer noch auf Konsum ausgerichtet, also viele Bildungsprojekte sind auf Konsum ausgerichtet. (E: 35)

Politisches Engagement und Aktivismus werden als Handlungsdimensionen benannt, die über die Perspektive des Konsumverhaltens hinausgehen. Die Adressierung der Lernenden als politische Subjekte, so einige Interviewpartner*innen, eröffnet die Möglichkeit, verschiedene politische, auch kollektiv organisierte Beteiligungsmöglichkeiten zu thematisieren (F: 47). Genannt wird ein breites Spektrum von Handlungsoptionen, wie bspw. die Beteiligung an direkten politischen Aktionen, an kollektiven Alternativprojekten oder auch über die Öffentlichkeit Druck auf politische Repräsentant*innen auszuüben. Diese Formen zielen weitestgehend auf die Veränderung von strukturellen Rahmenbedingungen und deren politische Verhandelbarkeit ab. Eine solche Adressierung von Lernenden als politische Subjekte zeichnet sich durch kollektive Bewusstseins-,

Handlungs- und Beteiligungsformen aus, die unter Einbezug machtkritischer Perspektiven hegemoniale Strukturen herausfordern können und an einer mittel- und langfristigen Perspektive von Handeln ausgerichtet sind. Dadurch werden vielfältigere Handlungsoptionen thematisiert, als wenn Lernende primär als Konsument*innen oder auch Wähler*innen adressiert werden.

Das Ziel, Handlungsoptionen aufzuzeigen, und die Vermittlung von Handlungskompetenzen gehen mit der Frage einher, wie das Lernarrangement methodisch-didaktisch ausgestaltet werden muss – über die Vermittlung von Wissen hinaus –, um politische Handlungsoptionen kennenzulernen und ggf. ausprobieren zu können. Für das Kennenlernen und Erleben kollektiver Handlungspraktiken beziehen einige Interviewpartner*innen zivilgesellschaftliche, meist bewegungsnahe Akteur*innen und Initiativen und deren politische Praxis ein. Darüber werden praktische Dimensionen von Handlungsoptionen und Möglichkeiten, sich zu engagieren, in Bildungsarrangements sichtbar und begreifbar gemacht (F: 32; H: 53; K: 24; I: 38):

[...] andere Umgangsweisen, andere Praktiken zu erlernen, sich zu organisieren, miteinander auszuhandeln und so die Sachen [...] (F: 35)

Das Ziel, alternative Handlungsoptionen sichtbar zu machen, geht für einige Interviewpartner*innen mit der Verbindung von methodisch-didaktischen Aspekten der Bildungspraxis und der Einbeziehung von pädagogischen, sozialen und/oder politischen Aktionen einher (F: 90; I: 38). Dem Kennenlernen, Ausprobieren und Einüben von Handlungsoptionen werden Zeit und Bedeutung eingeräumt:

[...] als Ersatz quasi zu dem, was vorher die eigenen Denk-, Fühl- und Handlungsweisen waren (5). Dieses Hinterfragen immer wieder reinzugeben, halt mit Blick auch auf die eigenen Denk-, Fühl- und Handlungsweisen so an konkreten Beispielen [...] (F: 90)

Die Auseinandersetzung mit Handlungsoptionen wird als prozesshaft thematisiert und daraus erschließen sich neue Handlungsoptionen, wobei der Rahmen möglicher Handlungen relativ offen gelassen wird. Diese alternativen Handlungspraktiken können mit dem Infragestellen von hegemonialen Macht- und Herrschaftsstrukturen einhergehen und stetig wiederkehrende Reflexionsmomente vermeintlicher Normalitäten beinhalten. Einer so skizzierten bildungspraktischen Variante eines handlungsorientierten Anspruchs steht eine

Perspektive gegenüber, die durch eine Vermittlung von vorgefertigten Handlungsoptionen gekennzeichnet ist. Jene setzt oft auf einer individualisierten Konsumebene an, die als verallgemeinerbar aufgezeigt wird. Die Vorgabe von Handlungsoptionen führt zu einer Verengung und damit auch einer Vereinfachung der Perspektiven auf gesellschaftliche Zusammenhänge (D: 64; J: 22). Der Fokus auf Handlungsoptionen, die auf der individuellen Ebene ansetzen, wird auch dadurch begründet, dass diese für Lernende in ihrem Alltag umsetzbar seien (B: 57-58). Die Perspektiven der Lernenden einzubeziehen, macht Rahmenbedingungen von Alltagsroutinen sichtbar, die Handlungsoptionen bedingen. Werden diese als Orientierung dafür genommen, welche Handlungsoptionen vermittelt werden können, liegen individualisierte alternative Praktiken nahe, da es hierfür keine grundlegendere Veränderung von Alltagsroutinen und keiner kollektive Organisierung bedarf.

Die Möglichkeiten und Rahmenbedingungen der Zielgruppe, also Handlungsfelder der Lernenden, werden andererseits auch in einigen Bildungspraxen, die sich auf alternative Handlungsmöglichkeiten fokussieren, einbezogen, um dann im Weiteren kollektive, kooperative und prozessorientierte Handlungsmöglichkeiten zu entwickeln (H: 44-45). Lernende werden dabei schon im Bildungssetting selbst nicht als Einzelne adressiert, sondern als Gruppe, die sich gemeinsam in einen Prozess begibt, über Handlungsoptionen nachzudenken. Die Auseinandersetzung mit Themen, die den Alltag prägen und eine gemeinsame Rahmung – bspw. Stadtteil, Schule – haben, setzt die Perspektive für Handlungsoptionen und Formen kollektiver Mitgestaltung.

Ein Spannungsfeld, welches im Kontext der Handlungsorientierung von einigen Interviewpartner*innen erkannt wird, bezieht sich auf den Zusammenhang von Individualisierung, Entpolitisierung und Ohnmachtserfahrungen:

[…] Das sind ja Themen, wo auch zwangsläufig sich eine Ohnmachtserfahrung einstellt, in dem Sinne, „Was kann ich tun?". Und auf der anderen Seite nicht bei der individuellen Handlungsoption stehen zu bleiben und dadurch dann auch das Themenfeld ein stückweit zu entpolitisieren. Indem wir alle Müll trennen und nicht mehr fliegen und vielleicht uns überlegen, ob man sozusagen, wie wir unsere Mobilität gestalten, haben wir immer noch nicht die Systemfrage beantwortet, also sozusagen und ein stückweit unser Bildungsarrangement entpolitisiert, indem wir nur auf uns schauen, was wir tun können […] (I: 96)

Handlungsoptionen, welche konkret und (vermeintlich) selbstbestimmt umgesetzt werden können, gehen mit der Gefahr einer, das große Ganze und systemische Zusammenhänge aus dem Blick zu verlieren und zu entpolitisieren. Handlungsoptionen, die hingegen auf der strukturellen Ebene ansetzen, können damit einhergehen, zu überfordern und keinen Anfangspunkt zu sehen. Den Aspekt der Ohnmachtserfahrungen verknüpft ein*e Interviewpartner*in mit der Wahrnehmung, dass in ihren Bildungsveranstaltungen Emotionen wie Angst und Sorge mit Blick auf Zukunft virulent sind. Hier deuten sich weitere Spannungsfelder und zugleich eine Zieldimension an, die sich mit den beschriebenen verbinden kann: Zum einen geht es darum, Ängste anzusprechen, ernst zu nehmen und zu thematisieren – aber in einer Art und Weise, die nicht zur Resignation führt und Gefahr läuft, zur Handlungsunfähigkeit der Teilnehmenden beizutragen. Zum anderen kann die Aufgabe darin bestehen, Mut zu machen, Möglichkeiten aufzuzeigen und dabei auch Handlungsbeschränkungen und deren Ursachen zu thematisieren (F: 92).

5.1.3.4 Was nehmen wir mit?
„Die aus der Kritik des Alltagsverstandes entstehende Kohärenz ist keine, die einmal ‚fertig' sein kann. Sie ist ‚nur' gestaltender Anspruch einer neuen gesellschaftlichen Selbstverfügung […]" (Hirschfeld 2015: 227)

In den analysierten Zielaspekten Globalen Lernens wird die Bedeutung subjektbezogener Bildungsansätze ersichtlich. Alltagspraktiken bilden dabei einen Ansatzpunkt für Bildungspraxen, weil sie über subjektive Relevanzen einen Zugang zu Teilnehmenden schaffen können. Dabei zielen Perspektiverweiterung, Reflexion, Selbstverortung und alternative Handlungsoptionen darauf ab, Subjekten ihre eigenen Wahrnehmungen, Denk- und Handlungsweisen als solche bewusst zu machen, diese zu hinterfragen und ggf. zu verändern. Das Bewusstmachen von Alltagspraktiken – und des Alltagsverstands – geht entsprechend mit dem Ziel der Reflexion des eigenen und zusätzlich eines möglicherweise veränderten Handelns der lernenden Subjekte in ihrem Alltag einher. Entscheidend ist dabei, das Alltägliche als von hegemonialen Verhältnissen durchzogen zu verstehen und es in diesem Zuge in einen Zusammenhang mit globalen Herausforderungen und Problemen zu stellen. Dadurch entstehen Anlässe für Bildungspraxen des Globalen Lernens (Kap. 5.1.2) (Asbrand 2009: 23; VENRO 2000). Die Subjekt-, Alltags- und Lebensweltorientierung und die unterschiedlichen Weisen, wie diese in den Zielen Globalen Lernens adressiert werden, verdeutlichen Perspektiven auf und Annahmen über gesellschaftliche Verhältnisse und Positionen, die Subjekte darin einnehmen. Hinsichtlich der Zielaspekte Globalen Lernens wird deutlich, dass dem Alltagsverstand und der Lebensweise eine zentrale Rolle im Kontext gesellschaftlicher Veränderungsprozesse zugeschrieben werden. In Alltagspraktiken, -routinen, Selbst- und Weltbildern – dem Alltagsverstand – drückt sich ein (unbewusstes) subjektives Verhältnis zur Welt aus, welches mit Weltauffassung und -interpretation einhergeht. Alltagsverstand ist geprägt durch eine „Mischung bizarrer Elemente" (Hirschfeld 1999: 84). Antagonismen und Ungleichzeitigkeiten „[...] der Gesellschaft reproduzieren sich, in spezifischer Weise verschoben, verdichtet und verwoben, auch in der Widersprüchlichkeit des Alltagsverstandes." (ebd.: 85) Unterschiedliche Elemente des Alltagsverstandes sind lange erprobt und weisen eine bewährte Funktionalität für das alltägliche Leben auf, angepasst an gesellschaftliche Situationen und Verhältnisse, sie können auch als *mentale Infrastrukturen* (Welzer 2011) bezeichnet werden. Die kritische Bewusstwerdung und Auseinandersetzung mit dem Alltagsverstand kann nicht allein ein Prozess der Vermittlung von Wissen sein (Hirschfeld 1999: 85).

In den Zielen Globalen Lernens zeigt sich teilweise der Anspruch über Perspektiverweiterung, Reflexion, Selbstverortung und Handlungsorientierung bestehende Aktivitäten des Alltags, in denen sich gelebte und nicht nur gedachte Weltauffassungen zeigen, zu hinterfragen, zu verlernen und zu verändern. Wichtig ist an dieser Stelle, zwischen Subjektorientierung und Subjektivierung zu unterscheiden. Die Subjektorientierung stellt eine Dimension in der Entwicklung von Bildungspraxen des Globalen Lernens dar, die auch in den Zielen der Interviewpartner*innen deutlich werden. Subjektorientierung zeichnet sich dabei zunächst dadurch aus, dass Interessen, Erfahrungen, Fähigkeiten oder Einstellungen als Anknüpfungspunkt genutzt werden, um bestimmte Themen zu vermitteln und Lern- und Bildungsziele zu erreichen. Eine zweite, kaum benannte, aber zentrale Dimension der Subjektorientierung liegt darin, dass Lernende die eigene Rolle als Wähler*in, Verbraucher*in, Welt- und Mitbürger*in in einer globalisierten Welt reflektieren (Krämer 2008: 7). In diesem Zusammenhang kommen Lernende als Subjekte in den Blick, die in unterschiedlichen gesellschaftlichen Rollen angerufen, also subjektiviert werden. Über die Ziele Globalen Lernens werden Lernende immer auch subjektiviert und zugleich bestimmte Formen der bestehenden Subjektivierung hervorgerufen, hinterfragt oder gefestigt (Kap. 3.1.1). Die Subjektorientierung, die sich in den Zielaspekten des Globalen Lernens zeigt, kann als eine Form interpretiert werden, Bewusstsein für die geschichtliche Gewordenheit von Lebensweisen und Alltagspraktiken zu generieren. Darüber kann die hegemoniestabilisierende Funktion des Alltagsverstandes sichtbar gemacht werden. Zentral ist dabei jedoch, in Bezug auf welche Aspekte des Alltagsverstandes im Kontext der Subjektorientierung Perspektiverweiterungen, Reflexionsmomente und Handlungsorientierungen stattfinden. Dabei kann es sich um eindimensionale Subjektverständnisse handeln, die lediglich einen Bereich von Alltagspraxen adressieren und bspw. primär auf Interessen und Erfahrungen von Subjekten abzielen, die mit alltäglichem Konsumverhalten in Verbindung stehen. Zusätzlich werden umfassendere Alltagspraxen thematisiert, in denen ein mehrdimensionales Subjektverständnis sichtbar wird. Hier werden die Lernenden in unterschiedlichen gesellschaftlichen Rollen angesprochen und dabei auch als auf komplexe Weise in gesellschaftliche Strukturen eingebunden verstanden. Im Zuge dessen werden auch Machtsymmetrien thematisiert und den Teilnehmenden gesellschaftliche Mitgestaltungsmöglichkeiten aufgezeigt.

Subjektbildung findet im Kontext von Zielaspekten entsprechend subtil über die Subjektorientierung (und das damit verbundene Subjektverständnis) statt. In den Zielaspekten Globalen Lernens scheinen zwei Tendenzen auf, wie die genannten Ziele Globalen Lernens adressiert und verstanden werden, denen jeweils unterschiedliche Subjektverständnisse zugrunde liegen. Aufeinander aufbauende Ziele stellen dabei ein erstes *lineares, additives Verständnis* dar:

```
    ❶                    ❷                      ❸
 erkennen  ········▶  bewerten  ········▶   handeln

 Perspektiv-          Reflexions- und       (alltagsbezogene)
 erweiterung          Selbstverortungsprozesse  Handlungsoptionen
```

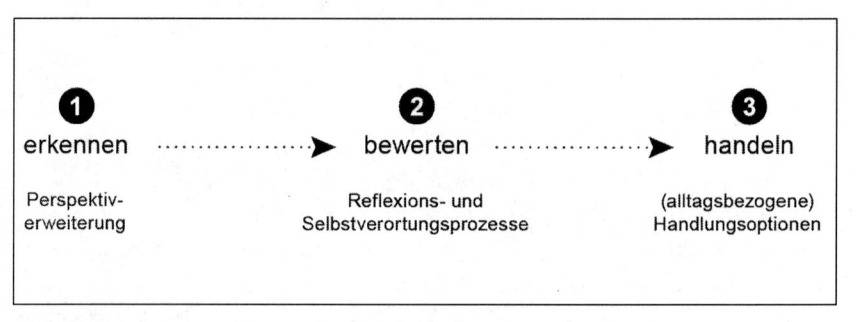

Abbildung 7: Lineares, additives Verständnis von Bildungszielen des Globalen Lernens (eigene Darstellung)

Perspektiverweiterung führt zu Reflexions- und Selbstverortungsprozessen der Subjekte und schließlich zu veränderten (alltagsbezogenen) Handlungen.

In einem solchen Verständnis wird das Subjekt als autonomes, unabhängiges, rational-einsichtig handelndes Subjekt adressiert, auf welches durch Subjektbildung zugegriffen werden kann, um gewünschte gesellschaftliche Veränderungen zu bewirken. Das Erlernen bestimmter Kompetenzen geht entsprechend mit dem Ziel einher, mündig zu werden und selbstbestimmt (globale) Gesellschaft mitzugestalten.

```
        erkennen           bewerten            handeln
```

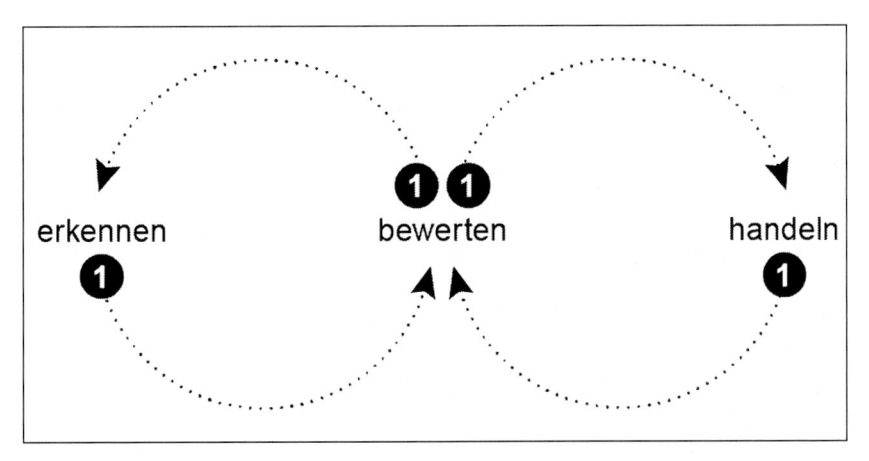

Abbildung 8: Zirkuläres Verständnis von Bildungszielen des Globalen Lernens (eigene Darstellung)

Eine andere Auslegung der Ziele zeigt sich in einem zweiten, *zirkulären Verständnis:* Perspektiverweiterung, Reflexion, Selbstverortung und Handeln bedingen sich gegenseitig, folgen jedoch keinem klaren Schema – im Erproben alternativer Handlungen können Perspektiven verändert und darüber Reflexionsprozesse angestoßen werden.

Das zirkuläre Verständnis der beschriebenen Ziele bezieht Widersprüchlichkeiten, welche auch Teil des bewussten, veränderten Alltagsverstandes sein werden und immer Teil von Subjektwerdung sind (Bernhard 2007: 149), mit ein. Zielaspekte des Globalen Lernens haben nach diesem Verständnis – dessen Tendenz sich bei etwa der Hälfte der Interviewpartner*innen zeigt – entsprechend selbst einen zirkulärer Charakter. Subjekte werden nach diesem Verständnis auch nicht als instrumentalisierbar gesehen. Der Zugriff auf Subjekte kann entsprechend nicht umfassend sein, da sie eigensinnig sind. Das hier durchscheinende Subjektverständnis ist stärker „[…] als sozial bedingte und sozial ermöglichende Subjektivität […]" (Scherr 2010: 305) gefasst. Subjekte unterliegen entsprechend ökonomischen, politischen, rechtlichen und kulturellen Einflüssen und Zwängen, die mitgedacht werden müssen, wenn es darum geht, Lernende zu befähigen sich (mit-)gestaltend und verantwortlich in (globale) Gesellschaft einzubringen (ebd.: 310ff.). Die mit einem solchen Subjektverständnis verbundenen Ziele orientieren sich stärker daran, alternatives Verstehen und Handlungsmöglichkeiten von globalen Zusammenhängen zu ermöglichen – Anregungen und Impulse zu bieten, deren Ausgang offen bleibt.

Transformation als Subjektbildung

Globales Lernen – wie auch jede Form der Bildung – ist stets auch Subjektbildung, da die Lernenden immer in bestimmter Weise als Subjekte adressiert werden. Insgesamt zeigt sich in den Zielen des Globalen Lernens ein Fokus auf die subjektive Verantwortung mit unterschiedlichen Bezügen zur Bedeutung von individuellen und kollektiven Veränderungen des Denkens und Handelns. In den Bildungspraxen der befragten Akteur*innen nehmen Subjekte und deren (kollektive) Selbstermächtigung eine Rolle für Transformation ein. Über die Zielaspekte des Globalen Lernens werden Transformationsvorstellungen sichtbar, für die die subjektive Veränderung – also menschliche Selbstveränderung – zentral ist. Diese stellt eine Bedingung für gesellschaftliche Veränderungsprozesse dar.

Die Subjektorientierung und der damit verbundene Lebensweltbezug bilden einen wichtigen Schwerpunkt in der Thematisierung von Zielaspekten des Globalen Lernens und zeigt, wie bestimmte Bereiche der Lebenswelt und der Alltagspraktiken stärker in den Fokus rücken als andere. Die Subjektorientierung über Konsumgewohnheiten nimmt spezifische Alltagspraktiken in den Blick, damit wird das Subjektsein auf einen Teilbereich beschränkt und es geschieht sogleich auch eine Beschränkung der Transformationsperspektiven, die im Kontext einer solcher Anrufung vermittelt werden.

Auch Handlungsorientierung stellt ein allgemeines Ziel Globalen Lernens dar. Im Sample wird dabei deutlich, dass auch diesbezüglich die Unterscheidung darin besteht, ob Handlungsoptionen auf individueller, vereinzelter oder auf kollektiver Ebene adressiert werden. Deutlich werden hier verschiedene Subjektverständnisse, die auf unterschiedliche Transformationsvorstellungen verweisen. Subjekte werden unterschiedlich angerufen und die Verstrickung in gesellschaftliche Verhältnisse dabei nicht automatisch berücksichtigt. Verknüpft mit unterschiedlichen Verständnissen von Handlungsorientierung sind immer auch Vorstellungen über gesellschaftliche Zusammenhänge. Ergebnisorientierte Handlungsoptionen, die auf der individuellen Ebene vermeintlich leichter zugänglich und umsetzbar sind, gehen mit einer Tendenz einher, Gesellschaft und deren Veränderbarkeit als unterkomplex darzustellen. Sie bauen auf ein Subjektverständnis auf, welches das Subjekt als Gefäß betrachtet, das mit dem richtigen Wissen und entsprechenden Kompetenzen einen Beitrag zu gesellschaftlichen Transformationsprozessen leisten wird. Widersprüchliche Zusammenhänge zwischen individueller Selbstbestimmung und gesellschaftlicher Bestimmtheit tauchen nicht auf (Scherr 2010: 305). Einher geht ein solches Subjektverständnis mit einem eher *eindimensionalen Transformationsverständnis*, das an einem schon definierten Transformationsziel ausgerichtet ist.

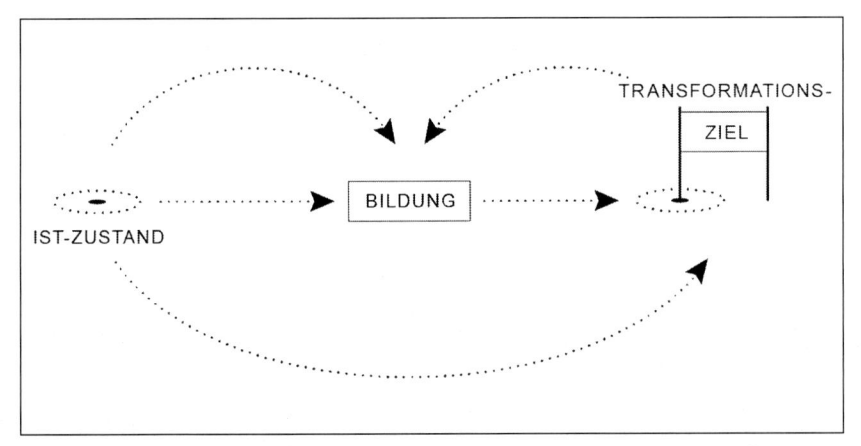

Abbildung 9: Die Rolle von Bildung im eindimensionalen Transformationsverständnis (eigene Darstellung)

Mit einer entsprechenden und erfolgreichen Subjektbildung als Ziel von Globalem Lernen kann das gewünschte gesellschaftliche Transformationsziel erreicht werden.

Demgegenüber stehen prozessorientierte Handlungsoptionen. Bei diesen werden Rahmenbedingungen von Handeln auf subjektiver und gesellschaftlicher Ebene mit einbezogen. Es werden Perspektiven für diverse Möglichkeiten alternativen Handelns geschaffen und die Bedeutung kollektiven Handelns thematisiert. Die prozessorientierte Vermittlung von Handlungsoptionen geht mit einer kritisch-reflexiv-erprobenden Haltung einher. Gesellschaft wird dabei als umfassend gestaltbar, aber auch widersprüchlich begriffen – ein immerwährender Prozess ohne Ende, an dem Subjekte immer beteiligt sind – ob passiv oder aktiv, kollektiv organisiert oder vereinzelt. In diesem Prozess wird Subjektivierung als etwas Unabgeschlossenes, Immerwährendes deutlich. Subjekte werden als involviert, widersprüchlich, ambivalent und als der „Macht" nicht gegenüberstehend angerufen und auch sichtbar (Kap. 2.3.3).

Eine so verstandene Subjektbildung ähnelt damit einer Suchbewegung, in der auch Subjektivierungsprozesse immer wieder bewusst gemacht, hinterfragt und verändert werden.

○○ BILDUNG

◄─────► TRANSFORMATIONSZIEL

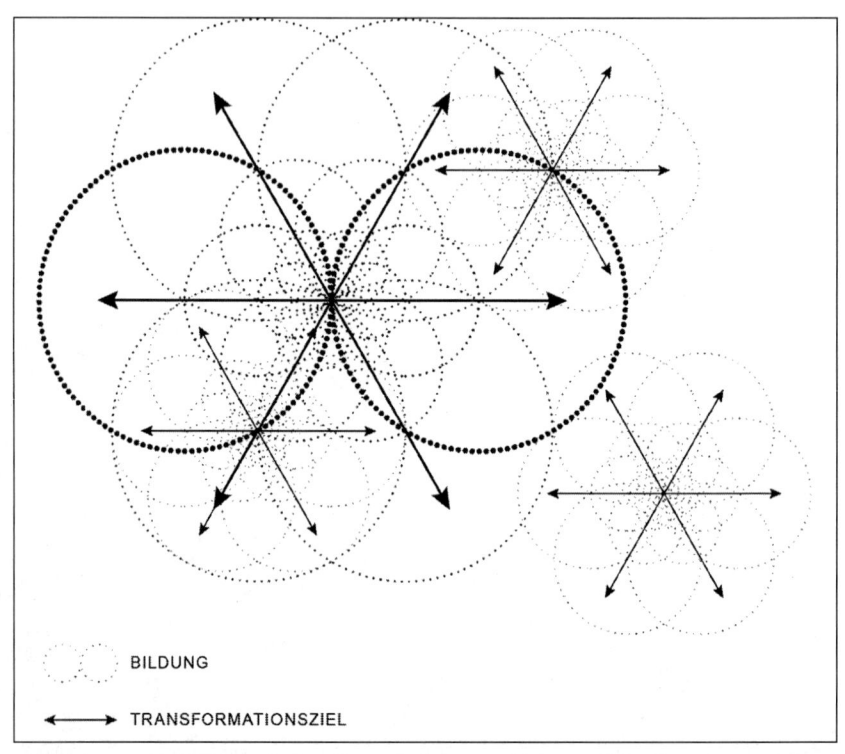

Abbildung 10: Die Rolle von Bildung im mehrdimensionalen Transformationsverständnis (eigene Darstellung)

Analog dazu wird Transformation als *mehrdimensionaler Prozess* verstanden, in dem Ziele nicht statisch sind, sondern als Orientierung gebender Rahmen dienen. Transformation kann von diesem Verständnis ausgehend als *Suchbewegung* bezeichnet werden, wie es Abbildung 10 verbildlicht: Während des Bildungsprozesses, der sich durch ein zirkuläres Zusammenwirken von Bildungszielen auszeichnet (Abb. 8), stoßen Subjekte auf neue Impulse, Erfahrungen und Erkenntnisse, die dazu führen, das gesellschaftliche Transformationsziele hinterfragt, verworfen und neu ausgerichtet werden.

Die Teilhabe an der Gestaltung neuer gesellschaftlicher Leitbilder und Paradigmen geht mit mentalen und sozialen Voraussetzungen einher, die mit Subjektivierungsprozessen verbunden sind (Seitz 2017: 168). Die Herausforderungen und die Komplexität, die in diesem Zusammenhang bezüglich gesellschaftlicher Transformationsprozesse bestehen, werden nur von wenigen Interviewpartner*innen thematisiert und in der Bildungspraxis berücksichtigt.

Die Subjektorientierung im Globalen Lernen – als didaktisches Prinzip, welches mit unterschiedlichen Subjektverständnissen einhergeht – ist dabei im Zusammenhang mit dem Ziel zu sehen, gesellschaftliche Verhältnisse (zu deren Form im Sample unterschiedliche Positionen zu finden sind; Kap. 5.1.2) zu verändern.

5.1.4 Vermittlungsaspekte des Globalen Lernens

Wie geht Globales Lernen? Die artikulierten Inhalte und Ziele Globalen Lernens gehen mit bestimmten Praxen der Vermittlung einher, also der Frage, *wie* Inhalte für Lernende zugänglich gemacht werden und wie dadurch Ziele Globalen Lernens „erreicht" werden. Die Vermittlungsaspekte Globalen Lernens verdeutlichen einen weiteren Teilaspekt, in dem Transformationsvorstellungen der Interviewpartner*innen sichtbar werden. Die Interviewpartner*innen nehmen in der Bildungspraxis des Globalen Lernens eine Vermittlungsfunktion ein. Damit sind die Fragen verbunden, wie die Übersetzung von Inhalten (Kap. 5.1.2) stattfindet, wie Lernprozesse gestaltet werden, um Ziele (Kap. 5.1.3) des Globalen Lernens zu erreichen und welche Rolle Bildungsakteur*innen diesbezüglich einnehmen. Im Folgenden werden Aspekte thematisiert, welche die Vermittlungs- und Übersetzungspraktiken der Interviewpartner*innen auszeichnen – die mit ihrer Bildungspraxis das Ziel verfolgen (politische und kollektive) (Selbst-)Ermächtigungsprozesse anzustoßen, andere Lernräume zu schaffen und ganzheitliche Lernerfahrungen zu vermitteln, die im Rahmen gesellschaftlicher Veränderung zu verorten sind.

5.1.4.1 Ganzheitliches Lernen – „Resonanz statt Dominanz"

In den Ausführungen der Interviewpartner*innen zeichnen sich ähnliche Vermittlungsverständnisse ab, die sich auf ein ganzheitliches Lernen beziehen und verschiedene Erfahrungsdimensionen des Menschen berücksichtigen sollen (B: 76-77; A: 76; C: 72; D: 110; G: 75; H: 71; E: 113; I: 71; J: 67; K: 75; F: 66):

Die Vermittlungsformen des Globalen Lernens verweisen darauf, dass nicht nur die gemeinsame Auseinandersetzung mit Inhalten in kooperativen Formaten von Bedeutung ist, sondern die Methodenwahl auch auf ganzheitliche Lernprozesse abzielt. Oft werden Methoden so ausgewählt, dass der ganze Körper in Lernprozesse einbezogen wird. Kognitiv ausgerichtete Lernprozesse werden in der Gestaltung von Lernsettings um Erfahrungsdimensionen auf körperlicher und emotionaler Ebene ergänzt. Die Integration von sinnlichen Komponenten wird als relevant erachtet, um ein Thema zu erfassen. Entsprechend wird Lernen von den interviewten Personen als vielseitiger und umfassender Prozess begriffen, der mit verschiedenen Zugängen und in unterschiedlichen Formen der Auseinandersetzungen stattfinden kann. Dabei werden die unterschiedlichen Zugänge als gleichwertig erachtet und nicht in eine hierarchische Ordnung gebracht (F: 66; H: 21). Die Bildungsarbeit einiger Interviewpartner*innen verfolgt den Anspruch, Themen in vielfältiger Art und Weise zugänglich zu machen. Lernformate sollen möglichst verschiedene Bedürfnisse der Lernenden und Elemente in den Prozess des Lernens integrieren:

Also, es gibt irgendwie ein Bedürfnis nach irgendwie Wissen und Wachsen und dann gibt es halt Phasen, wo wir was reingeben. Input, in welcher Form auch immer, es gibt irgendwie das Bedürfnis nach Austausch, also gibt es auch immer wieder Austausch-Lernformate, es gibt Sachen mit Bewegung und es gibt ein Bedürfnis nach Bewegung und nicht nur sitzen und reden, sondern auch irgendwie spielen und Bewegung und das versuchen wir dann halt mit abzudecken mit den Formaten, die wir auswählen. (4) […] (F: 53)

Die Vermittlungsarbeit besteht für einige Interviewpartner*innen darin, einerseits subjektive Bedürfnisse der Lernenden zu integrieren, sie andererseits im Rahmen des Bildungssetting erst zu wecken, zu einer Bewusstwerdung dieser beizutragen und anschließend damit zu arbeiten und neue Zugänge zu Inhalten zu schaffen.

Die Wahl interaktiver Methoden und ganzheitlicher Zugänge ist oft geknüpft an die Lebenswelt der Zielgruppen, für die Bildungsangebote konzipiert werden (Kap. 5.1.3). Dabei geht es darum, unterschiedliche Zielgruppen über deren Erfahrungswelt und Lebensrealität abzuholen, alltägliche Bezüge herzustellen und dadurch Interesse und Neugier an den behandelten Themen zu wecken (C: 72; A: 63; I: 20; C: 63; F: 30).

[…] was einfach im Mittelpunkt steht, ist das es ähm für die Teilnehmenden, für Lernenden, für die Altersstufe einfach was ist, woran sie andocken können, dass es so aufbereitet ist, das ähm geschaut wird: „Okay mit wem arbeite ich hier eigentlich zusammen?" und das möglichst der Blick auch dahin geht. Ich gehe in eine Gruppe und wir arbeiten zusammen an was, ne, das ist wieder halt dieses „Resonanz statt Dominanz" […] (H: 71)

Der Zielgruppenbezug besteht für einige Interviewpartner*innen auch in einer offenen Gestaltung der Bildungssettings, die sich weniger an klaren Lösungen und Antworten ausrichtet, sondern Impulse setzen möchte. Die verwendeten

Methoden zielen darauf ab, Dinge zu hinterfragen, neuzudenken, weiterzudenken, kennenzulernen und eine Offenheit und Neugier gegenüber Fragen und Sichtweisen zu schaffen (F: 41, 51, 91; J: 73; K: 51; A: 123-124).

Also zum Beispiel zur fairen Arbeit, das ist eher mit so einem philosophischen Ansatz – Denkkoffer nennt sich das, mit einem Koffer, der ganz viele ähm Alltagsgegenstände hat – mit dem man dann philosophieren kann [...] über faire Arbeit nachzudenken [...] (I: 71)

Vermittlungspraktiken der Interviewpartner*innen zeichnen sich durch Irritationsmomente aus und laden zur Reflexion von als selbstverständlich und normal erscheinenden Alltagspraktiken und gesellschaftlichen Verhältnissen ein. Sie zielen darauf ab, neue, andere Perspektiven auch auf selbstverständliche Gegenstände, die im Alltag genutzt werden, zu ermöglichen und dadurch Fragen an Selbst- und Weltverhältnisse zu generieren (J: 75). Zudem merken einige Interviewpartner*innen an, dass sich Vermittlungspraktiken selbst stets weiterentwickeln. Lern- und Reflexionsprozesse im Rahmen der eigenen Vermittlungserfahrungen werden als solche erkannt und wertgeschätzt. Die didaktisch-methodische Konzeption der eigenen Praxis wird als unabgeschlossener Prozess verstanden, der immer auch durch die sich verändernden gesellschaftlichen Rahmenbedingungen und Möglichkeiten beeinflusst wird (A: 128; C: 67; F: 51; E: 116).

[...] Das ist glaube ich ein wichtiger Punkt, dass man da immer dazulernen muss, also das man heute, einmal digitale Angebote machen kann oder Onlinequiz und solche Sachen, die heute auch eher ein bisschen Spaß machen und so. Aber da haben wir glaube ich eine Reihe von Auswahl und viel Erfahrung, die die Leute im Bildungsbereich haben, mit einer Reihe von Ansätzen [...] (G: 75)

Die Nutzung digitaler und technischer Methoden bietet andere Zugänge zu Inhalten und Themen, die herangezogen werden, um Zielgruppen in ihrer zunehmend digitalen und von Technik geprägten Lebenswelt abzuholen. Im fachdidaktischen Diskurs erfährt die Frage nach geeigneten didaktischen Zugängen und die Vielfalt von methodischen Möglichkeiten eine große Aufmerksamkeit. Dieser Fokus auf die Methodenwahl findet seine Übersetzung in einer großen Anzahl an Ausbildungen, Schulungen, Austauschforen, Konferenzen über Bildungspraxen des Globalen Lernens (E: 117; A: 71).

Die Methodenwahl in Lernsettings steht jedoch nicht für sich. An der kritischen Auseinandersetzung mit den Vermittlungspraktiken und der damit verbundenen Methodenwahl machen einige Interviewpartner*innen deutlich, dass diese nicht primär dadurch bestimmt ist, ob mit gewählten Methoden Inhalte gut vermittelt werden können:

> *[...] Genau, ich finde manchmal hab ich das Gefühl, es gibt so'n Druck, immer neue Methoden zu entwickeln, die es aber gar nicht braucht, weil es geht darum, zu überlegen: „Was wollen wir vermitteln?" und dann zu gucken, „Wie können wir das vermitteln?" [...] (E: 116)*

Bemerkenswert ist, dass die Weiterentwicklung von methodischen Zugängen also anscheinend nicht allein darauf abzielt, durch andere und neue Methoden Inhalte besser zu vermitteln, sondern auch damit in Verbindung steht bspw. vermeintlich neue und innovative Lernformate zu generieren. Worin die Ursachen des beschriebenen „Drucks" bezüglich der Methodenentwicklung zu suchen sind, wird von den Interviewpartner*innen nicht weiter ausgeführt. Offen bleibt entsprechend, ob diese Erwartungen bspw. durch die Vergabe von Fördermitteln zustande kommen oder auch Konkurrenz zwischen Anbieter*innen von Bildungsangeboten eine Rolle spielt.

Vermittlungspraktiken zeichnen sich auch dadurch aus, dass Lernräume genutzt und geschaffen werden, in denen und durch die, bestimmte Inhalte vermittelt werden. Welche Bedeutung die Interviewpartner*innen der Gestaltung von Lernräumen zuschreiben, beschreibe ich im Folgenden.

5.1.4.2 Lernräume als Vermittlungselement

Von der Hälfte der Interviewpartner*innen werden die Bedeutung und Nutzung von außerschulischen Lernorten als wichtiger Bestandteil der eigenen Vermittlungsarbeit benannt. Der Zugang zu explizit für das Lernen geschaffenen Räumen oder auch zu Orten, die als Lerngegenstand und -raum (fremd-) genutzt werden, eröffnet besondere Zugänge zu Themen. Orte stehen bspw. in Verbindung mit bestimmten Akteur*innen, die diese unterschiedlich nutzen oder auf diese bezogen sind. Sowohl explizite Lernräume als auch Orte, die situativ als Lernräume genutzt werden, ermöglichen spezielle Beteiligungs- und Auseinandersetzungsformen und verweisen darauf, das Lernen an vielfältigen Orten und in unterschiedlicher Weise stattfinden kann. Eine Frage für einige Interviewpartner*innen ist dabei, wie Lernumgebungen gestaltet werden müssen, um den eigenen Anspruch an Bildungssettings – Reflexionsprozesse anzustoßen, Impulse zu setzen und Irritationen herzustellen – auch einzulösen (B: 120; F: 89).

[…] einfach ein gutes Umfeld kreieren, wo sie Impulse und Inspiration kriegen für ihre Arbeit, wo durchaus auch die kritische Perspektive auf „Wie wollen wir lernen?" und „Was bietet das Globale Lernen?" oder „Wie muss das Globale Lernen sein, damit das passiert?" (J:67)

Diese Fragen der Interviewpartner*in verweisen auf Rahmenbedingungen, die Lernprozesse beeinflussen. Auch die Lernorte und die Haltung, mit der Lernprozesse gestaltet werden, stellen dabei wichtige Aspekte der Vermittlung dar.

Die Arbeit an einem außerschulischen Lernort wird als relevanter methodischer Ansatz beschrieben und ist ein wichtiges Element der Bildungspraxen, auch um mit normalem[67] schulischen Unterricht zu brechen (H: 14):

Wo wir eben auch gute Erfahrungen gemacht haben, dass es ein Unterschied ist, eine Schulklasse kommt hier her oder wir gehen an Schulen, was wir ja beides machen ähm aber, ich sag das immer noch so ein bisschen salopp ähm, wenn ich Mittwoch dritte, vierte Stunde an der Realschule XY in den Erdkundeunterricht gehe, dann ist es immer noch dritte, vierte Stunde am Donnerstag Erdkundeunterricht, da kommt nur jemand anderes […] (C: 69)

Der Ort, an dem Lernen stattfindet, hat Einfluss auf die Vermittlung. Lernräume außerhalb der Schule ermöglichen andere Erfahrungsdimensionen und Lernerlebnisse. Das Gestalten und Nutzen von Lernräumen, in denen der Lerngegenstand auch erfahrbar ist, spielt eine Rolle, um Zugang zu Lerngegenständen herzustellen (F: 16; A:12),

Ja, (3) ähm also es ist schon alles immer ähm erfahrungsbasiert – also wir jetzt im Bildungsprogramm vom Weltladen ähm sind mindestens drei Projekte mit dem Botanischen Garten in Kooperation also dass man dort die Pflanzen angucken kann oder die Baumwoll- also genau Baumwolle in verschiedenen Bearbeitungsformen angucken kann oder ähm genau Kakao gibt es dann die Kakaowerkstatt wo sie selber Schokolade herstellen können ähm genau so, das ist glaube ich immer so ein (3) so'n bisschen der Anspruch […] (E: 112)

---

67 Einige Interviewpartner*innen betonen den Unterschied zwischen den von ihnen geschaffenen Lernräumen und normalem schulischen Unterricht explizit. Eine umfassendere und differenziertere Auseinandersetzung mit Schule als relevanten Bezugspunkt von Globalem Lernen findet in Kapitel 5.2.3 statt.

Der Botanische Garten steht hier beispielhaft für einen Ort, an dem Lerngegenstände konkret erfahrbar und andere Zugänge zu Lerngegenständen ermöglicht werden als im Klassenraum. Ausprobieren, Selbermachen und Aktivsein, bilden relevante Merkmale der Gestaltung von Lernräumen und damit der Auseinandersetzung mit Themen des Globalen Lernens. Ein wichtiges Kriterium für die Gestaltung von Lernräumen wird zudem von einigen Interviewpartner*innen darin beschrieben, dass partizipative Zugänge für unterschiedliche Menschen ermöglicht werden sollen.

Dass man halt mit dem normalen Unterricht bricht, dass halt viel auf eine sinnlich- also das es viel sinnliche Zugänge gibt ähm sozusagen, mit so mit den Dingen zu brechen, dass sich Leute erstmal ganz viel mit Texten auseinandersetzen müssen, sondern dass eben eine Herangehensweise ähm ist an Themen des Globalen Lernens, wo jeder sich sozusagen beteiligen kann und ähm wo alle sich einfinden können auf die eine oder andere Art und Weise durch Tun, durch Malen durch äh (3) äh Licht an und aus machen, also was eben für Aufgaben dann geben kann, auch mit einer textlichen Auseinandersetzung hmmm und vor allen Dingen aber dadurch das wir raus gehen in die Stadt [...] (H: 14)

Lernräume werden hier mit dem Anspruch verbunden, die Lernenden mit ihren Fähigkeiten abzuholen und dabei verschiedene Beteiligungs- und Auseinandersetzungsformate mit dem Lerngegenstand und in Alltagspraktiken anzubieten. Stadt wird bspw. als Lernraum genutzt, um Inhalte wahrzunehmen, zu erkunden und eine Auseinandersetzung anzuregen.

[...] da steht dann die Palmölraffinerie, die ist im Hafen, am Kohlekraftwerk fährt man vorbei und so weiter und so fort. Also ganz viele Themen, wo globale Gerechtigkeit oder globale Ungerechtigkeit thematisiert werden können. Ähm finden dann auf so einer Hafenrundfahrt statt [...] (H: 94)

Orte ermöglichen thematische Zugänge und werden mit Akteur*innen verknüpft, die Orte in einer bestimmten Weise nutzen. Durch die Zusammenarbeit mit Akteur*innen vor Ort können abstrakte und komplexe Themen wie Gerechtigkeit und Ungerechtigkeit mit konkretem lokalen Bezug bearbeitet werden. Orte weisen zudem eine historische Gewordenheit auf, die sie prägen und es ermöglicht, Orte als Lerngegenstand aus verschiedenen Perspektiven zu erfassen (A: 12). Die bewusste methodische Nutzung von Orten geht dabei immer mit einer bestimmten inhaltlichen Kontextualisierung des Ortes einher, welche nicht die einzig mögliche darstellt (Kap. 5.1.2).

5.1.4.3 Lernen in Spannungsverhältnissen

Zwei Elemente von Lernprozessen, die die Interaktion zwischen Lehrenden und Lernenden prägen, stellen nach einigen Interviewpartner*innen Kooperation und Partizipation dar (K: 75; F: 23; H: 42; I: 56; B: 73).

Methodische Aktivitäten werden bewusst unter dem Aspekt ausgewählt, dass zwischen den Lernenden kooperiert werden muss. Kooperation ist ein Prinzip, das als wichtiger Bestandteil von Lernsettings benannt wird. Diese Bedeutung von kooperativen Elementen im Lernsetting wird von manchen Interviewpartner*innen noch ausgeweitet. Kooperation wird als eine Art Haltung beschrieben, die mit einem Bildungsverständnis einhergeht, welches ausgerichtet ist an der gemeinsamen Erarbeitung von Themen. Die kooperative Erarbeitung von Themen findet entsprechend auch zwischen Gruppe und Bildungsakteur*in statt, die sich selbst auch als Lernende verstehen (H: 66):

Ja, aber schon das, so eine Offenheit geschaffen zu haben, für ganz neue Fragen und Sichtweisen und zwar sowohl bei den Teilnehmenden als auch bei mir (3) hmm (4) ja vielleicht so (3) [...] (F: 41)

Der Aspekt der Offenheit in Lernprozessen wird als wichtige Haltung in Lernprozessen betont. Darin zeigt sich der Fokus, der in Lernprozessen gesetzt wird: liegt dieser auf dem Willen und den Bedürfnissen der Bildungsakteur*in oder auf denen der Zielgruppe? (C: 28)

Also, das ist halt so´n „Geben und Nehmen", so ne und nicht, dass nicht in ähm Klassen gegangen wird mit der Absicht, ich möchte irgendwem was beibringen oder irgendwen aufklären oder ähm. Was ich ganz interessant finde ist, dass immer auch äh Leute hier so auftauchen, die dann irgendwie so sagen „JAAA äh", gerade aus so einem Erkenntnisprozess irgendwie kommen, dann sagen die „JAA und ich will, dass alle das wissen." Das ist gut. Aber es geht viel weiter so ähm, es geht nämlich gar nicht darum, dass das äh alle das eine wissen, sondern das alle ganz viel wissen und wie können wir uns teilhaben lassen an diesem ganzen vielen Wissen und ähm was können wir daraus machen. Ähm, das würde ich sagen ist im Hinblick auf die Konzeption von Bildungsveranstaltungen richtig elementar (3) [...] (H: 73)

Problematisiert wird hier das Bedürfnis von Bildungsakteur*innen, ausschließlich eigenes Wissen und eigene Erkenntnisse an Teilnehmer*innen weitergeben zu wollen. Ein monodirektionales Verständnis von Vermittlung, das davon ausgeht, der eigene Erkenntnisprozess sei übertragbar und könne an andere vermittelt werden, wird hier in Frage gestellt. Weiterhin befähigen Expertise zu bestimmten Themen und bestimmte politische Anliegen nicht automatisch zur Weitergabe und Vermittlung des vorhandenen Wissens in Bildungskontexten (K: 28).

Also es sind ja wie schon gesagt immer Leute, die in ihrem Thema stehen, wissen worüber sie sprechen und ja dann geht es eben ans Entwerfen, so was genau soll, kann vermittelt werden, womit kennen sich die Leute aus, was sind deren Punkte, was sind deren Anliegen, wie kann man das auf eine machtkritische Art und WEise ähm, kann man da ein gutes Lernergebnis draus machen. Darum geht's (3) [...] (H: 30)

Die Vermittlung von Inhalten steht in Verbindung mit Lern- und Bildungsfragen. Inhaltliche Expertise wird entsprechend kombiniert mit Expertise zu Bildungsarbeit und -praxen. Deutlich wird hier ein differenziertes Verständnis von Expertise. Menschen haben Expertise in bestimmten Bereichen und das Ziel ist es, verschiedenes Expert*innenwissen zusammenzubringen und darüber Inhalte von Globalem Lernen zu definieren, zu gestalten und vermittelbar zu machen. Bezüge zu didaktischen Theorien kommen laut einiger Interviewpartner*innen im Globalen Lernen etwas zu kurz (B: 12; J: 116). Wissensvermittlung solle jedoch nicht in einem hierarchischen Verhältnis stattfinden. In der Lernsettinggestaltung solle mitgedacht werden, dass Wissen umkämpft ist und daher auch immer die Frage gestellt werden, woher bestimmtes Wissen kommt und welche Interessen eventuell auch mit der Verbreitung von spezifischem Wissen einhergehen. Bei der Konzeption von Lernsettings sollen diese Aspekte berücksichtigt werden, um eine Offenheit für vielfältige Perspektiven auf Wissen und Lerngegenstände zu schaffen (H: 54-55). Der Fokus auf Wissensvermittlung in Kontexten des Globalen Lernens wird zudem als zu eng kritisiert. Die Vermittlung von Wissen über bspw. Handlungsoptionen reiche nicht aus, um alternative Handlungen auszuprobieren und zu erlernen. Und auch Kompetenzen, die erlernt werden, führen nicht zu alternativem Handeln. Hier zeigt sich das Spannungsverhältnis zwischen der offenen Gestaltung von Lernräumen und bestimmten Anliegen, die mit Vermittlungsformen einhergeht.

Vermittlung wird durch weitere Rahmenbedingungen beeinflusst, die in der Gestaltung von Lernsettings berücksichtigy werden sollten. Vermittlungsfragen betreffen nicht allein Inhaltsfragen und Kompetenzvermittlung, sondern auch die mit Inhalten verknüpften Emotionen, Reaktionen und Ambivalenzen. Psychologische Voraussetzungen und Emotionen werden von einigen Interviewpartner*innen als relevanter Aspekt adressiert, die im Zusammenhang mit Fragen der Vermittlung Beachtung finden sollten (I: 94-95).

[…] indem wir einfach gemerkt haben, also Wissen allein reicht nicht, eh nicht und Kompetenzen reichen auch nicht, wenn die Haltung fehlt oder wenn, wenn auch die psychischen Voraussetzungen fehlen an Selbstwirksamkeit, an Selbstvertrauen, an Achtsamkeit, an Solidarität und so. Ähm und die herauszubilden, braucht halt irgendwie nochmal ganz eigene Rahmenbedingungen so. Deswegen haben wir uns das als neues Thema gesetzt, weil uns das so auffiel, dass das irgendwie fehlte, dass da junge Menschen und überhaupt Menschen überhaupt das Gefühl haben oder den Eindruck haben, sie könnten überhaupt irgendwas mitgestalten. (F: 11)

Deutlich wird die Komplexität von Vermittlungsaspekten in Kombination mit Inhalts- und Zielaspekten des Globalen Lernens, aus der heraus Spannungsfelder entstehen, die mit immer neuen Fragen und Suchprozessen einhergehen.

Ein weiteres Spannungsfeld liegt in der didaktischen Reduktion und der Gefahr, durch unterkomplexe Darstellungen Stereotypen zu reproduzieren (A: 127; H: 103-104; G: 50; D: 16; K: 112). Die Herausforderung liege darin, Inhalte für unterschiedliche Zielgruppen zugänglich zu machen. Die Übersetzung von Inhalten des Globalen Lernens gehe damit einher, Komplexität zu reduzieren und zu vereinfachen (J: 117; D: 147; A: 130), ohne dabei auf eindeutige Lösungen und Positionen zu schließen. Eine Sensibilisierung für die Komplexität von Themen zu fördern sei insbesondere deshalb wichtig, weil einseitige Positionen und eingeschränkte Perspektiven vermieden werden müssten.

Ähm, und dann in so kurzer Zeit diese Stereotypen eben nicht zu vermitteln, finde ich EXTREM, unglaublich schwierig. Das geht schon los, wenn wir so eine Produktionskette machen, die ganz großartig ist, so eine „Produktions- und Verarbeitungskette Kakao". Dann hast du eben Menschen hier, Menschen da, Menschen die Schokolade essen. Also von Ghana, vom Kleinbauern oder der Plantage bis hin zum, zur Endverbraucherin so und dann MUSS ich ja schon kürzen, wenn ich so kleine Kärtchen habe mit jeweils zwei Sätzen drauf oder einem Satz zum Vorlesen. Und dann ist da das eine Kind, das sagt „Ich würde auch gerne zur Schule gehen, aber ich arbeite auf der Plantage." Schon allein diese eine Karten, da könntest du jetzt drei Tage dran arbeiten. (A: 125-126)

Um die oft abstrakten und komplexen Themen des Globalen Lernens zu vermitteln, müssen diese eingegrenzt und auf Ausschnitte reduziert werden. Das hiermit verbundene Spannungsfeld wird von einigen Interviewpartner*innen benannt und auch der Umgang damit thematisiert. In der Konzeption von Bildungsmaterial kommen bspw. Menschen zu Wort, die von der behandelten

Thematik betroffen sind, häufig in Form von Interviews. Und auch bei der Verwendung von Namen und anderen Darstellungen im Material wird auf mehr Diversität geachtet,

[…] die heißen dann halt nicht alle „Maria" und „Josef" und sonst wie. Oder ja, es gibt auch nicht nur die ähm „Vater, Mutter, zwei Kinder"-Familie. Es gibt dann auch mal ein schwules Paar oder es gibt eingewanderte Leute und so […] (K: 112-113)

Mit Globalem Lernen wird also die große Chance verbunden, Stereotypen zu verlernen, wenn machtkritische Herangehensweisen verfolgt und nicht Orte auf der Welt identifiziert werden, an denen unbedingt geholfen werden müsse. Vielmehr müssten lokal-globale Verknüpfungen hergestellt und Verbindungen zwischen Themen und Orten sichtbar gemacht werden (H: 101). Die Spannungsfelder, die von einigen Interviewpartner*innen bezüglich der Vermittlung von komplexen Inhalten als wichtige Aspekt benannt werden, gehen auch mit einem Verständnis einer, nachdem alle Beteiligten Lernende sind und sich gemeinsam Herausforderungen stellen, die ihnen begegnen, zu denen auch die Reproduktion von bspw. strukturellem Rassismus gehört. Hier drückt sich auch eine gewisse Fehlertoleranz aus, die eine Auseinandersetzung mit Vielfalt in Bildungssettings eröffnen kann.

[…] Wir haben auch oft das Problem, dass unsere Referenten nicht ganz so rassismuskritisch sind, wie sie vielleicht sein sollten. Oder ich sag mal in andere Fettnäpfchen treten (3). Würden andere anders bewerten, weiß ich auch, finde ich aber, das ist nicht so schlimm, wenn man drüber spricht, weil unsere Referent sind nicht perfekt, unsere Teilnehmer sind nicht perfekt, unsere Lehrkräfte sind nicht perfekt und wichtig ist es, dass man sich eben mit den Themen in ihrer Vielfalt überhaupt mal auseinandersetzt. (D: 16)

Position zu beziehen und hegemoniale Politiken zu hinterfragen, müsse zugleich damit einhergehen, Bildungssettings ergebnisoffen zu gestalten und die eigene Position zu reflektieren (E: 92). Darüber wird ein Selbstverständnis der Bildungsakteur*innen deutlich, das das hierarchische Verhältnis von Expert*innen und Laien überwindet und damit gemeinsame Such- und Reflexionsprozesse auf Augenhöhe ermöglicht. Alle Beteiligten werden somit als Lernende verstanden.

Die Herausforderung wird von einigen Interviewpartner*innen auch in der *Nicht-Freiwilligkeit* des Lernsettings gesehen. Als relevant wird diesbezüglich ebenfalls eine Haltung beschrieben, die trotz dieser einschränkenden Rahmenbedingungen zu einer Offenheit, Motivation und einem gelingenden Lernerlebnis für alle Beteiligten führen könne (A: 76):

Und auch eine total wichtige Voraussetzung für die Bildungsarbeit ist, also ich merke immer wieder, wenn es Gruppen gibt, die nicht so ganz freiwillig dabei sind, zum Beispiel, weil es eine Berufsschulgruppe ist, mit der wir einen Workshop machen oder ein freiwilliges Setting ist, wo jetzt im ökologischen Freiwilligendienst Leute gar nicht so ein großes Interesse an globaler Gerechtigkeit haben. Ähm, dann ist es total wichtig, also von der Haltung her nicht da rein zu gehen, so „ich will, dass ihr jetzt endlich euch nachhaltig verhaltet und annehmt, dass Nachhaltigkeit das Leitprinzip überhaupt ist!" Ähm, ich habe das Gefühl, wenn ich das offen lasse, dann gelingt ein Dialog so, dann kann ich auch was bewegen in dem Raum. (F: 23)

Als Gelingensbedingung für Lernprozesse wird hier eine prinzipielle Offenheit als Haltung von Bildungsakteur*innen erkannt, die sich praktisch in der dialogischen Interaktion zeigt. Bildungsakteur*innen sollten in der Lage sein, sich auch auf unvorhergesehene Positionen einzulassen und mit den Teilnehmer*innen in einen gemeinsam gestalteten, dialogischen und ergebnisoffenen Lernprozess zu treten.

Eine weitere Haltung bezüglich der Vermittlung und dem damit verbundenen Lern- und Bildungsverständnis wird im Sample artikuliert:

Und wenn ich sage, ich sensibilisiere den Lernenden immer wieder für diese Themen und setz' da so einen kleinen Samen irgendwie im Kopf und der wächst und gedeiht und dann ist diese Person irgendwann mal Mitte zwanzig, hat vielleicht sein Studium, verdient ein bisschen Kohle und dann ist er an einem Punkt, wo ich mir vielleicht sage, jetzt bin ich mündig, jetzt habe ich die Option und jetzt kann ich vielleicht auch ein bisschen anders denken, weil ich für diese Themen anders sensibilisiert bin [...] (C: 42)

Bei dieser schematischen und linearen Perspektive sollen Zielgruppen durch vorab definiertes und ausgewähltes Wissen und Ziele, denen die Wissensvermittlung dient, für Themen sensibilisiert werden. Die Analogie zum *Samen setzen* verweist außerdem darauf, dass die Teilnehmer*innen in einer passiven Rolle gesehen werden, deren Handlungskompetenz sich erst im Erwachsenenalter ausbildet. In der aktiven Rolle sind die Bildungsakteur*innen, die als Wissende und Expert*innen verstanden werden und Anregungen von außen an die Lernenden herantragen. Interessen und Bedürfnisse der Lernenden finden in dieser Konzeption von Lernprozess kaum Beachtung.

Die beschriebenen Spannungsverhältnisse, die von einigen Interviewpartner*innen bezüglich der Gestaltung von Lernsettings benannt werden, machen unterschiedliche Lernverständnisse sichtbar. Kooperation, Lernen auf Augenhöhe und die offene Gestaltung stellt für einige Interviewpartner*innen wichtige Aspekte bezüglich der methodischen Gestaltung des Lernsettings dar. Diese geht mit einer Haltung einher, die dadurch geprägt ist, dass sich auch die Bildungsakteur*innen stets in einem Lernprozess befinden und Themen dialogisch gemeinsam mit der Zielgruppe erarbeitet werden und dabei die Offenheit für neue Sichtweisen und Fragen zentral ist.

5.1.4.4 Was nehmen wir mit?

In der Beschäftigung mit Vermittlungsaspekten Globalen Lernens werden Herausforderungen und Spannungsverhältnisse deutlich, die mit der Übersetzung von Gesellschaftsproblemen in Lernaufgaben verbunden sind. Gramsci spricht pädagogischen Verhältnissen eine besondere Bedeutung für emanzipatorische Bewegungen und gesellschaftliche Entwicklungen zu. Diese Bedeutung begründet sich über Herrschaftsformen, die auf Hegemonie basieren und eine Balance zwischen Elementen des Zwangs und des Konsenses anstreben. „Wobei die integrativen, also die auf Zustimmung und Loyalität gerichteten Momente, auf Dauer die Oberhand behalten" (Merkens 2007: 158). Und diese werden insbesondere in und durch pädagogische Formen herbeigeführt. Für die Realisierung und Durchsetzung eines gesellschaftlichen Konsens gilt es entsprechend eine kulturelle, politische und moralische Ausstrahlungskraft zu entwickeln, „die orientierend auf das Denken und die kulturelle Lebensweise der Menschen wirkt" (ebd.).

Die Vermittlung und Durchsetzung von Weltauffassungen, Vorstellungen, Ideen, Werthaltungen und Normen erfolgt nach Gramsci durch organische Intellektuelle.[68] Gesellschaftliche Gruppen bilden jeweils eigene organische Intellektuelle aus, welche mehr oder weniger bewusst mit unterschiedlicher Reichweite und wechselndem Erfolg Alltagsverstand organisieren und führend in

---

68 Gramsci nimmt eine Neubestimmung des Begriffs des Intellektuellen vor: „Alle Menschen sind Intellektuelle aber nicht alle Menschen haben in der Gesellschaft die Funktion von Intellektuellen. [...] [D]as bedeutet, daß man zwar von Intellektuellen reden kann, aber nicht von Nicht-Intellektuellen, weil es Nicht-Intellektuelle nicht gibt.[...] Jeder Mensch entfaltet schließlich außerhalb seines Berufes irgendeine intellektuelle Tätigkeit, ist er als ein ›Philosoph‹, ein Künstler, ein Mensch mit Geschmack, hat er Teil an einer Weltauffassung, hält sich an eine bewusste moralische Richtschnur, trägt folglich dazu bei, eine Weltauffassung zu stützen oder zu verändern, das heißt, neue Denkweisen hervorzurufen." (GH 7: 1531)

Gesellschaft wirken. Organische Intellektuelle nehmen eine Rolle für die Herausbildung und Stabilisierung von Hegemonie ein. Zugleich sind sie für Bewegungen von Bedeutung, die sich gegen eine herrschende Lebens- und Produktionsweise richten und bestehende Verhältnisse hinterfragen und herausfordern (Süß 2015: 50f.). Der Begriff des organischen Intellektuellen hat zunächst einen analytischen Stellenwert, „der auf die spezifische Funktion des Intellektuellentypus für die intellektuelle Formierung von Klasse zielt" (Merkens 2007: 169). Organische Intellektuelle sind demnach Personen, die führend und organisierend in Gesellschaft wirken, indem sie – angeleitet von einer erzieherisch-praktischen Motivation und an Alltagserfahrungen ansetzend – Kritik am Alltagsverstand üben und kollektive Handlungsfähigkeit ausweiten wollen (ebd.: 169f.). Ihre Rolle zeichnet sich durch ein kritisches intellektuelles Bewusstsein aus, mit dem sie als Vermittler*innen oder Übersetzer*innen, in transformatorischer Funktion anstreben, aktuelle kritische Einsichten zu vergesellschaften. „Als solche leisten sie einen Prozess der pädagogischen Vergesellschaftung von Kultur und Lebensweise, von politischer und ökonomischer Weltsicht, der voraussetzende Bedingung von Hegemonie ist" (ebd.: 171).

Für die Auseinandersetzungen rund um unterschiedliche Perspektiven auf Transformation nehmen die befragten Bildungsakteur*innen eine ähnliche Rolle ein, wie die von Gramsci beschriebenen organischen Intellektuellen. Die Multiplikator*innen sind einerseits „den Weg kritischer Bewusstwerdung bereits ein Stück weit gegangen" (ebd.), andererseits durch ihre Eingebundenheit im Kontext der Bildungspraxen selbst Teil des Prozesses (kritischer) Bewusstwerdung.

„Ihre Einsicht in das gesellschaftliche Werden, ihr kritisches intellektuelles Bewusstsein, geht der sozialen Bewegung [und auch der entsprechenden Bildungspraxis, ergänzt N.I.] daher nicht an sich voraus, vielmehr, sind sie immer auch historisch-spezifische Produkte dieser Kämpfe. Also ebenso ihrer historischen Irrtümer und Niederlagen." *(ebd.)*

Die Funktion der Vermittlung und Übersetzung stellt für Bildungsarrangements keine Besonderheit dar, da diese Aspekte zentral für Bildungs- und Lernsettings sind. Ich verstehe die Interviewpartner*innen entsprechend als Vermittler*innen und Übersetzer*innen – als Subjekte der Transformation –, die (kritische) gesellschaftspolitische Inhalte im Rahmen globalisierter Lebens- und Produktionsweisen und Vorstellungen gesellschaftlicher Veränderung und damit einhergehende Praxen in Gesellschaft tragen. Bildungssettings des Globalen Lernens werden als Rahmen genutzt, um gesellschaftliche Verhältnisse lesen zu lernen, zu hinterfragen und Kritik- und Handlungsfähigkeit einzuüben. Die Auseinandersetzung mit der eigenen Weltauffassung und Möglichkeiten, aktiv an der Gestaltung von Weltgeschichte teilzunehmen, bilden Orientierungspunkte für die Bildungspraxis des Globalen Lernens – in der die Interviewpartner*innen sich unterschiedlicher Strategien bedienen. Auch bezüglich der Zielsetzungen – wie Selbst- und Weltverhältnisse gestaltet werden sollen und können – besteht dabei keine Einigkeit (Kap. 5.1.3). Die Interviewpartner*innen nehmen die Rolle der Vermittler*innen und Übersetzer*innen ein, in einem per se als pädagogischer Rahmen definierten Zusammenhang. Zugleich besteht der Anspruch, in dieser Rolle über das konkrete Bildungssetting hinauszuwirken und Lernende zu befähigen veränderte Selbst- und Weltverhältnisse zu gestalten. Um diesen Anspruch umzusetzen, bedienen sich die Interviewpartner*innen unterschiedlicher Methoden und Verständnisse von Vermittlung, also dem *wie* des didaktischen Handelns im Globalen Lernen.

Aus hegemonietheoretischer Perspektive sind Vermittlungsaspekte von Spannungsverhältnissen durchzogen, die ich hier noch kurz nennen möchte, bevor ich zu den Tendenzen unterschiedlicher Transformationsverständnisse komme, die in Vermittlungsaspekten des Globalen Lernens deutlich werden.

Praxen der Vermittlung und der Übersetzung gehen mit einer Dialektik pädagogischer Führungsverhältnisse einher. Die Herausforderung besteht darin, pädagogische Handlungskompetenzen zu vermitteln, die

„den eigenen gesellschaftlichen Führungsanspruch begründet und vertritt, die diesem Anspruch aber auch so viel Offenheit und Anbindung an das gesellschaftliche Werden verleiht, dass sich ein tatsächliches Verhältnis der Repräsentanz herausbildet, bis hin zur Aufhebung der Notwendigkeit von Führung überhaupt." (ebd.:164)

Damit verbunden ist die Frage, wie die Dichotomie zwischen Lehrenden und Lernenden umgestaltet werden kann und welche Bedeutung kollektiven Lehr- und Lernprozessen gegeben wird. Vermittlungs- und Übersetzungspraktiken gehen mit Bildungsverständnissen einher, die wiederum mit Subjektverständnissen einhergehen und diese wirken sich auf das Verständnis von Selbst- und Weltveränderung aus.

Subjekte der Transformation
Aus den beschriebenen Vermittlungs- und Übersetzungspraktiken lassen sich Tendenzen von Transformationsverständnissen ableiten, die im Zusammenhang damit stehen, wie die lernenden Subjekte adressiert werden, was wiederum mit dem Subjektverständnis der Bildungsakteur*innen verknüpft ist. Schematisch unterscheide ich hier zwischen zwei Tendenzen, die sich an den Ausführungen der Interviewpartner*innen zeigen: Subjektbildung *für* Transformation und Subjektbildung *als* Transformation (Kap. 3.2.5). Subjektbildung *für* Transformation zeichnet sich dadurch aus, dass Lehr-Lern-Verhältnis und die angewandten Methoden an einem relativ konkreten Ziel orientiert sind, bspw. an der Veränderung individueller Konsumgewohnheiten. Es zeigt sich die Tendenz von subjektorientierten-belehrenden Vermittlungsprozessen, die sich an vereinzelte Subjekte richten. In diesem Zusammenhang treten Bildungsakteur*innen als Expert*innen auf, die über bestimmtes Wissen verfügen und Kompetenzen vermitteln. Das Expert*innen-Verständnis ist zudem geprägt von top-down-Prinzipien – Wissen wird generiert und in entsprechenden Lernsettings weitervermittelt. Neben der Konzentration auf Inhalte findet auch eine Zweckbestimmung statt, wobei sich das pädagogische Handeln aus gesamtgesellschaftlichen Erfordernissen ergibt (Benner 2012: 153). Ein solches Bildungsverständnis korrespondiert stark mit geistes- und sozialwissenschaftlichen Zugängen. Bildung wird entsprechend von äußeren Kriterien definiert, also Kriterien, die dem*der Sich-Bildenden vermeintlich äußerlich sind und an diese herangetragen werden (Thomsen 2019: 89). Ein solches Bildungsverständnis lässt sich durch die Entwicklung von Globalem Lernen gut erklären, da gesellschaftspolitische globale Entwicklungen zur Herausbildung des Globalen Lernens geführt haben (Kap. 3.2.1). Prozessen der Selbstbildung von Subjekten wird wenig Relevanz für Transformationsprozesse des Selbst- und damit auch der Weltverhältnisse zugedacht. Subjekte werden entsprechend *für* Transformationsprozesse gebildet, die jedoch weitestgehend außerhalb des Bildungsprozesses definiert werden.

Dem gegenüber lässt sich aus den Interviews heraus auch ein Verständnis von Subjektbildung *als* Transformation ableiten. Die damit in Verbindung stehenden Vermittlungspraxen zeichnen sich durch Räume und Gelegenheiten gemeinsamer Erfahrungen aus. Wiederkehrende Reflexionsmomente werden ermöglicht und Lernen als offener Prozess mit experimentellem Charakter verstanden. Die Lerngelegenheiten richten sich an abstrakten Zielen wie Selbsterfahrung, Selbstwirksamkeit, Selbstverortung und kollektiven Lern- und Erkenntnisprozessen aus. Mit diesem Verständnis von Subjektbildung *als* Transformation geht einher, dass die Bildungsakteur*innen sich und ihre Rolle selbst auch als Lernende und weniger als Wissende verstehen. Bildungsprozesse zeichnen sich entsprechend stärker durch eine subjektorientiert-dialogische Haltung der Bildungsakteur*innen aus, mit der Inhalte, Wissen und Kompetenzen gemeinsam erarbeitet werden. Subjektorientierung *als* Transformation ist nicht primär an der Wirkung von Bildungsprozessen ausgerichtet – also bspw. der Bekämpfung von Armut oder Rassismus –, sondern zielt darauf ab, lernende Subjekte zu einer Auseinandersetzung mit alternativen Verstehens- und Handlungsmöglichkeiten anzuregen (Scherr 2010: 312 f.). Daraus lässt sich ein Transformationsverständnis ableiten, welches als offener Suchprozess beschrieben werden kann.

Subjektbildung *als* und *für* Transformationen wurden hier idealtypisch gegenübergestellt. Die von den Interviewpartner*innen beschriebenen Vermittlungsaspekte weisen in der Regel eher eine Mischform aus den beiden beschriebenen Typen auf, mit Tendenzen der beschriebenen Subjektbildung.

5.1.5 Politisch-normative Orientierungen im Globalen Lernen

Dem Bildungskonzept des Globalen Lernens liegt eine politisch-normative Begründung und Orientierung zugrunde. Politisch-normative Orientierungen werden bezüglich der Inhaltsaspekte deutlich (Kap. 5.1.2), die sich an Nachhaltigkeit und globaler, sozialer und ökologischer Gerechtigkeit ausrichten. Und auch Zielaspekte (Kap. 5.1.3) verdeutlichen politisch-normative Orientierungen. Der inhaltliche Fokus von Globalem Lernen geht nicht allein mit der Absicht einher, zu informieren und Wissen zu vermitteln, sondern ist mit einer (politisch-)normativen Reflexions-, Bewertungs- und Handlungsdimensionen versehen (G: 94; B: 47; F: 34). Letztlich kreist das Bildungskonzept des Globalen Lernens um die Frage, wie Gerechtigkeit und Nachhaltigkeit in einer globalisierten Welt in Lebens- und Produktionsweisen übersetzt werden können. Werteerziehung und wertebasierte Bildung, im Sinne anstehender globaler gesellschaftlicher Veränderungen, wird im Abschlussbericht der UNESCO-Kommission zur Bildung für das 21. Jahrhundert in den Mittelpunkt globaler Bildung gestellt, um auf ein universelles Bewusstsein gemeinsam geteilter Werte hinzuwirken (Seitz 2002a: 449). Die doppelte Rolle von Bildung und entsprechend auch des Konzepts Globales Lernen liegt darin, dass es um die Veränderung von „Selbst- und Weltverhältnissen" (Koller 2011: 16) im Kontext globaler und politisch-normativer Perspektiven geht. Zudem sollen kollektive und gesellschaftliche Relevanz- und Normsetzungen mit politisch-normativer Orientierung erfolgen. Ziel dieser Prozesse ist es, kollektive, gesellschaftliche Lernprozesse herbeizuführen (Bergmüller/Schwarz 2016: 10). In Ergänzung zu den beschriebenen didaktischen Bestimmungsfaktoren enthielt der Interviewleitfaden die Frage, ob es bestimmte politisch-normative Positionen gibt, die der Bildungsarbeit zugrunde liegen, und wie diese begründet werden.

Die Interviewpartner*innen nennen verschiedene Begriffe und Beschreibungen, an denen ihre Bildungspraxen orientiert sind: Globale Gerechtigkeit, solidarische Welt, die Ausrichtung an Menschenrechten, Nachhaltigkeitsaspekte, das Vorgehen gegen Ausbeutung und Diskriminierung, die Thematisierung von Ungleichheitsideologien, Gleichheit, Freiheit und Weltoffenheit (J: 38-41; B: 47; G: 36; A: 26; I: 22; E: 70; F: 25; C: 24; D: 51). Diese Begriffe könnten als normative Konzepte oder auch als Werte bezeichnet werden, an denen Globales Lernen ausgerichtet wird:

[...] und dieses Verhalten muss natürlich an der Stelle irgendwo wertegeleitet sein, das heißt eine gewisse Vermittlung von Werten, von Solidarität, von globaler Gerechtigkeit und von diesem großen Ding Nachhaltigkeit wäre sozusagen ne Grundwertevermittlung in dem Fall. Ähm Diskriminierungssensibilität, ähm ja da würden mir jetzt noch viele andere Sachen einfallen aber das gehört halt dazu. (J: 23)

In der Analyse des Interviewmaterials lag mein besonderes Interesse auf der Begründung von politisch-normativen Positionen, deren Reflexion sowie deren Übersetzung in Handlungs-, Denk- und Wahrnehmungspraxen sowohl im Kontext der Bildungsarbeit als auch in der allgemeinen Arbeitsorganisation der Interviewpartner*innen.

Der Bezug und die Ausführungen zu politisch-normativen Positionen wird von den Interviewpartner*innen unterschiedlich begründet. Dies werde ich im Folgenden an den drei Teilbereichen *Professionsverständnisse*, *Alltagspraxen* und *demokratische Praxen* verdeutlichen.

5.1.5.1 Professionsverständnisse

Die bereits genannten Konzepte globale Gerechtigkeit, solidarische Welt, die Ausrichtung an Menschenrechten, Nachhaltigkeitsaspekte, das Vorgehen gegen Ausbeutung und Diskriminierung, die Thematisierung von Ungleichheitsideologien, Gleichheit, Freiheit und Weltoffenheit, Bewahrung der Natur (J: 38-41; B: 47; G: 36; A: 26; I: 22; E: 70; F: 25; C: 24; D: 51) werden von allen Interviewpartner*innen als Orientierungen und Ziele genannt, an denen sie ihre Tätigkeiten ausrichten. Die Orientierung an politisch-normativen Konzepten, insbesondere globaler Gerechtigkeit, Nachhaltigkeit und Menschenrechte, prägen den Kontext des Globalen Lernens seit jeher. Unterschiede werden jedoch darin sichtbar, in welcher Art und Weise sich die Akteur*innen auf politisch-normative Orientierungen und Ziele beziehen. Teilweise sind die genannten Konzepte im Leitbild der Organisation zu finden und für Mitarbeiter*innen nachlesbar (J: 38; G: 36). Von größerer Bedeutung sind die genannten Konzepte als antizipierte, geteilte und unausgesprochene politisch-normative Orientierungen. Die Arbeit im Kontext des Globalen Lernens geht mit einem unausgesprochenen Konsens und Bezug auf die Menschenrechte oder auch Gerechtigkeit einher (I: 22; G: 33). Dieser unausgesprochene Konsens bezüglich politisch-normativer Orientierungen wird mit dem sozial-ökologischen Milieu in Verbindung gebracht, aus dem viele Menschen kommen, die im Kontext des Globalen Lernens tätig sind und dadurch das Professionsverständnis prägen.

[...] da kommen natürlich die meisten Leute, die hier arbeiten, sagen wir mal aus solchen Milieus und die haben dann eben bestimmte Vorstellung von sozialer Gerechtigkeit. Man kann sagen, dass das sozusagen eine nicht ausgesprochene Zielvorstellung ist, Wertvorstellung ist [...] (G: 35)

Die Herkunftsmilieus von Akteur*innen im Globalen Lernen werden als eher homogen beschrieben, woraus sich ähnliche Wert- und Zielvorstellungen ergeben, die in Form eines stillen Konsenses tradiert werden. Das Feld des Globalen Lernens zieht Menschen mit bestimmten politisch-normativen Orientierungen an, denn sie sehen in diesem Arbeitskontext eine Möglichkeit, sich für die Umsetzung ihrer Wertvorstellungen einzusetzen (J: 26; B: 47). Zugleich kommt es im Arbeitsalltag kaum zu offenen, regelmäßigen Formen des Austausches über politisch-normative Orientierungen, Ansprüche und Positionen:

Ich hab da noch mit niemand gesprochen, glaube ich, und das hat mich auch so 'n bisschen (.) also ich glaube, um darüber mit jemandem zu sprechen in meiner Arbeit und nicht außerhalb meiner Arbeit müsste, müsste es mal so 'n Workshop geben. Also gibt es vielleicht mal nen Workshop, dass man sich darüber Gedanken macht und mal nen Austauschraum, der aber bewusst geschaffen werden will, muss. Aber in der alltäglichen Arbeit ist es nicht was, wo man drüber spricht [...] (E: 61)

Antizipierte und vermeintlich gemeinsame politisch-normative Orientierungen und Positionen erweisen sich als relevant für den Tätigkeitskontext des Globalen Lernens. Zugleich reflektieren einige Interviewpartner*innen die Funktion von antizipierten und nicht-verhandelten Werten und politischen Positionen. Diese können Bündnisse und Vernetzung von Organisationen und Akteur*innen ermöglichen, mit denen auch eine größere Sichtbarkeit und Handlungsfähigkeit einhergehen kann (Kap. 5.2.2.1).

[…] ist es genau die Frage, also (3) ermöglicht das halt auch große Zusammenschlüsse und damit auch ne größere politische Schlagkraft, auch wenn dann Ziele vielleicht (1) oder nicht die Ziele, aber die Positionen irgendwie ein bisschen weichgekocht sind oder ein bisschen allgemeiner oder so […] (E: 66)

Zudem wird die Wahrscheinlichkeit thematisiert, dass der Austausch und die Verständigung zu politisch-normativen Orientierungen und Positionen in und zwischen Organisationen und Akteur*innen unterschiedliche Vorstellungen von bspw. Gerechtigkeit hervorbringen könnte. Dies bürge die Gefahr, dass gemeinsame politische Durchsetzungskraft verloren gehen könnte (E: 66).

Die Annahme einiger Interviewpartner*innen über einen unausgesprochenen geteilten Wertekanon im Tätigkeitsfeld des Globalen Lernens verweist darauf, dass eine explizite Auseinandersetzung dazu nicht gewünscht ist oder auch nicht als notwendig angesehen wird, da daraus keine Konflikte im Tätigkeitsfeld entstehen.

Die normative Orientierung, welche leitend für die Bildungspraxen ist, wird von einigen Interviewpartner*innen explizit politisch verstanden (H; F; J; G; I; K). Der politische Anspruch wird dabei einerseits durch die zivilgesellschaftliche Entwicklung des Globalen Lernens begründet und andererseits durch die globalen politischen Kontexte, die die Themen und Inhalte von Globalem Lernen definieren. Die Macht- und Abhängigkeitsverhältnisse zwischen dem Globalen Süden und dem Globalen Norden spielen dabei eine Rolle und deren Thematisierung wurde mit einem politischen Anspruch und einem spezifischen Gesellschaftsverständnis verbunden (G: 93). Auch normative Konzepte wie Gerechtigkeit, Nachhaltigkeit oder Menschenrechte werden als in umkämpfte politische Prozesse eingebunden verstanden (J: 95).

Also gerade beim Menschenrechtsbegriff. Naja, da wurden dann die sozialen Menschenrechte immerhin noch erwähnt, aber dass es da ein Spannungsfeld und Konflikte irgendwie also ähm das, was bürgerliche Gesellschaft ausmacht und sowas, das war dann alles so- das sind dann oft so „Friede, Freude, Eierkuchen"-Debatten. Ja, da darf sich jeder irgendwie reindenken, was er irgendwie drin haben will und ja (3) […] (K: 96)

Normative Konzepte werden von gesellschaftlichen Akteur*innen und in politischen Prozessen unterschiedlich definiert und umgesetzt. Die Orientierung an deutungsoffenen Konzepten wie Gerechtigkeit oder Menschenrechten erleichtern es, Gemeinsamkeiten zu finden. Zugleich geht mit diesen die Gefahr einher, dass Unterschiede negiert und Konflikte vermieden werden. Dadurch entstehen Worthülsen, die die damit verbundenen Konzepte inhaltlich leeren. Politische Rahmenbedingungen nehmen Einfluss darauf, wie und ob normative Orientierungen Umsetzung finden. Entsprechend benennen einige Interviewpartner*innen die politische Dimension als zentral für die Umsetzung normativer Orientierungen im Globalen Lernen. Themen des Globalen Lernens können mit einem politischen Anspruch behandelt werden, werden dies aber nicht zwangsläufig. Das Politische, im Sinne von konflikthaft und umkämpft, ist in den Themen rund um Globalisierung enthalten. Daher müssen normative Orientierung und die damit einhergehenden Verständnisse als politische verstanden werden. Diese Perspektive zeigt sich als ein spezifisches Professionsverständnis, ist aber nicht generalisierbar (K: 14; F: 48; J: 95). Die Ausführungen der Interviewpartner*innen verdeutlichen zwei Tendenzen, an denen sich die Bildungsakteur*innen des Globalen Lernens orientieren: 1. Antizipierte und vermeintlich geteilte normative Orientierungen und 2. geteilte normative Orientierungen, die als mit politischen Prozessen verbunden verstanden werden und daher auch mit einem politischen Anspruch einhergehen. Dieser Anspruch wird auch in Alltagspraxen deutlich.

5.1.5.2 Alltagspraxen
Die Ausrichtung des Professionsverständnisses an normativen Orientierungen und einer Verbindung dieser mit politischen Positionen findet Übersetzung in unterschiedlichen Praxen und Haltungen bezüglich der Arbeitsorganisation und der Bildungssettings. Wie spiegeln sich vertretene politisch-normative Orientierungen und Ansprüche in der alltäglichen Praxis der Bildungsorganisationen und -akteur*innen wider und wie werden diese in didaktische Settings übertragen?

Konsum-, Bewirtschaftungs- und Beschaffungsverhalten und -entscheidungen werden als Bereiche deutlich, in denen die Übersetzung von normativen Konzepten und politischen Ansprüchen Umsetzung findet.

[…] kann man sagen, dass wir zum Beispiel unsere Veranstaltungen ausschließlich bewirten (3) vegetarisch mit Essen und Getränken aus dem Fairen Handel, dass unsere Ausstattung nach Möglichkeit fair gehandelt ist, dass wir auf Recyclingpapier drucken, dass wir nur fairen Kaffee haben. Ich glaube sowas verständigt sich irgendwie, sind vielleicht Wertebilder, die wir auch wirklich leben im Kollegium und wirklich auch sagen, das merkt man, dass wir darauf Rücksicht nehmen, ähm […] (C: 24)

In organisatorischen Rahmenbedingungen von Bildungsangeboten werden entsprechend Werte und politische Ansprüche sichtbar, die als Orientierung dienen (F: 25). Die Aushandlungen oder Absprachen bezüglich dieser Praxen, die sich auf Nachhaltigkeit und gerechtes Wirtschaften beziehen, tauchen im Sprechen über diese nicht auf. Auch Praxen im Kollegium verweisen auf normative Orientierungen und politische Ansprüche:

[…] dass wir viel mit dem Fahrrad fahren, dass wir glaube ich hier im Verein so gut wie niemand ein Auto besitzt und wenn dann nur, weil er irgendwie viel Material transportieren muss und dass man dann Car-Sharing benutzt. Also, tatsächlich versuchen, die Werte, die wir vermitteln, Textilien, dass wir gucken, nicht ausschließlich, aber dass wir das eine oder andere eben auch mal aus dem Fairen Handel in dem Bereich kaufen, dass man Elektroartikel mal repariert oder dass man mal was leiht, bevor man sich etwas Neues kauft. (C: 25)

Die Übersetzung von normativen Orientierungen richtet sich insbesondere an Alltagspraktiken und Gebrauchsgütern aus (B: 47). Die Bereiche, in denen Werte der Nachhaltigkeit und des Fairen Handels in Praxen übersetzt werden, sind hier Mobilität und die Nutzung von Kleidung und Elektrogeräten. Nachhaltiger Konsum zeigt sich hier als vordergründiger Bereich, in dem die Übersetzung von normativen Orientierungen sichtbar wird. Von einigen Interviewpartner*innen wird jedoch auch die eigene Arbeitsweise und die Organisierung im Verein als Feld benannt, in dem normative Orientierungen und politische Ansprüche realisiert werden (sollen).

[…] und das Versuchen, zumindest auch hier sehr stark in unsere Strukturen einzubinden, dass die wir gemeinsam Entscheidungen treffen, das wir ähm (3), dass alle Leute beteiligt werden und dass wir versuchen, so wenig Hierarchie wie möglich zu haben. Wir haben einen Vorstand, aber das sind keine Chefs – die unterschreiben die Dinge, die unterschrieben werden müssen (B: 41)

Strukturen von Vereinen und die Arbeitsorganisation sind in anderen Kontexten nicht selbstverständlich an bspw. kollektiven Entscheidungsstrukturen ausgerichtet. Deutlich wird hier die bewusste Entscheidung von Vereinen, demokratische Strukturen und kollektive Selbstverwaltung zu leben und auch Machtstrukturen im eigenen Arbeitsumfeld zu reflektieren und dagegen vorzugehen, dass sich Hierarchien etablieren. Mit der eigenen Praxis wird entsprechend auch eine Haltung des „selbst-Ausprobierens" und Vorlebens normativer Orientierungen und politischer Ansprüche verbunden (F: 75). Im Zusammenhang mit der Übersetzung normativer Orientierungen und politischer Ansprüche auf Arbeitsorganisation und strukturelle Rahmenbedingungen werden auch Herausforderungen deutlich. Es bestehe bspw. eine Diskrepanz im Anspruch der Organisationen und Vereine oder auch generell sozialer Bewegungen, Diversität nicht nur zu thematisieren, sondern auch abzubilden (K: 114):

[...] Die große Herausforderung, wenn du dich umsiehst: Wir sind hier vier Weißbrötchen, die hier sitzen und das alles konzipieren. Wir haben selbstverständlich unter unseren Teamerinnen und Teamern auch äh POCs oder schwarze Teamer*innen, aber eben hier im Büro, damit müssen wir uns auseinandersetzen, und ähm auch ich würde sagen auf übergeordneter Ebene, wenn wir in irgendwelche Gremien gehen, äh bietet sich ein ähnliches Bild. Und äh und das muss sich einfach ändern und ist sehr schwer, dass sich das ändert, weil doch immer noch oftmals davon ausgegangen wird, man könne sich qua persönliche Entscheidung äh überlegen, nicht rassistisch zu handeln. Und man sieht sich halt eher nicht oder ist nicht so sehr auf den Gedanken gekommen, äh sich als Teil einer Struktur zu sehen, die ähm rassistisch organisiert ist. Und das finde ich, ist eine große HERausforderung im Globalen Lernen und überhaupt in der Bildungsarbeit (3) (H: 103-104)

Strukturelle Aspekte, die den Tätigkeitsrahmen der Bildungsakteur*innen prägen und für die Übersetzung und Vermittlung von Inhalten und Zielen des Globalen Lernens von großer Bedeutung sind, sind nicht frei von strukturell verankerten Diskriminierungsformen. Die Voraussetzung für eine diskriminierungssensible Bildungsarbeit wird demnach von manchen Interviewpartner*innen als wichtiger Bereich der kritischen Auseinandersetzung, Analyse und bestenfalls Veränderung von Macht- und Herrschaftsstrukturen thematisiert, in die die eigene Tätigkeit eingebettet ist. Eine solche Praxis, die auf die Veränderungen von organisationalen und strukturellen Aspekten abzielt und durch normative Orientierungen und politische Ansprüche geleitet ist, steht mit kleinschrittigeren und langfristigeren Prozessen in Verbindung und fokussiert weniger auf individuelle und situative Entscheidungen. Eine normative und politisch orientierte Praxis, die auch Vereins- und Organisationsstrukturen miteinbezieht, bringt Herausforderungen mit sich und bleibt aufgrund gesellschaftlicher Strukturen immer ambivalent. Normative und politische Praxen in gesellschaftlichen Verhältnissen umzusetzen, die diesen entgegenstehen, sei entsprechend begrenzt möglich.

Eine weitere Ebene, auf der die Übersetzung von normativen Orientierungen und politischen Ansprüchen sichtbar wird, ist die konkrete Bildungspraxis. Hier deutet sich die Übersetzung bspw. im Zusammenhang mit einer Vorbildfunktion des Vereins und damit der Personen, die dort arbeiten, an. Die Relevanz des Vorlebens wird als zentral für eine Auseinandersetzung mit normativen Orientierungen und politischen Ansprüchen betrachtet und findet sich deshalb auch in der praktischen Seminarorganisation wieder:

[…] also halt auf der Ebene des Miteinanders, Nachhaltigkeit ist für uns natürlich ein Wert, also auch in der der Seminargestaltung, sozial-ökologisch vor allem zu gucken, wie ist der Umgang miteinander? Welche Ressourcen verbrauchen wir jetzt gerade hier für diesen Workshop? (F: 25)

Dieses Vorleben könne gegebenenfalls dazu führen, dass andere Menschen Praxen und darin zum Ausdruck gebrachte Werte übernehmen. Auch der Aspekt der Auseinandersetzung mit Werten wird als bedeutsam beschrieben. Dieser besteht darin, Werte vorzuleben und sich aktiv dafür zu entscheiden, bestimmte Praxen auszuprobieren, einzuüben oder auch abzuschauen (F: 7). Diese Entscheidung prägt auch die Arbeit im eigenen Verein, in der immer neue Pfade gesucht werden, um sich mit Themen auseinanderzusetzen, die Beschäftigung spannend zu gestalten und damit das Interesse und den Spaß an der eigenen Arbeit nicht zu verlieren. Spaß und Interesse an den Themen der Bildungspraxis zu haben und darüber das Interesse und die Neugier anderer zu wecken, wird dabei als eigener Wert deutlich, an dem Bildungspraxen ausgerichtet sind (F: 30).

Das Vorleben bestimmter Werte wird von einigen Interviewpartner*innen nochmal konkreter am Wert der demokratischen Partizipation verdeutlicht. Politische Partizipation und das damit verbundene Einfordern des Mitspracherechts, das Erkennen von Handlungsoptionen, das Einbringen in demokratische Prozesse und die Ermöglichung wertegebundener Beteiligungsprozesse werden von manchen Interviewpartner*innen als Wert der eigenen Bildungspraxis benannt, der in Praxen dazu Übersetzung findet (J: 40; A: 23-24; I: 56; B: 64),

[…] so es geht nicht darum, Leuten irgendwie zu sagen, dass sie sich falsch verhalten, weil sie sich nicht nachhaltig verhalten, sondern eher so darum, die eigenen Positionen miteinzubringen und auch zu zeigen und zu diskutieren. Und da schon auch andere Positionen zuzulassen – was nicht immer einfach ist, aber also schon ein wichtiger Grundsatz ist für uns. (F: 22)

Politisch-normative Orientierungen der Bildungspraxen werden hier als Feld der Auseinandersetzung sichtbar und thematisiert und weniger als ein vorgegebenes Ziel, welches auf einem bestimmten Weg zu erreichen ist. Politisch-normative Ansprüche zeichnen sich in gelebten Praktiken durch Kontroversität, Konflikthaftigkeit und Ambivalenzen aus (B: 48; I: 94-95; J: 118-119; A: 115). Eine Bildungspraxis, in der diese Elemente einen Platz haben und zu einer Auseinandersetzung mit eigenen normativen Orientierungen und politischen Ansprüchen beitragen, stellen demnach ein wichtiges Element in der Übersetzung und praktischen Umsetzung von politisch-normativen Orientierungen und Ansprüchen für einige Interviewpartner*innen dar.

5.1.5.3 Demokratische Praxen
„Und man macht sich angreifbar mit allem, was man tut, in alle Richtungen." (A: 115)

Von einigen Interviewpartner*innen wird dezidiert die Bedeutung von Demokratie als Bezugspunkt ihrer Bildungspraxen herausgestellt. Demokratie stellt ein Prinzip (Kap. 5.1.4) und inhaltlichen Gegenstand der Bildungspraxen Globalen Lernens dar. Zudem werden Bildungsakteur*innen als Akteur*innen im Prozess der demokratischen Gestaltung von Gesellschaft sichtbar. Für diese Aspekte spielt das Sichtbarmachen von hegemonialen Ordnungen und darin eingeschriebenen Macht- und Herrschaftsstrukturen eine Rolle. Diese müssen zunächst erkannt werden, um Defizite in der demokratischen Gestaltung bspw. von Wirtschaftsordnungen oder auch Bildungssettings zu verdeutlichen. Das kritische Hinterfragen, demokratischer Streit, Reflexion und Machtsensibilität sowohl in Bezug auf Inhalte als auch für die eigene Bildungspraxis und -gestaltung, stellen Aspekte dar, um Demokratie als politisches Prinzip und normative Orientierung zu (er)leben.

[...] also der Untertitel zu dieser Reihe, die wir da rausgeben, ist „Wirtschaft demokratisch gestalten lernen". [...] Also, die Demokratiefrage, ja, also man stößt – egal bei welchem Thema – immer auf Lobbymacht von großen Unternehmen. Ähm, man stößt immer auf die Frage, naja, was müssen wir eigentlich öffentlich kontrollieren und wo werden da in unserer Gesellschaft die Grenzen gezogen? Ja, also, Privatisierung als ein Extrem, aber mittlerweile ja auch wieder die Diskussion: Was wollen wir zurück haben in öffentliche Hand und so. Also das sind immer so Fragen, die (.) das ist so die Oberfrage, unter der wir Dinge betrachten oder auch wenn – was weiß ich – sowas bei den Handelsverträgen, was wird da einfach in Quasigesetzen festgeschrieben, über das wir danach nicht mehr demokratisch entscheiden können, ja. (K: 41)

Inhaltliche Gegenstände mit der Frage zu bearbeiten, welche Rolle Demokratie als Prinzip spielt und welche demokratischen Praxen sichtbar werden, eröffnet den Blick darauf, was in unseren globalisierten Gesellschaften alles nicht (mehr) demokratisch verhandelt wird. Zum Gegenstand der Bildungspraxis wird entsprechend auch, was als demokratisch verstanden wird und welche gesellschaftlichen Bereiche demokratisch organisiert sind oder sein sollten. Zugleich verweist dieser Blick auf die Frage, wie Gesellschaft anders gestaltet werden kann und welche Funktion diesbezüglich Prozesse der Demokratisierung einnehmen könn(t)en. Der demokratische Streit und die Herausforderung von bestehenden Machtstrukturen werden dabei zum Gegenstand der Bildungsarbeit.

Also es geht um eine andere Form der Globalisierung, als die die wir haben, das ist auch eine Grundposition mit der wir in die Bildungsarbeit rein gehen. Ja, da ist immer so die Frage bei der Bildung- also gerade auch an Schule, da kommt sofort Kontroversität und wie haltet ihr es damit und wir sagen, eigentlich schaffen wir diese Kontroversität erst, bei dieser Flut von neoklassisch geprägten Material, was von der Wirtschaftsseite, Unternehmensseite in die Schulen gepumpt wird ähm da schaffen- sind wir es überhaupt erst die eine Gegenposition zur Verfügung stellen und wir machen die auch transparent [...] (K: 43)

Hegemoniale Ordnungen herauszufordern und Machtinteressen hinter dieser Ordnung zu thematisieren, geht einher mit dem Sichtbarmachen von kontroversen Positionen und Interessen und dem Hinterfragen von staatlicher Politik (A: 123-124; I: 41).

Die thematische Auseinandersetzung erfolgt orientiert an demokratischen Werten, indem Kontroversität aufgezeigt und geschaffen wird und sich als Bildungsakteur*in positioniert wird (F:22; B: 48). Das Beziehen einer Position im Kontext der Bildungsarbeit ist ein Anspruch, der mit dem Transparentmachen dieser Position einhergeht:

Also wir sagen das auch, dass wir eine bestimmte Position vertreten, ähm, was in vielen Materialien ja gar nicht (.) Ne, da wird die Wahrheit verkauft. [...] wir machen unsere Position transparent und natürlich gibt es da auch Gegenpositionen. Also, im Wachstumsmodul zum Beispiel [...] da haben wir Leute drin wie Rainer Hank von der FAZ oder (.) kommt da zu Wort oder ein FDP-Politiker, also (lachend) das ist die ganz alte Wachstumsschule, die sind mit ihren Positionen da drin, weil die ja politisch, faktisch eine Rolle spielen, klar muss man sich damit auseinandersetzen. Aber es kommen eben dann auch ähm Leute zu Wort, die halt grund- also ne grundsätzlich wachstumskritische Position einnehmen und ähm darum geht es uns natürlich, die irgendwie in die Diskussion zu bringen und zu stärken ja (3) [...] (K: 44)

Das Abbilden von hegemonialen Positionen, die als unumstößlich angesehen werden, ist relevant gerade auch im Kontrast zu Positionen, die diese Normalität hinterfragen. Die Kontroversität entsteht hier im Zusammenhang mit der transparenten Darstellung von Positionen auf Themen, die Gegenstand der Bildungsarbeit sind. Als Bildungsakteur*innen und Bildungsverein Position zu beziehen und diese transparent zu machen, ohne zu überwältigen, wird als wichtiges Prinzip von Bildungsarbeit beschrieben.

Deutlich wird zudem ein Bewusstsein einiger Interviewpartner*innen über die Verwobenheit von politischen und pädagogischen Aspekten in der Bildungsarbeit Globalen Lernens. Die Reflexion dieser Verwobenheit stellt einen Aspekt dar, mit dem sich Bildungsakteur*innen immer wieder auseinandersetzen müssen (B: 49-50; F: 28; A: 21; J: 118-119).

[...] hmmm, Machtsensibilität ist schon auch ein Wert, also auch immer zu gucken, also in der pädagogischen Arbeit zu gucken, wer sitzt da so? Und denke ich alle mit, in meiner Arbeit, die da möglicherweise sitzen oder stehen oder sich bewegen oder was auch immer? Und ähm (3) immer auch zu reflektieren, was ich aus meiner Position heraus überhaupt möglich machen kann und was nicht, so, für Teilnehmende? (3) (F: 29)

Durch Machtsensibilität und -bewusstsein kann auch eine Perspektive entwickelt werden, mit der Möglichkeiten und Grenzen von Bildungssettings deutlich werden. Die eigene gesellschaftliche Positioniertheit wird hier neben der inhaltlichen Position, die Bildungsakteur*innen vertreten, auch mit der gesellschaftlichen Position verknüpft, die durch Machtstrukturen geprägt ist und nicht der eigenen Wahl unterliegt, jedoch Einfluss auf die Gestaltung und Umsetzung von Lernsettings hat. Demokratische Prinzipien erfordern entsprechend Reflexivität (B: 49-50; J: 95). Diese ist nicht nur mit Bezug auf die eigene gesellschaftliche Positioniertheit von Bedeutung, sondern auch für die Bildungsarbeit selbst.

[...] wenn Reflexivität ein Wert ist [...] also es geht immer darum, zu hinterfragen und nix so anzunehmen, wie es ist, auch nicht die Regeln, die wir als Seminarleitende machen, so auch da ähm kommt immer mal die Frage „Ja, aber können wir jetzt nicht auch drei statt zwei Karten?" „Ja, na klar, wer sagt euch, was ihr machen sollt? Also ich hab jetzt was gesagt, aber ihr seid immer in der Position einzubringen, was euch gerade wichtig ist und dann das zu verändern." [...] (F: 26)

Die von einigen Interviewpartner*innen genannten demokratischen Prinzipien und die Übersetzung dieser in der Bildungspraxis verweisen auch auf Fragen und Herausforderungen, die speziell für Bildungsarbeit von Bedeutung sind (sein sollten). Der Bezug zu fachdidaktischen Debatten wie dem Beutelsbacher Konsens oder die Frankfurter Erklärung wird jedoch nur von einzelnen Interviewpartner*innen explizit hergestellt und als wichtig und Orientierung gebend für ihre Bildungspraxis benannt (H: 60; I: 36).

Gegenstand Globalen Lernens bilden zudem Fragen nach der Gestaltung von globaler Gesellschaft (Kap. 5.1.2). In diesem Zusammenhang treten auch gesellschaftliche Kräfte auf, die aktiv gegen Akteur*innen vorgehen, die Gesellschaft progressiv gestalten wollen:

[…] also im ganzen Bereich Anti-Rassismus und Migration schon, da ist aufgrund der AfD und anderen rechtsextremen und rechtspopulistischen Akteuren, die wahnsinnigen Druck auf die Bildungsverwaltung ausüben und ähm und auch auf die Träger und versuchen teilweise sehr geschickt, die lahm zu legen […] (I: 102)

Gesellschaftliche Tendenzen wirken sich auf die Praxis von Bildungsträgern aus. Im Ringen um die Durchsetzung bestimmter politischer Interessen kommt es auch dazu, dass Bildungsträger nicht nur mangelnde gesellschaftliche Legitimation erfahren, sondern auch aktiv delegitimiert werden. Eine positionierte Bildungsarbeit versucht diesbezüglich, sich Themen nicht diktieren zu lassen, eigene Themen in den Fokus zu stellen und deren Relevanz Sichtbarkeit zu verschaffen.

[…] Was haben eigentlich die im Bundestag vertretenen Parteien für Positionen? Und dann sieht man, was für Scheißpositionen die AfD hat, ja. Aber jetzt beim Klimathema arbeite ich mich nicht an den Leuten ab. Dass muss ich politisch auf dem Schirm haben, wenn ich in dem Feld arbeite, aber in unserem Material haben wir jetzt gerade wieder- waren wir wieder an dem Punkt zu sagen „Nee, gucken wir gar nicht hin", wir gucken auf die Sachen, die wichtig sind und die paar Idioten, die lassen wir einfach rechts liegen so, ja. (K: 100)

Ein Bewusstsein der Bildungsträger dafür, welche Diskurse und damit auch Themen von welchen Akteur*innen mit welchen Interessen gesetzt werden, zeigt sich hier als von großer Bedeutung. In diesem Zusammenhang muss immer die Frage gestellt werden, welches die eigenen Themen sind, die als wichtig gesetzt werden sollen. Die Handlungs- und Deutungsmacht von Bildungsakteur*innen braucht demnach eine politische Positionierung von Akteur*innen im Globalen Lernen.

[…] also auch da machen wir uns nur stark, wenn wir das mehr präsent machen, wenn wir auch sozusagen die Themen, wenn wir auch, wenn wir da politischer werden. Nicht nur im Sinne von Kritik am Wirtschaftssystem, aber auch im Sinne- an Menschenbildern und Politikentwürfen, unsolidarischen Politikentwürfen und Eurozentrismus und ja (3). (I: 103)

Die Arbeit mit und an Themen, welche mit (kontroversen) gesellschaftlichen Diskursen verbunden sind, in denen sich gesellschaftliche Machtverhältnisse zeigen, verdeutlicht, dass im Globalen Lernen keine eindeutigen Antworten auf globale gesellschaftliche Herausforderungen bestehen und (politische) Positionen und normative Orientierungen immer wieder erstritten und erkämpft werden müssen. In das Ringen um gesellschaftliche (Krisen-)Analysen und (demokratische) Gestaltungsfragen sind Bildungsakteur*innen des Globalen Lernens eingebunden (J: 118-119; A: 123-124). Auf Bundes-, Landes- oder Städteebene sind Themen des Globalen Lernens wenig sichtbar und im Kultusministerium werden aktuell eher Themen wie Digitalisierung und Inklusion als relevant verhandelt. Es gehe entsprechend auch um das Sichtbarmachen Globalen Lernens inmitten diverser multipler Krisen (C: 99-101). In Kontexten wie dem Orientierungsrahmen für Globale Entwicklung (Kap. 3.2.1), in dem Themen Globalen Lernens einen zentralen Gegenstand bilden, tauchen jedoch auch Spannungsfelder auf, die im Feld demokratischer Deutungskämpfe zu verorten sind.

[…] und wir sind auch mit in der AG zur Überarbeitung des Wirtschaftsteils vom Orientierungsrahmen, was ich selber auch ein Dilemma finde. So einerseits können wir dadurch unsere Themen, also so ne (3) ähm kritische Perspektiven auf gesellschaftliche Grundannahmen reinbringen. Und gleichzeitig stützen wir es ja damit aber auch so. Also, es ist schon kein, also finde ich kein allzu leichtes Spannungsverhältnis. Ich finde es wichtig, dass wir uns mit einbringen und ich finde es aber auch eigentlich wichtig, dass wir uns verweigern und sagen, „Nee, da machen wir gar nicht erst mit!" so, „Was wir brauchen ist, ist einfach ne andere, andere Lernorte!" So […] (F: 82)

Nicht nur gesamtgesellschaftlich wird um Interessen, Deutungen und Perspektiven gerungen, sondern auch auf konzeptioneller, politischer Ebene des Globalen Lernens. Institutionelle Zusammenhänge, wie hier die KMK, das Bundesministerium für Wirtschaftliche Zusammenarbeit und Entwicklung und Engagement Global binden (sie kritisierende) politische Positionen ein, geben zugleich aber einen bestimmten gesetzten Rahmen vor, in welchem nur bestimmte Deutungs- und Handlungsspielräume bestehen.

5.1.5.4 Was nehmen wir mit?

„Die gegenwärtige Ordnung der Gesellschaft erhält ihre Stabilität erst aufgrund von handlungsanleitenden Normen, Werten, Vorstellungen und Ideen, die für die meisten Menschen als annehmbar oder sogar wünschenswert, als alternativlos oder als beste aller möglichen Ordnungsprinzipien erscheinen." (Süß 2015: 68)

Eine hegemonietheoretische Perspektive auf Inhalte und Ziele des Globalen Lernens fokussiert sich in Anlehnung an Wintersteiner (1999: 232) nicht nur darauf, dass Bildungspraxen bspw. global, gerecht, nachhaltig oder demokratisch ausgerichtet sind – also an normativen Leitlinien orientiert sind –, sondern eröffnet den Blick auf damit verbundene Sichtweisen, Deutungen, Verständnisse und Praxen und thematisiert deren Relevanz für die umgesetzte Praxis. Zudem geht es darum zu Fragen, wie diese durch (hegemoniale) Denk-, Wahrnehmungsweisen und Wissensformen geprägt sind. In normativen Orientierungen und Zielen sind auch politische Projekte enthalten. „Der Mechanismus, durch den eine Gruppe mit ihren Werten und Normen führend wird, beruht im Wesentlichen darauf, dass sie ihr partikulares Interesse als vermeintliches Allgemeininteresse etabliert" (Süß 2015: 40). In diesem Zusammenhang bildet Zivilgesellschaft nicht das „demokratische Korrektiv gegenüber den Mächtigen" (ebd.: 42), ist aber für ein Verständnis der Dimensionen gesellschaftlicher Machtausübung von Bedeutung. In zivilgesellschaftlichen Zusammenhängen wird „Zustimmung im Sinne einer Vergesellschaftung von spezifischen Werthaltungen, Normen, Vorstellungen und Ideen organisiert" (ebd.). Bei Bildungsakteur*innen des Globalen Lernens handelt es sich häufig um Vereine und Organisationen, die aus zivilgesellschaftlichem Engagement entstanden sind. Auch sie sind Teil jener Zivilgesellschaft, die zur Organisation und zur Stabilisierung von hegemonialem Konsens beiträgt. Die Funktion ist auf die Organisation und Stabilisierung etablierter hegemonialer Strukturen gerichtet, jedoch kann auch durch Kritik des bestehenden hegemonialen Konsenses das Etablieren eines neuen Konsenses verfolgt werden. Die Unübersichtlichkeit von Zivilgesellschaft geht dabei mit großen Spielräumen für hegemoniale Verschiebungen und Strategien einher. Die Organisation und Stabilisierung von Hegemonie sind entsprechend nie absolut und stabil. Politische, ökonomische und kulturelle Rahmenbedingungen von Hegemonie sind unvollständig und widersprüchlich. Keine Allianz, keine Gruppe kann Hegemonie vollständig besitzen. Dabei variiert die Handlungsfähigkeit unterschiedlicher Akteur*innen im Kontext ungleicher und umkämpfter Kräfteverhältnisse. Die Verallgemeinerung einer bestimmten Lebensweise und Weltauffassung stellt den Kern einer Form von Herrschaft dar, die jedoch nicht ausschließlich auf Zwang und der tatsächlichen oder potenziellen Ausübung von Gewalt basiert, sondern Elemente des (passiven) Konsenses miteinschließt. Die Organisation von hegemonialem Konsens durch herrschende Gruppen hat eine materielle (Kap. 5.2) und eine mentale Dimension. Die Infragestellung von hegemonialem Konsens findet entsprechend auch auf dem Gebiet der Normen und Werte statt (ebd.: 43 ff.). Mit dem Hegemoniebegriff wird eine doppelte Perspektive ermöglicht: Einerseits kommen Aspekte in den Blick, die bestehende hegemoniale Verhältnisse stabilisieren, andererseits werden Bedingungen sichtbar, um herrschende Verhältnisse zu hinterfragen und Gegen-Hegemonie aufzubauen (ebd.: 35).

Globales Lernen ist ein Bildungskonzept, welches in vielerlei Hinsicht Fragen nach politisch-normativen Orientierungen aufwirft. Deutlich wird dabei, dass es nicht um die grundlegende Frage geht, ob es politisch-normative Orientierungen im Kontext des Globalen Lernens gibt, sondern vielmehr darum, wie diese durch die Interviewpartner*innen unterschiedlich herangezogen, definiert und begründet werden. Im Globalen Lernen zeichnet sich eine bildungstheoretische Tradition ab, die auf klassische und (neu-)humanistische Bildungsverständnisse zurückgeht – Bildung ist demzufolge mit einem modernen Fortschrittsverständnis verbunden und kann zu einer Verbesserung – im Sinne von Gerechtigkeit und Nachhaltigkeit – gesellschaftlicher Verhältnisse beitragen. Der Ist-Zustand wird mit und durch Bildung problematisiert und kritisiert, es wird auf zukünftige Soll-Zustände verwiesen und Wege dorthin aufgezeigt. Globales Lernen als Bildungskonzept wird dabei gleichermaßen als „Prozess und Produkt [...] und seine Organisation" (Tenorth 2011: 354) deutlich. Wobei diese Aspekte jeweils mit der Konnotation des *Guten* und *Erstrebenswerten* verbunden sind. Globales Lernen als in Hegemonie und hegemoniale Projekte eingebunden zu verstehen, geht damit einher, das Spannungsfeld in Augenschein zu nehmen, welches im Kontext von Bildungspraxen sichtbar wird, die eine dezidierte politisch-normative Orientierung aufweisen. Die hegemoniale Eingebundenheit von Globalem Lernen wird ersichtlich, wenn berücksichtigt wird, dass Bildungspraxen immer innerhalb gesellschaftlicher Diskurse und Narrative stattfinden und diese durch Praxen des Globalen Lernens reproduziert, verstärkt und modifiziert werden (Berndt 2019: 121 f.).

Gerade weil der Ansatz Globalen Lernens globale gesellschaftliche Verhältnisse und mit diesen einhergehende *epochaltypische Schlüsselprobleme* (Kap. 5.1.2) fokussiert und Globales Lernen immer auch durch politische Entwicklungen bestimmt wird, lässt sich die hegemoniale Eingebundenheit des Ansatzes gut herausarbeiten. Globales Lernen hat immer auch eine Dimension des politischen Handelns und ist an normative Implikationen gebunden (Kap. 3.2). Diese drücken sich anhand von politisch-normativen Zielen und Orientierungen aus, die Globales Lernen in ein Verhältnis zu globalen gesellschaftlichen Entwicklungen stellen. Politisch-normative Konzepte wie Menschenrechte, Nachhaltigkeit oder Gerechtigkeit stellen in den Ausführungen der Interviewpartner*innen einen gemeinsamen Bezugspunkt dar. Ein gemeinsamer politisch-normativer Bezugspunkt kann auch darin liegen, die Wirkmächtigkeit und Handlungsfähigkeit vieler kleiner (unverbundener) Praxen sichtbar zu machen und zu erhöhen. Zugleich gehen Spannungsverhältnisse und Fallstricke mit einem solchen gemeinsamen (politisch-)normativen Bezugspunkt einher, der von einem Teil der Interviewpartner*innen genannt wird. Es zeigt sich, dass aus gemeinsamen (politisch-)normativen Bezugspunkten unterschiedliche Verständnisse und Praxen resultieren. Die vielfältigen, fragmentierten, unverbundenen und dezentralen Praxen werden vielmehr auf einen vermeintlich einheitlichen Kern reduziert. Der Heterogenität sozialer Kämpfe und den damit verbundenen Verständnissen von politisch-normativen Bezugspunkten wird wenig Platz eingeräumt (Vey 2015: 232 f.). Zudem wird deutlich, dass ein antizipierter Konsens über gemeinsame (politisch-)normative Bezugspunkte eine gemeinsame Verständigung zwischen den Akteur*innen des Globalen Lernens verhindern kann und damit auch eine (selbst-)kritische Reflexion von (etablierten) Zielvorstellungen und (alltäglichen) Handlungspraxen beeinträchtigt. „Wenn die Aufrechterhaltung oder Setzung eines Konsenses dazu dient, einen schwelenden Dissens still zu legen, dann kann dies eine anti-demokratische Wirkung nach sich ziehen. Ein solcher Konsens – als tabuisierter Dissens – verhindert Aufklärung und das Denken in gesellschaftlichen Alternativen" (Lösch 2016: 228). Die Kontroversität und der Dissens um die vermeintlichen gemeinsamen politisch-normativen Bezugspunkte drückt sich bei einigen Interviewpartner*innen in einem (selbst-) reflexiven Umgang mit diesem aus. Die Reflexion hegemonialer Umkämpftheit zeigt sich an einer machtkritischen Auseinandersetzung mit (politisch-)normativen Bezugspunkten und dem Anspruch, etablierte Konzepte wie bspw. Demokratie oder Menschenrechte im Zusammenhang mit gesellschaftlichen Praxen zu betrachten, zu kritisieren und Leerstellen demokratischer und menschenrechtlicher Ansprüche zu thematisieren. (Politisch-)normative Konzepte werden nicht als per se progressiv und emanzipatorisch verstanden, sondern Perspektiven vermittelt und eingeübt, die politische Aneignungsprozesse durch etablierte hegemoniale Strukturen sichtbar machen.

(Politisch-)normative Orientierung und Transformationsverständnisse

Die Analyse von (politisch-)normativen Orientierungen, Zielen und Praxen von Bildungsakteur*innen Globalen Lernens verdeutlicht, dass Normativität nicht per se einen Beitrag dazu leistet, gesellschaftliche Transformationsprozesse anzustoßen. Normen, Vorstellungen, Ideen und Wertvorstellungen gehen mit Interpretationsmöglichkeiten und unterschiedlichen Bereichen und Arten der praktischen Umsetzung einher, die wiederum herrschende Verhältnisse in verschiedener Weise stabilisieren, (re-)produzieren oder infrage stellen (können).

(Politisch-)normative Orientierungen werden als wichtige Bezugspunkte deutlich, an denen Bildungsarbeit des Globalen Lernens ausgerichtet wird. Die Ziele – Erkennen, Bewerten, Handeln – werden an den (anstehenden und notwendigen) gesellschaftlichen Transformationsprozessen orientiert (Kap. 5.1.3). Der Umgang und die Praxen der Interviewpartner*innen mit (politisch-)normativen Orientierungen verdeutlichen, dass die Praxen, in denen (politisch-)normative Orientierungen Übersetzung finden, zwei Schemata folgen. Das eine zeichnet sich dadurch aus, dass die Verankerung von Normen auf alltägliche Praxen übersetzt wird und auf dieser Ebene eine Selbstbeobachtung und -erforschung bezüglich Sinn- und Bedeutungsfragen angestoßen wird. Im Fokus stehen dabei in erster Linie Konsum- und Beschaffungspraktiken, die auf individuelles, selbstverpflichtendes und freiwilliges Handeln ausgerichtet sind (Kap. 5.1.2). Das Vorleben von (Handlungs-)Praxen, die (politisch-)normativ ausgerichtet sind, spielt dabei für das eigene Tätigkeitsfeld eine Rolle, bspw. die entsprechende Bewirtung bei Veranstaltungen. Spannungsverhältnisse, die (politisch-)normativen Konzepten durch ihre hegemoniale Eingebundenheit inhärent sind, werden nicht thematisiert und werden entsprechend auch in der Bildungstätigkeit nicht verhandelt. (Politisch-)normative Konzepte werden als *konsensuale* Bezugspunkte im Zusammenhang mit Transformation sichtbar. Sie werden als „Wärmemetapher von der Gemeinschaft aller Menschen" (Seitz 2002b: 55) im Kontext von Transformationsprozessen herangezogen, um soziale und moralische Bindekräfte zu stärken und darüber Kohärenz und Integration in der Weltgesellschaft herzustellen (Seitz 2002a: 449). Im zweiten Schema erscheinen politisch-normative Orientierungen in einem umfassenderen Kontext von konkurrierenden politischen Projekten, alltäglichen Praxen und im Zusammenhang mit praktischen Widersprüchen. (Selbst-)Beobachtung und Erforschung findet mit Bezug auf Ausschließungspolitiken statt, die sowohl im persönlichen Nahverhältnissen als auch auf Ebene (globaler) gesellschaftlicher Verhältnisse sichtbar werden. Die Ausrichtung der Bildungstätigkeit an politisch-normativen Konzepten wird als spannungsreich, konfliktiv und widersprüchlich thematisiert. Normative Konzepte werden nicht als frei von Machtverhältnissen, sondern in ihrer Deutungsoffenheit und Umkämpftheit thematisiert. Die Ausrichtung von Bildungspraxen an politisch-normativen Konzepten wird in vielfältigen, widerständigen Praxen gesehen. Diese werden sichtbar gemacht, immer wieder einer kritischen Analyse und Reflexion unterzogen und Widersprüche als konstruktiver Teil im Streiten um und im Suchen nach Vorstellungen und Übersetzungen von normativen Konzepten verhandelt. Damit verbunden zeigt sich ein Verständnis, dass sich politisch-normative Orientierungen nicht auf direktem Weg vermitteln lassen, sondern deren Übersetzung performativ in entsprechenden Praxen eingebunden ist und erst dadurch entsteht. Da politisch-normative Orientierungen in hegemoniale Strukturen eingebunden sind, reicht es nicht aus, diese als Orientierung für Bildungstätigkeiten Globalen Lernens zu adressieren, sie müssen vielmehr auch einer reflexiven Auseinandersetzung unterzogen werden: Es muss gefragt werden, was genau mit bestimmten politisch-normativen Orientierungen gemeint ist, um sie als transformatives Potential im Sinne einer Hegemonie reflektierenden und hegemonialkritischen Perspektive zu nutzen. Politisch-normative Orientierungen werden als *konflikthafte* Bezugspunkte sichtbar, mit denen und über die das Ringen um normative und politische Denk- und Handlungsräume von Transformation stattfindet.

In diesem ersten rahmenden Kapitel erfolgte die Darstellung der empirischen Ergebnisanalyse mit Fokus auf das Bildungskonzept Globalen Lernens. Im nun folgenden zweiten rahmenden Kapitel erfolgt die Darstellung der empirischen Ergebnisanalyse im Hinblick auf strukturelle Handlungs- und Rahmenbedingungen, in denen Bildungspraxen des Globalen Lernens Übersetzung finden. Mit dieser Zweiteilung soll dem theoretischen Verständnis komplexer Herrschaft nach Gramsci auch in der empirischen Analyse Rechnung getragen werden, also dem Übergang – wie Terry Eagleton (2000: 136) es beschreibt – „von Ideologie als ‚System von Vorstellungen' zu Ideologie als gelebter, habitueller, gesellschaftlicher Praxis – die vermutlich die unbewußten, unartikulierten Dimensionen gesellschaftlicher Erfahrungen ebenso umfaßt wie formelle Institutionen."

5.2 Strukturelle Rahmenbedingungen der Bildungspraxen des Globalen Lernens

Der Zusammenhang zwischen Transformation und Globalem Lernen – also dessen transformativer Anspruch und mit dem Programm in Verbindung stehende Transformationsvorstellungen – lässt sich nicht nur anhand des didaktischen Konzepts von Globalem Lernen analysieren, sondern muss auch in seiner gesellschaftspolitischen und strukturellen Einbettung betrachtet werden, um Potenziale und Hürden des Ansatzes vermessen zu können. Nachdem in den bisherigen Ausführungen Globales Lernen als didaktisches Konzept im Vordergrund stand, widmet sich dieses Kapitel dementsprechend den Handlungs- und Rahmenbedingungen Globalen Lernens. Die Bildungspraxis des Globalen Lernens ist durch strukturelle Rahmenbedingungen geprägt. Es kann entsprechend nicht nur als Bildungspraxis verstanden werden, die auf der Ebene der mentalen Infrastruktur und über Bildungs- und Lernsettings Einfluss auf Selbst- und Weltverhältnisse nimmt. Indem ich im Folgenden die materielle und soziale Bedingtheit von Bildungspraxen des Globalen Lernens genauer in den Blick nehme, wird die zentrale Bedeutung von ökonomischen und infrastrukturellen Dimensionen für die Herstellung, Absicherung und Reproduktion hegemonialer Verhältnisse sichtbar. Mit dem Fokus auf materielle und soziale Infrastrukturen des Globalen Lernens kommen Praxen im Globalen Lernen in den Blick, welche einen erweiterten Teil der Bildungspraxen darstellen. Diese wiederum bedingen Transformationsprozesse, die im Kontext des Globales Lernens verfolgt werden. Die innenarchitektonische Gestaltung des Kontextes Globalen Lernens ist ebenso ein Moment der hegemonialen Kämpfe, an denen (Bildungs-)Praxen des Globalen Lernens beteiligt sind, wie die Haltungen und Handlungen der Bildner*innen in konkreten Bildungs- und Lernsettings.

Mit diesem zweiten rahmenden empirischen Teilkapitel schließe ich an Überlegungen Foucaults zu institutionell verkörperten Machtverhältnissen an. Praxen des Globalen Lernens müssen in den Widersprüchen ihrer Anrufungen, Ansprüche und Bedingungen gesehen werden (Hirschfeld 1999: 83). Mit einem solchen Verständnis werden Transformationsansprüche und -prozesse in ihrer Verschränkung mit diversen gesellschaftlichen Gegebenheiten gefasst. Situative und alltägliche Anforderungen und (fach-)kulturelle Selbstverständlichkeiten von Bildungspraxen des Globalen Lernens sollen als relevanter Aspekt für gesellschaftliche Transformationsvorhaben und -ansprüche in den Blick kommen (Brand/Welzer 2019: 329).

Für die explorative Rekonstruktion von Transformationsvorstellungen und -verständnissen von Bildungsakteur*innen im Globalem Lernen stellen strukturelle Handlungs- und Rahmenbedingungen des Feldes daher relevante Bezüge dar. Die empirische Analyse steht mit der Frage in Verbindung, welche Bedeutung die Interviewpartner*innen den strukturellen Handlungs- und Rahmenbedingungen im Zusammenhang mit dem transformativen Anspruch der Bildungspraxen des Globalen Lernens beimessen. Anhand der drei Unterkapitel zu *Förderlogiken und Ressourcen* (Kap. 2.2.1), *Arbeitsorganisation* (Kap. 2.2.2) und *Kooperation mit Schule* (Kap. 2.2.3) erfolgt eine detailliertere Auseinandersetzung. Die Unterkapitel werden – wie bereits im Kapitel davor – von einem deskriptiven Teil eingeleitet, in dem jeweils drei inhaltliche Schwerpunkte genauer beschrieben werden. In einem zweiten Schritt werden die genannten Aspekte mit theoretischen Überlegungen zusammengebracht, um dann in einem dritten Schritt darin sichtbar werdende Transformationsvorstellungen herauszuarbeiten. Mit dem Fokus auf materielle und institutionalisierte Infrastrukturen des Globalen Lernens möchte ich in diesem zweiten rahmenden empirischen Teilkapitel Spektren von impliziten und expliziten Vorstellungen und Verständnisse herausarbeiten, die die Interviewpartner*innen in materiellen und sozialen Handlungs- und Rahmenbedingungen für Transformationsprozesse sehen.

5.2.1 Förderlogiken und Ressourcen

Etablierte hegemoniale Verhältnisse werden durch institutionalisierte Infrastrukturen abgesichert. Darunter lassen sich politische und wirtschaftliche Institutionen ebenso fassen wie Gesetze, Medien und alltägliche Abläufe in Ämtern, Unternehmen, Schulen und anderen Institutionen (Kap. 2.3). Welche Charakteristika weisen Handlungs- und Strukturbedingungen im Globalen Lernen auf? Mit der Analyse von strukturellen Handlungs- und Rahmenbedingungen sollen Aspekte der komplexen Wechselbeziehung zwischen institutionalisierten Strukturen, Praktiken und den darin tätigen Subjekten, den Bildungsakteur*innen, in den Blick kommen. Obwohl der Interviewleitfaden keine Frage zu den strukturellen Handlungs- und Rahmenbedingungen des Globalen Lernens beinhaltete, sprachen alle Interviewpartner*innen über die Herausforderungen, die mit der knappen finanziellen und personellen Ressourcenausstattung ihrer Tätigkeit verbunden ist. Anhand der Ausführungen der Interviewpartner*innen zu Förderdekaden, Förderstrukturen und personellen und zeitlichen Ressourcen wird eine Perspektive auf institutionalisierte und soziale Infrastrukturen im Kontext des Globalen Lernens ermöglicht, die die Verstrickung mit hegemonialen Strukturen verdeutlichen. Die von den Interviewpartner*innen thematisierten Aspekte zu Förderdekaden und Förderstrukturen verweisen auf historisch gewachsene Strukturen, die die Bildungspraxen des Globalen Lernens in institutionalisierten Zusammenhängen bedingen.

5.2.1.1 Politische Zielsetzungen und Förderdekaden

Von der globalen über die nationale bis hin zur Ebene der Bundesländer bestehen politische Zielsetzungen und Rahmenprogramme, die für die Bildungspraxis des Globalen Lernens von Bedeutung sind. Von den Interviewpartner*innen werden unterschiedliche politische Zielsetzungen und Rahmenprogramme als relevant für ihre Tätigkeit genannt. Politische Rahmenprogramme dienen zur Legitimation der eigenen Bildungsarbeit, mit denen auch thematische Ausrichtungen von Globalem Lernen einhergehen. Ein*e Interviewpartner*in beschreibt diesen Zusammenhang wie folgt:

Und gerade in Baden-Württemberg entsteht auch basierend auf dem nationalen Aktionsplan zur Umsetzung von BNE eine Landesstrategie zur Umsetzung von BNE, wo Wissenschaft, Zivilgesellschaft, Politik zusammensitzen und eben auch überlegen, wie was passiert. Ich glaube, das ist so ein bisschen das politische Rahmenwerk, in dem wir uns bewegen und mit dem wir quasi auch versuchen, unsere Fortbildungen, Weiterbildungen mit Multiplikatoren und Lehrkräften anzubieten [...] (C: 23)

Die Bildungspraxis Globalen Lernens ist eingebettet in politische Prozesse, die auf verschiedenen gesellschaftlichen Ebenen stattfinden und in die unterschiedliche Akteur*innen eingebunden sind. Deutlich wird dabei die zentrale Rolle, die Entscheidungen und Zielsetzungen auf internationaler Ebene zukommt. Die auf internationaler Ebene beschlossenen politischen Rahmenprogramme – wie aktuell die SDGs – bilden den Bezugsrahmen für eine bundes-, landes- und kommunalpolitische Übersetzung dieser in Bildungspraxen Globalen Lernens (C: 20; H: 32-33; I: 91; K: 92). Auch der Orientierungsrahmen für globale Entwicklung der KMK wird als eine Handreichung genannt, die einen wichtigen Bezugsrahmen für die Bildungsarbeit darstellt (C: 22). Der Orientierungsrahmen für globale Entwicklung stellt dabei ein konkretes Rahmenwerk dar, welches im föderalen System Deutschlands von den Kultusminister*innen der Länder erarbeitet wurde und Richtlinien für BNE und Globales Lernen im schulischen Kontext anbietet. Bildungsakteur*innen im Globalen Lernen orientieren sich thematisch an politischen Zielsetzungen und Rahmenprogrammen und zugleich werden diese als Legitimation für die eigenen Bildungsangebote genutzt. Denn mit politischen Zielsetzungen und Rahmenprogrammen gehen Förderdekaden einher, die für den Kontext des Globalen Lernens von zentraler materieller Bedeutung sind. Förderdekaden, welche mit Förderstrukturen einhergehen, bilden ein zentrales Merkmal der strukturellen Rahmenbedingungen im Kontext des Globalen Lernens. Das Einwerben von Fördermitteln ist grundlegend für Bildungstätigkeiten Globalen Lernens (F: 74; E: 137; I: 40; B: 108; H: 114; C: 96; J: 104; A: 145). Förderstrukturen, die Fördermittel bereitstellen, orientieren sich in der Regel an politischen Rahmenprogrammen wie den SDGs, dem nationalen Aktionsplan für nachhaltige Entwicklung, dem Orientierungsrahmen der KMK oder Nachhaltigkeitsstrategien der Bundesländer (C: 22). Zugleich sind diese politischen Zielsetzungen und Rahmenprogramme keine verbindlichen Vorgaben, die verpflichtend umgesetzt werden müssen und deren Nicht-Einhaltung entsprechend nicht sanktioniert wird (C: 97). Die Ressourcenausstattung der entsprechenden Förderdekaden und die damit einhergehenden Förderstrukturen und Fördermittel sind daher oft mit diversen Herausforderungen verbunden (Kap. 5.2.1.2).

Förderdekaden werden von einer*m Interviewpartner*in kritisiert, da sie durch top-down Prozesse gekennzeichnet seien – aufgrund von UN-Resolutionen werden Themen von oben implementiert (K: 92). Damit verbunden sind gesellschaftspolitische Debatten, die Bildungskonzepte und -ziele prägen. Diese Debatten werden oft mit Begriffen und Programmen überschrieben, die eine Containerfunktion einnehmen, durch die bestehender gesellschaftlicher Dissens unsichtbar wird:

Also gerade beim Menschenrechtsbegriff. Naja, da wurden dann die sozialen Menschenrechte immerhin noch erwähnt, aber dass es da ein Spannungsfeld und Konflikte irgendwie also ähm das, was bürgerliche Gesellschaft ausmacht und sowas, das war dann alles so – das sind dann oft so „Friede, Freude, Eierkuchen"-Debatten. Ja, da darf sich jeder irgendwie reindenken, was er irgendwie drin haben will und ja (3) [...] (K: 96)

Mit der Orientierung von Bildung an Konzepten wie Menschenrechten, Gerechtigkeit oder Nachhaltigkeit – die Zielsetzungen von (internationalen) politischen Rahmenprogrammen bilden – geht die Gefahr einher, dass Kontroversen, die Konzepten und Begriffen zugrunde liegen, aus dem Blick geraten. Hegemoniale Definitionen werden durchgesetzt und in Bildungskontexte getragen. Zugleich können diverse Akteur*innen ihre Inhalte in dem Rahmen der interpretationsoffenen Konzepte platzieren. Eine offene Aushandlung von Verständnissen und Austragung von Konflikten ist jedoch häufig nicht vorgesehen (Kap. 5.1.5). In diesem Rahmen zeichnet sich ein Spannungsfeld zwischen Politisierung und Entpolitisierung von Programmen und Konzepten ab. Die Unsichtbarkeit der Umstrittenheit kann dabei auch mit Prozessen institutioneller Einhegung von globalen Themen einhergehen. Aus Perspektive seiner Genese hat Globales Lernen den Anspruch, eine politische Dimension zu transportieren, die über die institutionellen, politischen Strukturen hinausweist und zivilgesellschaftliche Akteur*innen und deren politische Kämpfe sichtbar macht (Kap. 3.2.1). Fraglich ist, ob alle Akteur*innen, die im Globalen Lernen tätig sind, diesen politischen Anspruch kennen und vertreten. Diese Frage lässt sich auch auf Förderinstitutionen beziehen und damit auf den Anspruch, die politische Dimension auch in Förderstrukturen und -richtlinien zu bedenken. Durch die Orientierung an Dekaden und Konzepten und den damit einhergehenden Förderprogrammen wird Globalem Lernen von einigen Akteur*innen im Feld eine Entpolitisierung attestiert (G: 95; K: 95).

Eine andere Perspektive auf Förderdekaden und -strukturen betont die Handlungsspielräume, die durch die Breite der thematischen Konzepte gegeben ist.

Wie weit kann ich auch gehen innerhalb der Förderstruktur, von der ich abhängig bin und das natürlich auch, müssen wir uns alle fragen, fragen wir uns natürlich auch als [Name der Bildungsorganisation]. Nutzen wir unseren Spielraum oder sind wir nicht manchmal auch zu brav, um Dinge so zu formulieren, wie das natürlich gegenüber dem Programm oder den Institutionen wie [Name der Förderorganisation], die sozusagen Förderungsstrukturen aber trotzdem innerhalb eines bestimmten Rahmens des Sagbaren, des pädagogisch Formulierbaren agieren, dem wir uns zum Teil anpassen, aber wo wir natürlich auch die Verantwortung haben, Dinge auch neu zu formulieren (I: 40)

Deutlich werden ein selbstreflexives Selbstverständnis und der Raum für die Frage, ob Akteur*innen die Spielräume, die innerhalb der bestehenden Förderstrukturen bestehen, auch genug sehen und nutzen. Entsprechend sollten sich in dieser Perspektive Bildungsakteur*innen nicht zu sehr als Abhängige von den politischen Rahmenprogrammen verstehen.

*[...] was sozusagen die Aktivist*innen ähm sowieso schon machen und was das mit den SDGs dann zutun hat und wie jetzt wollen wir es hoffen, die UN den Aktivist*innen den Rücken stärkt irgendwie dadurch, dass die SDGs jetzt in der Welt sind [...] (H: 32-33)*

Die Möglichkeit der breiten Auslegung von Förderdekaden wird von Interviewpartner*innen auch genutzt, um politisches Engagement zu stärken und zu legitimieren. Die SDGs und damit in Verbindung stehende Förderprogramme stellen jedoch nicht den Startpunkt für die Auseinandersetzung mit Themen dar, vielmehr werden in Bildungsangeboten Zusammenhänge zwischen bestehendem Aktivismus und internationalen Rahmenbedingungen hergestellt. So werden politische Inhalte und damit in Verbindung stehende politische Praxen in Bildungssettings sichtbar gemacht und gestärkt. Starre Dichotomien zwischen *abhängig und unabhängig, passiv und aktiv, Macht und Ohnmacht* wird den Spielräumen der Förderstruktur des Globalen Lernens nicht gerecht. Politisierung und Entpolitisierung von Bildungsprogrammen – aber auch Bildungspraxen – kann entsprechend sowohl top-down als auch buttom-up gedacht und praktiziert werden.

5.2.1.2 Förderstrukturen und Projektförderung

Die finanzielle Abhängigkeit von Förderstrukturen im Kontext Globalen Lernens ist verbunden mit Richtlinien und Bedingungen, die durch Geldgeber – wie Ministerien, kirchliche Träger, Stiftungen etc. – vorgegeben werden und die sich in der Regel an politischen Zielsetzungen und Rahmenprogrammen ausrichten (B: 108; E: 137; G: 16; J: 104). Eine Besonderheit der Förderstruktur im Kontext des Globalen Lernens besteht darin, dass in erster Linie Projekte gefördert werden. Projekte zeichnen sich dadurch aus, dass sie ergebnisorientiert ausgerichtet und temporär auf einen festgelegten Zeitraum begrenzt sind (A: 144). Entsprechend werden über eine Projektlaufzeit von meist zwei oder drei Jahren Projekte durchgeführt und Multiplikator*innen für diesen Zeitraum beschäftigt. Eine fehlende Folgefinanzierung führe oft dazu, dass Projekte nicht über einen längeren Zeitraum realisiert werden können und stattdessen neue Projekte beantragt und gefördert werden (C: 86; A: 144). An der projektförmigen Förderung wird außerdem kritisiert, dass durch diese oft nicht die Finanzierung von Grundlagen gedeckt wird:

Projekte werden ganz oft toll gefördert für die Umsetzung, aber man vergisst immer, was eigentlich dahintersteckt. Also sprich, was die Zivilgesellschaft oder diese Organisation ja sonst noch leisten müssen, das ist ja ein ganz normaler Betrieb und das sind dann oft einfache Dinge, wie Mietkosten bspw., die unglaublich schwierig zu beantragen sind [...] (C: 96)

Die organisationale Infrastruktur, die die Entstehung und Beantragung von Projektideen oft erst ermöglichen, wird bei Projektförderungen nicht mitgedacht und stellt die Bildungsakteur*innen vor die Herausforderung, die anfallenden Kosten mit anderen Mitteln zu finanzieren. In der Projektförderung steckt zudem eine Logik des *höher, schneller, weiter*, die mit einem Fokus auf immer neue und mehr Ideen und Projekte einhergeht.

Förderstrukturen im Globalen Lernen prägen auch die Arbeitsbedingungen. Projektförderung muss als „Prekaritätsbildung" (H: 114) bezeichnet werden. Ausgebildetes, eingearbeitetes und weitergebildetes Personal kann im Anschluss an die Projektlaufzeit nicht gehalten werden, wechselt auf andere Stellen in anderen Arbeitsfeldern, um sich finanziell abzusichern (B: 109). Diese strukturellen Missstände wirken sich wiederum auf den Arbeitskontext des Globalen Lernens aus. Die prekäre Arbeits- und Finanzierungstruktur im Globalen Lernen wird durch Ehrenamtsstrukturen aufgefangen:

Und die ganzen Leute die hier arbeiten, arbeiten prekär, die ganzen Bildungsreferenten sind – OHH, da rege ich mich immer maßlos drüber auf, das ist Ehrenamt. So leid mir das tut, oft ist es der Mann, der verdient, die Dame, die als Freiberuflerin ein bisschen was dazu verdient. [...] Also das, was überall gerufen wird, im BNE und auch im Globalen Lernen, „Vom Projekt zur Struktur", das wird überhaupt nicht gemacht und das ist eigentlich das Bitterste. (A: 145)

Mit Projektförderung wird die Notwendigkeit des Aufbaus und der Aufrechterhaltung einer strukturellen Basis ignoriert. Reproduktive Strukturen, wie ehrenamtliche Tätigkeiten und politisches Engagement, ermöglichen zwar die projektorientierte Förderlogik. Mittelfristig aber werden hierdurch strukturelle Bedingungen geschwächt, weil sie keinerlei Berücksichtigung erfahren (H: 112). Eine fehlende gesellschaftliche Anerkennung und Wertschätzung der Tätigkeiten im Globalen Lernen zeigt sich darin, dass Ehrenamt und prekäre Arbeitsbedingungen in diesem Kontext eine Normalität bilden. Die Forderung *vom Projekt zur Struktur* stehe im Zusammenhang mit der Notwendigkeit der institutionellen Förderung zivilgesellschaftlicher Organisation (C: 86) und auch mit der Frage, wie Bildung anders organisiert werden könne (H: 114). Mit einer Reorganisation oder Umstrukturierung von Bildung generell und der Integration von Globalem Lernen in formelle Bildungssettings (Kap. 5.2.3.3) würden sich auch Ressourcen- und Finanzierungsfragen im Globalen Lernen anders stellen:

Und wenn wir da wirklich Stellen hätten, wenn wir so eine Art Bildungsmanager hätten, weißt du, so wie diese Stadtkoordinatoren, [...] aber für BILDung und zwar mehr und zwar dauerhaft. Dann brauchen wir nicht MEHr, dann müssen wir es nur umstrukturieren. (A: 147)

Auch die Konkurrenz um begrenzte Projektgelder steht im Zusammenhang mit der Logik der Projektförderung. Die Konkurrenzsituation führt dabei aber auch zu strategischen Kooperationsformen zwischen Bildungsakteur*innen:

Und dann wird es eben oft schwierig, wenn man sagt, es geht um Projektgelder und man weiß eben, dass diese Töpfe oft sehr ähm begrenzt sind (3). Und da muss man dann schon gut überlegen, mit wem kooperiere ich, wie kooperiere ich. Kann auch eine Möglichkeit sein, mit jemandem zu kooperieren, um an weitere Gelder zu kommen bspw. Aber da hört, da muss man dann manchmal ein bisschen in Kooperationen gucken, inwiefern das sinnig ist [...] (C: 85)

Kooperationen zwischen Bildungsakteur*innen werden zum Teil nur in der Erwartung geschlossen, dass damit die Wahrscheinlichkeit der Bewilligung von beantragten Fördermitteln steige. Das Einwerben von Fördermitteln ist in der Regel erfolgreicher, wenn neue, innovative Projekte beantragt werden. Dies und das Wissen um begrenzte Projektmittel schafft auch Konkurrenz zwischen Bildungsakteur*innen. Projektförderung ist an Themen ausgerichtet, die von Geldgeber*innen als relevant und förderfähig definiert werden. Am Fairen Handel wird bspw. deutlich, dass – obwohl die Thematik nach wie vor von Zielgruppen nachgefragt wird und viel Bildungsarbeit zu dieser Thematik angeboten wird – kaum noch Projekte mit dieser Thematik gefördert werden. In der Antragstellung geht es entsprechend auch immer um Innovation oder den Anschein von Innovation (G: 16). Durch den Druck zur Innovation und das vorgegebene Ziel, mehr unterschiedliche Formate zu realisieren, geht der Blick auf die Qualität von Angeboten teilweise verloren (A: 88-89).

Andere Interviewpartner*innen berichten von einer guten finanziellen Förderlandschaft. Die Beschaffung der Fördermittel steht auch in einem Zusammenhang mit der Förderlandschaft, die von Bundesland zu Bundesland variiert.

Von außen würden jetzt in NRW viele sagen, „Was wollt ihr eigentlich, ihr habt 27 Promotoren für Globales Lernen oder Promotorinnen, ähm was wollt ihr noch mehr?" Die Förderlandschaft in NRW ist finanziell auch ganz gut, wir haben diese Stiftung Umwelt und Entwicklung in NRW, auch viel Geld. Also im Grunde genommen eigentlich, eigentlich gute Ausgangsbedingungen. Also insofern weiß ich nicht, ob das Mehr immer so viel bringt [...] (G: 105)

Positiv bewertet wird hier also die Fördersituation, zugleich wird infrage gestellt, ob damit eine qualitativ gute Bildungsarbeit einhergehe (D: 133). Auch wenn einige Bundesländer im Vergleich zu anderen bezüglich finanzieller und personeller Ressourcen besser dastehen, ist dies kein Garant für eine Umsetzung von Globalem Lernen, die mit bestimmten politischen Ansprüchen einhergeht – es sollte jedenfalls nicht als Indiz dafür interpretiert werden.

Die Verbindung zwischen Förderlandschaft und Bildungsakteur*innen zeichnet sich nicht nur durch den Transfer von Fördermitteln aus, sondern auch durch personelle Verbindungen beim Prozess der Vergabe von Fördermitteln.

Also, wir haben ähm auch da eine Funktion und auch über die verschiedenen Gremien und Fördergremien. Also die Geschäftsführung sitzt auch in ganz vielen Gremien mit und begutachtet auch Anträge, die im Bereich Globales Lernen an die Förderinstitutionen gestellt werden. Da gibt es auch eine Feedbackschleife über die Geschäftsführung hier, sodass wir auch eine (3) von den verschiedenen Senatsstellen und Förderer einen Auftrag haben diese ein stückweit zu begleiten und inhaltlich es mitzusteuern […] (I: 79)

Durch die Besetzung von Gremienplätzen sind Vereine und Organisationen teilweise selbst an der Vergabe von Fördermitteln beteiligt. Förderstrukturen im Bereich des Globalen Lernens werden durch etablierte Akteur*innen der Bildungsarbeit in dem Bereich inhaltlich begleitet. Die Mitentscheidung über Förderanträge durch den Verein verdeutlicht, wie die unterschiedlich starke Abhängigkeit von Fördermitteln auch durch unterschiedliche Beteiligung und Zugänge zu Förderstrukturen besteht.

5.2.1.3 Personelle und zeitliche Ressourcen

Förderstrukturen und Projektförderungen prägen das Tätigkeitsfeld von Akteur*innen des Globalen Lernens. Der Aufwand, Fördermittel zu beantragen, ist enorm und zugleich existentiell (E: 138):

Fördermittel, ähm also, es ist halt ein riesen Aufwand, immer wieder Fördermittel zu akquirieren, Anträge zu schreiben, Abrechnungen zu machen. Hmmm, jetzt gerade wurde einer unser bisher größten Anträge komplett abgelehnt so, das ist auf jeden Fall eine Herausforderung. Ähm so, weil wir da absolut abhängig davon sind in unserem Weiterbestehen so. (F: 74)

Die Beschaffung von Fördermitteln ist immer mit der Perspektive verbunden, diese nicht bewilligt zu bekommen. Anträge auf Fördermittel werden daher oft bei unterschiedlichen Institutionen gestellt und unterscheiden sich in ihrem Umfang. Die Beantragung einer großen Fördersumme bei einer Förderorganisation geht entsprechend mit einem hohen Risiko einher, die Finanzierung – bei Ablehnung des Antrags –, der eigenen Bildungsarbeit nicht decken zu können. Die Beantragung von Fördermitteln – und somit die Beschaffung von Ressourcen, um Bildungsarbeit umsetzen zu können – geht immer mit einer personellen, finanziellen und institutionellen Vorleistung der Vereine und Organisationen einher.

Die Herausforderung im Globalen Lernen ist – wie überall: "Wie kriege ich die Ressourcen?" Weil Globales Lernen in der Regel so läuft, dass es von außen an die Schule rangetragen wird, wenn man schulbezogene- aber auch wenn man in der Erwachsenenbildung oder in der kirchlichen Arbeit denkt oder in den Kommunen sozusagen, man muss erstmal Mittel generieren, man muss sozusagen in Gesellschaft eine Legitimation erzeugen und Förderer interessieren [...] (I: 90)

Die Legitimation und Finanzierung von Bildungsangeboten im Globalen Lernen im Vorhinein bedeutet, dass die Antragsteller*innen – im Rahmen politischer Arbeit oder das Antragstellen selbst – in Vorleistung gehen, deren Rückerstattung ungewiss ist. Zugleich benötigt der Erhalt einer Vereins- oder Organisationsstruktur – oft die Voraussetzung, um handlungsfähig zu sein und Ressourcen akquirieren zu können – materielle und zeitliche Ressourcen (I: 91; B: 40, 95).

Sind Anträge bewilligt und Fördermittel akquiriert worden, ist der weitere formale Prozess mit einem hohen Arbeitsaufwand verbunden (F: 74):

[...] Ich finde es krass, wieviel Zeit für Anträge und Antragswesen draufgeht. Es ist so das Gefühl von den Hauptamtlichen, in unterschiedlichen Zusammenhängen fünfzig Prozent (lachend), sagen wir dreißig bis fünfzig Prozent der Arbeitszeit geht drauf, nicht diese Anträge zu schreiben, aber die Verwendungsnachweise zu schreiben, die ähm die müssen dann also so eine Art Zielvereinbarungen. Also bei uns heißt das Wirkwege, Projektplanung, Jahresplanung. Dann müssen wir uns ständig mit irgendwem treffen und darüber reden. Also ich muss das schreiben, dann muss ich mich mit meinem Landesnetzwerk treffen. Dann treffen wir uns von drei Bundesländern und mit Leuten von der [Name einer Netzwerkstruktur], um das nochmal zu besprechen. Dann und alle müssen ähm, dann schreiben die Handreichungen von zwanzig Seiten, wie man diese Planung macht, die wir da machen, meine die LANdeskoordinatorin, die ist bis Juni, Juli damit beschäftigt, Verwendungsnachweise zu schreiben vom letzten Jahr. Ähm, das finde ich total krass und das kommt mir so unsinnig vor [...] (E: 138)

Die Arbeitszeiten der Interviewpartner*innen fließen zu einem erheblichen Teil in die Dokumentation und Abwicklung von bewilligten Anträgen, die nach Vorgaben der Geldgeber*innen erfolgt. Dabei zeigt sich der Arbeitsaufwand der Finanzierungsstruktur durch Fördermittel auch auf der Seite der Förderorganisationen und -institutionen. Arbeitszeit wird entsprechend viel für Planung,

Nachweise und die Prüfung dieser aufgewendet. Die Förderstruktur und damit verbundene Tätigkeiten werden als unverhältnismäßig und problematisch beschrieben: „Als wären das so Arbeitsbeschaffungsmaßnahmen äh anderer Art, die wir hier irgendwie machen" (H: 112). Unverhältnismäßig ist die Förderstruktur auch, weil sich die Planungen im Prozess der Umsetzung oft aus diversen Gründen ändern. Daraus folgt, dass Arbeitszeit und damit auch Gelder in die Darstellung und Rechtfertigung geänderter Prozesse gegenüber den Förderern gesteckt werden müssen. Deutlich wird dabei, dass die Akquise von Fördermitteln zum einen nicht einfach ist. Die bewilligten, häufig knapp kalkulierten Ressourcen zum anderen nicht effektiv genutzt werden können, weil sie zu einem hohen Anteil in die Verwaltung und Abwicklung der eingeworbenen Fördermittel fließen.

Die Ressourcenfrage stellt eine zentrale Herausforderung für die Bildungspraxis des Globalen Lernens dar, die von den Interviewpartner*innen thematisiert wird (J: 108; A: 128; F: 75; E: 65; I: 90; K: 79). Der Anspruch, Gesellschaft in einer nachhaltigen und gerechteren Weise mitzugestalten, stößt dabei an Zeit- und Kapazitätsgrenzen (J: 50).

Die Erarbeitung, Überarbeitung und Reflexion von Bildungsmaterial braucht Zeit und Geld – beides ist in den Strukturen häufig nicht vorhanden (A: 128). Die Vereine und Organisationen sind oft mit halben Stellen (E: 102) oder 30-Stunden-Stellen (K: 68) ausgestattet, mit denen dann eine ganze Bandbreite von Tätigkeiten abgedeckt werden muss – von Presse- und Öffentlichkeitsarbeit über Lobbyarbeit für Globales Lernen bis hin zur konkreten Bildungsarbeit und Kooperations- und Vernetzungsarbeit,

[…] also es geht um Presse- und Öffentlichkeitsarbeit zu Themen Globalen Lernens, geht um Lobbyarbeit zu Themen des Globalen Lernens und da geht es dann eher um ähm darum, sich da auch für einzusetzen, dass es ne Stelle im Kultusministerium zum Beispiel für Globales Lernen gibt oder das die Lehrpläne, also dass man Einfluss auf die Lehrpläne hat ähm (3) genau […]. (E: 54)

Die begrenzten zeitlichen und finanziellen Ressourcen stehen unbegrenzten Betätigungsfeldern gegenüber. Dazu zählen die Entwicklung und Überarbeitung (K: 79) von Bildungsmaterial, die Bedienung von (steigenden) Nachfragen an das Bildungsangebot (K: 70), die Kooperation und Vernetzung mit unterschiedlichen Akteur*innen (E: 102; F: 61; D: 151-152; G: 91), Organisation und Absprache zwischen Haupt- und Ehrenamt (E: 135; K: 103) und auch die Reflexion und Reorganisation von Organisationsstrukturen (K: 102; A: 109).

Ich finde es schon auch eine Herausforderung so zu versuchen halt, das was uns wichtig ist auch zu leben, in dem wir ein basisdemokratisches Kollektiv sind ähm und es ist eine Herausforderung, viel Zeit da reinzustecken in diese kollektiven Selbstverwaltungsaufgaben. Und gleichzeitig aber auch die Arbeit zu machen, die nach außen wirken soll oder nach außen wirkt. Da gibt es einfach oft zu wenig Zeit für beides, so das ist eine Herausforderung, hmmm (3). […] (F: 75)

5.2.1.4 Was nehmen wir mit?

Die Entwicklung des Hegemoniebegriffs erfolgte bei Gramsci aus einer Doppelperspektive. Sein Interesse galt einerseits der Existenz bürgerlicher Hegemonie und andererseits den notwendigen Bedingungen, um eine sozialistische Hegemonie zu schaffen. Aus dieser Doppelperspektive ergeben sich zwei Fragen: „Mit welchen Mitteln stützt eine herrschende Klasse ihre Machtausübung ab und unter welchen Bedingungen gelingt ihr eine politisch-ideologische Führung?" (Süß 2015: 35) Mit diesen Fragen verbunden sind Bedingungskonstellationen von (politischem) Handeln sowie Ermöglichungs- und Beschränkungs-Konstellationen von (kollektiver) Handlungsfähigkeit. Transformationsvorstellungen von Bildungsakteur*innen im Globalen Lernen gehen entsprechend mit der Frage der Bedingungskonstellationen von transformativem Handeln für Bildungspraxen des Globalen Lernens einher. Darüber hinaus stellt sich die Frage, welche Konstellation sich beschränkend bzw. ermöglichend auf transformative Bildungspraxen des Globalen Lernens auswirken. Die ökonomische und soziale Organisation um Praxen des Bildungskonzeptes Globales Lernen verweist auf strukturelle Bedingungen, aus denen sich Möglichkeiten für gesellschaftliche Transformationsprozesse ableiten lassen. Zugleich ermöglichen die Ausführungen der Interviewpartner*innen einen spezifischen Blick auf Aspekte, die durch einen passiven oder auch aktiven Konsens zur relativen Stabilisierung bestehender Verhältnisse beitragen. Passiver und aktiver Konsens zeigt sich bspw. im Umgang mit Förderlogiken. Deutlich wird ein komplexes Verständnis von Herrschaft, welches nicht durch manipulative Strategien der „Herrschenden" erklärt werden kann. Herrschaftsverhältnisse zeigen sich vielmehr in konkreten Kompromiss- und Einbindungsprojekten sowie gesellschaftlichen Praxen, die unbewusste und unartikulierte Dimensionen sowie formelle Institutionen umfassen (Eagleton 2000: 136). Aktive und passive Zustimmung zu den herrschenden Verhältnissen muss immer wieder hergestellt werden, weswegen es zu Prozessen der Vereinnahmung von und der Kompromissbildung mit kollektiven, zivilgesellschaftlichen Akteur*innen kommt (Süß 2015: 24). Die von den Interviewpartner*innen beschriebenen institutionellen Rahmenbedingungen, die ihre Bildungspraxis prägen, können als Einbindungs- und Kompromissprojekte in hegemoniale Strukturen beschrieben werden, die sich auch durch mangelnde Ressourcen wie Zeit, Kapazitäten und Finanzen ergeben. Die notwendige finanzielle Ausstattung, um überhaupt Bildungspraxen des Globalen Lernens umsetzen zu können, verdeutlicht eine Abhängigkeit von institutionalisierten politischen und kirchlichen (generell zivilgesellschaftlichen) Akteur*innen, politischen Zielsetzungen und der damit einhergehenden Bereitstellung von Fördermitteln. (Politische) Anliegen und Ansprüche, die über eine Bildungspraxis des Globalen Lernens vermittelt werden sollen, werden durch die bestehenden Förderstrukturen ein stückweit legitimiert und anerkannt. Zugleich hat diese Legitimation und Anerkennung in der Regel eine zeitliche Begrenzung, welche durch die Projektförderlogiken deutlich wird. Die geschaffenen Finanzierungsstrukturen gehen mit diversen Tätigkeiten einher, durch welche immer wieder die Legitimation von Bildungspraxen des Globalen Lernens begründet, versichert und dargelegt werden müssen. Finanzielle und personelle Ressourcen werden in institutionalisierte Prozesse und Abläufe gesteckt – Kapazitäten werden für diese gebunden, anstatt sie für Bildungspraxen des Globalen Lernens zu nutzen und die eigene Arbeit mit (Selbst-)Reflexionsprozessen zu begleiten.

Eine weitere Dimension von Kompromiss- und Einbindungsprojekten, durch die hegemoniale Strukturen stabilisiert werden, zeigt sich in der unterschiedlichen Eingebundenheit der Interviewpartner*innen und ihrer Vereine/Organisationen in die Entscheidungsstrukturen über die Vergabe von Fördermitteln. Damit einher gehen unterschiedliche Abhängigkeitsverhältnisse der verschiedenen Interviewpartner*innen von den Förderstrukturen, die ihre Bildungstätigkeiten ermöglichen.

Die Analyse von strukturellen Rahmenbedingungen Globalen Lernens ermöglicht es, den Blick auf systemische Gegebenheiten hegemonialer gesellschaftlicher Verhältnisse zu richten. Sie bilden Bedingungskonstellationen für Transformationsprozesse.

Transformationsvorstellungen und strukturelle Rahmenbedingungen
Ausgehend davon, dass materielle und institutionalisierte Infrastrukturen und mit diesen einhergehende Prozesse und Abläufe Transformationsprozesse bedingen, möchte ich in diesem Abschnitt Tendenzen beschreiben, die ich hinsichtlich impliziter und expliziter Transformationsverständnisse aus dem beschriebenen Material ableite. Ersichtlich wird zunächst die Abhängigkeit von bestehenden Verhältnissen und die spezifische Problematik, nicht außerhalb hegemonialer Verhältnisse zu stehen.

Bildungspraxen des Globalen Lernens und das damit verbundene Engagement ist Teil von institutionalisierten Prozessen und Dynamiken, denen es gelingt, Kritik an gesellschaftlichen Verhältnissen dadurch zu integrieren, dass es so scheint, als sei die gegenwärtige Globalisierung mit transnational verabschiedeten Abkommen (bspw. SDGs) selbst die Antwort auf diese Kritik (Brand 2007: 231f.). Strukturelle Handlungs- und Rahmenbedingungen, die – bspw. durch prekäre Finanzierungsmöglichkeiten und -strukturen – das Tätigkeitsfeld des Globalen Lernens prägen, werden von allen Interviewpartner*innen als Herausforderung problematisiert. Am Umgang mit dieser Herausforderung und den damit verbundenen Abhängigkeiten werden Unterschiede zwischen den Interviewpartner*innen deutlich. Die Kritik an strukturellen Rahmenbedingungen geht nicht für alle Interviewpartner*innen mit Perspektiven und/oder Praktiken einher, die Bedingungen zu verändern. Eine Tendenz im Umgang zeichnet sich entsprechend durch Hinnahme und Akzeptanz aus. Eigene Handlungsspielräume werden hier nicht thematisiert, es überwiegt ein Verständnis, sich den gegebenen strukturellen Rahmenbedingungen anzupassen und innerhalb dieser zu agieren. Ein solcher Umgang verweist darauf, dass die Veränderung von strukturellen Rahmenbedingungen nicht Teil von Transformationsperspektiven ist, die die jeweiligen Akteur*innen als ihren Anknüpfungspunkt definieren – es findet eine widerspruchlose Reproduktion struktureller Rahmenbedingungen statt.

Ein anderer Umgang zeigt sich darin, dass Interviewpartner*innen einerseits Vorstellungen dazu äußern, wie sich strukturelle Rahmenbedingungen ändern müss(t)en und andererseits auch Spielräume sehen und benennen, um die strukturellen Rahmenbedingungen in ihrem Sinne zu nutzen. Die eigenen Handlungsspielräume werden größer eingeschätzt und teilweise auch als (selbst-)kritischer Anspruch formuliert, dass Handlungsspielräume stärker ausgedehnt und ausgetestet werden müssten. Die Veränderung von strukturellen Rahmenbedingungen wird hier auch als eigenes Handlungsfeld thematisiert. Es wird zudem der Anspruch deutlich, das institutionelle Gerüst durch Umgangsformen und Interpretationen von Akteur*innen des Globalen Lernens für die eigenen Interessen und politischen Anliegen zu nutzen und darüber zu transformieren.

Generell wird jedoch in den Ausführungen der Interviewpartner*innen deutlich, dass die Transformation strukturellen Rahmenbedingungen nicht im Fokus strategischer Überlegungen stehen. Diese werden kaum in Zusammenhang mit der Vermittlung und Legitimation von Inhalten und Zielen des Globalen Lernens gedacht und gebracht. Dieser Aspekt wird auch daran deutlich, dass der Arbeitsalltag (Kap. 5.2.2) stark von Kooperations- und Vernetzungsstrukturen geprägt ist, die sich aber nicht auf strategische Bündnisse oder Kooperationen beziehen, um Veränderungen im Kontext struktureller Rahmenbedingungen zu erwirken. Das Potential und die Möglichkeitsbedingungen gegebener materieller und institutionalisierter Infrastrukturen werden in dem Maße eine transformative Rolle spielen, „wie sich in gesellschaftlichen Verhältnissen selbst Wandlungen von unten vollziehen und sich dabei auch neue kooperative Netzwerksteuerungen und kollektive Regulierungen herausbilden und so zu Lerneffekte auch in staatlichen Institutionen führen können" (Reißig 2019: 180). Weitere Aspekte, die die Interviewpartner*innen beschreiben, lassen sich unter dem Begriff der Arbeitsorganisation zusammenfassen. Durch diese werden Charakteristika deutlich, die bezüglich struktureller Rahmen- und Handlungsbedingungen im Globalen Lernen aufschlussreich sind. Sie werden im Folgenden beschrieben.

5.2.2 Arbeitsorganisation

Nachdem im vorherigen Abschnitt die strukturellen Handlungs- und Rahmenbedingungen des Globalen Lernens analysiert wurden, bei denen insbesondere die Bedeutung von materiellen, personellen und zeitlichen Ressourcen im Fokus standen, geht es in diesem Kapitel um Aspekte der Arbeitsorganisation. In den Blick rücken Praxen, die eine Bedeutung für den Arbeitsalltag der Interviewpartner*innen haben. Strukturelle Handlungs- und Rahmenbedingungen stehen entsprechend in Verbindung mit bestimmten Akteur*innen und Akteurskonstellationen und deren (alltäglichen) Praxen. Die Interviewpartner*innen sind in unterschiedlichen Vereinen und Organisationen tätig, die sich in Merkmalen wie Entstehungsprozessen, Alter, Größe und Struktur oder politischen Verständnissen unterscheiden (Kap. 5.1.1; Kap. 3.2.1). Trotz dieser inneren Heterogenität beschreiben alle Interviewpartner*innen Vernetzung, Kooperation und Austausch, die Charakteristika der Arbeitskultur und eine breite Zielgruppenorientierung als bedeutsam für ihre (alltägliche) Arbeitsorganisation. Die leitende Frage in diesem Teil lautet, welche Transformationsverständnisse implizit und explizit im Zusammenhang mit Aspekten der (alltäglichen) Arbeitsorganisation sichtbar werden.

5.2.2.1 Vernetzung, Kooperation und Austausch

Vernetzung, Kooperation und Austausch stellen zentrale Aspekte des Tätigkeitsrahmens im Globalen Lernen dar (E: 44; J: 26). Sie finden einerseits in etablierten, auch institutionalisierten Zusammenhängen statt und anderseits in informellen Zusammenschlüssen.

Für einige Vereine und Organisationen stellen entwicklungspolitische Landesnetzwerke zentrale Kooperations- und Vernetzungsstrukturen dar, in und durch welche mit anderen Bildungsakteur*innen eine Zusammenarbeit und Austausch stattfindet (B: 88; A: 98-99; C: 81; D: 124; K: 83; I: 80; E: 124; F: 60). Die Entwicklungspolitischen Landesnetzwerke sind auch auf Bundesebene vernetzt und bilden dort die Arbeitsgemeinschaft der Eine-Welt-Landesnetzwerke (AGL), an die ebenfalls viele Initiativen aus dem Bereich des Globalen Lernens angeschlossen sind (J: 91; I: 80). Weiterhin bildet die Weltladenszene für einige Interviewpartner*innen eine wichtige Kooperationspartnerin (A: 105; H: 90; E: 107).

VENRO als Dachverband entwicklungspolitischer und humanitärer Nichtregierungsorganisationen in Deutschland stellt mit der „AG Bildung" eine Struktur der Vernetzung dar (J: 91). In diesem Rahmen findet auch das pädagogische Werkstattgespräch von politisch-bildenden Organisationen statt:

Da kommen zweimal im Jahr die hauptamtlichen Bildungsreferenten aus den großen NGOs zusammen, also UNICEF, Welthungerhilfe, Misereor, Brot für die Welt und so weiter, treffen sich zweimal im Jahr und also bewusst nur pädagogisches Werkstattgespräch, also tauschen Erfahrungen aus. Es kommt auch zur Zusammenarbeit, also manche Publikationen machen wir zusammen mit diesen NGOs, was uns ja finanziell sehr entgegen kommt. Also, das ist eher so ein Erfahrungsaustausch […] (G: 90)

Zwischen etablierten Akteur*innen aus dem entwicklungspolitischen Kontext, die auch Bildungsarbeit im Inland durchführen, besteht ein reger Austausch. Die Zusammenarbeit geht für Bildungsvereine zudem mit finanziellen Ressourcen und der Aufteilung von Arbeit auf mehrere Verantwortliche einher.

Ein weiteres etabliertes Netzwerk bildet das Promotor*innen-Programm, in das einige Interviewpartner*innen eingebunden sind. Die Promotor*innen arbeiten auf Landesebene zusammen und sind ebenfalls bundesweit vernetzt (G: 90; I: 81; E: 43). Das Promotor*innen-Programm wird durch die AGL und die Stiftung Nord-Süd-Brücken getragen. Solche bestehenden Vernetzungsstrukturen dienen auch der Finanzierung von Strukturen des Globalen Lernens. Im Kontext der Promotor*innentreffen finden zudem Workshops oder Tagungen statt, die Austausch und Impulse in Fachkreisen ermöglichen und Räume schaffen, um gemeinsam Ideen zu entwickeln (I: 81; E: 43). In der Zusammenarbeit mit anderen Bildungsträgern aus dem außerschulischen Bereich steht der thematische Austausch und die gemeinsame Durchführung von Bildungsveranstaltungen im Vordergrund (H: 93; I: 78, 82; E: 124; C: 81). In der Regel wird der

Austausch mit Vereinen und Organisationen gesucht, die ähnliche Profile haben (F: 61).

Auch wenn der internationale Bezug insbesondere durch Inhalte immer gegeben ist, wird eine internationale Vernetzungsstruktur nur von einer*m Interviewpartner*in direkt benannt. Das „Learn-to-Change"-Netzwerk ist aus der Zusammenarbeit von Partnerschaftsinstitutionen im entwicklungspolitischen Kontext entstanden, wird durch Projektförderung aufrechterhalten und setzt sich aus internationalen Bildungsaktivist*innen zusammen. In diesem internationalen Netzwerk geht es um Überlegungen, wie eine globale Bildung gestaltet werden muss, die gesellschaftliche Transformationsprozesse im Blick hat (J: 86). Im Kontext der Konferenz „Connect for Change" brachte das „Learn-to-Change"-Netzwerk bspw. Bildungsaktivist*innen und Schulpartnerschaften zusammen,

um zu schauen, wie man eigentlich ja so internationale Bildungspartnerschaften so bauen kann, dass die für alle Leute gut sind, dass die für alle Leute bereichernd sind und was da zu tun ist, dass wir eine nachhaltig und global gerechte Gesellschaft bekommen. (J: 87)

Die Themen der Nachhaltigkeit und Gerechtigkeit werden in diesem Vernetzungskontext als Gestaltungsmerkmale für internationale Bildungspartnerschaften adressiert, deren Umsetzung durch internationale Netzwerke forciert werden muss.

Neben den formellen Netzwerkstrukturen, die dem Austausch, der Kooperation und auch finanziellen Belangen dienen, werden auch weniger etablierte und informelle Zusammenhänge thematisiert. Gewerkschaftliche Akteur*innen – hier DGB, IG-Metall oder GEW – werden von einzelnen Interviewpartner*innen als Kooperationspartner*innen genannt. Die punktuelle Kooperation zeichnet sich auch durch finanzielle Unterstützung bei der Erstellung von bspw. Bildungsmaterialien aus. Zudem werden gemeinsam Bildungsveranstaltungen durchgeführt oder Bildungsveranstaltungen durch Gewerkschaften angefragt (K: 83; E: 124; F: 62).

Auch die Vernetzung und Kooperation mit Akteur*innen im lokalen Umfeld wird von einigen Interviewpartner*innen als bedeutsam beschrieben. Vernetzung findet auf städtischer Ebene bspw. bezüglich Fragen der Nachhaltigkeit statt:

Wir sind natürlich auch in der Stadt vernetzt. Also wir arbeiten mit dem Umweltamt zusammen, es gibt so eine Linie, „[Name der Stadt] als global nachhaltige Kommune" und wir versuchen auch die Stadt, also die Stadtverwaltung miteinzubeziehen, wo wir dann auch jetzt formulieren, wo muss [Name der Stadt] eigentlich hin. (G: 87)

Die Themen und Perspektiven von Bildungsvereinen werden hier als relevant für die lokale Stadtgestaltung, auch im Kulturbereich, platziert und darüber Vernetzung mit anderen städtischen Akteur*innen aufgebaut (H: 91-92). Schulische, universitäre und zivilgesellschaftliche Strukturen und mit diesen verbundene Akteur*innen bilden wichtige Kooperationspartner*innen (A: 101; D: 124; G: 87; H: 92-93; E: 125).[69] Der Austausch mit Akteur*innen aus der Wissenschaft taucht im Sample nicht explizit auf. Auch Fachtagungen, die Kontakte zu Wissenschaftler*innen mit Fachexpertise und Berührungen zum pädagogisch-wissenschaftlichen Diskurs über das Globale Lernen ermöglichen und Impulse für die Praxis geben könnten, werden als selten beschrieben (I: 76).

Deutlich wird, dass eher informelle und weniger etablierte Vernetzungskontexte und Kooperationen dazu dienen, Inhalte des Globalen Lernens in verschiedene benachbarte Handlungsfelder zu tragen und dort zu platzieren. Ein reger Austausch besteht diesbezüglich mit anderen außerschulischen Bildungsträgern, mit denen Kooperation eingegangen werden, um Bildungsangebote zu machen. Dazu zählen bspw. Einrichtungen, die Freiwillige Soziale oder Ökologische Jahre (FSJ/FÖJ) anbieten, selbstorganisierte Jugendgruppen, Weiterbildungs- und Fortbildungsstätten, die oft Bildungsangebote nachfragen (F: 62).

Beim Sprechen über Kooperations- und Vernetzungsformen thematisierten einige Interviewpartner*innen den zeitlichen Aufwand, welcher mit Kooperation und Vernetzung einhergeht. Es müsse diesbezüglich auch kritisch hinterfragt werden, wofür der Aufwand betrieben wird und ob dadurch gewünschte Ziele umgesetzt werden können (J: 91; A: 109; F: 61):

Also, insofern gibt es schon diese Vernetzung, es gibt allerdings auch die Gefahr, dass man vor lauter Vernetzung gar nicht mehr zum Arbeiten kommt. Und wenn man sich nur noch vernetzt, aber keine Substanz mehr einbringt, ist das auch mit der Vernetzung eben so eine schwierige Sache (3) [...] (G: 91)

---

69 Schule und die damit verbundenen Netzwerke als zentrale Partner*innen der Zusammenarbeit werden in Kapitel 5.2.3 vertiefend betrachtet.

Vernetzungsarbeit wird in Abgrenzung zu anderen Tätigkeiten beschrieben. Entsprechend gehen Vernetzungstätigkeiten auch mit der Frage einher, wie viele zeitliche Ressourcen dafür aufgewendet werden sollen und welche Ziele damit in Verbindung stehen. Kooperation, Vernetzung und Zusammenarbeit brauchen zeitliche, materielle und personelle Ressourcen, die auch längerfristig bereitgestellt werden sollten. Doch nicht alle Akteur*innen im Globalen Lernen können diese Kapazitäten gleichermaßen aufbringen (B: 88). Zeitliche Ressourcen, die für Kooperations- und Vernetzungsformen notwendig sind, werden von den im Sample vertretenen Vereinen und Organisationen unterschiedlich aufgewendet und genutzt. Eine sehr vielfältige, breite und etablierte Vernetzung zeigt sich dabei deutlich bei Vereinen und Organisationen, die schon mehrere Jahrzehnte bestehen. Die Vernetzung zeigt sich sowohl auf lokaler und Bundesebene als auch mit diversen Akteur*innen im schulischen und außerschulischen Bereich und in der federführenden Mitgestaltung und Beeinflussung von Netzwerken und Kooperationen (G: 79, 90: A: 32, 93, 101):

Ach das ist eine ganze Latte. Also ähm, wir haben jetzt zum Beispiel das Bildungsnetzwerk. [...] Da stellen sich in der Regel immer zwei Bildungsträger vor mit neuen Konzepten oder neue Träger, Trägerinnen. Und ähm (3) und die, es ist auch so, dass die mindestens drei Mal im Jahr am Bildungsnetzwerk teilnehmen müssen, um (.) Es ist auch ein stückweit eine Form von Qualifikationsmaßnahme oder ähm Qualitätsmanagement zumindest, weil wir geben zusammen mit dem Senat auch eine Empfehlungsliste von Trägern fürs Globale Lernen raus (I: 78)

Etablierte Vernetzungs- und Kooperationskontexte dienen auch der Qualifikation von beteiligten Akteur*innen. Die Kontrolle hinsichtlich qualitativer Bildungsstandards stellt daher eine weitere Funktion von Vernetzungsveranstaltungen und -strukturen dar. Standards für das Qualitätsmanagement werden nicht weiter ausgeführt, ersichtlich ist jedoch, dass sich neue Bildungsträger*innen etablierten Bildungsakteur*innen vorstellen. Eine gewisse Hierarchie wird hier zwischen den Bildungsakteur*innen deutlich, da Vereine bspw. andere Bildungsträger*innen auch an den Senat empfehlen und damit auch Fördermöglichkeiten verbunden sind (Kap. 5.2.1).

5.2.2.2 Selbstverständnisse im Arbeitsalltag
Die Arbeit im Kontext des Globalen Lernens beinhaltet diverse Tätigkeiten, die über konkrete Bildungsangebote hinausgehen. Obwohl die Interviewpartner*innen in unterschiedlichen Vereinen und Organisationen tätig sind, wird

die Arbeitskultur von allen Interviewpartner*innen als kooperativ und wertschätzend beschrieben (E: 101; C: 82; I: 106; J: 88). Eine funktionierende Teamarbeit wird als zentral für die Zusammenarbeit mit Kolleg*innen in der eigenen Organisation und für das Arbeitsumfeld darüber hinaus beschrieben (C: 82, 87):

Und das finde ich hier in diesen Arbeitszusammenhängen grandios: Es gibt sehr starke Unterstützungsstrukturen, es gibt eine sehr starke Durchlässigkeit, was die Inhalte anbelangt, eine sehr wertschätzende Feedbackkultur und solche Sachen. Das finde ich existentiell, allgemein für die Arbeit, aber natürlich nochmal für das Globale Lernen [...] (I: 105)

Der Arbeitskontext des Globalen Lernens und die damit verbundenen Arbeitsweisen werden beschrieben als kooperativ, harmonisch, konkurrenzlos und von gleichen Ziel- und Wertevorstellungen getragen:

[...] wir möchten ja alle das Gleiche, wir möchten diesen Wertegedanken einer gerechten, fairen, besseren Welt für alle und ob ich das denen jetzt erzähle und du erzählst ähm ist jetzt erstmal zweitrangig [...] (C: 83)

Konflikt, Konkurrenz und Herausforderungen, die dennoch im Arbeitsalltag auftauchen, werden etwa durch Strukturen der Fördermittelvergabe und die Verteilung von Projektmitteln begründet, also durch strukturelle Gegebenheiten, die das Tätigkeitsfeld rahmen (C: 87).

Zudem werden die Mitgestaltungs- und Partizipationsmöglichkeiten für jene Kontexte, in denen sich Akteur*innen des Globalen Lernens organisieren – wie bspw. das Fachforum Globales Lernen, VENRO oder der AGL – positiv hervorgehoben:

[...] also, wenn die AGL beispielsweise so 'n Positionspapier im Bereich Globalen Lernen rausgibt, wird das innerhalb des Fachforums Globales Lernen – also dieses bundesweite Forum – abgestimmt und jede kann dazu was sagen. Und dann wird das aber, das ist alles immer unter Zeitdruck und so 'n bisschen und im Umlaufverfahren tatsächlich meistens. Also die Koordinatorin macht nen Aufschlag, dann können alle kommentieren. Dann könnte ich mich natürlich hinsetzen, zwei Tage und das so schreiben, wie ich das haben will, was ich wichtig finde. Also und das sind wirklich, was ich zur Europawahl oder jetzt ähm was ist das letzte wo ich mich erinner- (3) [...]. Könnte ich mich natürlich hinsetzen und das aufschreiben und dann wären die

wahrscheinlich glücklich, dass jemand das äh sich so viel Zeit nimmt, das genau zu formulieren. Bei der AGL bei VENRO würde das dann glaube ich noch stärker kontrolliert werden ähm [...] (E: 64)

Die Beteiligung und gemeinsame Erarbeitung von Positionen zu Themen in bestehenden Netzwerken des Globalen Lernens zeichnet sich hier als Anspruch ab. Zugleich wird eine Diskrepanz zwischen dem Willen der Mitbestimmung und der alltäglichen Arbeitspraxis deutlich. Die Praxis gelebter Werte wird als herausfordernd thematisiert, da zeitliche Ressourcen fehlen und auch Strukturen für eine alltägliche demokratische Praxis.

Als zentral und wertvoll wird das gemeinsame Brainstorming zu Themen beschrieben. Gedanken und offene Prozesse entstehen dabei oft dadurch, dass der Austausch miteinander weniger von Zielen aus gedacht wird. Impulse werden dadurch angestoßen, dass der Kontakt mit anderen Menschen von großer Bedeutung ist. Dabei werden Ideen zusammengedacht, die an unterschiedlichen Punkten und mit unterschiedlichen Menschen aufkommen. Ideen werden weitergegeben und unterschiedliche Akteur*innen arbeiten dann mit diesen weiter. Dieses Merkmal der Arbeitskultur führt dazu, dass Projekte und Prozesse entstehen, die selten aus Einzelarbeit resultieren (E: 106, 109; K: 103; C: 81; A: 50):

[...] also so 'n bisschen auch durch die Netzwerke, dass sich da viel ergibt. (3) Ja, was ja auch gut ist, weil es so 'ne also, es ist ja wie so 'n kollektives, kongeniales Brainstormen vielleicht (lachend), aber halt nicht so ziel- nicht so zielgerichtet [...] (E: 107)

Das gemeinsame Arbeiten spielt für die Interviewpartner*innen eine zentrale Rolle in ihrer Tätigkeit. Dieses gemeinsame Tätigsein ist auch dadurch charakterisiert, dass es mit Prozessen des Auslotens und Austestens verbunden ist, wobei die Resultate meist nicht vorhersehbar sind. Die Bedeutung von Netzwerken, Kooperation und Austausch, die die Arbeitskultur prägt, zeigt sich auch in der Breite der Zielgruppen, die durch Bildungspraxen des Globalen Lernens angesprochen werden sollen.

5.2.2.3 Zielgruppen

Prägend für die Tätigkeit sind auch die heterogenen Zielgruppen der Bildungsarbeit des Globalen Lernens. Wer sind die Zielgruppen, für die Bildungsangebote gemacht werden und die diese nachfragen? Die unterschiedlichen Verortungen der Vereine und Organisationen, aus denen die Interviewpartner*innen kommen, zeigen sich bei der Thematisierung der Zielgruppen deutlich. Damit in Verbindung stehen Wirkungsfelder, auf die sich die Interviewpartner*innen mit ihrer Tätigkeit konzentrieren.

Die Hauptzielgruppe vieler Interviewpartner*innen sind Erwachsene, die selbst als Multiplikator*innen agieren (B: 83; J: 81; F: 55; K: 77; E: 50; G: 79; C: 78). Als Multiplikator*innen werden Menschen gefasst, die in der außerschulischen Bildungsarbeit tätig sind und sich in zivilgesellschaftlichen Kontexten engagieren oder engagieren möchten. Innerhalb dieser Zielgruppe gibt es einerseits Menschen, die sich schon länger und umfassender mit Themen des Globalen Lernens beschäftigen. Und andererseits gibt es häufig auch jüngere Menschen, die Multiplikator*innen im Bereich Globales Lernen werden möchten und wenig Erfahrungen und Wissen bezüglich der Thematiken mitbringen (J: 81; B: 36, 84; F: 56):

Das sind oft dann Menschen, die auch bei [Name eines Bildungsprogramms] zum Beispiel Referent*innen sind ähm oder die hier in außerschulischen Lernorten ähm sich selbst etwas aufgebaut haben. Auch gerade in [Name des Bundeslandes] gibt es da einige Beispiele und dort einfach Bildung machen. Ähm und die sozusagen in Vertiefungsseminaren mitzunehmen zu neuen Ufern, sag ich mal so. (J: 77)

Eine Zielgruppe besteht aus Personen, die selbst in der Bildungsarbeit aktiv sind, für die Bildungsangebote im Sinne einer weiterführenden thematischen und methodischen Auseinandersetzung bereitgestellt werden. Der Fokus bei der Arbeit mit der Zielgruppe der Multiplikator*innen aus dem Bereich des zivilgesellschaftlichen Engagements liegt dabei auch in der Bestärkung dieser Akteur*innen in ihrer Tätigkeit, indem Austauschräume und Reflexionsorte geschaffen werden (B: 82; J: 65):

Weil viele von denen sind auch einzelne Kämpfer*innen, so. Das ist in unseren Fortbildungen oft der Fall, dass Leute sagen, „Hey, ich bin irgendwie an einer Schule, im Kollegium" und oder auch aus NGOs oder Einzelpersonen, die sich in ihrem eigenen Leben nur damit beschäftigen. Es oft so, dass die voll den Wunsch haben, im Austausch zu sein mit anderen und zu merken, „Ja wir sind viele!", so. Also da geht es eher darum, die zu bestärken und immer wieder zu bestätigen, „Das, was du machst. ist auf jeden Fall wichtig und nötig!" Ja, (3) und denen halt idealerweise auch was Neues mitzugeben [...] (F: 56)

In und durch diese Bildungsangebote sollen Menschen, die an verschiedenen Orten zu Themen des Globalen Lernens aktiv sind, merken, dass viele andere

Menschen an vielen anderen Orten auch aktiv sind. Dieser Aspekt verweist auf die Rahmenbedingungen in Schulen oder NGOs, in denen oft Einzelne aktiv sind ohne nennenswerte unterstützende Strukturen. Die Frage, was Menschen brauchen, vielleicht auch nur auf einer psychologischen Ebene, um dieses Engagement weiter auszuüben, greifen die Bildungsangebote auf.

Zudem sollen über Angebote für Multiplikator*innen, Interessierte, Einsteiger*innen, Menschen, die sich bisher noch nicht oder wenig mit Themen des Globalen Lernens auseinandergesetzt haben, angesprochen werden (F: 55).

Zielgruppe sind natürlich Einsteiger*innen, Neueinsteiger*innen, die im besten Fall sogar bei irgendwelchen entwicklungspolitischen Initiativen gerade angefangen haben oder anfangen und sagen, „ich würde mir gerne ähm Kompetenzen im Bereich Bildungsarbeit irgendwie drauf schaffen und würde das vielleicht mal ausprobieren", sei es unsere [Name einer Initiative] oder sei es irgendwie in unserer [Name einer Initiative] oder so. Und da gibt es immer wieder interessierte neue Leute, die sagen, „ich möchte da gerne reinschnuppern", gerade auch Weltwärts-Rückkehrer*innen zum Beispiel oder so, die im Endeffekt eine internationale Erfahrung gemacht haben. Das ist eine wichtige Zielgruppe, glaube ich, aus der sich dann auch viele Angebote speisen. (J: 78)

Menschen, die Interesse an den Themen haben, sollen für die Bildungsarbeit im Globalen Lernen gewonnen werden. Deutlich wird, dass potenziell Interessierte in diversen gesellschaftlichen Kontexten angesprochen werden müssen. Zudem werden Menschen in unterschiedlichen Bildungsbereichen als Multiplikator*innen adressiert, die es zu sensibilisieren gilt (J: 81; C: 78; G: 80; I: 75):

Also, wen wir erreichen wollen: Erstmal sind das Leute, die in der politischen Bildung arbeiten, also seien es Politiklehrer*innen an Schulen oder eben Leute – keine Ahnung – in der gewerkschaftlichen Bildungsarbeit in, ja in Verbänden, Eine-Welt-Gruppen und so weiter. Also die klassischen außerschulischen Bildungsträger, die wollen wir erreichen. Und dann ist natürlich das Ziel, dass die mit ihren Zielgruppen wieder arbeiten [...] (K: 77)

Formelle und non-formelle Bildungsstrukturen und Akteur*innen, die in diesen lehrend und bildend tätig sind, stellen eine Zielgruppe der Bildungsangebote im Kontext des Globalen Lernens dar. Schüler*innen bilden jedoch – wenn auch teilweise vermittelt über Lehrkräfte und außerschulische Multiplikator*innen –

die Hauptzielgruppe von Bildungsangeboten des Globalen Lernens (C: 76; D: 117; I: 75; G: 59; H: 87; K: 77; E: 50; A: 59) (Kap. 5.2.3).

Ja, so aber Hauptzielgruppe würde ich sagen, Grundschule und Sek I, das sind so die wichtigsten Zielgruppen. Aber prinzipiell nehmen wir alle, weil du musst früh anfangen, darfst aber auch nie aufhören. (D: 119)

Im Bereich Schule variiert der Fokus auf verschiedenen Jahrgangsstufen. Das Angebot anderer Interviewpartner*innen richtet sich, neben der Grundschule und der Sekundarstufe I, auch an die Sekundarstufe II und an Berufsschulen (H: 87; E: 119; C: 76; I: 75). Die Auseinandersetzung und Sensibilisierung für Themen des Globalen Lernens geht nie zu Ende und lässt sich auch nicht auf bestimmte Zielgruppen eingrenzen (auch wenn das in der praktischen Bildungsarbeit passiert). Neben dem schulbezogenen Fokus, der mit den Bildungsangeboten vieler Interviewpartner*innen einhergeht, bilden generell organisierte (Jugend-)Gruppen eine zentrale Zielgruppe. Darunter fallen Menschen, die einen Freiwilligendienst absolvieren (E: 120; H: 87; F: 23; C: 76) genauso wie Pfadfindergruppen, Konfirmations- oder Kommunionsgruppen (C: 75), Volkshochschulen (E: 121), Geflüchtetengruppen (A: 59), vereinzelt auch Sportvereine oder Jugendgruppen (C: 76) und Studierende (C: 74; B: 36).

Die Ausrichtung der Bildungsangebote auf bestimmte Zielgruppen geht für einige Interviewpartner*innen mit der Frage einher, ob diese auch erreicht werden. Es besteht der Anspruch, Bildungsmaterial für breite Zielgruppen anzubieten, faktisch wird jedoch Material konzipiert, das Oberstufenniveau hat und eher voraussetzungsvoll und milieubezogen ist (K: 78; G: 59). Das Bildungsangebot ist zudem häufig nachfrageorientiert, weil

das meiste angefragt wird im Gymnasium, so Mittelstufe, Gymnasium. Ähm und da ist ein bisschen der Anspruch, das auszuweiten, genau [...] (E: 119)

Deutlich wird, dass ein Bewusstsein dafür besteht, dass das eigene Bildungsangebot nicht gleichermaßen von unterschiedlichen Schulformen und Jahrgangsstufen nachgefragt wird. Bildungsangebote werden mehrheitlich von Menschen wahrgenommen, die eine Bereitschaft mitbringen, sich mit Themen des Globalen Lernens zu beschäftigen, oder werden über interessierte Menschen an Orte wie Schulen, Gewerkschaften oder in außerschulische Bildungssettings gebracht (F: 76). Die Herausforderung besteht demnach darin, Menschen zu erreichen, die sich bisher wenig mit Themen des Globalen Lernens beschäftigen: „Wie kommen wir über die Gutwilligen hinaus, die eine gewisse Nähe zum Thema haben […]" (G: 58) fragt etwa ein*e Interviewpartner*in. Diese kritische Einordnung und Befragung der eigenen Bildungspraxis steht in engem Zusammenhang mit Fragen der Reichweite und Erreichbarkeit:

(3) ja „preaching to the saved" also (lachend) ähm (3), das ist so. Ich glaube das kommt sogar- ja genau, Adorno hat das mal gesagt, bei- ich glaub das war in „Erziehung nach Auschwitz", wir predigen eh nur zu denen, die schon gerettet sind. Also wen erreichen wir eigentlich mit unserer Bildungsarbeit […] (K: 55)

Dem vorherrschenden Anspruch der Interviewpartner*innen, Bildungsangebote für diverse Zielgruppen anzubieten, wird selbstkritisch die Frage gegenübergestellt, welche Zielgruppen überhaupt erreicht werden können.

[…] müssen zugeben, hier Berufskollegs oder Förderschulen oder so ist wenig. Aber das große Problem, wie kommen wir in die anderen Milieus? Und da sind wir hier mit, wir kommen fast alle aus diesem sozial-ökologischen Milieu und es fällt uns allen glaube ich auch schwer, ähm in diesen anderen Milieus was zu machen. Denn da wird man nicht mit offenen Armen empfangen und, also zum Beispiel die Vorbehalte der, dieser Rechtspopulisten gegen Akademiker ist ja auch enorm. Und auf der anderen Seite, eine Untersuchung, dass in kaum einem Arbeitsfeld so viele Akademiker sind, wie im Bereich Entwicklungspolitik und ähm insofern gibt es objektive Schwierigkeiten, wie wir in die anderen Milieus reinkommen […] (G: 60)

Die Erreichbarkeit von Zielgruppen wird in Zusammenhang mit den Akteur*innen gebracht, die im Globalen Lernen tätig sind: Konstatiert wird eine milieubedingte Distanz zwischen Bildner*innen und nicht-erreichten Zielgruppen, mit dem Eingeständnis verbunden, hinsichtlich der Angebote für milieufremde Adressat*innen nicht gut aufgestellt zu sein. Die Frage der Erreichbarkeit diverser Zielgruppen muss mit unterschiedlichen Strategien einhergehen, Bildungsangebote ansprechend sichtbar und zugänglich zu machen. Um dem eigenen Anspruch, Bildungsangebote für unterschiedliche Zielgruppen bereitzustellen, zu genügen, gehen viele Vereine und Organisationen Kooperationen mit anderen ein. Hierdurch erhoffen sich die Initiator*innen, milieuübergreifende Kontakte zu knüpfen, neue Impulse zu geben und darüber auch Zugänge zu anderen Zielgruppen herzustellen.

Also zum Beispiel heute morgen hatte ich ein Treffen mit einer, die so wegen Beratung angefragt hatte, die haben einen Verein gegründet (3). Und wollen so Demokratielernen-Konzepte genau zu neuen Zielgruppen bringen sozusagen. Und dann haben wir zusammen gebrainstormt, wo die, also ne, wo sie hingehen könnten. Also die wollen dann eben dort hin, also zu anderen Orten gehen, Workshops machen. Dann haben wir gebrainstormt, wo sie hingehen könnten und dann ähm und dadurch ist dann entstanden, ähm dass sie zum Beispiel mit der [Name der Stadt] Moschee zusammenarbeiten. Und das ist glaub ich entstanden dadurch, dass die Person ne Idee also irgendwie mal gedacht hat, „Kirchen, was ist denn mit Kirchen?", dann ich irgendwie kürzlich über faire Moscheen geredet habe und dann da- und dann kam mir der Gedanke. Aber das ist was, was sich nicht planen lässt sondern, aber trotzdem ist das, das andere Menschen angefangen haben, zu fairen Moscheen oder fairen Kirchen zu arbeiten, das dann in sowas einfließt oder so also genau (4), ja. (E: 110)

Unterschiedliche Zielgruppen zu erreichen erfordert Kreativität und diverse Zugänge, die sich nicht immer planen lassen und auch zufällig entstehen können.

5.2.2.4 Was nehmen wir mit?

Die Arbeitsorganisation des Globalen Lernens geht mit bestimmten Praxen und Handlungsstrategien einher, die durch reale, definierte, begründete und antizipierte Grenzen vermittelt sind. Strukturelle Hegemonie (im Sinne von strukturellen Rahmenbedingungen) formt das Feld, auf dem Akteurskonstellationen agieren (Opratko 2012: 178 f.). Auch Akteur*innen des Globalen Lernens sind dazu gezwungen sich zu dieser zu verhalten. In den Ausführungen zur Arbeitsorganisation der Interviewpartner*innen treten strukturelle Rahmenbedingungen und Kräfteverhältnisse als Akteurskonstellationen hervor, deren Praxen und Handlungsstrategien reproduzierend und transformierend auf hegemoniale Strukturen wirken. Mit dem Fokus auf Akteur*innen und Akteurskonstellationen im Kontext struktureller Rahmenbedingungen werden sowohl beschränkende als auch ermöglichende Handlungsdimensionen deutlich. Etablierte hegemoniale Strukturen zeichnen sich auch durch „konsensbasierte und kompromissvermittelte Bearbeitungsformen gesellschaftlicher Widersprüche" (ebd.: 179) aus. Dafür spielen Bündnisse und Allianzen zwischen unterschiedlichen Akteur*innen eine zentrale Rolle. Für gesellschaftliche Transformationsprozesse und die Etablierung gegen-hegemonialer Strukturen sind aus hegemonietheoretischer Perspektive sowohl Kräfte sozialer Bewegungen als auch Institutionen von Bedeutung. Die Arbeitsorganisation, die (alltäglichen) Arbeitspraxen und die Arbeit mit diversen Zielgruppen des Globalen Lernens stellen entsprechend Kontexte dar, in denen sowohl hegemoniale Strukturen reproduziert als auch infrage gestellt und transformiert werden. Hegemonie wie auch das Schaffen von Gegen-Hegemonie umfassen auch „den Prozess der Willensbildung und Schaffung von Bündnissen durch geteilte Überzeugungen, Diskussionen, Verhandlungen oder Kompromisse" (Demirović 2007: 24). Für diese Prozesse bedarf es der Herausbildung

„handlungs-, diskurs- und steuerungsfähiger Akteur[*innen] und schließlich gesellschaftlichen Akteurskonstellationen, die mit inspirierenden konkreten Transformationsprojekten Themen aufgreifen, die breite öffentliche Resonanz finden." (Reißig 2019: 182)

Die Ergebnisse meiner Erhebung zeigen, dass diverse formelle Strukturen und informelle Kooperationen auf die zentrale Bedeutung von Vernetzung, Kooperation und Austausch im Arbeitskontext des Globalen Lernens hinweisen. Diese Prozesse zielen darauf, geteilte Überzeugungen zu verbreiten und Diskussionen und Austausch zwischen den Akteur*innen selbst zu ermöglichen. Ein Großteil dieser Tätigkeiten bezieht sich auf Akteur*innen innerhalb des Feldes des Globalen Lernens. Deutlich wird an den Beschreibungen zu Vernetzung, Kooperation und Austausch sowie der Arbeitskultur eine relativ klare und einheitliche Ausrichtung der Arbeitsorganisation an zivilgesellschaftlichen Kontexten, die an entwicklungspolitischen Themen und Praxen orientiert sind. Zugleich besteht der Anspruch und die damit verbundenen Praxen, mit diversen Zielgruppen zusammenzuarbeiten und so Ziele und Inhalte von Globalem Lernen in unterschiedliche formelle und non-formelle Bildungskontexte und -ebenen zu tragen. Kooperationsbeziehungen mit Schulen stellen darüber hinaus einen zentralen Aspekt dar, um Überzeugungen und (politische) Haltungen zu verbreiten (Kap. 5.2.3). Durch Vernetzung, Kooperation und Austausch wird die Verbindung von einzelnen Akteur*innen (Organisationen und Vereinen) des Globalen Lernens hergestellt und diese werden als Akteurskonstellationen sichtbar. Diese agiert in einer bestimmten Art und Weise unter dem Dach des Globalen Lernens: Der Bezug zum Konzept des Globalen Lernens oder BNE ist vorhanden, darunter werden jedoch unterschiedliche Bildungsziele und -verständnisse gefasst (Kap. 5.1.2; Kap. 5.1.3).

Die Beschreibungen der Interviewpartner*innen zu Praxen ihrer Arbeitsorganisation machen deutlich, dass Kooperationsbeziehungen einen hohen Stellenwert im Arbeitsalltag einnehmen, Allianzen – im Sinne von Bündnissen – mit Akteur*innen aus anderen gesellschaftlichen Bereichen jedoch kaum eingegangen werden.

Transformation in Allianzen und Bündnissen?
Aus hegemonietheoretischer Sicht spielen Bündnisse und Allianzen zwischen unterschiedlichen Akteursgruppen und -konstellation eine zentrale Rolle für gesellschaftliche Transformationsprozesse. Dabei geht es darum, Ziele und Interessen unterschiedlicher gesellschaftlicher Gruppen wahrzunehmen, anzuerkennen und diese zu unterstützen. Über gemeinsame Erzählungen und Strategien im Kampf für ähnliche Themen und Belange können Bündnisse und Allianzen entstehen. Die Wahrnehmung gemeinsamer Bezugspunkte der (politischen) (Bildungs-)Arbeit kann die Basis für breite, arbeitsteilig organisierte Bündnisse und Allianzen zwischen progressiven Akteurskonstellationen bilden (I.L.A.Kollektiv 2019: 85 f.).

Die Bedeutung von Allianzen und Bündnissen wird von den Interviewpartner*innen kaum thematisiert und findet auch keine Erwähnung im Sprechen über ihren Arbeitsalltag. Die Arbeitskontexte sind zwar von Kooperation, Vernetzung und Austausch geprägt, jedoch wird diese Tätigkeit nicht explizit unter dem Aspekt der Transformation beschrieben. Kooperation, Vernetzung und Austausch werden als wichtiger Teil des Arbeitskontextes und durch eine kollegiale und wertschätzende Atmosphäre beschrieben. Ihnen wird in diesem Kontext jedoch keine strategische Funktion im Sinne eines Agenda-Settings oder der Sichtbarkeit zugewiesen und sie werden auch nicht als Hebel zur Verwirklichung transformativer Ziele und Interessen verstanden. Austausch, Kooperation und Vernetzung beziehen sich vorrangig auf den (entwicklungspolitischen) Bildungsbereich. Kooperationen mit gesellschaftlichen Akteurskonstellationen außerhalb des Bildungsbereiches werden nur vereinzelt benannt und haben dabei auch einen starken Bildungs-, Vermittlungs- oder Beratungsfokus und weniger einen gleichberechtigter Allianzen, die für ein gemeinsames Ziel stehen. Zwischen den Akteur*innen des Globalen Lernens wird ein Verständnis (politischer) Verbündeter deutlich, die – im Bildungsbereich – Forderungen stellen und gemeinsame Schlagkraft entwickeln. Dies ergibt sich über die Annahme gleicher Ziele, jedoch bleibt kaum Raum für Diskussionen, Dissens und die Aushandlung gemeinsamen Konsenses.

Gesellschaftliche Akteur*innen, die in anderen gesellschaftlichen Bereichen für ähnliche oder gleiche (politische) Ziele und Interessen eintreten, werden nur von wenigen Interviewpartner*innen wahrgenommen und als Bündnispartner*innen benannt und adressiert. Eine Verortung der Interviewpartner*innen und ihrer Vereine und Organisationen in vielschichtigen gesellschaftlichen Zusammenhängen, die über den Bildungsbereich hinausgehen, findet nicht statt. Daraus kann geschlussfolgert werden, dass das dominante Transformationsverständnis meiner Interviewpartner*innen Allianzen und breiten gesellschaftlichen Akteur*innen-Bündnissen kaum Bedeutung zumisst, bzw. sich diese Dimension nicht in der Arbeitsorganisation wiederfinden lässt oder aus dieser ergibt. Die Ausführungen zur Arbeitsorganisation spiegeln ein (implizites) Verständnis von Transformation wider, das davon ausgeht, dass diese „dezentral und unabhängig, im Rahmen vieler kleiner Praxen, die aus einer Vielzahl von Intentionen und Zusammenhängen hervorgehen" besteht (Vey 2015: 246).

5.2.3 Kooperation mit Schule

Der Bezugsrahmen Schule zeigt sich im Kontext des Globalen Lernens sehr deutlich (E: 133; I: 49; D: 144; J: 113; B: 112; C: 106; G: 79, H: 108). Das Bestreben, Themen des Globalen Lernens im schulischen Kontext zu platzieren und Schule als zentrale Kooperationspartnerin zu definieren, geht einher mit der Erstellung von Bildungsmaterialien für den schulischen Kontext und mit Angeboten für den Kontext der Lehrer*innenbildung, -ausbildung und -fortbildung.

> *[…] auch als Teil von Schule und Teil von Lernen. Also, dass es nicht immer etwas ist, was von außen kommt und dann mal einen Tag stattfindet, sondern mehr ähm in Schulbüchern repräsentiert ist, mehr im Rahmenlehrplan repräsentiert ist, mehr in der Lehrer*innen-Ausbildung. Und dass es nicht „JETzt machen wir Unterricht und dann morgen machen wir Globales Lernen", sondern dass es einfach in die Themen einfließt. Das ist vielleicht auch so 'n bisschen unser Anliegen, dass das ähm also so 'n bisschen auch das Anliegen von meiner Stelle, dass das immer also „strukturell verankert", heißt das dann im Antragssprech. Aber ähm genau, dass es sozusagen Teil der Lehrpläne wird und Teil der Ausbildung und so (3) ja […] (E: 133)*

In schulischen Kontexten stellt Globales Lernens in der Regel ein punktuelles Bildungsangebot im und neben dem Unterricht dar. Inhalte werden von außerschulischen Bildungsakteur*innen punktuell in Schulen getragen und als Teil von einzelnen Unterrichtsfächern vermittelt oder es finden fächerübergreifende Projekte statt. Wenig verbreitet ist bisher, dass Globales Lernen als Querschnittsthema in Schulen vermittelt wird (D: 142). Auch wenn die strukturelle Verankerung von Globalem Lernen in Schulstrukturen noch nicht erreicht ist, zeigen Entwicklungen, dass sich auf dieser Ebene etwas verändert. Globales Lernen trägt seit den 1970er Jahren zu einer Erweiterung des Blicks bei, ist zunehmend in Schulcurricula zu finden und eine zunehmende Akzeptanz wird deutlich: „Da hat sich schon was verändert gegenüber früher, wo das vielleicht so ein exotisches Themenfeld war, was eben naja nur ganz wenige, gutwillige gemacht haben […]"

(G: 53). Die Beschäftigung mit Themen des Globalen Lernens in Schulen nimmt zu und es stellt kein randständiges Thema mehr da, dem sich nur wenige engagierte Initiativen oder Akteur*innen der non-formalen politischen Bildung widmen (G: 63). Die Kooperation zwischen Schule und bspw. NGOs ist akzeptierter, was als erfolgreiche Entwicklung gesehen werden kann (G: 64). Politische Rahmenrichtlinien wie nationale Aktionspläne, das SDG 4.7,[70] neue Bildungspläne oder auch der Orientierungsrahmen für den Lernbereich globale Entwicklung stützen und legitimieren die Ansprüche und Ziele der Interviewpartner*innen (Kap. 5.1.2; Kap. 5.1.3), den Themen des Globalen Lernens auch in Schule mehr Bedeutung zuzumessen (C: 38; I: 48). Ein Verständnis von globalen Zusammenhängen, welches über den fragmentierten Fachunterricht hinausgehen muss und der notwendige Umgang mit zukünftigen und globalen Herausforderungen und Verflechtungen dient als Begründung für eine stärkere Integration von Globalem Lernen in Schule (J: 113). Schule stellt einen relevanten und zentralen Kooperationspartner für Bildungsakteur*innen des Globalen Lernens dar:

[...] Das ist die große Chance von Schule, dass sie über einen bestimmten Zeitraum hinweg alle sozusagen, ähm alle Personen einer Altersgruppe in die Schule gehen. Natürlich gibt es Privatschulen, da hat man weniger Durchmischung, aber man hat sozusagen ein Altersspektrum für eine bestimmte Zeit, das komplette, mit denen man zu Themen arbeiten kann und darin liegt die Chance, das sozusagen auf eine sehr vielfältige Weise immer wieder auch fächerübergreifend und fachbezogen globale Perspektiven einzubeziehen um sozusagen das ähm (3) aus Kinder, Jugendlichen Personen zu machen, die global und gerecht denken. Das ist sozusagen für mich die Voraussetzung, dass so was wie eine gesellschaftliche Transformation überhaupt erst möglich wird (3) [...] (I: 52)

Schule wird als institutionelle Möglichkeit gesehen, um die Erreichbarkeit von Zielgruppen zu erhöhen und die Perspektiven Globalen Lernens in den politischen Sozialisationsprozess von Kindern und Jugendlichen zu integrieren. Diese Aspekte werden durchaus als Voraussetzung für gesellschaftliche Transformation

---

70 Die SDGs sind in 17 Ziele aufgeteilt, die jeweils noch Unterziele enthalten. Das Unterziel 4.7 des Ziels 4 Hochwertige Bildung besteht darin, bis 2030 sicherzustellen, „dass alle Lernenden die notwendigen Kenntnisse und Qualifikationen zur Förderung nachhaltiger Entwicklung erwerben, unter anderem durch Bildung für nachhaltige Entwicklung und nachhaltige Lebensweisen, Menschenrechte, Geschlechtergleichstellung, eine Kultur des Friedens und der Gewaltlosigkeit, Weltbürgerschaft und die Wertschätzung kultureller Vielfalt und des Beitrags der Kultur zu nachhaltiger Entwicklung." (RENN.nord/ Schutzgemeinschaft Deutscher Wald Landesverband Hamburg e.V. 2019: 13)

benannt. Der Anspruch und die Relevanz Globales Lernens in Schulstrukturen zu verankern, geht in der konkreten Umsetzung an Schulen sowie in der Kooperation mit Schulen mit Herausforderungen einher. Diese werden im Folgenden anhand von drei Teilaspekten – *Schulstrukturen* (Kap. 5.2.3.1), *Zusammenarbeit mit Lehrer*innen* (Kap. 5.2.3.2) und *Schule gestalten* (Kap. 5.2.3.3) – verdeutlicht.

5.2.3.1 Schulstrukturen

Der Kontext Schule wird von allen Interviewpartner*innen als bedeutender Kooperationszusammenhang genannt. Dabei sind die verschiedenen Kooperationsformen in ihrer Umsetzung oft an Rahmenbedingungen orientiert, die durch schulische Kontexte vorgegeben werden. In der Zusammenarbeit mit Schule zeigen sich je nach Bundesland große Unterschiede. Die Kultusministerien der verschiedenen Bundesländer haben unterschiedlich viel Interesse daran, Themen des Globalen Lernens zu fördern und zu integrieren oder Stellen in diesem Bereich zu schaffen. Das hessische Kultusministerium etwa zeige wenig Interesse an der systematischen Integration von Globalem Lernen in den schulischen Unterricht (E: 131). In Baden-Württemberg gibt es dagegen bspw. seit 2015 neue Bildungspläne mit Leitperspektiven für BNE. Der Grundgedanke dieser Leitperspektiven sei es, die Themen flächendeckend in allen Fächern und Jahrgängen immer wieder einfließen zu lassen (C: 14). In Nordrhein-Westfalen wiederum gestalten sich die Zugangsbedingungen für Globales Lernen zu Schule anders, weil es eine Beteiligung an der Neukonzeption der Lehrer*innen-Fortbildung gibt (G: 65) und eine Zusammenarbeit mit Ministerien bestehe, die für BNE zuständig sind – dazu zählen das Schulministerium, das Umweltministerium und die Staatskanzlei (G: 79, 89).

Schule stelle zwar den Bereich dar, wo quantitativ mit Abstand der größte Teil Globalen Lernens stattfindet. Zugleich beschreiben die Interviewpartner*innen die Herausforderung, als außerschulische Bildungsakteur*innen einen Zugang zum komplexen Gebilde Schule zu bekommen. Globales Lernen finde in Schulen noch zu wenig Berücksichtigung und Umsetzung (G: 65; C: 36).

[...] Das ist für viele ähm, die von außen von Schule kommen, nicht so einfach, weil Schulen werden bombardiert mit Angeboten und das meiste kommt nicht durch das Nadelöhr des Schulsekretariats. Das heißt man muss sozusagen multiple Instrumente der Kommunikation haben, um in die Schule hineinzukommen. (I: 91-92)

Schule wird als geschlossene Institution mit sehr geringen Zugangschancen für außerschulische Akteur*innen beschrieben. Die inhaltlichen Anliegen, die in Schule platziert werden sollen, konkurrieren außerdem mit zahlreichen anderen

Angeboten, die von außen an Lehrer*innen herangetragen werden. Weiterhin müsse bei der Konzeption von Angeboten für Schule berücksichtigt werden, dass der Schulalltag straff strukturiert sei und die zeitlichen Kapazitäten von Lehrer*innen angesichts hoher Belastungen gering seien (I: 92).

Themen des Globalen Lernens im Schulalltag, in Schulstrukturen und Curricula unterzubringen wird dadurch erschwert, dass eine Mitgestaltung an Rahmenlehrplänen und Lehrplänen kaum möglich ist (E: 130). Zudem werden Themen des Globalen Lernens noch immer häufig als Zusatz verstanden. Inhalte werden additiv den vorhandenen Themen hinzugefügt und als hinzukommende Belastung angesehen (F: 87; E: 133; C: 109):

Auf der anderen Seite ist es ja so, dass das ja auch immer oft als Add-on gesehen wird. Ja, wir machen hier Unterricht und haben wir da nicht mal was, eine Methode oder ein Planspiel oder ein schönes anderes Material, ein Film oder was auch immer, klar wie kann man das noch obendrauf tun. (I: 49)

Die Vorstellungen darüber, wie Inhalte des Globalen Lernens in Schule umgesetzt werden sollten, variieren stark. Gerade von Akteur*innen aus dem schulischen Kontext würden Themen des Globalen Lernens als Zusatz zu bestehendem Unterricht gesehen, wodurch Zeitknappheit verstärkt werde und die Belastung zunehme, zusätzliche Inhalte unterbringen zu müssen. Neben diesen Vorstellungen gibt es verschiedene Ansätze, Globales Lernen in Schule zu implementieren. In diesem Zusammenhang wird der Anspruch formuliert, auch Curricula und damit Fächerinhalte und -schwerpunkte zu überarbeiten und nicht nur zu ergänzen. Damit gehen Vorstellungen und Forderungen danach einher, Globales Lernen stärker in schulinternen Curricula zu implementieren. Diese sind jedoch mit Herausforderungen verbunden (I: 49).

Die Orientierung an der Gesamtplanung des Schuljahres ist zentral, um Bildungsangebote Globalen Lernens von außerschulischen Akteur*innen in Schule anbieten zu können. Die schulische Zeitstruktur – Schuljahr, Schulkreisläufe und Rahmenlehrpläne – definiert Möglichkeiten, wann und in welcher Art Angebote des Globalen Lernens integriert werden können und auch nachgefragt werden (I: 92; D: 114; A: 60; E: 130).

[…] Also, kurz vor den Sommerferien ist immer Platz, ähm genau ja. (3) Zum Beispiel, und das so ein bisschen einzuplanen, das ist aber für uns wiederum schwierig, weil normalerweise die Bildungsanträge maximal ein Jahr gehen, plus Ehrenamtliche sich auch nicht oft für ein Jahr festlegen und so […] (E: 130)

Die Tätigkeitsstrukturen im Globalen Lernen und damit verbundene zeitliche Rahmen von Förderstrukturen (Kap. 5.2.1) folgen einem anderen Rhythmus und sind nur bedingt mit den Zeitstrukturen von Schule in Einklang zu bringen. Diese Asymmetrie erschwert die Zusammenarbeit und Kooperation zwischen Schule und außerschulischen Bildungsakteur*innen. Bildungsprogramme und -angebote werden in der Regel durch zeitliche Vorgaben seitens der Schule definiert. Entsprechend müssen sich außerschulische Bildungsakteur*innen an zeitlichen Rahmenstrukturen von Schulen orientieren (A: 35; F: 84). Die zeitlichen Rahmenbedingungen von Schule sind nicht nur bezüglich des strukturellen Ablaufs des Schuljahrs von Bedeutung, sondern auch im Hinblick auf die Länge von Bildungsformaten:

Ähm, also Konzeption und Planung hängt eigentlich immer von verschiedenen Ebenen ab. Eine ist natürlich, wie viel Zeit haben wir, das ist oft Grundthema, muss man ganz ehrlich sagen. Wir bieten Workshops für Schulen an, in klassischen Doppelstundenformat, 1,5 Stunden, einmalig. Was kann ich in 1,5 Stunden einmalig vermitteln, muss man eben auch ganz ehrlich so sein [...] (C: 58)

Die Gestaltung von Bildungsangeboten muss sich an der Zeitstruktur einer Doppelstunde von 1,5 Zeitstunden ausrichten. Dieser Zeitrahmen in Kombination mit dem oft einmaligen Bildungsangebot für Zielgruppen in Schule wirft die Frage auf, wie diese Zeit einmalig sinnvoll verwendet werden kann. Die Befragten betonen, dass in diesem Zeitrahmen oft Abstriche bezüglich der didaktischen Ansprüche gemacht werden müssten:

[...] da geht es dann eben ganz oft nur, wie kann ich eben in kurzer Zeit etwas über das Thema sensibilisieren, also erzählen, vermitteln und die Schüler irgendwie sensibilisieren. Da bleiben leider diese Handlungsoptionen, die eigentlich wichtig sind, oft auf der Strecke, muss man auch ehrlich sagen, ja [...] (C: 65)

Neben Bildungsangeboten, die im Rahmen von Schulstunden stattfinden, werden teilweise auch Projekttage oder Projektwochen in und mit Schulen durchgeführt. Die Konzeption von Bildungsangeboten hängt jedoch stark von zeitlichen Rahmungen ab, die von Schule vorgegeben werden, bspw. der Frage, ob Schulen Formate wie Projekttage oder -wochen überhaupt durchführen (C: 59; I: 62).

Neben der Anpassung an die zeitliche Schulstruktur stellt sich die Frage, welche Angebote von Schulen überhaupt nachgefragt werden und wie das Bildungsangebot daraufhin zugeschnitten wird (I: 11):

Also muss ich sehen, dass Kundschaft kommt und die Kundschaft kommt, wenn es ihr was nutzt, also Schule oder Kindergarten. Und es nutzt dann, wenn es den Schülern einen Zuwachs an Wissen bringt, der abrufbar ist. (A: 38-39)

Die Kooperation zwischen Schule und außerschulischen Bildungsakteur*innen wird in einer Marktanalogie beschrieben. In dieser Metaphorik ist Schule die Kundin, die darüber entscheiden muss, ob ihr das Angebot der außerschulischen Bildungsakteur*innen etwas „bringt" – und zwar in der Währung der Wissenserweiterung, die durch Überprüfung auch direkt abrufbar ist. Im Zusammenhang mit der Frage des Nutzens wird auf einen Diskurs im Globalen Lernen verwiesen, in dem die Prüfungsrelevanz des Globalen Lernens thematisiert wird. Weil das deutsche Bildungssystem noch immer mit Zensuren arbeitet und Schüler*innen für (Miss-)Erfolge durch Noten bewertet werden, müssen sich außerschulische Akteur*innen zu dieser Realität verhalten:

[…] vielleicht ist es aber das deutsche Bildungssystem, dass eben ganz stark auf Prüfungen, auf Leistung, auf Noten, auf Zeugnisse geeicht ist. Also es gibt viele Leute, auch bei mir in der Branche, die das sagen, dass das Notenrelevanz haben müsste, die Themen, kann man sich drüber streiten, ja. Aber es ist vielleicht auch nochmal dieses Thema einfach, dass es ernster genommen werden muss und dass es eben umgesetzt werden muss. In meinen Augen eben nicht durch Noten, aber ja so […] (C: 102-103)

Die Frage des Nutzens und der Relevanz von Bildungsangeboten des Globalen Lernens orientiert sich an hegemonialen Logiken von Schule – wie Fächertrennung, Zeitstrukturen oder Bewertungsmechanismen –, an die sich außerschulische Bildungsakteur*innen (teilweise) versuchen anzupassen, um mit eigenen Inhalten ernster genommen zu werden und an Bedeutung zu gewinnen. Die herausgearbeiteten Aspekte, die im Zusammenhang mit der Orientierung an Schulstrukturen artikuliert werden, verdeutlichen ein starkes Bestreben, Schule zu nutzen, um Inhalte des Globalen Lernens dort zu platzieren. Diesbezüglich wird eine Orientierung an Bedarfen deutlich, die von Schulen nachgefragt werden.

Einige Interviewpartner*innen betonen, dass sich ihre Angebote an der Nachfrage von Schulen und Lehrer*innen ausrichten und entsprechend Materialien bereitgestellt und Bildungsangebote konzipiert werden (G: 26; D: 29; I: 64, C: 13).

[…] Hmmm gut, dann macht man zwei Schwerpunktveranstaltungen dazu. Und was dann in den Schulen durchgeführt wird, kommt auch immer so ein bisschen darauf an, was nachgefragt wird. Ähm, oder was genau, was die vielleicht gerade im Unterricht machen oder was die gerade spannend finden oder was die Lehrer*innen spannend finden und dann nachfragen. Also wir haben so'n Angebot an Sachen, die wir machen, aber bestimmte werden mehr nachgefragt, andere weniger, das kommt darauf an […] (E: 39)

Die Nachfrage nach Bildungsangeboten des Globalen Lernens richtet sich an Inhalten des Unterrichts aus oder daran, was Schüler*innen und Lehrer*innen spannend finden. Bestimmte Themen werden mehr und andere weniger nachgefragt. Themen aus dem Spektrum Anti-Rassismus-Bildung oder Demokratiebildung werden bspw. in manchen Vereinen kaum nachgefragt (D: 37-38). Die Nachfrageorientierung kann damit einhergehen, dass Klischees reproduziert werden:

[…] es gibt unumstritten auch Ansätze, die viel zu kurz greifen, die didaktisch oder medienpädagogisch nicht gut durchdacht sind und trotzdem sozusagen da Dinge aufzugreifen, es gibt natürlich no goes, es ist- man kann in Schulen Trommelworkshops machen, man darf sie aber nicht pädagogisch überfrachten indem man sagt, dadurch wird irgendwas an Alltagskultur oder an sozusagen an irgendeinem afrikanischen Land erklärt, sondern da kann man eher- da kann man ein Stück weit ne Musikkultur beibringen und mit den eigenen Bildern im Kopf arbeiten […] (I: 105)

Die Gefahr Stereotype zu reproduzieren, wird von manchen Vereinen bewusst in Kauf genommen und die Nachfrage bedient, um Zugänge zu Inhalten des Globalen Lernens zu eröffnen.

[…] auch wenn es unserer Szene selber nicht gern hört, bin ich jetzt auch kein großer Freund, wenn die Schule ein Trommelworkshop braucht, so unschön wie das aus unserer Sicht ist und die wollen das machen, um so den ersten Weg dahin zu gehen, auch wenn sie damit vielleicht Klischees bedienen aber es ist ein erster Schritt. Und das ist wichtig und ein Trommelworkshop ist aber eigentlich schon nicht mehr so Globales Lernen, ja. (D: 18)

Es besteht ein Bewusstsein über Themen, die mit Globalem Lernen assoziiert werden, damit einher gehen verbreitete problematische – weil exotisierend oder die Dichotomie entwickelt/unterentwickelt fortschreibend – Bilder zu anderen Ländern und Kulturen. Trotz dieses Bewusstseins unter den Interviewpartner*innen werden entsprechende Themen umgesetzt mit dem Ziel darüber in das „echte" Globale Lernen einzuführen. Deutlich wird hier die Herausforderung Themen des Globalen Lernens in Schulen platzieren zu wollen und die vielfältigen Themen Globalen Lernens auch als attraktive und interessante Themen anzubieten. Die Strategie Globales Lernen in Schulen zu etablieren kann dabei in den Widerspruch dazu geraten, die Deutungshoheit über Themen des Globalen Lernens zu behalten.

Insgesamt sind die thematischen Nachfragen von Schulen an unmittelbaren und kleinteiligen Inhaltsfeldern und Problemfeldern orientiert, die damit korrespondieren, wie Schulunterricht strukturiert ist (G: 67, 84).

[...] oder Postwachstum ist kein Thema im Unterrichtsplan, also im Lehrplan oder im Curriculum. Also kannst du es nur so von hinten irgendwie verkaufen, weil wir sind ja auf Kundschaft – in Gänsefüßchen – angewiesen. (A: 37)

Die inhaltliche Nachfrage von Bildungsangeboten durch Schule ist an Lehrplänen und Curricula orientiert und beinhaltet daher nicht primär Themen, die an progressiven Perspektiven gesellschaftlicher Veränderung orientiert sind. Zugleich finden Bildungsakteur*innen Wege, auch in den nachgefragten Bildungsangeboten Inhalte zu platzieren, die aus Sicht der Bildungsakteur*innen für relevant erachtet werden (G: 68; C: 17).

Viele Bildungsvereine und -organisationen antizipieren die inhaltlichen Interessen von Schule und richten Ihre Angebote an diesen im Vorhinein aus. Es werden Bildungsangebote zu bestimmten Themen ausgearbeitet und bspw. in Werbematerialien angekündigt und in Broschüren zusammengefasst. Anfragen von Schulen werden dann auf Grundlage dieser beworbenen Angebote gestellt und entsprechend bedient (H: 26; G: 23). Die von den Vereinen und Organisationen definierten Bildungsangebote oder -kataloge orientieren sich dabei oft an Lehrplänen und Schulcurricula (C: 13; H: 36; G: 26; E: 40; I: 11-12).

Auch bei der programmatischen Umsetzung von Projekttagen mit diversen Angeboten werden Schulen von außerschulischen Bildungsakteur*innen unterstützt. Die Unterstützung findet nicht nur durch Bildungsangebote selbst statt, sondern auch durch eine Art Projektmanagement, indem bspw. andere Bildungsträger für Bildungsangebote angefragt werden und ein Programm entsprechend der Vorstellungen der Schule konzipiert wird (I: 62).

Neben dem schulischen Interesse an unterrichtsnahen Bildungsangeboten im Bereich Globales Lernen gibt es auch Nachfragen zu Konzepten für die Neugestaltung von Curricula. Für die Unterstützung und Beratung der Überarbeitung von Curricula kann auf ein breites Wissen, Bildungsmaterialien und Unterrichtskonzepte aus dem Bereich des Globalen Lernens und den darin tätigen Akteur*innen zurückgegriffen werden. Durch die Vernetzung von Bildungsakteur*innen im Globalen Lernen und kooperative Zusammenarbeit (Kap. 5.2.2.1) können Schulen daher aus einem breiten Fundus beraten werden (I: 63; E: 122; D: 85; J: 81). Zugleich zeigt sich, dass die bestehende breite Expertise im Kontext des Globalen Lernens oft erst durch die Nachfrage von Lehrer*innen, Fachgebietsleiter*innen und Schulleiter*innen Einzug in Schule erhält und implementiert werden kann.

5.2.3.2 Zusammenarbeit mit Lehrer*innen

Alle Interviewpartner*innen zählen Lehrer*innen zu der Zielgruppe, die sie mit ihrer Arbeit erreichen möchten. Die Arbeit mit der Zielgruppe der Lehrer*innen ist dabei durch diverse Herausforderungen geprägt. Lehrer*innen stehen unter hoher Arbeitsbelastung (C: 108; F: 87; E: 130; I: 92; K: 110). In diesem Kontext wird die Umsetzung von Themen des Globalen Lernens meist als Zusatzbelastung gesehen (C: 108):

Und der Arbeitsalltag von Lehrer*innen immer nochmal, die immer nochmal irgendwas noch zusätzlich machen sollen, also die irgendwie noch schon nicht wissen, wie sie ihren Stoff unterbringen und dann sollen sie noch BNE und Globales Lernen machen. Und ähm ist letztlich viel das Gleiche, dann sollen sie was zu Digitalisierung machen und Gewaltprävention sollen sie auch noch machen. Und sie wissen gar nicht, wann sie das alles machen sollen, das ist glaube ich so eine Herausforderung genau [...] (E: 130)

Auf der Ebene der Umsetzung von Globalem Lernen sowohl innerhalb von Schulen als auch in Kooperation mit außerschulischen Bildungsakteur*innen nehmen Lehrer*innen eine wichtige Funktion ein. Schon in ihrem Arbeitsalltag sind Lehrer*innen meist gut ausgelastet. Dazu kommen diverse Anforderungen an Schulen und damit an Lehrer*innen, die aus gesamtgesellschaftlichen Entwicklungen resultieren und an Schulen herangetragen werden. Neben der Umsetzung von zusätzlichen Themen aus dem Bereich des Globalen Lernens geht es dabei auch um eine Auseinandersetzung mit Themen wie Digitalisierung, die auch Einfluss auf Lernprozesse und die Gestaltung von Lernen nehmen. Die Anforderungen an Lehrer*innen beziehen sich entsprechend nicht nur auf die inhaltliche und methodische Unterrichtsgestaltung, sondern gehen auch mit Fortbildungsangeboten einher. Ein Großteil der Interviewpartner*innen benennt die Relevanz der Aus- und Fortbildung von Lehrer*innen in Globalem Lernen für dessen Verbreitung und Verankerung (G: 65; K: 108; F: 87; E: 133; I: 101; J: 113):

Ich kann hier 50 Bildungsreferenten im Jahr rausbringen, die jeweils pro Jahr dann an 15 Schulen gehen und es hat nicht annäherungsweise den Ansatz, wie wenn ich eine Lehrkraft jetzt so sensibilisiere, die für die nächsten 40 Jahre ihrer beruflichen Laufbahn dieses Thema an was weiß ich wie viele Schüler vermitteln können. Ich glaub, dass das wichtig ist, das Globale Lernen, neben der außerschulischen informellen Bildung, die unglaublich wichtig ist, auch in die formelle Bildung kriegen, ja (3) so […] (C: 109)

Eine Fort- und Ausbildungsstruktur für Lehrer*innen im Globalen Lernen wird mit einem Multiplikator*innen-Effekt verbunden. Um die Integration von Globalem Lernen in formellen Bildungsstrukturen zu stärken, bieten Vereinen und Organisationen aus dem Kontext des Globalen Lernens Fortbildungen für Lehrer*innen als Teil ihres Bildungsangebotes an. Fortbildungsangebote sind insbesondere in Verbindung mit der Umsetzung von veränderten Lehr- und Bildungsplänen relevant (G: 85). Für die Vermittlung von Inhalten Globalen Lernens braucht es entsprechende Ausbildungs- und Fortbildungsmöglichkeiten, um Lehrer*innen mit den Anforderungen von veränderten Lehr- und Bildungsplänen nicht zu überfordern. Die Fortbildungsmodalitäten variieren dabei je nach Bundesland stark, in vielen Bundesländern gibt es keine Fortbildungsverpflichtung. Aufgrund des akuten Lehrer*innenmangels werden Lehrkräfte – hier bspw. in Baden-Württemberg – dazu angehalten, maximal eine Fortbildung im Jahr zu absolvieren (C: 39).

[…] dann nehme ich mir Themen wie Inklusion, dann nehme ich mir Themen wie Digitalisierung, die irgendwie sowohl politisch als auch gesellschaftlich einfach deutlich stärker noch kommuniziert sind. Eine ganz andere Lobby noch haben in meinen Augen, im Übrigen auch in der Forschung einen ganz anderen Stellenwert haben und sowas – sorry – kryptisches wie Bildung für nachhaltige Entwicklung, was auch noch ein bisschen schwer zu greifen ist, ist dann nicht die erste Wahl. (C: 40-41)

Auch auf der Ebene des Fortbildungsangebots konkurrieren Themen des Globalen Lernens mit anderen für Lehrer*innen relevanten Fortbildungsinhalten. Im Bereich des Globalen Lernens kommt hinzu, dass die Themen schwer zu definieren sind und die Wahl der Fortbildung dann oft nicht im Globalen Lernen stattfindet. Diese Tendenz zeigt sich auch an einer geringen Anzahl von Fortbildungsangeboten im Bereich des Globalen Lernens, die noch dazu oft nicht angenommen werden (C: 40-41; G: 81). Lehrer*innen nutzen stärker Fortbildungen aus Bereichen, die ihren Schulalltag konkreter betreffen. Themen des Globalen Lernens sind eventuell zu abstrakt, um sie im Kontext eines herausfordernden Schulalltags von Lehrer*innen als Priorität zu definieren.

Neben Fortbildungsangeboten für Lehrer*innen ist die Ebene der Integration von Themen des Globalen Lernens in die Lehrer*innenausbildung von Bedeutung (C: 35; I: 14; K: 108: H: 88), welche je nach Interviewpartner*in und Organisation oder Verein mit unterschiedlichen Ansprüchen verbunden ist:

*Wobei wichtig (3) fände ich glaube ich vor allen Dingen, auch von dem, was ich so mitkriege, dass das in die Lehrer*innen-Ausbildung rein geht, also gar nicht so im Sinne von „Die müssen alle unser Material benutzen oder an die Hand kriegen." Aber die müssen überhaupt mal verstehen, dass es einen Unterschied macht, ob sie Material von uns oder vom Bankenverband verwenden oder so. Und wo da, also und müssen selbst sich drüber im Klaren sein, also was sie da implizit an Theorien, an Menschenbildern und so weiter mit bestimmen Materialien verwenden […] (K: 108)*

Der grundlegende Anspruch an die Lehrer*innen-Tätigkeit müsse darin bestehen, ein Bewusstsein dafür zu entwickeln, was für Theorien, Konzepte und Menschenbilder den im Unterricht verwendeten Materialien zugrunde liegen. Dieses Bewusstsein sollte zu einer verantwortungsvollen Auswahl und Gestaltung von Unterrichtsmaterialien beitragen. Dieser Anspruch muss in einer entsprechenden Lehrer*innen-Ausbildung eingelöst werden. Damit verbunden ist eine Perspektive auf die Tätigkeit als Lehrer*in, die nicht neutral sein kann und immer im Zusammenhang mit hegemonialen gesellschaftlichen Positionen steht. In der Lehrer*innen-Ausbildung sollte die Ganzheitlichkeit der Thematik vermittelt werden. Themen des Globalen Lernens müssen als Inhalte für Unterricht thematisiert werden, als Aspekt von curricularer Entwicklung, als Bestandteil von schulischen und individuellen Beschaffungsstrukturen und als erfahrbare Komponente in der Seminargestaltung der Lehrer*innen-Ausbildung selbst (C: 35).

Insgesamt zeigt sich in den Ausführungen der Interviewpartner*innen, dass vieles von dem, was an Globalem Lernen in Schulen passiert und Kooperationen, die zwischen Schule und außerschulischen Trägern stattfinden, nur durch einzelne engagierte Lehrer*innen zustande kommt (K: 23, 86; C: 36, 106; D: 29; I: 50):

Dass es immer noch ein Thema von einzelnen Akteuren ist und du merkst, in der Schule kommt das Thema an, wenn ich ein oder zwei Lehrkräfte habe, die da Bock drauf haben. Die sich da persönlich Zeit dafür nehmen, die das teilweise sogar in ihrer Freizeit machen oder ehrenamtlich eben, die werden dann auch noch so ein bisschen belächelt werden als die Öko-Sozis, die an der Schule irgendwie rumhüpfen. Es ist einfach institutionell nicht richtig eingebettet, ähm es muss in meinen Augen mehr Deputatsstunden geben für solche Bereiche, es müssen mehr, vielleicht sogar abgestellt werden. Es gibt lange schon Forderungen für so „Global Teacher"-Ansätze, die sagen: „Es muss eigentlich einen Verantwortlichen an jeder Schule geben, der sich damit beschäftigt, dass diese Themen wie BNE an der Schule umgesetzt werden." Durch Besuche an außerschulischen Lernorten, durch Einladung von Referenten, durch Feste, wo ich darauf achte, wie konsumiert wird, wie Plastik benutzt wird, wie solche Themen. (C: 98)

Der Anspruch, Globales Lernen in Schule zu integrieren, wird in erster Linie von außerschulischen Bildungsakteur*innen und von einzelnen engagierten Lehrer*innen umgesetzt. Um von dieser prekären, auf Freiwilligkeit und individuellem Engagement basierenden Praxis der Umsetzung zu einer Struktur zu gelangen, in der Verantwortlichkeiten für die Implementierung geschaffen werden, braucht es finanzielle und zeitliche Ressourcen. Die Forderung nach einer institutionellen Einbettung von Globalem Lernen setzt der Dauer- und Zusatzbelastung von Lehrer*innen etwas entgegen. Indem Verantwortung gebündelt wird und zeitliche und inhaltliche Kapazitäten für die Umsetzung von Themen des Globalen Lernens an Schule geschaffen werden, kann eventuell auch mehr Offenheit für diese Themen generiert werden.

Die Bedeutung von Schule als zentraler Ort der formellen Bildung ist für die Verbreitung und Verankerung von Themen des Globalen Lernens wichtig. Dabei geht es nicht nur um Kooperationen und die Zusammenarbeit zwischen Schulen und außerschulischen Organisationen und Vereinen, sondern auch um die Integration von Globalem Lernen in Schulstrukturen. Allerdings bestehen viele Probleme und Sachzwänge in der schulischen Bildung, weswegen einige Interviewpartner*innen auch eine grundlegende Kritik an Schule äußern und deren Veränderung einfordern.

5.2.3.3 Schule gestalten

Der Orientierungsrahmen für den Lernbereich Globale Entwicklung wird von einigen Interviewpartner*innen als wichtiger Schritt genannt, um das Konzept des Globalen Lernens in Schule zu verankern. Durch den Orientierungsrahmen sichert die KMK ab, dass Themen des Globalen Lernens in Schule gehören

(A: 6-7). Insbesondere die klare Orientierung an den Kompetenzbereichen Erkennen, Bewerten, Handeln wird als hilfreich beschrieben, um mit Schule zu kooperieren (B: 112; A: 43). Der Orientierungsrahmen wird von einigen anderen Interviewpartner*innen kritisiert. Zwar gäbe dieser an manchen Stellen gute inhaltliche Empfehlungen, die Grundstruktur von Schule – wie die Fächertrennung oder die leistungsorientierte Lernkultur – werden jedoch nicht hinterfragt. Zudem fände der *whole school approach* im Orientierungsrahmen nur am Rande Erwähnung (F: 81). Einige Interviewpartner*innen verbinden mit dem Ansatz des Globalen Lernens das Anliegen, gemeinsam zu reflektieren, welche Haltung und Einstellung durch die Logik von Schule vermittelt wird – auch in Form eines informellen Lehrplanes – und wie diese im Widerspruch zu globaler Gerechtigkeit und Nachhaltigkeit stehen. Es reiche nicht aus, Themen des Globalen Lernens in Lehrpläne zu integrieren (F: 15, 86).

Wenn ich die Schule habe mit ihrem Fächerkanon und Bewertungen und Abwertungen und Noten und Vergleich und Konkurrenz als so Grundprinzipien, dann kann ich da eine Einheit einbauen zu globaler Solidarität und dann wird auch ein Arbeitsblatt ausgefüllt und dann hat sich gar nix verändert danach so, also im Gegenteil, dann ist es vielleicht sogar so, dass den Schüler*innen irgendwie zehnmal mit Klimawandel gekommen ist, auf eine total unfreudige Art und Weise und dann sagen die, „Komm mir bloß nicht wieder mit dem Thema Klimawandel, das ist langweilig!", so ne [...] (F: 38)

Systemimmanente Merkmale der schulischen Lernkultur werden als hinderlich für die Auseinandersetzung mit globalen gesellschaftlichen Themen und den Umgang mit den multiplen gesellschaftlichen Krisen genannt. Die Arbeit mit Bildungsinhalten steht in Verbindung mit Werten und Grundprinzipien, die Lernsettings zugrunde gelegt werden. Daher müssen die dem Schulsystem zugrundeliegenden Prinzipien offengelegt, kritisiert und verändert werden. Die Fächerorientierung wird als Beispiel dafür genannt, dass Lernprozesse verhindert werden, da Lernende ihren Fragen nicht richtig nachgehen können,

[...] in dem Zeitraum, den SIE wählen und in den Zusammenhängen, die SIE wählen und nicht in so 45-Minuten-Rhytmus an- und ausgesteckt zu werden auf ein bestimmtes Thema (3). (F: 84)

Der zeitliche Rahmen, dem viele Schulformen unterliegen (Kap. 5.2.3.1), wirke sich auf die Lernkultur und Lernformen aus. Zusammenhänge zwischen Themen werden getrennt voneinander oder gar nicht verhandelt. Dieser Aspekt wurde bspw. in der AG zur Überarbeitung des Wirtschaftsteils im Orientierungsrahmen Globale Entwicklung sichtbar. Aus der Arbeitsperspektive, mit der auf die zu bearbeitenden Themen geblickt wurde, zeigte sich, dass die Fächerorientierung und -trennung oft keinen Sinn ergebe. Wo werden bspw. ökonomische Themen thematisiert, die mit politischen Themen verstrickt sind, und wer entscheidet, was Ökonomie und was Politik ist? (F: 83).

Zwei Interviewpartner*innen verbinden mit dem Ansatz des Globalen Lernens auch die Möglichkeit, grundlegende Änderungen von Schule anzustoßen (F: 78),

[...] Da wir sehr eng mit Schule zusammenarbeiten, sehe ich als allererstes mal den Bedarf, dass man eigentlich mal dieses ganze Konstrukt irgendwie Schule von unten nach oben äh schütteln und auskippen und nochmal neu konzipieren sollte. Das wäre so mein großer Wunsch und dass da dann ähm eine kritische politische Bildung mit globalen Zügen ihren Raum hat, das wäre dann selbstverständlich und ähm ja ähm wie so oft würde ich sagen bei politischem Aktivismus wird ja daran gestrickt, dass man sich und das was man halt, für das was man so kämpft irgendwie überflüssig gemacht wird und das wäre eigentlich meine allerschönste Vorstellung. Dass das einfach in Schule stattfinden kann und Schule ganz anders aussieht als wie es sie heute gibt (3) (H: 108)

Deutlich wird hier ein Verständnis von Globalem Lernen, nach dem eine generelle kritische politische Bildung kein einzelner Aspekt ist, der noch von Schule aufgenommen werden sollte, sondern als Grundprinzip zu fassen ist, auf dem Schule aufbaut. Es wird auf eine Lernkultur des Globalen Lernens verwiesen, die als Grundstruktur von Schule gedacht werden sollte. In Anlehnung an den politischen Aktivismus wird Schule in der Idealvorstellung als bottom-up-Prozess gedacht, Menschen gestalten Schule gemeinsam. Der Ist-Zustand von Schule steht dem eklatant entgegen, denn dieser ist von unterschiedlichen Ungleichheitsideologien und Hierarchien geprägt.

[...] wenn ich nicht konsequent und kritisch bestimmte Herrschaftsverhältnisse zu Ende denke und auch da ist natürlich eine enorme Sprengkraft sozusagen auch in den Schulen, weil natürlich auch Schule ganz klar ein Abbild von der Gesellschaft ist, die und natürlich auch institutioneller Rassismus an Schulen sich nicht wegdiskutieren lassen kann [...] (I: 39)

Es bestehe daher die Notwendigkeit, auch die Schule zugrundeliegenden Macht- und Herrschaftsverhältnisse mitzudenken, zu benennen und zu überwinden. Diese Perspektive verweist ebenso auf die Bedeutung eines grundlegenden Wandels von Schule und zugleich auf systemkritische und systemverändernde Potentiale, die in Globalem Lernen stecken, wenn es mit Macht- und Herrschaftskritik verbunden wird (G: 44).

Das Sprechen über Schule verschleiert, dass Schule nicht gleich Schule ist und es Schulen gibt, Lernorte gibt, in anderen Ländern und auch in Deutschland, die deutlich zeigen, dass Lernen anders, als bisher als normal und selbstverständlich empfunden, genauso gut und sogar besser gelingen kann und gar nicht neue Konzepte und Ideen entwickelt werden müssen (F: 87). Einigen Interviewpartner*innen geht es dabei um das Hinterfragen der Schul- und Lernkultur, die mit konkreten Vorstellungen verbunden werden, Schule anders zu denken und zu gestalten.

Eine veränderte Schul- und Lernkultur muss den ganzen Menschen berücksichtigen und mit Partizipationsprozessen einhergehen (F: 39). Alle Akteursgruppen in der Schule sollen die Möglichkeit haben, sich in verschiedenen Foren und an verschiedenen Orten einzubringen. Diese Partizipations- und Gestaltungsmöglichkeiten sollten sich nicht nur auf die Ausgestaltung von Unterricht beziehen, sondern vielmehr auf den gesamten „Lebensraum Schule" (I: 34):

[…] Ich glaube, wenn Lernen in der Schule demokratischer wäre und alle gemeinsam darüber mitentscheiden könnten, was gelernt wird, wie gelernt wird, ähm wie Bildungswege aussehen, dann würden die Fragen auch von alleine kommen, weil Kinder und Jugendliche beschäftigt das und als Erwachsene beschäftigt sie das weiter, das glaube ich schon (4). Hmmm, also ja gerne mehr Angebote rund um globale Fragen, aber zu Fragen, die halt die Lernenden selbst wählen und in Einrichtungen, wo sie Freiräume haben, um sich damit zu beschäftigen und selbst zu handeln (3) (F: 78)

Durch eine demokratisch gestaltete Lern- und Schulkultur könnten sich nicht nur Lernformen und -wege verändern, sondern auch Inhalte des Globalen Lernens in Schule präsenter werden, da es sich um Themen handle, die Lernende beschäftigen. Themen des Globalen Lernens mit in Lehrpläne zu integrieren, ohne Lehrpläne grundlegend zu überarbeiten, sei ungenügend. Lehrer*innen und Schuler*innen bräuchten Freiräume, um sich mit Themen auf ihre Art zu beschäftigen. Für diese Art von Lernen muss auch die Lehrer*innenausbildung verändert werden (F: 86):

[…] Dass man wirklich versucht eben ähm mit einer Gruppe gemeinsam eine Lernerfahrung zu kreieren und wegkommt vom Dozieren, weg kommt von der Dominanz,

äh dass wir auf verschiedene Art und Weise in der Stadt unterwegs sein können, dass man sich nicht den Hintern in der Schule platt sitzen muss, sondern dass man raus gehen kann, dass man Dinge erfahren kann. Und da ist es eine große Herausforderung zu sehen, okay, was ist überhaupt ein sinnliches Erleben, so ne, weil wir ja alle durch unsere Schulbildung und universitäre Bildung natürlich auch davon abgeschnitten sind so ne. Und uns dann das auch stark selber erst wieder aneignen müssen. (H: 106)

In der Veränderung von Lern- und Schulkulturen besteht die Herausforderung, eigene Vorstellungen von Erleben und Bildung zu erkennen und zu reflektieren. Die Veränderung von vorherrschenden Schulstrukturen müsse auch mit der Umstrukturierung Richtung zeitliche Epochen und Projektarbeit statt Fächern einhergehen, in denen Themen über einen längeren Zeitraum behandelt werden (A: 148). Eine grundlegende Änderung von Schule, deren Lernkultur an Selbstwirksamkeit und der wirkmächtigen Mitgestaltung ausgerichtet ist, müsse Ziel sein und weniger ein verstärktes außerschulisches Angebot, welches in die bestehenden, unhinterfragten Schulstrukturen integriert wird (F: 78).

Verschiedene Interviewpartner*innen formulieren die Frage, welche politischen Rahmenbedingungen durch das Tätigkeitsfeld des Globalen Lernens verändert werden sollen und für eine andere Gesellschaft notwendig sind (E: 42; J: 63; F: 48; I: 25). An was bemisst sich also der Erfolg Globalen Lernens? Reicht es aus, in Schulen zu gehen und durch geförderte Projekte schöne Workshops anzubieten (J: 63) oder geht es darüber hinaus?

[…] dass man sozusagen daraufhin arbeitet, dass man (3) also auch die Möglichkeit mitgedacht, mit konzeptioniert wird, damit Strukturen auch mitgestaltend, verändernd, im eigenen Sinne mitzugestalten (3) […] (I: 25)

Der *whole school approach*[71] setzt dort an und thematisiere die Relevanz, Strukturen an Schulen aufzubauen, die nachhaltig, langfristig und kleinteilig verankert sind. Dieser Ansatz bilde einen Gegenentwurf zu prestigereichen, wenig

---

71 Im Sinne des von der UNESCO vorgeschlagenen gesamtinstitutionellen Ansatzes, des whole institution approach, sollen Schulen auf allen Ebenen grundlegende Aspekte von Nachhaltigkeit – wie intra- und intergenerationelle Gerechtigkeit, demokratische Entscheidungsfindung und Suffizienz – umsetzen. Lernumgebungen sollen es Lernenden nach dem whole school approach ermöglichen, das zu leben, was sie lernen und das zu lernen, was sie leben. Die Umsetzung von Globalem Lernen und BNE kann demnach nur umfänglich gelingen, wenn Schulen als ganze Institutionen Nachhaltigkeit in den Blick nehmen. Weitere Informationen: https://www.unesco.de/node/6100 (zugegriffen am 27.11.2022).

nachhaltigen Megaprojekten am Ende eines Schuljahres (I: 58; J: 62). Der *whole school approach* stellt für einige Interviewpartner*innen ein Konzept dar, an dem sie ihre Bildungspraxen ausrichten und entsprechend über Inhalte hinaus denken und vermitteln. In den Blick kommen mit diesem Ansatz strukturelle schulische Rahmenbedingungen als Ansatzpunkte für bspw. nachhaltige Entwicklung oder Gerechtigkeit. Inhalte Globalen Lernens und im speziellen die Handlungsdimension Globalen Lernens werden mit Fokus auf die gesamte Schule thematisiert und entsprechend auch vielfältige Bereiche, Strukturen und Akteur*innen, die von Bedeutung für die behandelten Themen sein können.

5.2.3.4 Was nehmen wir mit?

„Pädagogische Ideen und Konzepte sind ebenso selbstverständlicher Bestandteil des Aufbaus, der Konsolidierung, aber auch der Erosion von Hegemonie wie die praktische Pädagogik, die über Bildung und Erziehung die Aufnahme von Kultur ermöglicht."
(Bernhard 2005: 120)

Von Klein auf werden Menschen Normen, Leitbilder, Aspekte unserer (weltgesellschaftlichen) Wirklichkeit durch formelle Schulbildung als zustimmungswürdig und normal vermittelt (Kap. 3.1.2.1). Die Institution Schule erfüllt dabei eine gesellschaftliche Funktion, die zunächst darin besteht, für die Reproduktion und Stabilisierung sozialer und politischer Ordnungen zu sorgen. Durch Qualifikation, Selektion, Integration und die Rechtfertigung ungleicher Lebens- und Berufschancen spielt Schule eine zentrale Rolle in der Sozialisation von Menschen (Grundmann 2011: 64; Schmiederer 1971: 10f.). Nicht nur Fähigkeiten und Wissen werden durch institutionalisierte Bildung vermittelt, sondern auch Werteordnungen und Alltagspraxen des Zusammenlebens. Auf diese Weise wird der ‚Alltagsverstand' mit geformt und hegemoniale Verhältnisse zentral verankert. Formelle Schulbildung stellt entsprechend ein zentrales Moment der Formung, Festigung und Absicherung gesellschaftlicher Verhältnisse dar (I.L.A.Kollektiv 2017: 50ff.). Die große Bedeutung, die Schulstrukturen für die Verbreitung und Verankerung des Konzeptes des Globalen Lernens zugeschrieben wird, verweist auf das Potential, das die Interviewpartner*innen mit der Institution Schule verbinden. In der Kooperation zwischen Schulen und Akteur*innen des Globalen Lernens werden Perspektiven darauf deutlich, wie Transformationsprozesse gedacht werden können. Die Arbeit meiner Interviewpartner*innen zielt grundlegend darauf ab, Inhalte, Projekte und Ideen des Globalen Lernens in Schulstrukturen zu verankern. Diesbezüglich werden unterschiedliche Strategien deutlich – Angebote für Schüler*innen, Fort- und Ausbildungsangebote für Lehrkräfte sowie Beratungen von Schulen. Die strategische Implementierung von Bildungspraxen des Globalen Lernens in schulischen Strukturen zeigt wiederum, wie die Normalität kultureller, moralischer und geistiger Hegemonie infrage gestellt wird. In den strategischen Bemühungen von Akteur*innen des Globalen Lernens um den Kontext Schule und den beschriebenen Herausforderungen wird aber auch deutlich, dass eine Hierarchie zwischen schulischen und außerschulischen Kontexten besteht – die zugunsten der Schule ausfällt. Deutlich wird ein ungleiches Kräfteverhältnis. Die Kooperation zwischen Schulen und Akteur*innen des Globalen Lernens ist entsprechend stark von schulischem Wohlwollen, Willen und vorhandenen zeitlichen und materiellen Ressourcen geprägt.

Transformationsvorstellungen in Kooperation mit Schule

Die zentrale Bedeutung, die schulische Infrastrukturen für Akteur*innen des Globalen Lernens einnehmen, verdeutlicht unterschiedliche Perspektiven, die die Interviewpartner*innen bezüglich der Kooperation mit Schulen thematisieren. Eine Transformationsperspektive, die durch die strategische Kooperation mit Schulen aufscheint, liegt in dem Ziel, Globales Lernen in Schulstrukturen zu integrieren. Diese Transformationsvorstellung kann als *systemimmanent* beschrieben werden – die strukturelle Verankerung von Globalem Lernen wird verfolgt, doch das System Schule nicht infrage gestellt. Zwar werden Herausforderungen und Probleme des Status quo von Schule beschrieben und benannt, diese werden aber innerorganisational verortet, anstatt die Ursachen in gesellschaftlichen Verhältnissen zu suchen. Transformation wird hier also auf einer rein inhaltlichen Ebene adressiert. Schulische Bildungskontexte werden als Struktur identifiziert, um andere Inhalte in der formellen Schuldbildung zu verankern. Strukturelle Bedingungen von Schule werden jedoch nicht als Objekt von Transformation benannt.

Demgegenüber stehen *systemverändernde* Transformationsvorstellungen. Der Verweis auf die Notwendigkeit eines grundlegenden Wandels von Schule erkennt die Rolle von Bildung für die (Re-)Produktion hegemonialer Verhältnisse und den damit verbundenen globalen Krisen an. Die beschriebenen Herausforderungen in der Kooperation von Schule bilden einen Anlass dafür, Perspektiven einer anderen Schul- und Lernkultur zu entwickeln und diese aktiv auf schulstruktureller Ebene einzubringen. Die Kritik geht mit Ideen und Vorstellungen einher, Schulstrukturen und -kultur demokratischer, solidarischer und nachhaltig zu gestalten. Als zentral wird von einigen Interviewpartner*innen insbesondere eine Umstrukturierung Richtung Epochen statt Fächern benannt, eine Ausrichtung am *whole school approach* und der Lernkultur an Selbstwirksamkeitserfahrungen und Mitgestaltung sowie das Verlassen der Schule um Lernen als Erleben, Erfahren und Erkunden zu gestalten (Eis/Frauenlob 2020). Ein solches systemveränderndes Transformationsverständnis geht mit der von Gramsci benannten Herausforderung einher, „gesellschaftliche Führungsverhältnisse zum Zweck ihrer Überwindung in wechselseitige Lehr- und Lernverhältnisse zu transformieren" (Merkens 2007: 163). Durch systemverändernde Transformationsvorstellungen wird auch die hegemoniale Bildungsinfrastruktur – im Sinne materieller Bildungsinfrastruktur – in den Blick genommen und danach gefragt, welche Bildungsinhalte in dieser vermittelt werden können. Diese Tendenz der *systemverändernden* Transformationsvorstellungen kann als politisches Projekt gefasst werden, das „die Ordnung der pädagogischen, ökonomischen und sozialen Organisationen und der Bildungsinstitutionen theoretisch, konzeptionell und praktisch zum Thema macht und revidiert" (Messerschmidt 2018: 579).

6 Zusammenfassende Ergebnisdarstellung

> *„Power concedes nothing without a demand.*
> *It never did und it never will."*
> Frederick Douglass

Die Mächtigen werden von sich aus keine Zugeständnisse machen, wenn diese nicht (von unten) eingefordert werden. Haben sie nie und werden sie nie. Diese Perspektive auf die Veränderung gesellschaftlicher Verhältnisse verdeutlichte Frederick Douglass schon im 19. Jahrhundert im Kontext der Anti-Sklaverei-Bewegungen in den USA. Mit einer hegemonietheoretischen Perspektive wird die Dichotomie zwischen Mächtigen und Marginalisierten analytisch aufgebrochen und verkompliziert. Die Verankerung von Macht- und Herrschaftsstrukturen in modernen Gesellschaften kommt so in ihrer Komplexität in den Blick. Die dichotome Dominanzperspektive erweitert sich dadurch, dass in der Analyse gesellschaftlicher Macht- und Herrschaftsverhältnisse und deren Stabilisierung das Zusammenspiel von strukturellen Zwängen und passivem und aktivem Konsens für hegemoniale Lebens- und Produktionsweisen Berücksichtigung findet. Darüber werden auch die vielfältigen Ansatzpunkte sichtbar, um Macht- und Herrschaftsverhältnisse herauszufordern. Trotz diverser Krisen und gesellschaftlicher Herausforderungen – in der vorliegenden Arbeit mit dem Konzept *Multipler Krisen* erläutert (Kap. 2.1) – zeigt sich, dass diese allein nicht dazu führen, Macht- und Herrschaftsverhältnisse in Frage zu stellen oder gar zu überwinden. Diese Stabilität und feste Verankerung von historisch ausgebildeten Macht- und Herrschaftsverhältnissen in diversen gesellschaftlichen Bereichen und Strukturen kann mit dem Konzept der *imperialen Lebens- und Produktionsweise* erklärt werden (Kap. 2.1).

Die allgegenwärtigen Forderungen nach einer gesellschaftlichen Transformation müssen in diesem hegemonietheoretischen Kontext gelesen werden: Hinter dem Postulat der notwendigen Veränderung verbergen sich mitunter sehr unterschiedliche Vorstellungen, in welcher Weise auf Krisenphänomene zu reagieren ist und in welchen Bereichen sich (globalisierte) Gesellschaften transformieren sollten. In diesen Vorstellungen artikulieren sich – implizit oder explizit – immer auch Macht- und Herrschaftsinteressen, die es zu analysieren wert ist – wie ich im Kapitel *Transformation als Ringen mit gesellschaftlichen Herausforderungen* (Kap. 2) gezeigt habe. Transformation als Buzzword und Konzept ist längst nicht mehr nur in Debatten um die ökologische Krise zu verorten. Verschiedenste gesellschaftliche Akteur*innen nutzen diesen Begriff: Der amtierende deutsche Bundeskanzler Olaf Scholz kündigt in seiner ersten Regierungserklärung den größten Umbruch von Wirtschaft und Produktion seit 100 Jahren an[72], die Bischofskonferenz 2021 diskutiert die Rolle von Kirche als Lobbyist der Schöpfung im Kontext sozial-ökologischer Transformation[73] und unterschiedliche soziale Bewegungen fordern mit ihrem Protestverhalten konkrete politische Maßnahmen für eine sozial-ökologische Transformation.[74] Die Industrie-Gewerkschaft IG-Metall setzt sich für eine soziale und ökologische Wende ein[75] und in der 2015 von der UNO-Generalversammlung beschlossenen Agenda 2030 wird der Anspruch *Transforming Our World* formuliert (UN 2015). Zudem werden zunehmend Forschungsprogramme zum Thema Transformation ausgeschrieben und durchgeführt (Brand et al. 2013; Nalau/Handmer 2015). Auch wenn die Notwendigkeit transformativer Prozesse mittlerweile von verschiedenen gesellschaftlichen Akteur*innen erkannt wird, zeigen sich bei näherer Betrachtung sehr unterschiedliche Verständnisse, Vorstellungen und Begründungen von gesellschaftlicher Transformation. Viel umstrittener als die Frage, *ob* eine gesellschaftliche Transformation notwendig ist – hier scheint Einigkeit zu bestehen –, sind Perspektiven des *wie* und *wohin* von Transformation. Das Sprechen über Transformation muss immer auch der Frage nachgehen, was sich warum aus wessen Perspektive verändern soll.

Will man die Auseinandersetzung um Transformation im Kontext einer Hegemonie der *imperialen Lebens- und Produktionsweise* analysieren, muss der Fokus auf das Ringen um bestimmte Transformationsverständnisse gelegt werden. Transformation wird entsprechend als konflikthafter und durch Machverhältnisse geprägter Begriff und Prozess sichtbar, in dem verschiedene Interessen konkurrieren, denen unterschiedliche Ressourcen zur Verfügung stehen. Dies zeigt sich in vielen gesellschaftlichen Bereichen – und Bildung ist einer dieser Bereiche (Kap. 3.1). Multiple Krisen werden auch als Ausdruck von Lernkri-

---

72 Weitere Informationen: https://www.bundesregierung.de/breg-de/suche/regierungserklaerung-1991504 (zugegriffen am 27.11.2022)
73 Weitere Informationen: https://www.dbk.de/presse/aktuelles/meldung/politischer-dialog-zu-perspektiven-der-sozial-oekologischen-transformation (zugegriffen am 27.11.2022)
74 Weitere Information bspw. unter: https://www.nationale-armutskonferenz.de/wp-content/uploads/2022/09/Zehn-Thesen-sozialoekologischer-Neustart_22-9-19-ergaenzt.pdf (zugegriffen am 27.11.2022)
75 Weitere Informationen: https://www.igmetall.de/politik-und-gesellschaft/bundestagswahl/forderung-soziale-und-oekologische-wende (zugegriffen am 27.11.2022)

sen bezeichnet und Bildung wird in der Umsetzung von (sozial-ökologischen) Transformationsprozessen eine Schlüsselrolle zugeschrieben (Seitz 2017: 167).

Ein spannender Zugang für die kritische Analyse des Zusammenhangs von Bildung und (globaler) Transformation sind Selbstverständnisse von Organisationen, Vereinen und Initiativen aus der Bildungspraxis, insbesondere jener des Globalen Lernens und der Bildung für Nachhaltige Entwicklung (BNE), die als Lösung für gesellschaftliche Probleme adressiert werden (Kap. 3.2.1). Der Verband Entwicklungspolitik und Humanitäre Hilfe (VENRO), dem verschiedene entwicklungspolitische und humanitäre NGOs angehören, darunter auch zahlreiche mit einem Schwerpunkt auf Bildungsarbeit, verweist bspw. in einem Diskussionspapier zum Abschluss der UN-Dekade BNE auf die Rolle von „Globalem Lernen als transformative Bildung für eine zukunftsfähige Entwicklung" (VENRO 2014). Auch im VENRO-Diskussionspapier „Globales Lernen: wie transformativ ist es?" (VENRO 2018), in dem Fragen und Herausforderungen transformativer Bildungs- und Lernprozesse diskutiert werden, wird Globalem Lernen eine Schlüsselrolle in der Umsetzung der Agenda 2030 zugeschrieben. Der Anspruch, mit dem Bildungskonzept Globalen Lernens am notwendigen tiefgreifenden Gesellschaftswandel mitzuwirken, eröffnet dieses als spannenden Forschungsgegenstand, um Zusammenhänge zwischen Transformation und Bildung vertiefendend zu analysieren. Die historische Entwicklung des Globalen Lernens, die stets im Zusammenhang mit den Herausforderungen einer globalisierten Welt stand, zeigt eindrücklich, wie sich das Konzept im stetigen Ringen um Hegemonie herausgebildet und institutionalisiert hat (Kap. 3.2).

Bildungspraxen des Globalen Lernens kreisen explizit um Fragen von globaler Gerechtigkeit, Nachhaltigkeit und Solidarität. Fokussiert werden damit inhaltliche Themen, die globale Missstände aufzeigen und von denen ausgehend Kritik an gesellschaftlichen Verhältnissen geübt werden kann. Für eine differenzierte Analyse des Bildungskonzepts des Globalen Lernens und dessen Bedeutung für gesellschaftliche Zukünfte ist die Beforschung der Transformationsverständnisse von Akteur*innen aus der Bildungspraxis ein spannendes Unterfangen und kann den Diskurs um einen gesellschaftstransformativen Anspruch an Bildung erweitern.

Indem ich mich dem Feld des Globalen Lernens über darin tätige Bildungsakteur*innen genähert habe, wende ich mich Praxisperspektiven zu. Darüber konnte ich einerseits die Umsetzung von Ansätzen und Programmen des Globalen Lernens analysieren und Wissen über die vielfältigen Aspekte der Bildungspraxen im Globalen Lernen generieren. Auch den Umgang mit strukturellen Rahmenbedingungen, wie Förderprogrammen oder Bildungsprogrammen, konnte ich durch dieses Vorgehen analysieren. Andererseits habe ich in der empirischen Analyse der vorliegenden Arbeit implizite und explizite Transformationsvorstellungen und -verständnisse von Bildungsakteur*innen des Globalen Lernens herausgearbeitet, die Bildungspraxen zugrunde liegen (Kap. 5). Die unterschiedlichen Tendenzen in den Transformationsverständnissen von Bildungsakteur*innen möchte ich jetzt anhand von vier Dimensionen zusammenfassend darstellen: Globales Lernen *zu, für, als* und *in* Transformation. Die vier Dimensionen dienen erstens einer strukturierten Ergebnisdarstellung der Verhältnisse zwischen Globalem Lernen und Transformation. Zudem kann die vorgeschlagene Systematisierung als Instrumentarium der Bildungsforschung, aber auch einer reflektierten Praxis dienen. Bildungsakteur*innen können sich strukturiert Transformationsfragen in Bildungskontexten widmen und die Dimensionen sowohl als Reflexionsfolie für vorhandene als auch für die strategische Ausrichtung zukünftiger Bildungspraxen des Globalen Lernens nutzen. Die folgende Systematisierung dient entsprechend der Beantwortung meiner ersten Forschungsfrage: Welche Transformationsverständnisse prägen die Bildungspraxen des Globalen Lernens?

Schon in den theoretischen Ausführungen zu Hegemonie und Transformation, dem hegemonietheoretischen Blick auf Bildung und der Erläuterung zur Entstehung von Globalem Lernen werden institutionalisierte Spannungsverhältnisse sichtbar, die als zentraler Bestandteil von gesellschaftlichen Verhältnisse zu sehen sind. Die Hegemonie der imperialen Lebens- und Produktionsweise wird als eine Form der Vergesellschaftung deutlich, die kein einheitliches und widerspruchsfreies ‚gutes Leben' für alle schafft, sondern mit strukturellen Ausbeutungsverhältnissen einhergeht. In diesem Kontext ist auch die zweite Fragestellung der vorliegenden Arbeit zu verorten: Welche Rolle spielen institutionalisierte Spannungsverhältnisse für Bildungsakteur*innen des Globalen Lernens im Kontext transformativer Bildungspraxen, wie werden diese thematisiert und welche Umgangsformen werden deutlich? Auch diese Frage wird in der systematisierten Ergebniszusammenfassung bearbeitet und im Zuge dessen die Verwobenheit von Praxen des Globalen Lernens mit bestehenden Macht- und Herrschaftsverhältnissen aufgezeigt.

Die vier Dimensionen der Systematisierung schließen an die Unterscheidung zwischen Bildung *für* und *als* nachhaltige Entwicklung an, mit der Mandy Singer-Brodowski unterschiedliche Bildungsverständnisse und Ziele in Debatten um BNE problematisiert und diskutiert (2018).[76] Die Unterscheidung zwischen

---

76 Eine ausführliche Darstellung und Auseinandersetzung mit Bildung *für* und *als* Transformation hat in Kapitel 3.2.5 stattgefunden.

Bildung *für* und *als* erweitere ich durch meinen theoretischen Blick und die empirischen Ergebnisse durch die Dimensionen *zu* und *in* und übertrage sie auf die Verhältnisbestimmung von Globalem Lernen und Transformation.[77] Bevor ich die Dimensionen mit Blick auf die Ergebnisse meiner Studie inhaltlich beschreibe, führe ich kurz in die Konturen der Dimensionen ein.

Globales Lernen zu *Transformation:* Transformation kann als *inhaltlicher Gegenstand* Globalen Lernens gefasst werden. In der Analyse des empirischen Materials habe ich anhand der thematisierten Inhalte, den didaktischen Begründungen der Inhaltsauswahl und der unterschiedlich umfassenden Thematisierung von Transformation herausgearbeitet, dass bereits diesen konzeptionellen Überlegungen von Bildungspraxen unterschiedliche Transformationsverständnisse zugrunde liegen. In der Thematisierung von Transformation als inhaltlichem Gegenstand lassen sich Unterschiede dahingehend feststellen, *was von wem warum wie* transformiert werden soll.

Zu berücksichtigen ist hinsichtlich dieser ersten Dimension, dass die pädagogische Praxis des Globalen Lernens und auch die Auswahl der inhaltlichen Gegenstände immer durch strukturelle Rahmenbedingungen geprägt ist. Zum einen spielen hier die (häufig staatlich verantworteten) Förderprogramme eine Rolle, die durch ihre Ausrichtung bestimmte Inhaltsfelder, Lerngegenstände und Fragestellungen rund um gesellschaftliche Transformation ermöglichen oder ausschließen. Zum anderen sind es die Bedarfe und Perspektiven von Kooperationspartner*innen – hier zum Beispiel Akteur*innen der formalen Bildung –, die Globales Lernen *zu* Transformation beeinflussen.

Globales Lernen für *Transformation:* Globales Lernen ist mit Zielen verbunden, die auf die (Mit-)Gestaltung und Veränderung von Gesellschaft ausgerichtet sind – also mit Transformationszielen. In diese Zielbestimmungen des Globalen Lernens *für* Transformation fließen sowohl Ziele der Selbstveränderung (subjektbezogene Ziele) als auch Ziele der Gesellschaftsveränderung (systembezogene Ziele) ein.

Die Dimension des *für* bezieht sich dabei auf zwei Ebenen: Erstens wird hier die Frage aufgeworfen, welche subjekt- und gesellschaftsbezogenen Ziele mit Bildungspraxen des Globalen Lernens verfolgt werden und welche politischen und normativen Vorstellungen von Transformation diesen zugrunde lie-

---

77 Die Erweiterung und Anwendung der vier Bereiche haben Jannis Eicker und ich bereits im Artikel *Solidarische Lebensweisen als reale Utopien für kritische Bildung*, in Chehata et al. (Hg.), Handbuch kritische politische Bildung, Frankfurt/M. 2024 auf kritische politische Bildung und das Konzept der solidarischen Lebens- und Produktionsweise angewendet.

gen. Es geht um die unterschiedlichen Anrufungen des Subjekts im Kontext gesellschaftlicher Veränderung. Auf einer zweiten Ebene nimmt die Dimension des *für* die Beanspruchung des Konzepts des Globalen Lernens *für* gesellschaftliche Transformation in den Blick: Welche Rolle wird Bildung *für* gesellschaftliche Veränderung von welchen Akteur*innen zugewiesen und wie wirkt sich diese (politische) Inanspruchnahme auf die Bildungspraxis aus? Entsprechend fokussiert diese Dimension auch den Zusammenhang von strukturellen Rahmenbedingungen – wie bspw. politischen Programmen und damit verbundenen Förderdekaden – und der konzeptionellen Ausgestaltung und praktischen Umsetzung von Zielen des Globalen Lernens.

Globales Lernen als *Transformation:* Die Dimension des *als* fokussiert Bildungspraxen und Bildungsprozesse, deren methodisch-didaktischen Begründungen und die damit verbundenen Transformationsverständnisse. Hier werden Fragen danach relevant, welche Pfade der gesellschaftlichen Veränderung durch Praxen der Vermittlung postuliert, aber auch bereits eingeschlagen werden, um Transformationsprozesse (mit) zu gestalten. Inwiefern stehen diese bereits fest und werden von den Initiator*innen der Angebote vorgegeben, inwiefern werden die Teilnehmer*innen in die Gestaltung der Angebote, aber auch in die Erarbeitung von gesellschaftlichen Zukunftsszenarien eingebunden?

Transformationsprozesse werden dabei mit unterschiedlichen Subjektverständnissen verbunden. Deutlich wird auch, dass verschiedene Transformationsakteur*innen adressiert werden, denen eine Rolle für gesellschaftlichen Wandel zugesprochen wird. Die Ausgestaltung von Transformationsprozessen muss zudem in Verbindung mit Ressourcen und Machtverhältnissen thematisiert werden, welche als Bedingungen und Hürden von Transformationswegen sichtbar werden: Welche Bildungspraxen der Transformation werden durch strukturelle Rahmenbedingungen ermöglicht bzw. verunmöglicht. Für welche Bildungspraxen werden finanzielle Mittel bereitgestellt und zeitliche, räumliche und personelle Ressourcen vorgesehen? Mit der Dimension Globales Lernens *als* Transformation kommen somit auch gesellschaftliche Bedingungen in den Blick, denen Transformationsprozesse unterliegen.

Globales Lernen in *Transformation:* Das Handlungsfeld des Globalen Lernens ist selbst in globale politische Entwicklungen eingebunden und unterliegt Prozessen gesellschaftlicher Transformation. Globales Lernen ist Teil jener gesellschaftlichen Infrastruktur, die den Status quo erhält und Veränderungen behindert. Diesbezüglich werden unterschiedliche Tendenzen sichtbar, ob und inwiefern Reflexionsprozessen der eigenen Bildungspraxis im Globalen Lernen eine Bedeutung zugestanden werden und – sowohl in konzeptionelle Überlegungen als auch die Praxis selbst – einfließen. Globales Lernen wird einerseits als ursächliches Problem und Ausgangspunkt für Transformation deutlich und andererseits als Kontext, in dem Transformationsprozesse angestoßen werden, die in Gesellschaft hineinwirken (sollen).

In meiner empirischen Studie habe ich durch die Analyse verschiedener Aspekte des Globalen Lernens Unterschiede in den Transformationsverständnissen von Bildungsakteur*innen herausgearbeitet, die ich im Folgenden entlang der soeben eingeführten vier Dimensionen systematisierend zusammenstelle. In meiner Analyse ist deutlich geworden, dass Transformation ein wichtiger Bezugspunkt des Globalen Lernens ist: Gesellschaftliche Veränderung wird von den Befragten angesichts der vielfältigen globalen Krisen als unumgänglich erachtet. Das Globale Lernen könne hierzu – so die Position aller Interviewpartner*innen – einen Beitrag leisten. Im folgenden Schritt der zusammenfassenden, systematischen Darstellung mache ich erstens Verschränkungen zwischen den verschiedenen Teilbereichen des Globalen Lernens sichtbar – insbesondere von Bildungspraxen und strukturellen Rahmenbedingungen. Zweitens verdeutliche ich sich bedingende sowie konkurrierende Verständnisse und Deutungen von Transformation im Globalen Lernen. Und drittens werden durch die vier Dimensionen Zusammenhänge, Potentiale und Hürden im Verhältnis von Globalem Lernen und Transformation deutlich.

Globales Lernen *zu* Transformation
Inhalte, die im Globalen Lernen thematisiert werden, bezeichne ich in Anlehnung an Brand (2016a: 507) als Objekte der Transformation. Sie wurden in der vorangestellten Studie unter anderem mit folgenden Fragestellungen untersucht: Was wird problematisiert, was bleibt außen vor? Welche gesellschaftlichen Verhältnisse werden als krisen- und konflikthaft wahrgenommen und als veränderbar thematisiert, welche nicht? Welche Akteur*innen werden für die Bearbeitung/Lösung von Herausforderungen in welchen Problemfeldern als relevant erachtet und einbezogen, welche bleiben außen vor?

Transformation ist inhaltlicher Gegenstand von Globalem Lernen. In der Ergebnisdarstellung der empirischen Analyse stelle ich das Spektrum dar, wie sich einerseits die inhaltliche Auswahl unterscheiden kann und wie andererseits Inhalte in unterschiedlicher Intensität behandelt werden. Welche Themen und Inhalte als problematisch, konfliktiv und veränderbar thematisiert werden, geht auch damit einher, wie und ob Zusammenhänge und Interdependenzen von Inhalten Berücksichtigung finden. Zudem werden Unterschiede darin deutlich, wie umfassend Inhalte bearbeitet und inwiefern strukturelle und weltanschauliche Aspekte thematisiert werden. Das Spektrum an inhaltlichen Feldern und die Art der Bearbeitung wird zusammenfassend in Abbildung 3 in Kapitel 5.1.2 dargestellt.

Aus der Analyse von Inhaltsaspekten des Globalen Lernens arbeite ich heraus, welche verschiedenen Transformationsverständnisse mit der Auswahl von und Perspektive auf Inhalte verbunden sind. Die herausgearbeiteten Transformationsverständnisse lassen sich in Anlehnung an die Transformationstypen aus Kapitel 2.2.3 in *inkrementelle, integrierte* und *radikale Transformationsverständnisse* unterteilen.

Auseinandersetzung mit Inhalten des Globalen Lernens, anhand derer Transformationsnotwendigkeiten, -bereiche und -möglichkeiten adressiert werden, müssen in Verbindung mit strukturellen Rahmenbedingungen betrachtet werden. Welche Themen Gegenstand Globalen Lernens sind, wird durch Bildungsprogramme, Förderdekaden und -programme (mit-)bestimmt, die inhaltliche Schwerpunkte und Rahmungen setzen. Zudem findet Globales Lernen in Zusammenarbeit mit Kooperationspartner*innen – häufig mit der staatlichen Institution Schule – statt. Durch diese Kooperationen wird die inhaltliche Ausrichtung von Globalem Lernen ebenfalls mitbestimmt. Diesbezüglich spielen curriculare Zielsetzungen, Zeitraum der Zusammenarbeit und die Form einer partnerschaftlichen Zusammenarbeit eine zentrale Rolle, die eingrenzend oder ermöglichend auf inhaltliche Auseinandersetzungen wirken.

Das *inkrementelle Transformationsverständnisse*, das ich als eine Tendenz aus meinem empirischen Material herausgearbeitet habe, nimmt Inhaltsfelder des Globalen Lernens in den Blick, mit denen gesellschaftliche Missstände problematisiert werden. Häufig handelt es sich dabei um Einzelbeispiele, die kaum innerhalb struktureller Ursachen verortet werden. Auch Alternativen zu bestehenden gesellschaftlichen Verhältnissen bilden einen inhaltlichen Bezugspunkt: Hier werden insbesondere Alternativen eingebracht, die auf einer individualisierten Ebene – häufig stehen Alternativen zu herkömmlichen Konsummustern im Mittelpunkt der Lernangebote – ansetzen und diese isoliert betrachten. Mit dem inkrementellen Transformationsverständnis geht eine Legitimation des Status quo einher, weil die Art und Weise der inhaltlichen Aufbereitung und didaktischen Rekonstruktion von Themen zur Stabilisierung gesellschaftlicher Strukturen beitragen. Zwar werden Problemlagen erkannt und

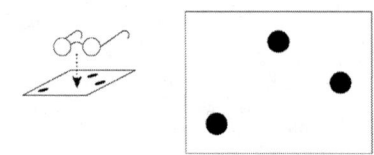

Abbildung 11: Inkrementelles Transformationsverständnis, Ausschnitt

als Inhalte in Angebote einbezogen, die Hegemonie der imperialen Lebens- und Produktionsweise wird jedoch als solche weder thematisiert noch grundlegend infrage gestellt.

Gestützt wird ein inkrementelles Transformationsverständnis im Globalen Lernen durch strukturelle Bedingungen des Bildungskontextes: Viele der Bildungsakteur*innen beklagen die kurzweiligen, einmaligen Kontakte mit ihren Zielgruppen und sehen in den Rahmenbedingungen schulischer Kooperationspartner kaum Möglichkeiten, gemeinsam mit den Lernenden Inhalte umfassend und tiefgreifend zu behandeln. Weiterhin wird das inkrementelle Transformationsverständnis durch einen *pragmatisch-angepassten* Umgang mit Bildungs- und Förderprogrammen gestützt. Reproduziert wird hier häufig eine Logik, aus der heraus die Vermittlung von Inhalten und neuen Wissensbeständen als prioritär gilt. Ziel ist es, Inhalte Globalen Lernens in und durch bestehende Strukturen zu verbreiten und zu verankern.

Aus dem inkrementellen Transformationsverständnis heraus wird Transformation in der Regel als linearer Prozess verstanden, der durch die Sichtbarkeit, Akzeptanz und Verbreitung von Inhalten des Globalen Lernens gefördert wird bzw. gefördert werden kann. Die Gestaltung und Umsetzungsformen von Transformationsprozessen werden in der Dimension Globales Lernen *als Transformation* genauer beschrieben.

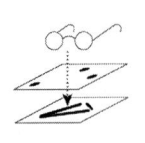

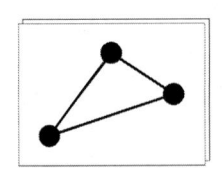

Abbildung 12: Integrierendes Transformationsverständnis, Ausschnitt

In einer zweiten Tendenz im Umgang mit Bildungsinhalten zeigt sich, dass Inhalte stärker hinsichtlich struktureller Bedingungen und der historischen Gewordenheit von gesellschaftlichen Verhältnissen thematisiert werden. Daraus leite ich ein *integrierendes Transformationsverständnis* ab. Strukturelle Zusammenhänge zwischen Inhalten werden aufgezeigt und Inhalte darüber auch im Zusammenhang mit gesellschaftlichen Interessen und Deutungen verhandelt. Die Veränderbarkeit von Gesellschaft wird durch die inhaltliche Auseinandersetzung mit alternativen Lebens- und Produktionsweisen eröffnet, welche über individuelle Lebensstile hinausgehen. In diesem Zusammenhang sind auch Subjekte der Transformation – Akteur*innen des gesellschaftlichen Wandels und deren vielfältigen Praxen und Widerstandsformen – Teil der inhaltlichen Auseinandersetzung.

Hinsichtlich des Umgangs mit strukturellen Rahmenbedingungen kann festgestellt werden, dass sich Akteur*innen mit einem integrierenden Transformationsverständnis durch eine *pragmatisch-intervenierende* Haltung gegenüber Förder- und Bildungsprogrammen auszeichnen. Mit diesem geht die Bereitschaft einher, sich in Aushandlungsprozesse rund um die Ausgestaltung von Bildungsprogrammen zu begeben und an diesen mitzuwirken. So intervenieren die Bildungsakteur*innen einerseits in die Entstehungsprozesse von Rahmenbedingungen und gestalten diese mit, zum anderen gehen sie pragmatisch mit vorhandenen Vorgaben um: Spielräume in bestehenden strukturellen Rahmenbedingungen werden ausgelotet und aktiv genutzt und darüber auch die inhaltliche Ausrichtung der Bildungspraxen (mit-)bestimmt. Entsprechend wird auch Transformation als Aushandlungsprozess verstanden, in dem unterschiedliche Akteursgruppen um Interessen und Deutungen ringen. Auch in diesem Prozess verorten sich Bildungsakteur*innen mit einer aktiven Rolle.

Starre Schulstrukturen werden ebenfalls als die Inhaltsauswahl und Intensität der Auseinandersetzung einschränkend wahrgenommen. Diese Strukturen werden im Zuge eines pragmatisch-intervenierenden Umgangs mit strukturellen Rahmenbedingungen kritisiert und mit Forderungen verbunden, Schulstrukturen anders zu gestalten und andere Lerninhalte und auch Lernkulturen zu etablieren. Auch diesbezüglich nutzen die Akteur*innen die vorhandenen Räume und bemühen sich, in den gegeben Schulstrukturen Transformationsprozesse anzustoßen, die über veränderte Inhalte hinausgehen. Transformation wird hier stärker als Prozess verstanden, der über und durch Inhalte des Globalen Lernens angestoßen werden kann.

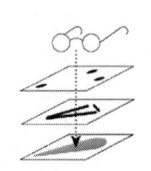

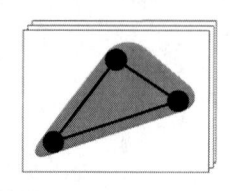

Abbildung 13: Radikales Transformationsverständnis, Ausschnitt

Das *radikale Transformationsverständnis*, welches ich aus der Thematisierung von Inhaltsaspekten einiger Interviewpartner*innen herausgearbeitet habe, zeichnet sich durch den Anspruch aus, dass Inhalte in ihrer jeweiligen Komplexität thematisiert werden und gesellschaftliche Macht- und Herrschaftsstrukturen Bestandteil der inhaltlichen Auseinandersetzung sind. Transformation wird als grundlegende gesellschaftliche Veränderung verstanden, mit der schließlich die Überwindung der imperialen Lebens- und Produktionsweisen einhergehen soll. Die angestrebte Transformation – Systemveränderung – dient als Perspektive, anhand derer Inhalte vermittelt werden können, die jedoch auch mit der Veränderung von Bildung zugrundeliegenden Strukturen einhergehen. Damit verbunden wären Veränderungen sowohl in Förder- und Bildungsprogrammen als auch in Schul- und Lernkulturen. Bestehende gesellschaftliche Macht- und Herrschaftsstrukturen werden als Teil von eigenen Bildungspraxen problematisiert. Globales Lernen *zu* Transformation beschränkt sich hier entsprechend nicht darauf, bestimmte Inhalte zum Gegenstand zu machen, sondern muss als politisches und umkämpftes Projekt verstanden werden, das auch die eigenen Voraussetzungen und Bedingtheiten reflektiert und zur Debatte stellt. Diesbezüglich wird ein systemveränderndes Transformationsverständnis deutlich, welches in der Regel mit dem Fokus auf Inhalte, die mit einem *radikalen* Transformationsverständnis einhergehen, verbunden ist. Ein hinterfragender, kritischer Blick auf den Zusammenhang bestehender Strukturen und die Komplexität inhaltlicher Ausrichtungen wirkt sich auf die Bearbeitung von Inhalten für Transformationsprozesse aus – also auf Globales Lernen *zu* Transformation.

Über Objekte der Transformation, die als Inhaltsaspekte Globalen Lernens thematisch sind, werden auch Subjekte der Transformation unterschiedlich sichtbar (gemacht). Globales Lernen *zu* Transformation geht entsprechend auch mit der Frage einher, welche Subjekte als in Transformationsprozesse verstrickt zum Inhalt Globalen Lernens werden. Wer gestaltet Transformation, fordert diese ein, kämpft für sie?

Globales Lernen *für* Transformation
Aus den Lern- und Bildungszielen des Globalen Lernens kann herausgelesen werden, dass die Adressat*innen des Bildungskonzeptes in die Verantwortung für eine gerechtere globalisierte Welt genommen und dafür auch Verhaltensänderungen der Subjekte angestrebt werden. Mit dem Ziel der Subjektbildung geht die Annahme einher, dass die Veränderung von Subjekten und subjektivem Verhalten zentral ist, um gesellschaftliche Transformationsziele zu erreichen. Die Beschreibung von Zielen des Globalen Lernens und das damit verbundene Subjektverständnis gibt demnach Aufschluss darüber, welche Transformationsverständnisse den Konzeptionen Globalen Lernens zugrunde liegen. Subjektbildung als Ansatzpunkt für gesamtgesellschaftliche Transformationsprozesse auf der einen Seite geht einher mit einer Subjektorientierung der Bildungspraxen Globalen Lernens auf der anderen Seite. Interessen, Erfahrungen, Fähigkeiten und Einstellungen der Teilnehmer*innen dienen als Anknüpfungspunkte, um in den Bildungsinterventionen Alltagspraxen bewusst zu machen, zu reflektieren, zu hinterfragen und zu verändern. Mit dem didaktischen Prinzip der Subjektorientierung sind Subjektivierungsprozesse verbunden, also Anrufungen der lernenden Subjekte, in denen unterschiedliche Anforderungen an (transformative) Subjektivität zum Ausdruck kommen. Aus der Analyse des empirischen Materi-

als können zwei Tendenzen von Subjektverständnissen herausgearbeitet werden, die mit den Zielen des Globalen Lernens verknüpft sind.

Werden in Bildungsangeboten Alltagspraxen in Bezug auf einen einzelnen Bereich – vorrangig Konsumverhalten, der Umgang mit Gebrauchsgütern oder soziales Engagement – isoliert betrachtet, ist dieses häufig mit einem *eindimensionalen Subjektverständnis* verknüpft. Eindimensional ist dieses Verständnis, weil Subjekte lediglich als Adressat*innen vorgefertigter Ideen und gesellschaftlicher Lösungsansätze vorkommen, die dann in bestimmten Rollen Umsetzung finden (sollen). Den Lernenden werden passive Subjektpositionen zugeschrieben. Damit verbunden ist ein lineares Verständnis von Zielerreichung, nach dem Subjekte als rational-einsichtig handelnde Subjekte adressiert werden. Die Subjektbildung erfolgt entsprechend dadurch, dass in Bildungsangeboten auf Subjekte zugegriffen wird, dort bestimmte Kompetenzen erlernt werden, um anschließend durch verändertes Handeln und Verhalten an gesellschaftlichen Veränderungen mitzuwirken.

Aus dem Material lässt sich ein zweites Subjektverständnis herausarbeiten, das ich als *mehrdimensional* bezeichnet habe. Tendenziell werden in diesem Verständnis Subjekte als mit ökonomischen, politischen, rechtlichen und kulturellen Einflüssen und Zwängen verwobene Subjekte begriffen, die sich in ihrem Verhalten widersprüchlich und eigensinnig zeigen. Aus diesem *mehrdimensionalen Subjektverständnis* heraus ist ein Zugriff auf Subjekte nur bedingt möglich, weil deren Kreativität und Aneignungsweisen von Anrufungen in Rechnung gestellt werden, was auch einen anderen Zugang in der Bildungsarbeit verlangt. Zudem werden Subjekte als eingebunden in gesellschaftliche Strukturen verstanden, mit denen auch unterschiedliche gesellschaftliche Rollen einhergehen können. Die Ziele Globalen Lernens sind hier stärker an verschiedenen individuellen und kollektiven Handlungsmöglichkeiten ausgerichtet, deren Ausgang offen bleibt und den die Teilnehmer*innen maßgeblich mitgestalten. Analog zu diesem Subjektverständnis wird auch Transformation eher als Suchbewegung verstanden, an der Subjekte teilhaben und involviert sind.

Strukturelle Rahmenbedingungen spielen auch für die Auseinandersetzung mit dem Verhältnis von Globalem Lernen und Transformation bezüglich Zielformulierungen eine Rolle. Durch internationale Rahmenbedingungen wie den SDGs, mit denen Bildungsprogramme und Förderdekaden einhergehen, werden globale politisch-normative Zielsetzungen formuliert, die in Bildungspraxen des Globalen Lernen umgesetzt werden sollen. Bildungsakteur*innen gehen in ihren Bildungspraxen mit diesen Zielsetzungen unterschiedlich um (Kap. 5.1.5). Zum einen werden diese als Ermöglichungsraum verstanden, um

Inhalte und Ziele des Globalen Lernens einer erweiterten Zielgruppe anzubieten. Die interpretative Offenheit der Programme und Bezugsrahmen werden dazu genutzt, um Legitimation auch für eigene Interpretationen und Umsetzungen von Zielen des Globalen Lernens umzusetzen. Strukturelle Rahmenbedingungen werden als Bedingungs- und Ermöglichungskonstellationen akzeptiert. Diese gehen mit finanziellen Abhängigkeitsstrukturen einher, von denen Bildungspraxen des Globalen Lernens betroffen sind. Zudem zeigen sich Mechanismen der politischen Steuerung und Inanspruchnahme von Bildung, durch welche Akzeptanz für Ziele und Inhalte geschaffen wird, die in institutionellen Kontexten vorentschieden werden und als Zielsetzungen auch des Globalen Lernens fungieren. Diese Form der Einbindung von Bildungspraxen und damit verbundenen Zielen in hegemoniale Verhältnisse geht mit der Gefahr einer, die Ziele Globalen Lernens und die eigene Interpretation dieser aus dem Blick zu verlieren und sie an Vorgaben anzupassen. Aus dem beschriebenen Umgang mit politischen Rahmenbedingungen und politisch-normativen Zielen für die eigenen Bildungspraxen leite ich ein konsensuales Transformationsverständnis ab.

Kritisiert wird von einigen Bildungsakteur*innen, dass Globales Lernen durch politische Reglementierungen und Programme instrumentalisiert wird und Bildung für politisch gesetzte Transformationsziele strategisch genutzt wird. Kritisiert wird zudem, dass gesellschaftliche Macht- und Herrschaftsstrukturen, die durch (inter-)nationale Programme und Förderungen stabilisiert werden, nur selten hinterfragt werden. Durch die Einbindung in strukturelle Rahmenbedingungen wird das Spannungsverhältnis sichtbar, das sich dadurch auszeichnet, dass einerseits finanzielle Förderungen bestehen, um Ziele Globalen Lernens umzusetzen, andererseits aber deutlich wird, dass Ressourcen – wie Zeit und Personal – fehlen, um gegen-hegemoniale Strukturen aufzubauen und systemverändernde Transformationsprozesse anzustoßen. Globales Lernen *für* Transformation findet entsprechend unter politischen Rahmenbedingungen statt, die ein an mehrdimensionalen Subjektverständnissen ausgerichtetes Globales Lernen erschweren. Der Umgang der Bildungsakteur*innen mit politisch-normativen Zielen im Zusammenhang mit strukturellen Rahmendbedingungen muss mit einer reflexiven Auseinandersetzung einhergehen, da diese Gegenstand von Interessens- und Deutungskämpfen sind. Transformation wird entsprechend dieser Perspektive auf politisch-normative Ziele als konfliktiver Prozess verstanden. Das prozesshafte Verständnis von Inhalten und Zielen des Globalen Lernens und Transformation werde ich jetzt in Globales Lernen *als* Transformation genauer erläutern.

Globales Lernen *als* Transformation

Die Dimension Globalen Lernens *als* Transformation ermöglicht es, unterschiedliche Ausgestaltungen von Bildungsprozessen und damit verbundene Transformationsprozesse darzustellen. Die Vermittlung von Inhalten des Globalen Lernens erfolgt mit einer starken Subjektorientierung, auf die ich in den Erläuterungen der Dimension „Globales Lernen *zu* Transformation" verwiesen habe. Die Lebensweltorientierung und die Anknüpfung an Alltagspraxen bildet einen wichtigen Bezugspunkt, um gesellschaftliche Probleme und Herausforderungen in Lernaufgaben zu übersetzen und Lern- und Bildungsprozesse anzustoßen. Bildungsakteur*innen werden in der Gestaltung von Vermittlungsprozessen selbst als Subjekte der Transformation sichtbar – sie agieren als Vermittler*innen und Übersetzer*innen, die (kritische) gesellschaftspolitische Inhalte sowie Vorstellungen über gesellschaftliche Veränderungsprozesse und Praxen in Bildungskontexte tragen. Vermittlungsprozesse werden von Bildungsakteur*innen unterschiedlich gestaltet. Aus diesen unterschiedlichen Vermittlungspraxen lassen sich Bildungsverständnisse ableiten, die wiederum mit Subjektverständnissen einhergehen. In meiner Analyse unterscheide ich zwischen Subjektbildung *für* Transformation und Subjektbildung *als* Transformation (Kap. 5.1.4). Mit dieser Unterscheidung arbeite ich verschiedene Perspektiven auf Transformationsprozesse in Verbindung mit Subjektbildung heraus.

Subjektbildung *für* Transformation verweist auf ein Verständnis von Transformationsprozessen, welches durch subjektorientierte-belehrende Vermittlungsprozesse gekennzeichnet ist. Bildungsakteur*innen treten in diesem Zusammenhang als Expert*innen auf, die Wissen und Kompetenzen an die Teilnehmenden weitergeben. Das vermittelte Wissen wird außerhalb der Bildungssettings generiert und durch die Bildungsakteur*innen hereingetragen. Der Prozess der Vermittlung ist zudem zweckbestimmt – Vermittlungsprozesse und die darin vermittelten Inhalte und Ziele ergeben sich aus gesamtgesellschaftlichen Erfordernissen. Vermittlungsprozesse einer Subjektbildung *für* Transformation stehen in einem engen Verhältnis zu Globalem Lernen *für* Transformation, das mit einem linearen, eindimensionalen Transformationsverständnis verbunden ist. Die Ziele von Transformation sind hier als eine Art Fixpunkt definiert und bilden den Bezugspunkt für Vermittlungsprozesse, in dem Subjekte für *die* Transformation gebildet werden. Mit diesem Transformationsverständnis geht eine Perspektive auf Transformation einher, die durch verallgemeinerbare Transformationsprozesse und Handlungsoptionen gekennzeichnet ist. Vermittlungsprozesse zeichnen sich dabei auch durch Lehr-Lern-

Beziehungen aus, die durch ein Verständnis von Laien vs. Expert*innen geprägt sind, in dem die Bildungsakteur*innen die Rolle der Expert*innen einnehmen.

Subjektbildung *als* Transformation zeichnet sich dementgegen durch Vermittlungspraxen aus, die stärker auf die Schaffung von Räumen und Gelegenheiten ausgerichtet sind, durch die gemeinsame Lernerfahrungen gemacht werden können. Subjektbildung erfolgt demnach durch subjektorientiert-dialogische Vermittlungspraxen, in denen sich Bildner*innen selbst als Lernende begreifen. In dieser Weise können kollektive Lern- und Erkenntnisprozesse gefördert werden, das Hinterfragen von (alltäglichen) Normalitäten und Selbstverständlichkeiten eingeübt und die Auseinandersetzung mit alternativen Verstehens- und Handlungsmöglichkeiten angeregt werden. Durch die Sensibilisierung für und Reflexion von eigenen Denk-, Fühl- und Handlungsmustern soll ein Bewusstsein für das Erkennen von Transformationsmöglichkeiten von politischen und sozialen Verhältnissen eröffnet werden. Vermittlungsprozesse *als* Transformation werden als Wechselspiel zwischen Aktion und Reflexion gestaltet, die zudem mit Impulsen für selbstorganisierte Lern- und Bildungsprozesse in Verbindung stehen. Vermittlungsprozesse sind stärker an abstrakten Zielen ausgerichtet, die als Prinzipien oder Konturen Orientierungen für Transformation bieten. Diese Vermittlungspraxen gehen mit einem *mehrdimensionalen* Subjektverständnis einher (Kap. 5.1.3).

Subjektbildung *als* Transformation ist durch einen Such- und Experimentierprozess gekennzeichnet, der nicht durch ein definiertes Ziel bestimmt werden kann, sondern durch immer neue Fragen, die sich im Prozess ergeben, da Subjekte als widerständig, eigensinnig und ambivalent betrachtet werden müssen und diese Merkmale auch auf gesellschaftliche Verhältnisse zutreffen. In Praxen der Vermittlung wird mitgedacht, dass die Auseinandersetzung mit Inhalten und Zielen Globalen Lernens auch Emotionen wie Ohnmacht, Angst oder Sorge hervorrufen können. Auch das Spannungsverhältnis ungleicher Positionierungen von Subjekten und damit verbundene ungleiche Handlungsmöglichkeiten wird als bedeutsam für Vermittlungsprozesse artikuliert.

Eine weitere Dimension, die Subjektbildung *als* Transformation prägt, geht damit einher, dass Subjekte als sozial bedingt und eingebunden verstanden werden. Entsprechend steht die kollektive Selbstermächtigung von Teilnehmer*innen im Fokus von Vermittlungsprozessen. In Bildungsprozessen werden auch Erfahrungen und Begegnungen mit Akteur*innen ermöglicht, die in gesellschaftliche Transformationsprozesse involviert sind. Daraus geht ein Verständnis von gesellschaftlicher Transformation als mehrdimensionaler Prozess hervor: Dieser ist geprägt von Erkenntnis- und Erfahrungsprozessen,

Selbstbildung von Subjekten, die Vernetzung diverser Akteur*innen, die Transformationsprozesse mitgestalten und heterogenen Orten, an denen Transformationsprozesse sichtbar werden.

Die Gestaltung von Transformationsprozessen vollzieht sich immer auch auf der Ebene der strukturellen Rahmenbedingungen. Die Gestaltung der eigenen Vereins- und Organisationsstruktur und die Mitwirkung an Gremienarbeit und Förderrichtlinien wird von einigen Bildungsakteur*innen explizit in einen Zusammenhang mit dem gesellschaftsverändernden Anspruch ihrer Bildungsarbeit gestellt. Eine kritische Auseinandersetzung mit der eigenen Tätigkeit und den damit verbundenen Organisationsstrukturen und -prozessen wird als notwendiger Reflexionsschritt erachtet, weil die Gestaltung des eigenen Arbeitskontexts bereits als Teil gesellschaftlicher Transformation verstanden wird. Damit verbunden ist ein prozesshaftes Verständnis von Transformation, das sich durch kleinschrittige, langfristige und zähe Veränderungen auszeichnet. Anstatt sich auf individualisierte, situative und kurzfristige Veränderungen zu fokussieren, münden hier organisationale und strukturelle Perspektiven in mittelfristige, kollektive und mit anderen abgestimmte Handlungsperspektiven.

Ein solches Verständnis versteht Transformation als konfliktiven, spannungsreichen und widersprüchlichen Suchprozess, der immer wieder einer kritischen Analyse und Reflexion unterzogen werden muss. Ziel dieses Prozesses ist es, sich durch die eigene Praxis der Eingebundenheit in und Einhegung durch die imperiale Lebens- und Produktionsweise bewusst zu werden, diese Widersprüche auszuhalten und konstruktiv zu wenden. Auch Streit und Auseinandersetzung werden dabei als konstitutiver Teil des Prozesses und als Aushandlung verstanden.

Von diesem Verständnis abgrenzen lässt sich ein konsensuales Verständnis von Transformationsprozessen. In den Bildungspraxen des Globalen Lernens zeichnet sich dieses durch die (unausgesprochene) Annahme aus, dass Teilnehmer*innen und Bildner*innen die gleichen transformatorischen Ziele verfolgten, ohne sich jedoch über diese auszutauschen. Damit verbunden ist die Annahme, dass die Orientierung an ‚gleichen' Zielen zu (globaler) gesellschaftlicher Kohärenz und Integration führen kann. Spannungsfelder, die Transformationsprozesse prägen (könnten), werden nicht benannt und entsprechend gibt es kaum Räume für Diskussionen, Dissens und die Aushandlung von gemeinsamem Konsens.

Die Zusammenarbeit mit diversen Zielgruppen charakterisiert die Bildungspraxen des Globalen Lernens. Hieraus leite ich ein implizites Transformationsverständnis ab, welches im Feld des Globalen Lernens vorherrscht:

Bildungspraxen des Globalen Lernens, durch die Transformationsprozesse von Selbst- und Weltverhältnissen angestoßen werden sollen, müssen in unterschiedliche formelle und non-formelle Bildungskontexte und -ebenen getragen und dort verbreitet werden. Dieses Verständnis bezieht sich jedoch in erster Linie auf die Verbreitung von Bildungspraxen *als* Transformationspraxen. Die Bedeutung von Vernetzung, Kooperation und Austausch zwischen verschiedenen Bildungsvereinen, -organisationen und gesellschaftlichen Bereichen geht entsprechend auch immer damit einher, Bildungsangebote und -inhalte zu ermöglichen. Die Bedeutung von Kooperation und Vernetzung innerhalb des Feldes des Globalen Lernens und von Bildungszusammenhängen wird als wichtig erachtet, jedoch werden diese nicht explizit mit der Gestaltung von Transformationsprozessen in Verbindung gebracht. Bündnisse im Bildungsbereich oder auch Allianzen mit anderen gesellschaftlichen Akteur*innen werden nicht als strategische Praxis benannt um bspw. gemeinsame Forderungen zu formulieren oder sichtbar als Verbündete für (kritische) transformative Gesellschaftsveränderung aufzutreten. Diese Praxen deute ich daher als ein verbreitetes Transformationsverständnis unter Bildungsakteur*innen des Globalen Lernens, nach dem Transformationsprozesse eher durch viele kleine Praxen dezentral und unabhängig wirken und auf einer Vielzahl von Intentionen und Zusammenhängen beruhen (Vey 2015: 246).

Das Verständnis von Transformationsprozessen als viele kleine, dezentrale Praxen und Prozesse lässt sich zugleich durch strukturelle Rahmenbedingungen erklären bzw. begründen. Die Ausgestaltung von Transformationsprozessen muss immer auch im Kontext von Ressourcen betrachtet werden. Der Tätigkeitsrahmen des Globalen Lernens ist durch Ressourcenknappheit auf finanzieller, zeitlicher und personeller Ebene geprägt. Das Feld ist gleichzeitig definiert durch eine Aufgabenfülle, die weit über die Organisation von Bildungsformaten hinausgeht, wie Presse- und Lobbyarbeit, das Einwerben von Fördermitteln, Vernetzung. Die Ausgestaltung von Transformationsprozessen braucht Ressourcen: Reflexion, Engagement, das Denken, Erproben und der Aufbau neuer demokratischer, machtkritischer Bildungsformate und Bildungsstrukturen, das Gestalten und Ermöglichen kollektiver Prozesse, das Aushandeln von Dissens, Konfliktaustragung – all das braucht finanzielle, zeitliche, personelle und psychische sowie emotionale Ressourcen. Diese Ressourcen sind in (inter-)nationalen Rahmenbedingungen, Bildungsprogrammen und Förderrichtlinien nicht vorgesehen – der Fokus der strukturellen Rahmenbedingungen liegt auf der Nennung von Zielen von Transformation und nicht auf der Gestaltung multidimensionaler, konfliktiver Transformationsprozesse.

Globales Lernen *in* Transformation

In den Dimensionen „Globales Lernen *zu, für* und *als* Transformation" wird in unterschiedlicher Weise deutlich, dass das Konzept des Globalen Lernens sowie Bildungsakteur*innen und -praxen in bestehende gesellschaftliche Strukturen und Entwicklungen eingebunden sind: Inhalte, Ziele und Prozesse Globalen Lernens sind einerseits ausgerichtet an der Transformation (globalisierter) Gesellschaften und werden andererseits durch in globalisierten Gesellschaften stattfindende Prozesse bedingt. In der theoretischen Auseinandersetzung mit *Bildung (in) der Transformation* (Kap. 3) habe ich herausgearbeitet, wie Bildung immer mit Tendenzen der Stabilisierung und der Veränderung von gesellschaftlichen Verhältnissen zugleich einhergehen kann bzw. diese beiden Funktionen immer Teil von Bildung sind. Auch in der empirischen Analyse des Globalen Lernens wird dieses Spannungsfeld von Stabilisierung und Transformation sichtbar. Transformation wird als Bildungsprojekt und Bildung als Feld und Strategie von Transformation sichtbar. Ob und wie Bildungsakteur*innen die Eingebundenheit und damit verbundene Spannungsverhältnisse thematisieren und als relevant für die Bildungspraxen erachten, verdeutlicht eine weitere Dimension, aus der unterschiedliche Transformationsverständnisse im Feld des Globalen Lernens herausgearbeitet werden können. Ich nenne diese Dimension „Globales Lernen *in* Transformation".

Im Sprechen über und im Umgang mit strukturellen Rahmenbedingungen zeigt sich die Eingebundenheit Globalen Lernens in politische und gesellschaftliche Strukturen und Logiken. Durch die SDGs und den Bericht des WBGU werden Bildungsprogramme und -praxen angerufen, um transformative Prozesse und damit verbundene Ziele und Lösungen umzusetzen. Auch die Anerkennung und Legitimation durch finanzielle Förderungen erfolgt durch strukturelle Rahmenbedingungen. Die zunehmende Anerkennung und damit verbundene Institutionalisierung von Globalem Lernen über BNE-Programme wird als Erfolg benannt. Die Verbreitung von Globalem Lernen in einem Sinne von *mehr* wird begrüßt. Zugleich wird von einigen Bildungsakteur*innen Kritik an bestehenden Förderlogiken und mangelnden Ressourcen geäußert (Kap. 3.2.5). Bestehende Strukturen – Förderprogramme, Schulstrukturen, politische Rahmenrichtlinien – werden als verbesserungswürdig, aber an sich der Verbreitung Globalen Lernens dienlich benannt. Daraus lässt sich ein Transformationsverständnis ableiten, welches bestehende gesellschaftliche Strukturen als zentral für die Umsetzung von Inhalten und Zielen Globalen Lernens und damit verbundenen gesellschaftlichen Veränderungsperspektiven erachtet. In diesem Sinne zeichnet sich ein *systemimmanentes* Transformationsverständnis bezüglich Globalen Lernens in Transformation ab (Kap. 5.2.3).

Kritik an strukturellen Rahmenbedingungen wird von einigen Bildungsakteur*innen damit verbunden, auch die eigene Rolle zum Gegenstand der Reflexion zu machen. Thematisiert wird, inwiefern durch die strukturellen Rahmenbedingungen und damit verbundenen Bildungspraxen vorherrschende Verhältnisse reproduziert werden. Die Widersprüchlichkeit der Bedingungen, unter denen Globales Lernen stattfindet und von denen Globales Lernen Teil ist, wird als Spannungsfeld adressiert. Damit geht ein Bewusstsein über bestehende Machtstrukturen einher, die auch die eigenen Praxen durchziehen. Der Umgang mit Widersprüchen hat nicht per se das Ziel, diese aufzulösen, vielmehr muss es darum gehen, in Bildungspraxen, alltäglichen Tätigkeiten und institutionellen Zusammenhängen ein Bewusstsein für diese zu schaffen. Erst durch einen transparenten Umgang mit bestehenden Widersprüchen und Räumen, um diese zu thematisieren, können Praxen und Strategien ermöglicht werden, mit denen hegemoniale Verhältnisse (auch gesamtgesellschaftlich) verändert werden können. Das hier sichtbar werdende Transformationsverständnis orientiert sich an *systemverändernder* Transformation (Kap. 5.2.3), fokussiert die kleinschrittigen, mühsamen, selbstreflexiven Prozesse, die Bestandteil von Alltags- und Bildungspraxen werden müssen und tritt entsprechend dafür ein, Transformation als Suchprozess zu vermitteln, zu erlernen, zu leben. Mit diesem Verständnis rücken gesellschaftliche Bedingungen und damit auch Bedingungen Globalen Lernens ins Blickfeld, die andere (nicht hegemoniale/normalisierte/selbstverständliche) Bildungspraxen und Alltagspraxen als notwendig verdeutlichen. Diese gehen zudem mit der Frage einher, wie diese ermöglicht werden können. Mit Globalem Lernen *in* Transformation weitet sich der Blick für den Rahmen, in den Bildungspraxen des Globalen Lernens eingebunden sind – die imperiale Lebens- und Produktionsweise – und den diesen zugrundeliegenden Spannungsverhältnissen.

Durch die Systematisierung des Verhältnisses von Globalem Lernen und Transformation anhand der Dimensionen *zu*, *für*, *als* und *in* konnte die Komplexität von gesellschaftlichen Transformationsaspekten und Bildungspraxen veranschaulicht werden. Zugleich ermöglicht die Systematisierung eine Auseinandersetzung mit dieser Komplexität.

Mit einer hegemonietheoretisch inspirierten Perspektive konnte herausgearbeitet werden, wie der Ansatz des Globalen Lernens auch in die Stabilisierung und Verankerung der imperialen Lebens- und Produktionsweise eingebunden ist. Stabilisiert wird Hegemonie einerseits durch zahlreiche alltägliche, vielschichte und kleinteilige Praxen, die durch die Dimensionen des Globalen Lernens zu, für, als und in Transformation aufgezeigt wurden. Zugleich findet die

Stabilisierung über bestehende materielle Infrastrukturen statt, die sich ebenfalls in den ausgearbeiteten Dimensionen wiederfinden. Bildungspraxen greifen auf materielle Infrastrukturen zu und werden durch diese bedingt. Auch sie wirken sich auf die Auswahl von Themen und Fragestellungen, auf die Ziele und Prozesse aus, unterstützen oder verunmöglichen Globales Lernen mit (bestimmtem) transformativem Anspruch. Gleiches gilt für institutionelle Rahmungen und den damit verbundenen politischen Prozessen, Bestimmungen, Abkommen und Entscheidungen, die Möglichkeitsräume für Bildungskontexte wie Globales Lernen eröffnen und sie zugleich einschränken. Mit der Analyse dieser Bedingungen werden zugleich jene Ansatzpunkte deutlich, an denen emanzipatorische Transformationsprozesse angestoßen und durch die gegen-hegemoniale Perspektiven gestärkt werden können. Ob und wie diese genutzt werden und welche unterschiedlichen Transformationsverständnisse hierzu beitragen, konnte durch die strukturierte Darstellung der Dimensionen „Globales Lernen *zu, für, als* und *in* Transformation" ebenfalls herausgearbeitet werden.

7 Fazit und Ausblick

„*[...] ich glaube es könnte sozusagen konzeptionell noch dem Globalen Lernen helfen, wenn wir so eine größere Perspektive miteinbringen. Oder hätten, finden könnten, erarbeiten könnten und insofern die Aufgabe an euch Wissenschaftler*innen, dass das Transformationswissen nicht zu lange eine Geheimsache bleibt, sondern weitergeht.*" (G: 111-112)

In der vorliegenden Arbeit habe ich einerseits ein theoretisches Verständnis von Transformation herausgearbeitet und dabei verdeutlicht, wie durch eine hegemonietheoretisch inspirierte Perspektive Macht- und Herrschaftsprozesse in den Blick kommen, die auch für die Auseinandersetzung mit Transformation von Bedeutung sind. Andererseits habe ich theoretisch und empirisch gezeigt, dass die Auseinandersetzung mit dem Verhältnis von Globalem Lernen und Transformation ein wichtiges Feld für gesamtgesellschaftliche Transformationsfragen und -prozesse darstellt. Bildungspraxen des Globalen Lernens gehen mit expliziten und impliziten Verständnissen von gesellschaftlicher Transformation einher, sowie mit Einschätzungen darüber, welche Rolle Bildung in diesen spielt.

Eine bewusste Auseinandersetzung mit den Transformationsverständnissen, die Bildungspraxen des Globalen Lernens prägen, ist zentral, denn nur dann kann auch eine aktive Beschäftigung damit erfolgen, welche Theorie gesellschaftlicher Transformation leitend für das Tätigkeitsfeld des Globalen Lernens sein soll. Findet keine aktive Auseinandersetzung mit und Ausrichtung an Theorien der Transformation statt, an der sich Bildungskonzepte und -praxen ausrichten, erfolgt eine passive, oft nur schwer greifbare Ausrichtung an Theorien der Transformation ‚Anderer'. Diese ‚anderen' Transformationstheorien sind all zu oft an hegemonialen Prinzipien sowie der Stabilisierung, und nicht der Überwindung der imperialen Lebens- und Produktionsweise orientiert. Die aktive Auseinandersetzung mit Theorien der Transformation führt zwar in der Regel nicht zu einer stringenten Umsetzung dieser, jedoch kann sie als eine Orientierung genutzt werden, um in der Praxis folgende Fragen aufzuwerfen und zu diskutieren: Welche transformativen Ziele sollen mit der Bildungsarbeit des Globalen Lernens erreicht werden? Wie übersetzen sich diese in Bildungspraxen und in Alltagspraxen? Welche strategischen Hebelpunkte sind für Bildungspraxen des Globalen Lernens wichtig zu beachten, um einen Beitrag zur Gestaltung eines ‚guten Lebens für alle' zu leisten? Welcher Beitrag zu globalen gesellschaftlichen Transformationsprozessen kann durch Globales Lernen (überhaupt) geleistet werden?

Die Verwobenheit von mentalen Infrastrukturen, Subjektpositionen, materiellen Infrastrukturen und politischen und ökonomischen Institutionen stabilisiert und reproduziert die Hegemonie der imperialen Lebens- und Produktionsweise. Entsprechend müssen Ziele, Wege und Akteur*innen von (sozial-ökologischer) Transformation in dieser Verwobenheit gedacht und politisch-strategisches Denken und Handeln daran ausgerichtet werden, um emanzipatorische, kritische und globale Gegen-Hegemonie aufzubauen.

Das Bewusstmachen von impliziten und expliziten Transformationsverständnissen und ein regelmäßiger Austausch darüber geht auch damit einher, eine Sensibilität für solche Verstrickungen zu schaffen und zu fördern. Darüber können Widersprüchlichkeiten und Spannungsfelder in Bildungspraxen und strukturellen Zusammenhängen des Globalen Lernens sichtbar gemacht werden. Auch Spielräume und Veränderungsmöglichkeiten können besser in den Blick kommen, da theoretische Verständnisse von Transformation als Orientierungsrahmen auch Perspektiven darauf ermöglichen, welche Transformationsprozesse notwendig sind.

Mit der hegemonietheoretisch inspirierten Perspektive auf Transformation und Globales Lernen weitet sich zudem der Fokus der Analyse von Bildungspraxen auf gesamtgesellschaftliche Zusammenhänge. Mit Bildungspraxen des Globales Lernens kann ein Beitrag zu gesamtgesellschaftlichen Transformationsprozessen geleistet werden. Die Verankerung und Stabilisierung gesellschaftlicher Hegemonie finden jedoch in verschiedensten gesellschaftlichen Bereichen statt, von denen Bildung nur einer ist. Gesamtgesellschaftliche Transformationsprozesse gehen mit umfassenden Hegemonieprojekten einher (Kap. 2.4), die sich aus unterschiedlichen Akteurskonstellationen und -strategien ergeben. Sozial-ökologische Transformation im Sinne einer Gegen-Hegemonie braucht verschiedene Akteur*innen in unterschiedlichen gesellschaftlichen Bereichen. Damit verbunden ist die Anerkennung, dass transformative Praxen auch immer in herrschende, hegemoniale Praxen verstrickt sind. Entsprechend braucht es zunächst ein Bewusstwerden und eine Anerkennung und Reflexion verwobener gesellschaftlicher Verhältnisse (Vey 2015: 244). Auch dieser Bezugspunkt muss im Hinblick auf die Auseinandersetzung mit Theorien der Transformation in den Blick kommen. In Anlehnung an das Verständnis von Hegemonieprojekten muss es aus Perspektive von Bildungsakteur*innen, die einen transformativen Anspruch an ihre Arbeit haben, darum gehen, sich zu anderen gesellschaftlichen Akteur*innen, die Transformation gestalten (wollen), ins Verhältnis zu setzen und sich selbst in ihrer Rolle als Bildungsakteur*innen zu verorten. Allianzen zwischen verschiedenen gesellschaftlichen Akteur*innen aus unterschiedlichen Bereichen sind für Transformationsprozesse höchst relevant und werden – wie meine Forschung zeigt – keineswegs ausgeschöpft. Die Verortung von Bildungsakteur*innen im gesamtgesellschaftlichen Kontext wirft die Frage auf, was für einen Beitrag stärkere Vernetzungsarbeit für emanzipatorische Transformationsprozesse leisten kann. Diesbezüglich können strategische Ausrichtungen getroffen werden, die auch mit Entscheidungen bezüglich Vernetzung, Kooperation und Austausch einhergehen, die es hinsichtlich begrenzter Ressourcen zu treffen gilt.

Das Denken in getrennten gesellschaftlichen Teilbereichen wirkt als Herrschaftsmechanismus: Die Komplexität gesellschaftlicher Verhältnisse wird reduziert und bestehende Mobilisierungs- und Transformationsmöglichkeiten isoliert voneinander betrachtet (Vey 2015: 242). Eine zentrale weiterführende Frage meiner Arbeit bezieht sich darauf, wie vielfältige Allianzen aufgebaut werden können, in denen sich Akteur*innen des Globalen Lernens nicht als passiver Teil begreifen oder angerufen werden, sondern sich als aktiver Part verstehen und positionieren. Das Agieren in Allianzen für sozial-ökologische Transformation ginge auch mit einem Verständnis einher, dem zufolge diese als Infragestellung und Herausforderung der hegemonialen imperialen Lebens- und Produktionsweise zu verstehen ist. Die Entwicklung des Globalen Lernens ist stark verschränkt mit emanzipatorischen, solidarischen Kämpfen im Rahmen sozialer Bewegungen. Die Verbindung zwischen institutionalisierten Bildungspraxen des Globalen Lernens und sozialen Bewegungen würde den politischen Streit und Kampf um die Gestaltung eines ‚guten Lebens für alle' als Projekt fortsetzen, welches Gegen-Hegemonie in unterschiedlichen gesellschaftlichen Bereichen aufbaut und absichert. Zudem könnte das Politische des Globalen Lernens, nicht nur bezüglich der historischen Entwicklung des Konzeptes, sondern auch als politische Bildungspraxis mit globalen Bezügen vertreten und gestärkt werden. Denn die Normativität, die als zentraler (auch kritisierter) Bezugspunkt von Bildungspraxen des Globalen Lernens dient, darf nicht als das Gegensätzliche zum Politischen definiert werden. Jede Praxis ist von Normativität geleitet, auch wenn dies nicht als expliziter Bezugspunkt definiert wird, weil dieser als verallgemeinert, also hegemonial gilt. Bildungspraxen als politisch und Globales Lernen als politisches Projekt zu verstehen, würde auf bestehende Interessens- und Deutungskämpfe verweisen und diese transparent machen. Auf einem solchen Wege würde auch die immerwährende Involviertheit in diese Kämpfe deutlich.

In den Umbrüchen unserer Zeit – den multiplen Krisen, die das Ringen um Transformationsprozesse begründen – wird jedes Tun neu verhandelt. Auch Globales Lernen wird ständig neu verhandelt, selbst im Rahmen der imperialen Lebens- und Produktionsweise, die ihrerseits Antworten auf gegenwärtige multiple Krisen gibt. Die zunehmenden Brüche, die in der imperialen Lebens- und Produktionsweise deutlich werden, stellen Normalitäten und Selbstverständlichkeiten immer radikaler in Frage. In diesem Zusammenhang mit globalen Herausforderungen und gegenwärtigen Umbrüchen werden Praxen in diversen gesellschaftlichen Bereichen grundlegend neu verhandelt: das Einkaufen, das Wohnen, das Sprechen, das Arbeiten, das Essen, die Mobilität, die Bildung.

„Wir müssen uns das, was wir sein könnten, ausdenken und aufbauen, um diese Art von politischem ‚double-bind' abzuschütteln, der in der gleichzeitigen Individualisierung und Totalisierung durch moderne Machstrukturen besteht. [...] Wir müssen neue Formen der Subjektivität zustandebringen, indem wir die Art von Individualität, die man uns jahrhundertelang auferlegt hat, zurückweisen." (Foucault 1987: 250)

Auch Globales Lernen und die damit verbundenen Subjekt- und Gesellschaftsverständnisse müssen neu verhandelt werden und dabei der politische Kern, der diesen zugrunde liegt, verdeutlicht werden. Das Politische des Globalen Lernens darf nicht als dessen Delegitimierung gefasst werden, sondern muss selbst als politisches Instrument in der Auseinandersetzung um Hegemonie akzentuiert werden.

Globales Lernen in Verbindung mit gesellschaftlichen Transformationsprozessen zu verorten, muss mit dem Anspruch einhergehen nicht nur Transformation als Suchprozess zu begreifen, der durch das Ringen um Hegemonie geprägt ist. Auch Praxen des Globales Lernens sind als Suchprozesse zu fassen: es werden nicht primär Ziele und Problemlösungen für gesellschaftliche multiple Krisen vermittelt, sondern vielmehr Fragen aufgeworfen. Brüche und Widersprüche in Bildungspostulaten und in gesamtgesellschaftlichen Orientierungen wie Gerechtigkeit, Nachhaltigkeit und Transformation müssen aufgezeigt und reflektiert werden. Darüber müssen auch die Bedingungen für kollektives Verlernen zum Gegenstand der Auseinandersetzung um Globales Lernen und Transformation werden.

"[...] by expanding frames of reference and learning from past mistakes, not to find a perfect solution for all, but to open the possibility for present and future generations to make different mistakes and to move on with our collective learning process."
(Andreotti 2016: 201)

Hegemonietheoretisch inspirierte Perspektiven ermöglichen nicht nur einen differenzierten Blick auf gesellschaftliche Macht- und Herrschaftsstrukturen, sondern auch die vielen, kleinen Möglichkeitsräume, in denen und durch die die imperiale Lebens- und Produktionsweise herausgefordert werden kann und wird, kommen in den Blick. Kollektive Bildungs- und Lernprozesse anzustoßen und zu nutzen, muss ein Ziel kritischer, politischer, transformativer Bildung mit globalen Bezügen sein. Und dies muss auch ein Ziel der wissenschaftlichen Auseinandersetzung mit Transformation sein, die keineswegs eine ‚Geheimsache' bleiben sollte.

Literaturverzeichnis

ABU-LUGHOD, Lila (2005): Writing against culture. In: Moore, Henriette/Sanders, Todd (Hg.), Anthropology in theory: Issues in epistemology. Malden: Blackwell Publishers, 466–479.

ADICK, Christel (1992): Die Universalisierung der modernen Schule. Paderborn u.a.: Schöningh.

ADICK, Christel (2000): Gegenstand und Reflexionsebenen der International und Interkulturell Vergleichenden Erziehungswissenschaft. In: Adick, Christel (Hg.), Was ist Erziehungswissenschaft? Donauwörth: Auer, 67–95.

AGLIETTA, Michel (1979): A theory of capitalist regulation: The U. S. experience. London; New York: Verso.

ALCOFF, Linda Martin (2006): Visible identities: race, gender, and the self. Oxford; New York: Oxford University Press.

ALNASSERI, Sabah (2004): Periphere Regulation. Regulationstheoretische Konzepte zur Analyse von Entwicklungsstrategien im arabischen Raum. Münster: Westfälisches Dampfboot.

ALTHUSSER, Louis (1977): Ideologie und ideologische Staatsapparate. In: Althusser, Louis (Hg.), Ideologie und ideologische Staatsapparate. Aufsätze zur marxistischen Theorie. Hamburg; Berlin: VSA, 108–153.

ALTVATER, Elmar (1993): The future of the market: An essay on the regulation of money and nature after the collapse of „Actually Existing Socialism". London: Verso.

AMSLER, Sarah (2019): Gesturing towards radical futurity in education for alternative futures. In: *Sustainability Science*, 14 (4), 925–930.

ANDREOTTI, Vanessa (2012): Education, knowledge and the righting of wrongs. In: *Other Education: The Journal of Educational Alternatives*, 1 (1), 19–31.

ANDREOTTI, Vanessa (2014a): Critical Literacy: Theories and practices in Development Education. In: *Policy & Practice: A Development Education Review*, 14, 12-32.

ANDREOTTI, Vanessa (2014b): Soft versus critical Global Citizenship Education. In: McCloskey, Stephen (Hg.), Development Education in policy and practice. London: Palgrave Macmillian, 21–31.

ANDREOTTI, Vanessa (2016): Global Education and social change. In: Hartmeyer, Helmuth/Wegimont, Liam (Hg.), Global Education in europe revisited. Strategies and structures. Policy, practice and challenges. Münster: Waxmann, 199–204.

ASBRAND, Barbara (2002): Globales Lernen und das Scheitern der großen Theorie. Warum wir heute neue Konzepte brauchen. In: *ZEP: Zeitschrift für internationale Bildungsforschung und Entwicklungspädagogik*, 25 (3), 13–19.

ASBRAND, Barbara (2009): Wissen und Handeln in der Weltgesellschaft. Münster: Waxmann.

ASBRAND, Barbara (2009a): Schule verändern, Innovationen implementieren. In: *ZEP: Zeitschrift für internationale Bildungsforschung und Entwicklungspädagogik*, 1 (32), 15–21.

ASBRAND, Barbara/Scheunpflug, Annette (2014): Globales Lernen. In: Sander, Wolfgang (Hg.), Handbuch politische Bildung. 4., völlig überarb. Aufl. Bonn: Lizenzausgabe BpB, 401–412.

BADER, Pauline/Becker, Florian/Demirović, Alex/Dück, Julia (2011): Die multiple Krise – Krisendynamik im neoliberalen Kapitalismus. In: Demirović, Alex/Dück, Julia/Becker, Florian/Bader, Pauline (Hg.), VielfachKrise im finanzdominierten Kapitalismus. Hamburg: VSA, 11–28.

BAUMAN, Zygmunt (2003): Flüchtige Moderne. Frankfurt/M.: Suhrkamp.

BECKER, Egon/Jahn, Thomas (2006): Soziale Ökologie. Grundzüge einer Wissenschaft von den gesellschaftlichen Naturverhältnissen. Frankfurt/M.: Campus.

BECKER, Florian/Candeias, Mario/Niggemann, Janek/Stecker, Anne (Hg.) (2013): Gramsci lesen: Einstiege in die Gefängnishefte. Hamburg: Argument.

BEDALL, Philip (2014): Climate Justice vs. Klimaneoliberalismus? Klimadiskurse im Spannungsfeld von Hegemonie und Gegen-Hegemonie. Bielefeld: transcript.

BENNER, Dietrich (2012): Allgemeine Pädagogik. Eine systematisch-problemgeschichtliche Einführung in die Grundstruktur pädagogischen Denkens und Handelns. 7. Aufl.. Weinheim; Basel: Beltz Juventa.

BERGMÜLLER, Claudia/Schwarz, Hans Werner (2016): Zielsetzung: Große Transformation. Darstellung und Diskussion des WBGU-Ansatzes. In: *ZEP: Zeitschrift für internationale Bildungsforschung und Entwicklungspädagogik*, 39 (4), 9–12.

BERGMÜLLER, Claudia (2022): Empirische Forschung im Globalen Lernen. In: Lang-Wojtasik, Gregor (Hg.), Globales Lernen für nachhaltige Entwicklung: Ein Studienbuch. Stuttgart: utb, 127–40.

BERNDT, Constanze (2019): Transformatorische Menschenrechtsbildung im Lichte universalistischer Ethik: eine Antwort auf Neonationalismus und Ethnopluralismus. In: Lang-Wojtasik, Gregor (Hg.), Bildung für eine Welt in Transformation. Opladen; Berlin; Toronto: Barbara Budrich, 121–132.

BERNHARD, Armin (2005): Antonio Gramscis Politische Pädagogik. Hamburg: Argument.

BERNHARD, Armin (2007): Pädagogische Grundverhältnisse. Die Relevanz Antonio Gramscis für eine emanzipative Pädagogik. In: Merkens, Andreas/Rego Diaz, Victor (Hg.), Mit Gramsci arbeiten. Texte zur politisch-praktischen Aneignung Antonio Gramscis. Hamburg: Argument, 141–156.

BERNHARD, Armin (2015): Bewusstseinsbildung: Einführung in die kritische Bildungstheorie und Befreiungspädagogik Heinz-Joachim Heydorns. Baltmannsweiler: Schneider-Verlag Hohengehren.

BIELING, Hans-Jürgen/Steinhilber, Jochen (2000): Hegemoniale Projekte im Prozeß der europäischen Integration. In: Bieling, Hans-Jürgen/Steinhilber, Jochen (Hg.), Die Konfiguration Europas: Dimensionen einer kritischen Integrationstheorie. Münster: Westfälisches Dampfboot, 102–130.

BIERBAUM, Harald (2004): Kritische Theorie des Subjekts (und) der Bildung. In: Pongatz, Ludwig A./Nieke, Wolfgang/Masschelein, Jan (Hg.), Kritik der Pädagogik – Pädagogik als Kritik. Opladen: Leske + Budrich, 180–199.

BITTNER, Melanie (2015): Die Ordnung der Geschlechter in Schulbüchern. Heteronormativität und Genderkonstruktionen in Englisch- und Biologiebüchern. In: Schmidt, Friederike/Schondelmayer, Anne-Christin/Schröder, Ute B. (Hg.), Selbstbestimmung und Anerkennung sexueller und geschlechtlicher Vielfalt. Lebenswirklichkeiten, Forschungsergebnisse und Bildungsbausteine. Wiesbaden: Springer, 247–260.

BLK (1998): Bildung für nachhaltige Entwicklung: Orientierungsrahmen. Bonn.

BLUDAU, Marie (2016): Globale Entwicklung als Lernbereich an Schulen? Kooperationen zwischen Lehrkräften und Nichtregierungsorganisationen. Opladen: Budrich UniPress Ltd.

BMBF (2002): Bericht der Bundesregierung zur Bildung für eine nachhaltige Entwicklung. BMBF, Referat Öffentlichkeitsarbeit. Berlin.

BMBF (2009): Bericht der Bundesregierung zur Bildung für eine nachhaltige Entwicklung. Referat 323. Berlin.

BMU (Hg.) (1992): Agenda 21. Konferenz der Vereinten Nationen für Umwelt und Entwicklung im Juni in Rio de Janeiro. Bonn.

BOGNER, Alexander/Menz, Wolfgang (2005): Das theoriengenerierende Experteninterview. In: Bogner, Alexander/Littig, Beate/Menz, Wolfgang (Hg.), Das Experteninterview. Theorie, Methode, Anwendung. 2. Aufl. Wiesbaden: VS Verlag für Sozialwissenschaften, 33–70.

BOURDIEU, Pierre (1987): Die feinen Unterschiede. Kritik der gesellschaftlichen Urteilskraft. Frankfurt/M.: Suhrkamp.

BOURN, Doug (2016): Developing a reseach culture of global learning. In: Hartmeyer, Helmuth/Wegimont, Liam (Hg.), Global Education in europe revisited. Strategies and structures. Policy, practice and challenges. Münster: Waxmann, 161–170.

BOYER, Robert (1990): The regulation school: a critical introduction. Columbia University Press.

BRAND, Ulrich (2004): Nachhaltigkeit: Ein Schlüsselkonzept globalisierter Naturverhältnisse und weltgesellschaftlicher Bildung? In: Jahrbuch für Pädagogik 2004. Frankfurt/M. u.a.: Peter Lang, 113–28.

BRAND, Ulrich (2005): Gegen-Hegemonie. Perspektiven globalisierungskritischer Strategien. Hamburg: VSA.

BRAND, Ulrich (2007): Globalisierung als Projekt und Prozess. Neoliberalismus, Kritik der Globalisierung und die Rolle politischer Bildung. In: Steffens, Gerd (Hg.), Politische und ökonomische Bildung in Zeiten der Globalisierung. Münster: Westfälisches Dampfboot, 228–244.

BRAND, Ulrich (2011): Klimapolitik in Zeiten globaler Krisen. Alte und neue Konflikte. In: Schüttemeyer, Suzanne S. (Hg.), Politik im Klimawandel. Baden-Baden: Nomos, 97–113.

BRAND, Ulrich (2012): Transition und Transformation. In: Brie, Michael/Candeias, Mario (Hg.), Transformation im Kapitalismus und darüber hinaus. Beiträge zur Ersten Transformationskonferenz am 13./14.10.2011. Berlin: Rosa Luxemburg Stiftung, 49–70.

BRAND, Ulrich (2016a): How to get out of the multiple crisis? Contours of a Critical Theory of Social-Ecological Transformation. In: *Environmental Values*, 25 (5), 503–525.

BRAND, Ulrich (2016b): Sozial-ökologische Transformation. In: Bauriedl, Sybille (Hg.), Wörterbuch Klimadebatte. Bielefeld: transcript, 277–282.

BRAND, Ulrich (2016c): Transformation als „neue kritische Orthodoxie" und Perspektiven eines kritisch-emanzipatorischen Verständnisses. In: Brie, Michael/Reißig, Rolf/Thomas, Michael (Hg.), Transformation. Suchprozesse in Zeiten des Umbruchs. Münster: LIT, 209–224.

BRAND, Ulrich (2017): Lernen für eine sozial-ökologische Transformation. In: Emde, Oliver/Jakubczyk, Uwe/Kappes, Bernd/Overwien, Bernd (Hg.), Mit Bildung die Welt verändern? Globales Lernen für eine nachhaltige Enwicklung. Opladen u.a.: Barbara Budrich, 23–37.

BRAND, Ulrich/Brunnengräber, Achim/Andresen, Steinar/Driessen, Peter/Haberl, Helmut/Hausknost, Daniel/Helgenberger, Sebastian/Hollaender, Kirsten/Læssøe, Jeppe/Oberthür, Sebastian/et al. (2013a): Debating transformation in multiple crises. In: ISSC/UNESCO (Hg.), World Social Science Report 2013: Changing global environments. OECD Publishing.

BRAND, Ulrich/Pühl, Katharina/Thimmel, Stefan (Hg.) (2013b): Wohlstand – Wie anders? Berlin: Rosa Luxemburg Stiftung.

BRAND, Ulrich/Wissen, Markus (2016): Imperiale Lebensweise und die politische Ökonomie natürlicher Ressourcen. In: Fischer, Karin/Jäger, Johannes/Schmidt, Lukas (Hg.), Rohstoffe und Entwicklung: aktuelle Auseinandersetzungen im historischen Kontext. Wien: new academic Press, 235–248.

BRAND, Ulrich/Wissen, Markus (2017a): Imperiale Lebensweise. Zur Ausbeutung von Mensch und Natur im globalen Kapitalismus. 3. Aufl.. München: oekom.

BRAND, Ulrich/Wissen, Markus (2017b): Social-ecological transformation. In: Richardson, Douglas (Hg.), International encyclopedia of geography. People, the earth, environment and technology,. Hoboken (New Jersey): John Wiley & Sons, 1–9.

BRAND, Ulrich/Welzer, Harald (2019): Alltag und Situation. Sozialkulturelle Dimensionen sozialökologischer Transformation. In: Dörre, Klaus/Rosa, Hartmut/Becker, Karina/Bose, Sophie/Seyd, Benjamin (Hg.), Große Transformation? Zur Zukunft moderner Gesellschaften: Sonderband des Berliner Journals für Soziologie. Wiesbaden: Springer, 313–332.

BRAND, Ulrich/Görg, Christoph/Wissen, Markus (2020): Overcoming neoliberal globalization: social-ecological transformation from a Polanyian perspective and beyond. In: *Globalizations*, Routledge, 17 (1), 161–176.

BRAND, Ulrich/Steffens, Gerd (2021): Klimakrise und gesellschaftliches Lernen. In: Jahrbuch für Pädagogik 2021. Berlin: Peter Lang.

BRIE, Michael (2014): Futuring: Perspektiven der Transformaton im Kapitalismus über ihn hinaus. Münster: Westfälisches Dampfboot.

BRIE, Michael/Hildebrandt, Cornelia/Meuche-Mäker, Meinhard (Hg.) (2007): DIE LINKE. Wohin verändert sie die Republik?, Bd.40. Berlin: Karl Dietz.

BRISSETT, Nigel/Mitter, Radhika (2017): For function or transformation? A critical discourse analysis of education under the Sustainable Development Goals. In: *Journal for Critical Education Policy Studies (JCEPS)*, 15 (1), 181–204.

BROCK, Antje/de Haan, Gerhard/Etzkorn, Nadine/Singer-Brodowski, Mandy (2018): Wegmarken zur Transformation: Nationales Monitoring von Bildung für nachhaltige Entwicklung in Deutschland. Opladen; Berlin; Toronto: Barbara Budrich.

BRÖCKLING, Ulrich (2007): Das unternehmerische Selbst: Soziologie einer Subjektivierungsform. Frankfurt/M.: Suhrkamp.

BROOKFIELD, Stephen (2012): Critical theory and transformativ learning. In: Taylor, Edward W./Cranton, Patricia (Hg.), The handbook of transformative learning: theory, research, and practice. Hoboken (New Jersey): Wiley, 131–146.

BRUNDTLAND, Gro Harlem/Khalid, M./Agnelli, S./Al-Athel, S./Chidzero, Bjny (1987): Our common future. Oxford: Oxford University Press.

BUCKEL, Sonja/Georgi, Fabian/Kannankulam, John/Wissel, Jens (2014): Theorie, Methoden und Analysen kritischer Europaforschung. In: Forschungsgruppe Staatsprojekt Europa (Hg.), Kämpfe um Migrationspolitik: Theorie, Methode und Analysen kritischer Europaforschung. Bielefeld: transcript, 15–86.

BÜHLER, Hans (1996): Perspektivenwechsel? Unterwegs zu „globalem Lernen". Frankfurt/M.: IKO.

BÜHLER, Hans/Datta, Asit/Mergner, Wolfgang/Karcher, Gerhard (1996): Ist eine Evolutionstheorie erziehungswissenschaftlich brandgefährlich? In: *ZEP: Zeitschrift für internationale Bildungsforschung und Entwicklungspädagogik*, 19 (2), 27–29.

BUNDESJUGENDKURATORIUM (2009): Schlaue Mädchen – Dumme Jungen? Gegen Verkürzungen im aktuellen Geschlechterdiskurs. München: Deutsches Jugendinstitut.

BUNDESREGIERUNG (2002): „Perspektiven für Deutschland. Unsere Strategie für eine nachhaltige Entwicklung". Presse-und Informationsamt der Bundesregierung.

BUNDESREGIERUNG (2012): „Nationale Nachhaltigkeitsstrategie. Fortschrittsbericht 2012." Presse-und Informationsamt der Bundesregierung.

BÜNGER, Carsten (2013a): Die offene Frage der Mündigkeit: Studien zur Politizität der Bildung. Paderborn: Schöningh.

BÜNGER, Carsten (2013b): Was heißt kritische politische Bildung heute? Zum Problem der Kritik. In: Widmaier, Benedikt/Overwien, Bernd (Hg.), Was heißt heute kritische politische Bildung? Schwalbach/Ts.: Wochenschau, 51–59.

BUTLER, Judith (2003): Das Unbehagen der Geschlechter. Frankfurt/M.: Suhrkamp.

CANDEIAS, Mario (2014): Szenarien grüner Transformation. In: Brie, Michael (Hg.), Futuring: Perspektiven der Transformaton im Kapitalismus über ihn hinaus. Münster: Westfälisches Dampfboot, 303–331.

CASTRO Varela, María do Mar/Heinemann, Alisha M. B. (2017): „Eine Ziege für Afrika!" Globales Lernen unter postkolonialer Perspektive. In: Emde, Oliver/Jakubczyk, Uwe/Kappes, Bernd/Overwien, Bernd (Hg.), Mit Bildung die Welt verändern? Globales Lernen für eine nachhaltige Entwicklung. Opladen u.a.: Barbara Budrich, 38–54.

CHEHATA, Yasemine/Eis, Andreas/Lösch, Bettina/Schäfer, Stefan/Schmitt, Sophie/Thimmel, Andreas/Trumann, Jana/Wohnig, Alexander (Hg.) (2024): Handbuch kritische politische Bildung. Frankfurt/M.: Wochenschau.

DALE, Gareth (2012): „The growth paradigm: A critique". In: *International Socialism*, 134, 1–26.

D'ALISA, Giacomo/Demaria, Federico/Kallis, Giorgios (2016): Degrowth. Handbuch für eine neue Ära. München: oekom.

DANIELZIK, Chandra-Milena/Bendix, Daniel/Kiesel, Timo (2013): Bildung für nachhaltige Ungleichheit? Eine postkoloniale Analyse von Materialien der entwicklungspolitischen Bildungsarbeit in Deutschland. Berlin: glokal e. V.

DANIELZIK, Chandra-Milena (2013): Überlegenheitsdenken fällt nicht vom Himmel. Postkoloniale Perspektiven auf Globales Lernen und Bildung für Nachhaltige Entwicklung. In: *ZEP: Zeitschrift für internationale Bildungsforschung und Entwicklungspädagogik,* 36 (1), 26–33.

DEMIROVIĆ, Alex (2007): Politische Gesellschaft – zivile Gesellschaft. Zur Theorie des integralen Staates bei Antonio Gramsci. In: Buckel, Sonja/Fischer-Lescano, Andreas (Hg.), Hegemonie gepanzert mit Zwang. Zivilgesellschaft und Politik im Staatsverständnis Antonio Gramscis. Baden-Baden: Nomos, 19–43.

DEMIROVIĆ, Alex (Hg.) (2016): Transformation der Demokratie – demokratische Transformation. Münster: Westfälisches Dampfboot.

DENK, Albert (2023): Nachhaltige Entwicklung und globale Ungleichheit: Eine wissenspolitologische Studie über die Entwicklungsagenda der Vereinten Nationen. Baden-Baden: Nomos.

DESA (Department of Economic and Social Affairs) (Hg.) (2011): World economic and social survey, the great green technological transformation. United Nations Department of economic and social affairs, Bd. 50/Re1. New York: United Nations.

DEUTSCHE UNESCO-Kommission (Hg.) (1975): Recommendation concerning education for international understanding, co-operation and peace and education relating to human rights and peace and fundamental freedoms. Bonn.

DEUTSCHE UNESCO-Kommission e.v (DUK) (Hg.) (2014): UNESCO-Roadmap zur Umsetzung des Weltaktionsprogramms „Bildung für nachhaltige Entwicklung." Deutsche Übersetzung. Bonn: DUK.

DEUTSCHER Bundestag (2013): Enquete-Kommission Wachstum, Wohlstand, Lebensqualität. Wege zu nachhaltigem Wirtschaften und gesellschaftlichem Fortschritt in der Sozialen Marktwirtschaft. Schlussbericht. Berlin.

DIETZE, Gabriele (2008): Intersektionalität und Hegemonie(selbst)kritik. In: Gippert, Wolfgang/Götte, Petra/Kleinau, Elke (Hg.), Transkulturalität – Gender- und bildungshistorische Perspektiven. Bielefeld: transcript, 27–43.

DRIESSEN, Peter P. J./Behagel, Jelle/Hegger, Dries/Mees, Heleen/Almesjö, Lisa/Andresen, Steinar/Eboli, Fabio/Helgenberger, Sebastian/Hollaender, Kirsten/Jacobsen, Linn/et al. (2013): Societal transformations in the face of climate change. Unpublished.

EAGLETON, Terry (2000): Ideologie: Eine Einführung. Stuttgart: Metzler.

EICKER, Jannis/Eis, Andreas/Holfelder, Anne-Katrin/Jacobs, Sebastian/Yume, Sophie/Konzeptwerk Neue Ökonomie (Hg.) (2020): Bildung Macht Zukunft. Lernen für die sozial-ökologische Transformation? Frankfurt/M.: Wochenschau.

EICKER, Jannis/Inkermann, Nilda (2021): Die Hegemonie der imperialen Lebensweise als Herausforderung für die politische Bildung. In: *Journal für politische Bildung*, 11 (4), 32–37.

EIS, Andreas/Frauenlob, Max (2020): Lernen in Bewegung. Zu Bildung kollektiver Handlungsfähigkeit in sozial-ökologischen (Bildungs-)Bewegungen. In: Eicker, Jannis/Eis, Andreas/Holfelder, Anne-Katrin/Jacobs, Sebastian/Yume, Sophie/Konzeptwerk Neue Ökonomie (Hg.), Bildung Macht Zukunft. Lernen für die sozial-ökolgische Tranformation? Frankfurt/M.: Wochenschau, 229–238.

EIS, Andreas/Hammermeister, Juliane (2017): Antonio Gramsci (1891-1937): Herrschaftskritik und emanzipative Praxis – Hegemonie und Zivilgesellschaft als pädagogisches Verhältnis. In: Gloe, Markus/Oeftering, Tonio (Hg.), Politische Bildung meets Politische Theorie. Baden-Baden: Nomos, 125–142.

EIS, Andreas/Lösch, Bettina/Schroeder, Achim/Steffens, Gerd (2015): Frankfurter Erklärung. Für eine kritisch-emanzipatorische Politische Bildung. In: *Journal für politische Bildung*, 5 (4), 94-96.

EMDE, Oliver/Jakubczyk, Uwe/Kappes, Bernd/Overwien, Bernd (Hg.) (2017): Mit Bildung die Welt verändern? Globales Lernen für eine nachhaltige Enwicklung. Opladen u.a.: Barbara Budrich.

EULER, Peter (2004): Kritik in der Pädagogik: Zum Wandel eines konstitutiven Verhältnisses der Pädagogik. In: Pongratz, Ludwig A./Nieke, Wolfgang/Masschelein, Jan (Hg.), Kritik der Pädagogik — Pädagogik als Kritik. Opladen: Leske + Budrich, 9–28.

FELBER, Christian (2018): Die Gemeinwohl-Ökonomie. München: Piper.

FEND, Helmut (1974): Gesellschaftliche Bedingungen schulischer Sozialisation. In: Soziologie der Schule. Weinheim/Basel: Beltz, 64–68.

FEND, Helmut (1980): Theorie der Schule. München: Urban&Schwarzenberger.

FORGHANI, Neda (2001): Globales Lernen: die Überwindung des nationalen Ethos. Innsbruck: Studienverlag.

FORUM „Schule für eine Welt" (1996): Globales Lernen. Anstöße für die Bildung einer vernetzten Welt. Jona: Forum „Schule für eine Welt".

FOUCAULT, Michel (1987): Warum ich Macht untersuche: Die Frage des Subjekts. In: Dreyfus, Hubert L./Rabinow, Paul (Hg.), Michel Foucault. Jenseits von Strukturalismus und Hermeneutik. Weinheim: Beltz, 243–250.

FOUCAULT, Michel (1995): Der Wille zum Wissen. Sexualität und Wahrheit. 8. Aufl. Frankfurt/M.: Suhrkamp.

FOUCAULT, Michel (2005): Subjekt und Macht. In: Defert, Daniel/Ewald, François (Hg.), Analytik der Macht. Frankfurt/M.: Suhrkamp, 240–263.

FOUCAULT, Michel (2015): Überwachen und Strafen. 15. Aufl. Frankfurt/M.: Suhrkamp.

FREIRE, Paulo (1970): Pedagogy of the oppressed: 50th Anniversary Edition. New York: Continuum Publishing Company.

FREIRE, Paulo (1972): Pädagogik der Unterdrückten. Stuttgart; Berlin: Kreuz-Verlag.

FRIEDRICHS, Werner (Hg.) (2021): Atopien im Politischen: Politische Bildung nach dem Ende der Zukunft. Bielefeld: transcript.

GANZ, Kathrin (2018): Die Netzbewegung. Subjektpositionen im politischen Diskurs der digitalen Gesellschaft. Opladen; Berlin; Toronto: Barbara Budrich.

GANZ, Kathrin (2019): Kollektive Identitäten als Koalition denken. In: Vey, Judith/Leinius, Johanna/Hagemann, Ingmar (Hg.), Handbuch Poststrukturalistische Perspektiven auf soziale Bewegungen: Ansätze, Methoden und Forschungspraxis. Bielefeld: transcript, 168–183.

GIROUX, Henry/Penna, Anthony (1983): Social education in the classroom: The dynamics of the hidden curriculum. In: Giroux, Henry/Purpel, David (Hg.), The hidden curriculum and moral education, Bd. 7. California: McCutchan Publishing Corporation, 100–121.

GLÄSER, Jochen/Laudel, Grit (2004): Experteninterviews und qualitative Inhaltsanalyse. 4. Aufl. Wiesbaden: VS Verlag für Sozialwissenschaften.

GLOE, Markus/Oeftering, Tonio (2017): Politische Bildung meets Politische Theorie. Baden Baden: Nomos.

GLYNOS, Jason/Howarth, David (2007): Logics of critical explanation in social and political theory. London: Routledge.

GÖRG, Christoph (2003): Regulation der Naturverhältnisse: Zu einer kritischen Theorie der ökologischen Krise. Münster: Westfälisches Dampfboot.

GRAMSCI, Antonio (1991 ff./2012): Gefängnishefte (GH) – Kritische Gesamtausgabe, Herausgegeben von Klaus Bochmann und Wolfgang Fritz Haug. Band 1-10. Hamburg: Argument.

GRAMSCI, Antonio/Hoare, Quitin/Others (1971): Selections from the prison notebooks. London: Lawrence and Wishart.

GRÄSEL, Cornelia (2009): Umweltbildung. In: Tippelt, Rudolf/Schmidt, Bernhard (Hg.), Handbuch Bildungsforschung. Wiesbaden: VS Verlag für Sozialwissenschaften, 1093–1110.

GRAUPE, Silja (2014): Ökonomische Bildung: Geistige Monokultur oder Befähigung zum eigenständigen Denken? Ök-01. Working Paper Serie. Text abrufbar unter: https://www.econstor.eu/handle/10419/180019 (Zugriff am 01.09.2022).

GROBBAUER, Heidi (2014): Global citizenship education. Politische Bildung für die Weltgesellschaft. In: *ZEP. Zeitschrift für internationale Bildungsforschung und Entwicklungspädagogik*, 37 (3), 28–33.

GROBBAUER, Heidi (2016): Globales Lernen – Interdisziplinäre Wissenschaftsbezüge. In: *ZEP: Zeitschrift für internationale Bildungsforschung und Entwicklungspädagogik*, 39 (2), 4–6.

GRUNDMANN, Diana (2017): Bildung für nachhaltige Entwicklung in Schulen verankern: Handlungsfelder, Strategien und Rahmenbedingungen der Schulentwicklung. Wiesbaden: Springer.

GRUNDMANN, Matthias (2011): Sozialisation – Erziehung – Bildung: Eine kritische Begriffsbestimmung. In: Becker, Rolf (Hg.), Lehrbuch der Bildungssoziologie. 2., überarb. u. erw. Aufl. Wiesbaden: VS Verlag für Sozialwissenschaften, 63–85.

GÜRSES, Hakan (2016): Möglichkeitsbewusstsein gegen Endgültigkeitsbeharren. Das Politische in der politischen Bildung. In: Unterthurner, Gerhard/Hetzel, Andreas (Hg.), Postdemokratie und die Verleugnung des Politischen, Bd. 11. Baden-Baden: Nomos, 111–126.

HABERMANN, Friederike (2012): „Alle Verhältnisse umwerfen!" Und dafür eine subjektfundierte Hegemonietheorie. In: Dzudzek, Iris/Kunze, Caren/Wullweber, Joscha (Hg.), Diskurs und Hegemonie. Gesellschaftskritische Perspektiven. Bielefeld: transcript, 85–104.

HACKMANN, Heide/Clair, Asunsión Lera St (2012): Transformative cornerstones of social science research for global change. Paris: International Social Science Council.

HALL, Stuart/Held, David/Hubert, Don/Thompson, Kenneth (Hg.) (1996): Modernity. An introduction to modern societies. Malden: Blackwell Publishing.

HAMBORG, Steffen (2020a): Bildung in der Krise. Eine Kritik krisendiagnostischer Bildungsentwürfe am Beispiel von ‚Bildung für nachhaltige Entwicklung'. In: Kminek, Helge/Bank, Franziska/Fuchs, Leon (Hg.), Kontroverses Miteinander: Interdisziplinäre und kontroverse Positionen zur Bildung für eine nachhaltige Entwicklung. Frankfurt/M.: Goethe-Universität, 169–184.

HAMBORG, Steffen (2020b): Wie über „Bildung für nachhaltige Entwicklung" reden? In: Eicker, Jannis/Eis, Andreas/Holfelder, Anne-Katrin/Jacobs, Sebastian/Yume, Sophie/Konzeptwerk Neue Ökonomie (Hg.), Bildung Macht Zukunft. Lernen für die sozial-ökologische Transformation? Frankfurt/M.: Wochenschau, 167–172.

HAMMERMEISTER, Juliane (2014): Das verstrickte Subjekt. In: Eis, Andreas/Salomon, David (Hg.), Gesellschaftliche Umbrüche gestalten. Transformationen in der politischen Bildung. Schwalbach/Ts.: Wochenschau, 134–144.

HANAK, Irmi (2003): Entwicklung kommunizieren: Öffentlichkeits- und Bildungsarbeit. In: Gomes Abreu Fialho, Beate/Maral-Hanak, Irmi/Schicho, Walter (Hg.), Die Praxis der Entwicklungszusammenarbeit. Wien: Mandelbaum, 89–111.

HARAWAY, Donna Jeanne (1995): Situiertes Wissen. Die Wissenschaftsfrage im Feminismus und das Privileg einer partialen Perspektive. In: Haraway, Donna Jeanne (Hg.), Die Neuerfindung der Natur. Frankfurt/M./New York: Campus, 73–97.

HARTMANN, Jutta (2012): Institutionen, die unsere Existenz bestimmen: Heteronormativität und Schule. In: *APuZ*, 62 (49–50), 34–41.

HARTMEYER, Helmuth (2012): Von Rosen und Thujen. Globales Lernen in Erfahrung bringen. Münster: Waxmann.

HARTMEYER, Helmuth (2015): Globales Lernen – eine politische Bildung im Weltzusammenhang. In: Baumgartner, Rahel/Gürses, Hakan (Hg.), Im Blickwinkel: Politische Erwachsenenbildung in Österreich. Schwalbach/Ts.: Wochenschau, 49–62.

HARTMEYER, Helmuth/Wegimont, Liam (2016): Global Education in europe: European policy development. In: Hartmeyer, Helmuth/Wegimont, Liam (Hg.), Global Education in europe revisited. Strategies and structures. Policy, practice and challenges. Münster: Waxmann, 13–24.

HAUFF, Volker/Weltkommission für Umwelt und Entwicklung (1987): Unsere gemeinsame Zukunft. Der Brundtland-Bericht der Weltkommission für Umwelt und Entwicklung. Eggenkamp: Greven.

HAUG, Frigga (2013): Was bringt es, Herrschaft als Knoten zu denken? In: Brie, Michael (Hg.), Am Herrschaftsknoten ansetzen. Symposium zum 75. Geburtstag von Frigga Haug, Bd. 75. Berlin: Rosa-Luxemburg-Stiftung, 8–13.

HAUG, Wolfgang Fritz (1985): Pluraler Marxismus, Bd. 1. West-Berlin: Argument.

HELFFERICH, Cornelia (2011): Die Qualität qualitativer Daten: Manual für die Durchführung qualitativer Interviews. 4. Aufl. Wiesbaden: VS Verlag für Sozialwissenschaften.

HEYDORN, Heinz Joachim (1972): Zu einer Neufassung des Bildungsbegriffs. Frankfurt/M.: Suhrkamp.

HEYDORN, Heinz-Joachim (2004/1970): Erziehung. In: Heydorn, Irmgard/Kappner, Hartmut/Konnefke, Gernot/Weick, Edgar (Hg.), Bildungstheoretische und pädagogische Schriften 1967-1970. Bd. 2. Wetzlar: Büchse der Pandora, 287–322.

HEYDORN, Heinz-Joachim (2004/1973): Zum Widerspruch im Bildungsprozeß. In: Heydorn, Irmgard/Kappner, Hartmut/Konnefke, Gernot/Weick, Edgar (Hg.), Heinz-Joachim Heydorn: Bildungstheoretische und pädagogische Schriften 1971-1974. Bd. 4. Wetzlar: Büchse der Pandora, 165–178.

HEYDORN, Irmgard/Kappner, Hartmut/Koneffke, Gernot/Weick, Edgar Weick (Hg.) (2004): Heinz-Joachim Heydorn: Werke in neun Bänden. Wetzlar: Büchse der Pandora.

HICKEL, Jason (2018): The divide. A brief guide to global inequality and its solutions. London: Random House.

HIRSCH, Anja (2019): Gemeinwohlorientiert und innovativ? Die Förderung politischer Jugendbildung durch unternehmensnahe Stiftungen. Bielefeld: transcript.

HIRSCH, Joachim (2005): Materialistische Staatstheorie: Transformationsprozesse des kapitalistischen Staatensystems. Hamburg: VSA.

HIRSCHFELD, Uwe (1999): Soziale Arbeit in hegemonietheoretischer Sicht. Gramscis Beitrag zur politischen Bildung Sozialer Arbeit. In: *Forum Kritische Psychologie*, 40, 66–91.

HIRSCHFELD, Uwe (2015): Notizen zu Alltagsverstand, politischer Bildung und Utopie, Bd. 6. Hamburg: Argument.

HÖDL, Gerald (2003): Die Anfänge. Vom Empfänger- zum Geberland. Archäologische Untersuchungen zur österreichischen Entwicklungshilfe. In: Gomes Abreu Fialho, Beate/Maral-Hanak, Irmi/Schicho, Walter (Hg.), Die Praxis der Entwicklungszusammenarbeit. Wien: Mandelbaum, 27–45.

HÖHNE, Thomas (2003): Pädagogik der Wissensgesellschaft. Bielefeld: transcript.

HOPEWOOD, Bill/Mellor, Mary/O'Brien, Geoff (2005): Sustainable development: Mapping different approaches. In: *Sustainable development*, Wiley, 13 (1), 38–52.

HUCKLE, John/Wals, Arjen E. J. (2015): The UN Decade of Education for Sustainable Development: business as usual in the end. In: *Environmental Education Research*, Routledge, 21 (3), 491–505.

HUFER, Klaus-Peter (2010): Emanzipation: Gesellschaftliche Veränderung durch Erziehung und politische Bildung – ein Rückblick auf eine nach wie vor aktuelle Leitidee. In: Lösch, Bettina/Thimmel, Andreas (Hg.), Kritische politische Bildung. Ein Handbuch. Schwalbach/Ts.: Wochenschau, 13–24.

I.L.A.KOLLEKTIV (Hg.) (2017): Auf Kosten Anderer? Wie die imperiale Lebensweise ein gutes Leben für alle verhindert. München: oekom.

I.L.A.KOLLEKTIV (Hg.) (2019): Das Gute Leben für Alle. Wege in eine solidarische Lebensweise. München: oekom.

JACKSON, Tim/Senker, Peter (2011): Prosperity without growth: Economics for a finite planet. In: *Energy & Environment*, 22 (7), 1013–1016.

JÄGER, Marianna/Biffi, Cornelia (2011): Alltagskultur in der ersten Primarschulklasse. Ethnographische Befunde zum ersten Schultag in zwei sozialräumlich unterschiedlichen Kontexten. Schlussbericht. Zürich: PH Zürich. Forschung.

JESSOP, Bob (1990): State Theory: Putting the Capitalist State in its Place. Penn State Press.

JESSOP, Bob (2003): Postfordismus und wissensbasierte Ökonomie. In: Brand, Ulrich/Raza, Werner (Hg.), Fit für den Postfordismus? Theoretisch-politische Perspektiven des Regulationsansatzes. Münster: Westfälisches Dampfboot, 89–113.

KANDZORA, Gabriele (1996): Schule als vergesellschaftete Einrichtung: Heimlicher Lehrplan und politisches Lernen. In: Claußen, Bernhard/Geißler, Rainer (Hg.), Die Politisierung des Menschen: Instanzen der politischen Sozialisation. Ein Handbuch. Wiesbaden: VS Verlag für Sozialwissenschaften, 71–89.

KLAFKI, Wolfgang (1985): Vierte Studie. Exemplarisches Lehren und Lernen. In: Klafki, Wolfgang (Hg.), Neue Studien zur Bildungstheorie und Didaktik: Beiträge zur kritisch-konstruktiven Didaktik. Weinheim: Beltz, 141–161.

KLAFKI, Wolfgang (1991): Neue Studien zur Bildungstheorie und Didaktik: zeitgemäße Allgemeinbildung und kritisch-konstruktive Didaktik. Weinheim; Basel: Beltz.

KLEIN, Dieter (2014): Doppelte Transformation. In: Brie, Michael (Hg.), Futuring: Perspektiven der Transformation im Kapitalismus über ihn hinaus. Münster: Westfälisches Dampfboot, 101–125.

KLEMM, Ulrich/Lang-Wojtasik, Gregor (Hg.) (2012): Handlexikon Globales Lernen. Münster; Ulm: Klemm + Oelschläger.

KMK (Hg.) (1997): „Eine Welt/Dritte Welt" in Unterricht und Schule. Köln: Link.

KMK/BMZ (Hg.) (2007): Orientierungsrahmen für den Lernbereich Globale Entwicklung. Berlin.

KMK/BMZ/ENGAGEMENT Global (Hg.) (2016): Orientierungsrahmen für den Lernbereich Globale Entwicklung im Rahmen einer Bildung für nachhaltige Entwicklung. (2., akt. u. erw. Aufl.). Bonn.

KOEHLER, Werner (1994): Traditional and new dimensions of international education: an annotated bibliography. Berlin: Humboldt-Universität.

KOHLMORGEN, Lars (2004): Regulation, Klasse, Geschlecht. Die Konstituierung der Sozialstruktur im Fordismus und Postfordismus. Münster: Westfälisches Dampfboot.

KOLLER, Hans-Christoph (2011): Bildung anders denken: Einführung in die Theorie transformatorischer Bildungsprozesse. Stuttgart: Kohlhammer.

KONEFFKE, Gernot (2004): Globalisierung und Pädagogik – Bemerkungen zu einer alten, vertrackten Beziehung. In: *Jahrbuch für Pädagogik* 2004. Frankfurt/M.: Peter Lang, 237–254.

KOPNINA, Helen/Meijers, Frans (2012): Education for sustainable development (ESD): Exploring theoretical and practical challenges. In: *International Journal of Sustainability in Higher Education*, Emerald Group Publishing Limited, 15 (2), 188–207.

KRÄMER, Georg (2008): Was ist und was will „Globales Lernen"? In: VENRO (Hg.), Jahrbuch Globales Lernen 2007/2008. Bielefeld: Welthaus Bielefeld, 7–10.

KRAUSE, Johannes (2016): NGOs in Global Education. From promoting aid towards global citizen empowerment for change. In: Hartmeyer, Helmuth/Wegimont, Liam (Hg.), Global Education in europe revisited. Strategies and structures. Policy, practice and challenges. Münster: Waxmann, 149–159.

KRÜGER, Timmo (2013): Das Hegemonieprojekt der ökologischen Modernisierung. In: *Leviathan*, 41 (3), 422–456.

KRÜGER, Timmo (2019): Das Hegemonieprojekt der ökologischen Modernisierung: Die Konflikte um Carbon Capture and Storage (CCS) in der internationalen Klimapolitik. Bielefeld: transcript.

KRUSE, Jan (2014): Qualitative Interviewforschung: Ein integrativer Ansatz. 2. Aufl. Weinheim; Basel: Beltz Juventa.

KUCKARTZ, Udo (2012): Qualitative Inhaltsanalyse: Methoden, Praxis, Computerunterstützung. Weinheim; Basel: Beltz Juventa.

KÜNZLI David, Christine/Bertschy, Franziska/Di Giulio, Antonietta (2010): Bildung für eine Nachhaltige Entwicklung im Vergleich mit Globalem Lernen und Umweltbildung. In: *Swiss Journal of Educational Research*, 32 (2), 213–232.

LANGTHALER, Margarita (2015): Bildung und die Sustainable Development Goals: Zur Einschätzung des Bildungsziels in den SDGs. 12. ÖFSE Briefing Paper. Text abrufbar unter: https://www.econstor.eu/handle/10419/125058 (Zugriff am 01.09.2022).

LANG-WOJTASIK, Gregor (2022): Globales Lernen für nachhaltige Entwicklung: Ein Studienbuch. Stuttgart: utb.

LEACH, Melissa/Raworth, Kate/Rockström, Johan (2013): Between social and planetary boundaries: Navigating pathways in the safe and just space for humanity. In: *World Social Science Report, ISSC and UNESCO, Paris*, 2013, 84–89.

LEINIUS, Johanna (2018): The Cosmopolitics of Solidarity: A Postcolonial Feminist Discourse Analysis of Inter-movement Encounters. Goethe-Universität Frankfurt/M.

LEMKE, Thomas (2011): Critique and Experience in Foucault. In: *Theory, Culture & Society*, SAGE Publications Ltd, 28 (4), 26–48.

LINGENFELDER, Julia (2020): Transformatives Lernen: Buzzword oder theoretisches Konzept? In: Eicker, Jannis/Eis, Andreas/Holfelder, Anne-Katrin/Jacobs, Sebastian/Yume, Sophie/Konzeptwerk Neue Ökonomie (Hg.), Bildung Macht Zukunft. Lernen für die sozial-ökologische Transformation? Frankfurt/M.: Wochenschau, 25–36.

LIPIETZ, Alain (1998): Nach dem Ende des „Goldenen Zeitalters". Regulation und Transformation kapitalistischer Gesellschaften. Ausgewählte Schriften. Berlin: Argument.

LOB, Reinhold E. (1997): 20 Jahre Umweltbildung in Deutschland. Eine Bilanz. Köln: Aulis.

LÖSCH, Bettina (2016): Warum diese Angst vor dem politischen Dissens? Zur Demokratisierung gehören der Streit um Alternativen und die Kritik am Bestehenden. In: Widmaier, Benedikt/Zorn, Peter (Hg.), Brauchen wir den Beutelsbacher Konsens noch? Eine Debatte der politischen Bildung, Bd. 1793. Bonn: BpB, 224–232.

LÖSCH, Bettina/Rodrian-Pfennig, Margit (2014): Kritische Demokratiebildung unter Bedingungen globaler Transformationsprozesse. In: Eis, Andreas/Salomon, David (Hg.), Gesellschaftliche Umbrüche gestalten. Transformationen in der politischen Bildung. Schwalbach/Ts.: Wochenschau, 28–57.

LUDWIG, Gundula (2011): Geschlecht regieren: Zum Verhältnis von Staat, Subjekt und heteronormativer Hegemonie. Frankfurt/M.: Campus.

LUDWIG, Gundula (2012): Hegemonie, Diskurs, Geschlecht – Gesellschaftstheorie als Subjekttheorie, Subjekttheorie als Gesellschaftstheorie. In: Dzudzek, Iris/Kunze, Caren/Wullweber, Joscha (Hg.), Diskurs und Hegemonie. Gesellschaftskritische Perspektiven. Bielefeld: transcript, 105–126.

LUHMANN, Niklas (1984): Soziale Systeme: Grundris einer allgemeinen Theorie. 3. Aufl. Frankfurt/M.: Suhrkamp.

MAHNKOPF, Birgit (2013): Peak Everything – Peak Capitalism? Folgen der sozial-ökologischen Krise für die Dynamik des historischen Kapitalismus. Working-Paper 02/2013 der DFG-KollegforscherInnengruppe Postwachstumsgesellschaften. Jena: Kolleg Postwachstumsgesellschaften.

MARCHART, Oliver (2005): Der Auszug aus Ägypten. Eine Einleitung. In: Mouffe, Chantal (Hg.), Exodus und Stellungskrieg. Die Zukunft radikaler Politik. Wien: Turia und Kant, 7–23.

MASSING, Peter (2020): Politische Bildung. In: Achour, Sabine/Busch, Matthias/Massing, Peter/Meyer-Heidemann, Christian (Hg.), Wörterbuch Politikunterricht. Frankfurt/M.: Wochenschau, 173–176.

MATZ, Eugenia/Knake, Sebastian/Garbe, Sebastian (2017): „Gibt's das auch in postkolonial?" Globales Lernen vor dem Hintergrund postkolonialer Kritik. In: Emde, Oliver/Jakubczyk, Uwe/Kappes, Bernd/Overwien, Bernd (Hg.), Mit Bildung die Welt verändern? Globales Lernen für eine nachhaltige Entwicklung. Opladen u.a.: Barbara Budrich, 91–109.

MAYO, Peter (2006): Politische Bildung bei Antonio Gramsci und Paulo Freire. Perspektiven einer verändernden Praxis, Bd. 280. Hamburg: Argument.

MAYRING, Philipp (2010): Qualitative Inhaltsanalyse. Grundlagen und Technik. 11., akt. u. überarb. Aufl. Weinheim; Basel: Beltz.

MEADOWS, Dennis L. (1972): Die Grenzen des Wachstums: Bericht des Club of Rome zur Lage der Menschheit. München: DVA.

MERKENS, Andreas (2004): Antonio Gramsci – Erziehung und Bildung. Gramsci-Reader. Hamburg: Argument.

MERKENS, Andreas (2007): „Die Regierten von den Regierenden intellektuell unabhängig machen". Gegenhegemonie, politische Bildung und Pädagogik bei Antonio Gramsci. In: Merkens, Andreas/Diaz, Victor Rego (Hg.), Mit Gramsci arbeiten. Texte zur politisch-praktischen Aneignung Antonio Gramscis. Hamburg: Argument, 157–174.

MERKENS, Andreas (2010): Hegemonie, Staat und Zivilgesellschaft als pädagogisches Verhältnis. Antonio Gramscis Politische Pädagogik. In: Lösch, Bettina/Thimmel, Andreas (Hg.), Kritische politische Bildung. Ein Handbuch. Schwalbach/Ts.: Wochenschau, 193–204.

MESSERSCHMIDT, Astrid (2009a): Verdrängte Dialektik: Zum Umgang mit einer widersprüchlichen Bildungskonzeption in globalisierten Verhältnissen. In: Bünger, Carsten/Euler, Peter/Gruschka, Andreas/Pongratz, Ludwig A. (Hg.), Heydorn lesen! Herausforderungen kritischer Bildungstheorie. Paderborn: Schöningh, 121–134.

MESSERSCHMIDT, Astrid (2009b): Verwicklungen. Kritische Bildung und politisches Engagement in neoliberalen Verhältnissen. In: Bünger, Carsten/Mayer, Ralf/Messerschmidt, Astrid/Zitzelsberger, Olga (Hg.), Bildung der Kontrollgesellschaft. Analyse und Kritik pädagogischer Vereinnahmungen. Paderborn: Schöningh, 131–143.

MESSERSCHMIDT, Astrid (2009c): Weltbilder und Selbstbilder: Bildungsprozesse im Umgang mit Globalisierung, Migration und Zeitgeschichte. Frankfurt/M.: Brandes & Apsel.

MESSERSCHMIDT, Astrid (2018): Bildung und globalisierte Ungleichheit. In: Bernhard, Armin/Rothermel, Lutz/Rühle, Manuel (Hg.), Handbuch kritische Pädagogik: eine Einführung in die Erziehungs- und Bildungswissenschaft. Weinheim;Basel: Beltz Juventa, 568–581.

MICHELSEN, Gerd (2009): Kompetenzen und Bildung für nachhaltige Entwicklung. In: Overwien, Bernd/Rathenow, Hanns-Fred (Hg.), Globalisierung fordert politische Bildung. Opladen&Farmington Hills: Barbara Budrich, 75–86.

MOHANTY, Chandra Talpade (2003 [1991]): Under western eyes: Feminist scholarship and colonial discourses. In: Lewis, R./Mills, S. (Hg.), Feminist Postcolonial Theory: A Reader, Bd. 30. Edinburgh: Edinburgh University Press, 49–74.

MOORE, Jason W. (2015): Capitalism in the web of life: Ecology and the accumulation of capital. London/New York: Verso Books.

MOULIN-DOOS, Claire (2016): Bürger als Mit-Akteur und Rechtssubjekt. Europäische und globale Bürgerschaft als Orientierung für die politische Bildung? In: *ZEP. Zeitschrift für internationale Bildungsforschung und Entwicklungspädagogik*, 39 (2), 12–16.

MUÑOZ, José Esteban (1997): Disidentifications: Queers of color and the performance of politics. Minneapolis: University of Minnesota Press.

MURACA, Barbara (2013): Decroissance: A project for a radical transformation of society. In: *Environmental values*, White Horse Press, 22 (2), 147–169.

NALAU, Johanna/Handmer, John (2015): When is transformation a viable policy alternative? In: *Environmental Science & Policy*, 54, 349–356.

NATIONALKOMITEE der UN-Dekade „Bildung für nachhaltige Entwicklung" (Hg.) (2011): UN-Dekade „Bildung für nachhaltige Entwicklung" 2005-2014. Nationaler Aktionsplan für Deutschland. Bonn.

NOVKOVIC, Dominik (2020): „Der konkrete Ansatz einer Befreiungspädagogik …". Heinz-Joachim Heydorns Konzept einer Befreiungspädagogik und die Konturen einer praxisphilosophischen Bildungs- und Erziehungsarbeit. In: Stederoth, Dirk/Novkovic, Dominik/Thole, Werner (Hg.), Die Befähigung des Menschen zum Mensch. Heinz-Joachim Heydorns Bildungstheorie. Wiesbaden: Springer, 61–75.

O'BRIEN, Karen (2012): Global environmental change II: From adaptation to deliberate transformation. In: *Progress in human geography*, SAGE Publications Ltd, 36 (5), 667–676.

OECD (2019): OECD Future of Education and Skills 2030. OECD Learning Compass 2030 – A Series Of Concept Notes. Text abrufbar unter: https://www.oecd.org/education/2030-project. (Zugriff am 1.09.2022).

OPRATKO, Benjamin (2012): Hegemonie: politische Theorie nach Antonio Gramsci. 2., überarb. Aufl. Münster: Westfälisches Dampfboot.

ORGAKREIS der Konferenz „Bildung Macht Zukunft" (2020): Bildung Macht Zukunft. Positionen zu einer zukunftsorientierten kritisch-emanzipatorischen Bildung. In: Eicker, Jannis/Eis, Andreas/Holfelder, Anne-Katrin/Jacobs, Sebastian/Yume, Sophie/Konzeptwerk Neue Ökonomie (Hg.), Bildung Macht Zukunft. Lernen für die sozial-ökologische Transformation? Frankfurt/M.: Wochenschau, 16–21.

OSTERHAMMEL, Jürgen (2009): Die Verwandlung der Welt: Eine Geschichte des 19. Jahrhunderts. München: C.H.Beck.

O'SULLIVAN, Edmund (2002): The project and vision of transformative education. In: O´Sullivan, Edmund/Morrell, Amish/O´Connor, Mary Ann (Hg.), Expanding the boundaries of transformative learning. Essays on theory and practice. New York: Palgrave, 1–12.

OVERWIEN, Bernd/Rathenow, Hanns-Fred (2009a): Globales Lernen in Deutschland. In: Overwien, Bernd/Rathenow, Hanns-Fred (Hg.), Globalisierung fordert politische Bildung. Opladen&Farmington Hills: Barbara Budrich, 107–134.

OVERWIEN, Bernd/Rathenow, Hanns-Fred (Hg.) (2009b): Globalisierung fordert politische Bildung. Politisches Lernen im Globalen Kontext. Opladen&Farmington Hills: Barbara Budrich.

OVERWIEN, Bernd/Rode, Horst (2013): Bildung für nachhaltige Entwicklung: Lebenslanges Lernen, Kompetenz und gesellschaftliche Teilhabe. Berlin & Toronto: Barbara Budrich.

PELZEL, Steffen (2020): Bildungstheorie als Schlüssel der Kritik – Mit Heydorn sozial-ökologische Anliegen durchsetzen? In: Eicker, Jannis/Eis, Andreas/Holfelder, Anne-Katrin/Jacobs, Sebastian/Yume, Sophie/Konzeptwerk Neue Ökonomie (Hg.), Bildung Macht Zukunft. Lernen für die sozial-ökologische Transformation? Frankfurt/M.: Wochenschau, 103–109.

PICKETT, Kate/Wilkinson, Richard (2010): The spirit level: why equality is better for everyone. London: Penguin UK.

PIKE, Graham/Selby, David/Selby, D. E. (1994): Global teacher – global learner. London: Hodder and Stoughton.

PLUMWOOD, Val (2002): Environmental culture: The ecological crisis of reason. London: Routledge.

POLANYI, Karl (1977): The great transformation: politische und ökonomische Ursprünge von Gesellschaften und Wirtschaftssystemen. Frankfurt/M.: Suhrkamp.

PONGRATZ, Ludwig A. (2017): Sich nicht dermaßen regieren lassen. Kritische Pädagogik im Neoliberalismus. Darmstadt.

POULANTZAS, Nikos A. (2002/1978): Staatstheorie: politischer Überbau, Ideologie, autoritärer Etatismus. Hamburg: VSA.

PROGRAMM Transfer-21 (Hg.) (2008): Programm Transfer-21. Bildung für nachhaltige Entwicklung. Abschlussbericht des Programmträgers. Berlin: FU Berlin.

RAWORTH, Kate (2012): A safe and just space for humanity: Can we live within the doughnut? Oxford: Oxfam.

REISSIG, Rolf (2019): Transformation von Gesellschaften: Eine vergleichende Betrachtung von Geschichte, Gegenwart und Zukunft. Marburg: Schüren.

RENN.NORD/SCHUTZGEMEINSCHAFT Deutscher Wald Landesverband Hamburg e.V. (Hg.) (2019): Ziele für nachhaltige Entwicklung. Die 169 Unterziele im Einzelnen. Hamburg.

RETZMANN, Thomas/Seeber, Günther/Remmele, Bernd/Jongebloed, Hans-Carl (2010): Ökonomische Bildung an allgemeinbildenden Schulen. Essen: Studie im Auftrag vom Gemeinschaftsausschuss der Deutschen Gewerblichen Wirtschaft.

RISS, Karsten/Overwien, Bernd (2010): Globalisierung und politische Bildung. In: Lösch, Bettina/Thimmel, Andreas (Hg.), Kritische politische Bildung. Ein Handbuch. Schwalbach/Ts.: Wochenschau, 205–216.

ROCKSTRÖM, Johan/Steffen, Will/Noone, Kevin/Persson, Åsa/Chapin, F. Stuart, III/Lambin, Eric/Lenton, Timothy M./Scheffer, Marten/Folke, Carl/Schellnhuber, Hans Joachim/et al. (2009): Planetary boundaries: exploring the safe operating space for humanity. In: *Ecology and Society*, 14 (2), 32.

ROSER, Max/Ortiz-Ospina, Esteban (2016): Global rise of education. In: *Our World in Data*, Text abrufbar unter: ourwoldindata.org. (Zugriff am 01.09.2022).

ROSER, Max/Nagdy, Ahuja (2013): Higher education. Text abrufbar unter: https://ourworldindata.org/higher-education/#higher-education-today-and-into-the-future. (Zugriff am 01.09.2022).

RUCHT, Dieter (1994): Modernisierung und neue soziale Bewegungen. Deutschland, Frankreich und USA im Vergleich, Bd. 32. Frankfurt/M. u. a.: Campus.

SANDOVAL, Chela (2000): Methodology of the Oppressed. Minneapolis; London: Minneapolis University Press.

SCHERR, Albert (2010): Subjektivität als Schlüsselbegriff kritischer politischer Bildung. In: Lösch, Bettina/Thimmel, Andreas (Hg.), Kritische politische Bildung. Ein Handbuch. Schwalbach/Ts.: Wochenschau, 303–314.

SCHEUNPFLUG, Annette (1996): Die Entwicklung zur globalen Weltgesellschaft als Herausforderung für das menschliche Lernen. In: *ZEP: Zeitschrift für internationale Bildungsforschung und Entwicklungspädagogik*, 1 (19), 9–14.

SCHEUNPFLUG, Annette (2001): Biologische Grundlagen des Lernens. Berlin: Cornelsen Scriptor.

SCHEUNPFLUG, Annette (2008): Die konzeptionelle Weiterentwicklung des Globalen Lernens. Die Debatte der letzten zehn Jahre. In: VENRO (Hg.), Jahrbuch Globales Lernen 2007/2008. Bonn: Welthaus Bielefeld, 11–21.

SCHEUNPFLUG, Annette (2012): Globales Lernen im Kontext internationaler Erziehungswissenschaft. In: Klemm, Ulrich/Lang-Wojtasik, Gregor (Hg.), Handlexikon Globales Lernen. Münster; Ulm: Klemm + Oelschläger, 131–135.

SCHEUNPFLUG, Annette (2016): Entwicklungspolitische Bildung und Globales Lernen – ein Beitrag zur politischen Bildung. In: *Außerschulische Bildung*, 47 (2), 30–37.

SCHEUNPFLUG, Annette/Hirsch, Klaus (2000): Globalisierung als Herausforderung für die Pädagogik. Frankfurt/M.: IKO.

SCHEUNPFLUG, Annette/Mehren, Rainer (2016): What do we know about Global Learning and what do we need to find out? In: Hartmeyer, Helmuth/Wegimont, Liam (Hg.), Global Education in Europe Revisited. Strategies and Structures. Policy, Practice and Challenges. Münster: Waxmann, 205–223.

SCHEUNPFLUG, Annette/Schröck, Nikolaus (2002): Globales Lernen. Einführung in eine pädagogische Konzeption zur entwicklungsbezogenen Bildung. Stuttgart: Brot für die Welt.

SCHEUNPFLUG, Annette/Seitz, Klaus (1993): Selbstorganisation und Chaos: Entwicklungspolitik und Entwicklungspädagogik in neuer Sicht. Frankfurt/M.: IKO.

SCHEUNPFLUG, Annette/Seitz, Klaus (1995): Die Geschichte der entwicklungspolitischen Bildung. Entwicklungspolitische Unterrichtsmaterialien. Literatur zur Theorie und Didaktik der entwicklungspolitischen Bildung. Frankfurt/M.: IKO.

SCHMELZER, Matthias/Vetter, Andrea (2019): Degrowth/Postwachstum zur Einführung. Hamburg: Junius.

SCHMIDT, Friederike/Schondelmayer, Anne-Christin/Schröder, Ute B. (Hg.) (2015): Selbstbestimmung und Anerkennung sexueller und geschlechtlicher Vielfalt. Lebenswirklichkeiten, Forschungsergebnisse und Bildungsbausteine. Wiesbaden: Springer Fachmedien.

SCHMIEDERER, Rolf (1971): Zur Kritik der politischen Bildung: ein Beitrag zur Soziologie und Didaktik des politischen Unterrichts. Frankfurt/M.: EVA.

SCOONES, Ian/Leach, Melissa/Newell, Peter (Hg.) (2015): The politics of green transformations. New York/London: Routledge.

SEEMANN, Malwine (Hg.) (2008): Ethnische Diversitäten, Gender und Schule. Geschlechterverhältnisse in Theorie und schulischer Praxis. Oldenburg: BIS.

SEITZ, Klaus (1993): Von der Dritte-Welt-Pädagogik zum Globalen Lernen. Zur Geschichte der entwicklungspädagogischen Theoriediskussion. In: Scheunpflug, Annette/Treml, Alfred K. (Hg.), Entwicklungspolitische Bildung. Bilanz und Perspektiven in Forschung und Lehre. Tübingen: Schoeppe & Schwarzenbart, 39–77.

SEITZ, Klaus (2002a): Bildung in der Weltgesellschaft: gesellschaftstheoretische Grundlagen globalen Lernens. Frankfurt/M.: Brandes & Apsel.

SEITZ, Klaus (2002b): Lernen für ein globales Zeitalter. In: Butterwegge, Christoph/Hentges, Gudrun (Hg.), Politische Bildung und Globalisierung. Wiesbaden: VS Verlag für Sozialwissenschaften, 45–57.

SEITZ, Klaus (2006): Das Janusgesicht der Bildung. Schlüssel für eine zukunftsfähige Entwicklung oder Entwicklungshemmnis? In: *ZEP: Zeitschrift für internationale Bildungsforschung und Entwicklungspädagogik*, 29 (1), 33–38.

SEITZ, Klaus (2015): Transformation als Bildungsaufgabe. In: *Forum Loccum*, 34 (3), 9–15.

SEITZ, Klaus (2017): Transformation als Lernprozess und Bildungsaufgabe. In: Emde, Oliver/Jakubczyk, Uwe/Kappes, Bernd/Overwien, Bernd (Hg.), Mit Bildung die Welt verändern? Globales Lernen für eine nachhaltige Entwicklung. Opladen: Barbara Budrich, 160–168.

SEITZ, Klaus (2022): Herkunft und Zukunft Globalen Lernens. Vorgeschichte und Werdegang eines pädagogischen Arbeitsfeldes. In: Lang-Wojtasik, Gregor (Hg.), Globales Lernen für nachhaltige Entwicklung: Ein Studienbuch. Stuttgart: utb, 33–45.

SELBY, David/Kagawa, Fumiyo (2010): Runaway climate change as challenge to the 'Closing Circle' of education for sustainable development. In: *Journal of Education for Sustainable Development*, 4 (1), 37–50.

SELBY, David/Rathenow, Hanns-Fred (2003): Globales Lernen: Praxishandbuch für die Sekundarstufe I und II. Berlin: Cornelsen Scriptor.

SINGER-BRODOWSKI, Mandy (2016a): Transformative Bildung durch transformatives Lernen. Zur Notwendigkeit der erziehungswissenschaftlichen Fundierung einer neuen Idee. In: *ZEP: Zeitschrift für internationale Bildungsforschung und Entwicklungspädagogik*, 39 (1), 13–17.

SINGER-BRODOWSKI, Mandy (2016b): Transformatives Lernen als neue Theorie-Perspektive in der BNE. In: Forum Umweltbildung (Hg.), Im Wandel. Jahrbuch Bildung für nachhaltige Entwicklung. Wien: Umweltdachverband GmbH, 130–139.

SINGER-BRODOWSKI, Mandy (2018): Über die Transformation von Selbst- und Weltverhältnissen hin zu einer Weltbeziehungsbildung. In: VENRO (Hg.), Globales Lernen: Wie transformativ ist es? Impulse, Reflexionen, Beispiele. Berlin: VENRO, 27–33.

SINGER-BRODOWSKI, Mandy/Etzkorn, Nadine/Grapentin-Rimek, Theresa (2019): Pfade der Transformation. Die Verbreitung von Bildung für nachhaltige Entwicklung im deutschen Bildungssystem. Opladen, Berlin & Toronto: Barbara Budrich.

STADLER, Peter (1994): Globales und interkulturelles Lernen in Verbindung mit Auslandsaufenthalten. Ein Bildungskonzept. Saarbrücken: Verlag für Entwicklungspolitik Breitenbach.

STEFFEN, Will/Crutzen, Paul J./McNeill, John R. (2007): The Anthropocene: are humans now overwhelming the great forces of nature. In: *AMBIO: A Journal of the Human Environment*, Royal Swedish Academy of Sciences, 36 (8), 614–621.

STEFFENS, Gerd (2010): Die Krise als Lerngelegenheit – Einführung. In: *Polis, 1 (1), 7-8.*

STEFFENS, Gerd (2013): Krise und gesellschaftliches Lernen. In: Jahrbuch für Pädagogik 2013. Frankfurt/M.: Peter Lang, 41–52.

STERLING, Stephen (2010): Learning for resilience, or the resilient learner? Towards a necessary reconciliation in a paradigm of sustainable education. In: *Environmental Education Research*, 16 (5–6), 511–528.

STERNFELD, Nora (2009): Das pädagogische Unverhältnis: Lehren und Lernen bei Rancière, Gramsci und Foucault. Wien u.a.: Turia + Kant.

STIGLITZ, Joseph E./Sen, Amartya/Fitoussi, Jean-Paul/Others (2009): Report by the commission on the measurement of economic performance and social progress. Text abrufbar unter: https://www.socioeco.org/bdf_fiche-document-2339_de.html. (Zugriff am 01.09.2022).

STONE-MEDIATORE, Shari (2003): Reading across borders: storytelling and knowledges of resistance. New York: Palgrave Macmillan.

SÜSS, Rahel Sophia (2015): Kollektive Handlungsfähigkeit. Gramsci – Holzkamp – Laclau/Mouffe. Berlin; Wien: Turian + Kant.

TAUSS, Aaron (2016): Sozial-ökologische Transformationen: das Ende des Kapitalismus denken. Hamburg: VSA.

TENORTH, Heinz-Elmar (2011): „Bildung" – ein Thema im Dissens der Disziplinen. In: *Zeitschrift für Erziehungswissenschaft*, 14 (3), 351–362.

THE Autonomous Geographies Collective (2010): Beyond scholar activism: making strategic interventions inside and outside the neoliberal university. In: *ACME: An International E-Journal for Critical Geographies*, 9 (2), 245–275.

THOMSEN, Sarah (2019): Bildung in Protestbewegungen: Empirische Phasentypiken und normativitäts- und bildungstheoretische Reflexionen. Wiesbaden: Springer.

TREML, Alfred K. (1996a): Die Erziehung zum Weltbürger. Und was wir dabei von Comenius, Kant und Luhmann lernen können. In: *ZEP: Zeitschrift für internationale Bildungsforschung und Entwicklungspädagogik*, 19 (1), 2–8.

TREML, Alfred K. (1996b): Die pädagogische Konstruktion der „Dritten Welt": Bilanz und Perspektiven der Entwicklungspädagogik. Frankfurt/M.: IKO.

TREML, Alfred K. (1982a): Theorie struktureller Erziehung: Grundlagen einer pädagogischen Sozialisationstheorie. Weinheim: Beltz.

TREML, Alfred K. (2011): Globalisierung als pädagogische Herausforderung: Möglichkeiten und Grenzen weltbürgerlicher Erziehung. In: Sander, Wolfgang/Scheunpflug, Annette (Hg.), Politische Bildung in der Weltgesellschaft. Herausforderungen, Positionen, Kontroversen. Bonn: Bundeszentrale für politische Bildung, 190–203.

TYE, Kenneth A. (1991): Global Education: from thought to action. The 1991 ASCD Yearbook. Alexandria/USA: Association for Supervision & Curriculum.

UNEP (2011): Towards a green economy: Pathways to sustainable development and poverty eradication. A synthesis for policy makers. New York: UNEP.

UNESCO (2016): Bildung für Mensch und Erde: Eine Nachhaltige Zukunft für alle schaffen. Paris. Text abrufbar unter: https://www.unesco.de/sites/default/files/2018-01/UNESCO_Weltbildungsbericht_2016_DE_.pdf. (Zugriff am 01.09.2022).

VARE, Paul/Scott, William (2007): Learning for a change: exploring the relationship between education and sustainable development. In: *Journal of Education for Sustainable Development*, 1 (2), 191–198.

VENRO (2000): Globales Lernen als Aufgabe und Handlungsfeld entwicklungspolitischer Nicht-Regierungsorganisationen. VENRO-Arbeitspapier Nr. 10. Bonn: VENRO.

VENRO (2005): Kurs auf eine nachhaltige Entwicklung – Lernen für eine zukunftsfähige Welt. VENRO-Arbeitspapier Nr. 15. Bonn: VENRO.

VENRO (2014): Globales Lernen als transformative Bildung für eine zukunftsfähige Entwicklung. Diskussionspapier zum Abschluss der UN-Dekade „Bildung für nachhhaltige Entwicklung (BNE)". Berlin: VENRO.

VERGER, Antoni/Novelli, Mario/Altinyelken Kosar, Hülya (Hg.) (2012): Global education policy and international development. New agendas, issues and policies. London: Bloomsbury Academic.

VEY, Judith (2015): Gegen-hegemoniale Perspektiven: Analyse linker Krisenproteste in Deutschland 2009/2010. Hamburg: VSA.

VEY, Judith/Leinius, Johanna/Hagemann, Ingmar (2019): Poststrukturalistische Perspektiven auf soziale Bewegungen. Grundzüge einer Forschungsperspektive. In: Vey, Judith/Leinius, Johanna/Hagemann, Ingmar (Hg.), Handbuch Poststrukturalistische Perspektiven auf soziale Bewegungen: Ansätze, Methoden und Forschungspraxis. Bielefeld: transcript, 17–36.

WACKERNAGEL, Mathis/Rees, William (2013): Our ecological footprint: reducing human impact on the earth. Gabrioloa Island/Canada: New Society Publishers.

WBGU (Hg.) (2007): Welt im Wandel: Sicherheitsrisiko Klimawandel. Berlin; Heidelberg: Springer.

WBGU (2011): Welt im Wandel. Gesellschaftsvertrag für eine Große Transformation. Berlin. WBGU.

WEBER, Martina (2008): Intersektionalität sozialer Unterscheidungen im Schulalltag. In: Seemann, Malwine (Hg.), Ethnische Diversitäten, Gender und Schule. Geschlechterverhältnisse in Theorie und schulischer Praxis. Oldenburg: BIS, 41–60.

WEGIMONT, Liam (2016): Global Education. Paradigm shifts, policy contexts, conceptual challenges and a new model of Global Education. In: Hartmeyer, Helmuth/Wegimont, Liam (Hg.), Global Education in europe revisited. Strategies and structures. Policy, practice and challenges. Münster: Waxmann, 225–242.

WEISS, Alexandra (2012): Regulation und Politisierung von Geschlechterverhältnissen im fordistischen und postfordistischen Kapitalismus. Münster: Westfälisches Dampfboot.

WELZER, Harald (2011): Mentale Infrastrukturen: Wie das Wachstum in die Welt und in die Seelen kam. Berlin: Heinrich-Böll-Stiftung.

WGBU (2011): Welt im Wandel. Gesellschaftsvertrag für eine Große Transformation: Zusammenfassung für Entscheidungsträger. Berlin: WBGU.

WIDMAIER, Benedikt/Zorn, Peter (Hg.) (2016): Brauchen wir den Beutelsbacher Konsens noch? Eine Debatte der politischen Bildung, Bd. 1793. Bonn: BpB.

WILLEBRAND, Kristina Maria (2010): Globales Lernen und (selbst)kritische Bildungstheorie. Universität Wien.

WINKER, Gabriele/Degele, Nina (2009): Intersektionalität. Zur Analyse sozialer Ungleichheiten. Bielefeld: transcript.

WINTERSTEINER, Werner (1999): Pädagogik des Anderen. Bausteine für eine Friedenspädagogik in der Postmoderne. Münster: Agenda.

WRIGHT, Erik Olin (2017): Reale Utopien: Wege aus dem Kapitalismus. Berlin: Suhrkamp.

WOHNIG, Alexander (2022): Handlungsorientierung. In: Sander, Wolfgang/Pohl, Kerstin (Hg.), Handbuch politische Bildung. Frankfurt/M.: Wochenschau, 251–259.

WULLWEBER, Joscha (2010): Hegemonie, Diskurs und politische Ökonomie: das Nanotechnologie-Projekt. Baden-Baden: Nomos.

WULLWEBER, Joscha (2012): Konturen eines politischen Analyserahmens. Hegemonie, Diskurs und Antagonismus. In: Dzudzek, Iris/Kunze, Caren/Wullweber, Joscha (Hg.), Diskurs und Hegemonie. Gesellschaftskritische Perspektiven. Bielefeld: transcript, 29–58.

ZINNECKER, Jürgen (Hg.) (1975): Der heimliche Lehrplan: Untersuchungen zum Schulunterricht. Weinheim; Basel: Beltz.

Dank

Einige Tage vor der Abgabe meiner Dissertation telefonierte ich mit meiner Nichte, sie wurde im Januar 2023 sechs Jahre alt. Im Laufe des Gesprächs erzählte sie mir, dass sie von ihrer Mutter erfahren habe, dass ich schon fast so lange an der Dissertation arbeiten würde, wie sie auf der Welt ist ... Und es stimmt: Im Oktober 2017 trat ich meine neue Stelle im Graduiertenprogramm „Ökologien des sozialen Zusammenhalts" an der Universität Kassel an und damit startete auch das Projekt dieser Forschungsarbeit. Diese Zeit war erfahrungs- und ereignisreich, vor allem geprägt von vielen Menschen, die mich auf unterschiedliche Weise begleitet haben.

Der Prozess des Dissertationsschreiben ist einsam: *ich* schreibe sie, *ich* gebe sie ab und *ich* werde benotet, *ich* verantworte das Geschriebene. Zugleich habe ich viele Menschen in meinem Leben, die den Prozess weniger einsam gemacht haben.

Das Vertrauen, was meine Familie mir immer schon geschenkt hat und mit dem sie mich stets bestärkt, das zu tun, was ich tue, war auch in diesem Prozess für mich von großer Bedeutung – danke Mama, Papa, David und Helena.

Gerade in Phasen des Zweifelns konnte ich mich auf viele langjährige Freundschaften stützen. Johannes, Marius, Olli R. und Felix: Mit und bei euch hat so vieles Platz – danke!

Als Teil des ILA-Kollektivs konnte ich erfahren, wie gemeinsame Schreibprozesse gestaltet werden können und gelingen. Das gemeinsame Denken und Schreiben ist für mich eine prägende Erfahrung, die mich zu dem Schluss gebracht hat: Nie mehr alleine! Danke an die ILA-Crew für alles, was ich mit und durch euch lernen konnte. Ganz besonderer Dank geht an die TRAFO-AG des ILA-Kollektivs: Carla, Felix, Tobi, Jonas, Anton, Simon und Johanna. Mit euch setzt sich das kollektive Schreiben und Denken fort und wird sichtbar in „Die Welt auf den Kopf stellen" (I.L.A.-Kollektiv 2022). Anil und Jannis danke ich für den inhaltlichen Austausch und das Teilen von „mit-der-Diss.-hadern". Für die inhaltliche Auseinandersetzung mit Transformation, Bildung und dem ‚anders machen' danke ich auch dem Konzeptwerk Neue Ökonomie: Durch die Organisation von Konferenzen mit euch habe ich viel gelernt. Ich schätze eure Arbeit sehr – und Nadine: Mit dir fühlen sich die schweren Themen oft gar nicht mehr so erdrückend an.

Julia, dir möchte ich danken für unsere sporadischen Tandemphasen – für den Austausch und die Struktur, die für mich daraus hervorgingen.

Die Grafiken und Illustrationen wären ohne Maggy und Olli nicht existent – danke für eure Unterstützung.

Katha hat mich erst auf die Idee gebracht, diese Dissertation zu beginnen, indem sie mir die Ausschreibung weitergeleitet hat. Katha sieht so viel in mir, was ich oft bezweifle zu sein und zu können. Das ist gut, aber auch herausfordernd. Danke für unsere Freundschaft und deine unendliche Unterstützung!

Und Olli, mein größter Kritiker und Fanboy zugleich, danke fürs Aushalten von mir und Durchhalten mit mir!

Diese Diss. zu schreiben ging auch mit dem Privileg einher, Zeit und Finanzierung dafür zu haben. Bedanken möchte ich mich bei Andreas Eis dafür, dass er die Erstbetreuung meines Dissertationsprojekts übernommen, mich in Denkprozessen begleitet und mir durch eine flexible Arbeitszeitgestaltung den zeitlichen Raum ermöglicht hat, die Diss. fertig zu stellen. Bei Alexander Wohnig bedanke ich mich für die Übernahme der Zweitbetreuung und das Interesse, das er meiner Arbeit entgegengebracht hat.

Besonders danken möchte ich zudem meinen Interviewpartner*innen, durch die Einblicke in ihre Arbeit und die mir entgegengebrachte Offenheit hat mein Forschungsprojekt erst Substanz gewonnen.

Gesellschaftliche Transformation und politische Bildung

Die Autor*innen dieses Sammelbandes nehmen in ihren Beiträgen gesellschaftliche Transformation und politische Bildung multiperspektivisch in den Blick. Die Artikel bieten neben Verhältnisbestimmungen und diskutierten Herausforderungen Impulse sowohl für eine politikdidaktische Theoriebildung als auch für die praktische Bildungsarbeit in non-formalen und formalen Lernarrangements. Neben historisch-politischen sowie theorieinspirierten Perspektiven geben Autor*innen dabei auch Einblicke in empirische Forschungsergebnisse und aktuelle Diskurse.

von Oliver Emde, Charlotte Keuler und Felix Prehm
ISBN 978-3-7344-1641-5, 168 S., € 24,90
PDF: ISBN 978-3-7566-1641-1, € 23,99

Mit Beiträgen von
Lukas Barth, Marie Bludau, Matthias Heil, Theresa Funke, Gianluca Giongo, Steve Kenner, Charlotte Keuler, Daniel Maus, Michael Nagel, Julia Lingenfelder, Felix Prehm, Christoph Sanders und Tim Zosel

www.wochenschau-verlag.de

WOCHENSCHAU VERLAG
... ein Begriff für politische Bildung

WOCHENSCHAU WISSENSCHAFT

Bildung Macht Zukunft

Vielfältige Krisenprozesse machen deutlich, dass die Rückkehr zur gewohnten Tagesordnung keine Zukunft hat. Gegen die Rede von Alternativlosigkeit werden Forderungen nach einer breiten sozial-ökologischen Transformation laut, bei der die Frage nach einem guten Leben für alle im Mittelpunkt steht. Welche Rolle kann und sollte Bildung dabei spielen? Nicht selten wird sich von Bildung eine Krisenbewältigung versprochen. Dabei ist auch Bildung in jene Macht- und Herrschaftsverhältnisse verstrickt, die in die Krise geführt haben. Dieser Sammelband diskutiert Möglichkeiten und Grenzen einer kritischen transformativen Bildung aus Perspektiven von Bildungspraxis, Wissenschaft und sozialen Bewegungen.

hrsg. von Jannis Eicker, Andreas Eis, Anne-Katrin Holfelder, Sebastian Jacobs, Sophie Yume, Konzeptwerk Neue Ökonomie
ISBN 978-3-7344-1124-3, 304 S., € 34,90
PDF: ISBN 978-3-7344-1125-0, € 31,99

„Der Band bietet viele Denkimpulse für alle in der Bildungsarbeit Tätigen, unabhängig davon, ob sie eher an grundsätzlichen Fragen oder konkreten Lehr- und Lernformaten interessiert sind. Er gehört in jede Bibliothek von schulischen und außerschulischen Bildungsakteuren, die sich Themen sozial-ökologischer Transformation widmen."

Prof. Dr. Irmgard Schroll-Decker, socialnet.de

www.wochenschau-verlag.de